웹3 시대와 새로운 기회

웹3
시대와
새로운
기회

인터넷 패러다임 대전환과
혁명적 경제의 탄생

알렉스 탭스콧 지음

신현승 옮김

더 **퀘스트**

《웹3 시대와 새로운 기회》에 쏟아진 찬사

"명철한 사고와 심오한 통찰력으로 웹3의 엄청난 잠재력을 탐구했다."

— 스티브 워즈니악Steve Wozniak, 애플Apple 공동 창업자

"저자는 앞으로 닥칠 도전과 기회에 대비할 수 있도록 우리에게 시의적절하고 필수적인 지침을 제시했다."

— 댄 슐만Dan Schulman, 페이팔Paypal CEO

"웹3는 놀라운 혁신으로 무한한 가능성을 가지고 있지만 미래를 외면하는 사람들에게는 위험으로 다가올 수 있다. 새로운 시대를 맞이하는 우리에게 반드시 필요한 책이다."

— 래리 서머스Larry Summers, 전 미국 재무부 장관

"이 책은 인터넷 사용자들이 기술 대기업의 통제에서 벗어날 수 있는 새로운 미래로 해박하고 현실감 넘치게 안내한다."

— 제프 존 로버츠Jeff John Roberts, 〈포춘Fortune〉 크립토 편집인

"인터넷의 새로운 지평을 향한 필수 가이드"

— 제레미 알레어Jeremy Allaire, 서클Circle 공동 설립자·회장 겸 CEO

"《웹3 시대와 새로운 기회》는 차세대 인터넷을 활용해 더 나은 도시 환경과 미래를 구축하는 방법을 알고자 하는 사람이라면 누구나 읽어야 할 탁월하고 시의적절한 책이다."

— 프란시스 수아레스Francis Suarez, 미국 플로리다주 마이애미 시장

"탭스콧의 새 책은 암호화폐 네트워크가 돈과 금융 서비스를 넘어 세계를 어떻게 변화시킬지를 명확하고 탁월하게 설명한다. 웹3 네트워크는 전체 산업을 재구성할 것이다. 리더들은 이 새로운 혁신을 이해해야 하며 그렇지 않으면 뒤처질 위험이 있다.

— 크리스틴 스미스Kristin Smith, 블록체인 협회 CEO

"웹3는 창의적 AI, 메타버스, 차세대 블록체인의 부상과 함께 혁신가들이 새로운 번영의 시대를 위해 비즈니스 세계와 글로벌 경제를 재건할 획기적인 플랫폼이다. 이 책은 그 방법을 알려준다."

— 클라우스 슈밥Klaus Schwab, 세계경제포럼 회장

"탭스콧은 웹3의 영향력을 분석하는 훌륭한 작업을 수행했다. 블록체인 기술 분야의 선구자이자 사상가 중 한 명이 집필한 이 책은 디지털이든 아니든 모든 도서관이 반드시 소장해야 할 책이다."

— 앤지 라우Angie Lau, 포캐스트 랩스Forkast Labs 편집장·공동 CEO

"알렉스 탭스콧은 우리가 기다려온 책을 썼다. 《웹3 시대와 새로운 기회》는 비즈니스 리더, 정책 입안자, 시민, 그리고 경제적 자유와 상업의 미래에 관심이 있는 모든 사람을 위한 인터넷의 다음 시대에 대한 필수 가이드북이다."

— 크리스토퍼 지안카를로Hon. J. Christopher Giancarlo, 미국 상품선물거래위원회CFTC 전 의장

"통찰력과 생동감이 있고 재미있다. 상업, 문화, 사회의 미래에 대해 호기심을 갖고 관심 있는 사람은 모두 이 책을 읽어야 한다."

— 얏 시우Yat Siu, 애니모카 브랜즈Animoca Brands 공동 창업자

"시대를 앞서나가고자 하는 사람이라면 누구나 읽어야 할 필독서다. 미래를 내다보는 탭스콧의 실력을 고려하면 모두가 이 책에 주목해야 한다."

— 타일러 윙클보스Tyler Winklevoss, 암호화폐 거래소 제미나이Gemini CEO

"이 책은 웹3가 상업, 문화, 사회를 만들어가는 흥미진진한 방식에 관심 있는 호기심 많은 사람들을 위한 필독서다."

— 피플플리저pplpleasr, NFT 아티스트, 다분야 예술가

"《웹3 시대와 새로운 기회》는 디지털 소유권, 블록체인, 공간 컴퓨팅이 어떻게 비즈니스와 산업을 재창조할 것인지를 강조한다. 탭스콧은 리더들이 이 새로운 미래를 탐색할 때 참고해야 할 중요한 입문서를 제공했다."

— 폴 도허티Paul Daugherty, 액센추어Accenture 기술 그룹 최고경영자·CTO

"탭스콧의 통찰력과 교류하다 보면 마치 두뇌의 수평선 너머에 있는 레이더를 활성화시키는 것 같다."

— 매트 로샥Matt Roszak, 블로크Bloq 회장·공동 설립자

"웹3 기술과 다양한 활용 사례에 대한 조사가 철저하게 이루어진 입문서다."

— 팀 베이코Tim Beiko, 이더리움Ethereum 핵심 개발자

"이 책은 앞으로 무엇이 나타날지 이해하고, 주류 시장을 파괴할 변화의 흐름을 비추는 데 핵심적인 역할을 할 것이다."

— 로네일 럼버그Roneil Rumburg, 오디우스Audius 공동 설립자·CEO

"웹3는 디지털과 물리적 세계를 통합하여 경험 경제 체계를 뒤흔들 수 있는 잠재력을 가지고 있다. 따라서 남보다 빨리 행동하는 회사들이 승리할 것이다. 미래에 대한 저자의 비전은 웹3가 앞으로 성숙해 가는 동안, 비즈니스 리더들이 기술을 효과적으로 활용할 수 있는 힘을 실어 준다."

— 빌 맥더모트Bill McDermot, 서비스나우ServiceNow CEO

"내장된 소유권을 가진 인터넷, 즉 웹3가 왜 그렇게 중요한지에 대해 알고 싶은 사람이라면 누구나 읽어야 할 필독서다."

— 알렉산더 레오나드 라센Aleksander Leonard Larsen, 스카이 마비스Sky Mavis 공동 설립자·COO

"혁신의 물결이 우리의 삶을 바꾸려고 한다. 오늘 우리가 그 혁신에 참여한다면 더 나은 내일을 위한 기회를 잡을 것이다."

— 베릴 리Beryl Li, 일드길드게임즈Yield Guild Games 공동 설립자

"탭스콧은 웹3의 엄청난 가능성과 위험을 매우 명확하고 통찰력 있게 분석했다."

— 심 차발랄라Sim Tshabalala, 스탠다드뱅크Standard Bank Group CEO·전무이사

"탭스콧은 이 새로운 영역을 탐구하고, 놀랍고 마법 같은 미래에 대한 창을 열어주었다. 혁신가들이 우리를 어디로 데려가는지 더 잘 이해하려면 이 책을 읽어보라."

— 팀 드레이퍼Tim Draper, 드레이퍼 어소시에이츠Draper Associates 설립자·전무 이사

"35년 전 돈 탭스콧은 세상이 디지털화되는 것이 무슨 의미인지 나에게 훌륭한 조언을 해주었다. 이제 그의 아들 알렉스는 솔직함, 통찰, 세상을 이해하는 재능으로 무장하고 이 분야에서 우리를 더 멀리 나아갈 수 있도록 길을 열어주고 있다."

— 밥 레이Bob Rae, 캐나다 정치인, 유엔 상임 대표

"심오한 변화에 대한 필수적인 가이드다. 탭스콧은 새롭게 등장하는 디지털 소유권 경제의 기본 원리를 추적한다."

— 브렛 윈턴Brett Winton, 아크 인베스트먼트 매니지먼트Ark Investment Management 수석 미래학자

"지속적으로 성장하는 디지털 비즈니스, 사회와 기술 환경의 매력적인 미래를 미리 보여주고, 위험과 기회를 모두 다루며 디지털 미래의 영향력에 대한 독특한 통찰력을 제공한다."

— 토니 스콧Tony Scott, 인투루전Intrusion 사장 겸 CEO

"웹3는 인터넷 서비스의 발전 방식을 근본적으로 바꿀 것이다. 이 책은 웹3와 블록체인이 인터넷 서비스의 발전에 어떤 역할을 할 것인지 이해하는 데 필수적이다."

— 다렌 엔트위슬Darren Entwistle, 텔러스 커뮤니케이션즈Telus Communications, Inc. CEO

"탭스콧의 새 책은 웹3가 끼치는 심오한 문화적 영향을 신중하게 검토한다. 웹의 다음 개척지에 관심이 있는 사람이라면 누구나 읽어야 할 필독서다."

— 알렌 라우Allen Lau, 투 스몰 피시 벤처스Two Small Fish Ventures의 설립 파트너,
왓패드Wattpad의 공동 설립자·전 CEO

"《웹3 시대와 새로운 기회》는 놀라운 발견이다. 세계의 혁신가들은 미래를 계획하기 전에이 책을 읽는 것이 현명할 것이다."

— 존 루폴로John Ruffolo, 매버릭스Maverix 설립자·파트너

"보다 탈중앙화되고 사용자가 제어하는 인터넷에 대한 꿈이 주류 현실이 되기 직전인 바로이 시기에 웹3를 이해하는 데 없어서는 안 될 도구다."

— 카밀라 루소Camila Russo, 디파이언트The Defiant 설립자, 《디인피니트머신The Infinite Machine》의 저자

"저자는 허가가 필요 없는 혁신, 탈중앙화된 소유권, 모든 사람을 위한 창의적이고 경제적인 기회 제공이라는 웹3의 약속에 대해 포괄적이며 이해하기 쉬운 관점을 제공한다. 혁신가와 채택자, 정책 입안자, 기업가는 물론 기술에 관심이 있는 사람들에게 이 책은 미래에 대한 필수 가이드다."

— 페리안 보링Perianne Boring, 디지털 상공회의소Chamber of Digital Commerce 설립자·CEO

"탭스콧은 두바이와 UAE의 디지털 야망과 완벽하게 일치하는, 우리의 디지털 미래로 가는 길을 능숙하게 조명한다. 웹3 시대에 절실하게 필요한 가이드다."

— 마완 알자로니Marwan Al Zarouni, 두바이 블록체인 센터Dubai Blockchain Center CEO

"웹3는 개인에게 권한을 부여하고 산업을 변화시키는 탈중앙화된 인터넷을 구상한다. 저자는 시대를 초월한 또 하나의 고전을 만들었다."

— 지라유트 스럽스리소파Jirayut "Topp" Srupsrisopa, 비트쿱Bitkub 설립자·그룹 CEO

"알렉스 탭스콧의 DNA에는 기술이 있다. 그의 책은 기술에 정통하고, 실용적인 통찰력이 가득하며 기술이 우리를 어디로 이끄는지에 대한 확실한 감각을 알려준다. 이 책은 미래를 위한 설득력 있고 실용적인 청사진이다."

— 스튜어트 크레이너Stuart Crainer, 싱커스50Thinkers50 공동 설립자

"즐겁고 매력적인 이 책은 암호화폐에 대해 오가는 논의를 재설정할 잠재력을 가지고 있으며 새로운 웹과 인터넷이 전례 없이 강력한 번영의 힘이 되리라는 사실을 보여준다."

— 타마라 하산Tamara Haasen, 인풋 아웃풋Input Output 사장

한국어판 서문

웹3 시대가 도래하다

우리는 기술이 모든 것을 재창조할 수 있는 경이로운 새 시대의 문턱에 서 있다. 몇십 년마다 새로운 기술이 등장하여 경제 권력의 구조와 사회의 기존 질서를 다시 구축한다. 가장 최근에는 인터넷이, 그 이전에는 트랜지스터, 라디오, 전기, 증기기관, 인쇄기 등이 그 역할을 담당했다.

오늘날 혁신적인 여러 기술들이 동시에 등장하고 있다. 챗GPT와 같은 생성형 AI와 대규모 언어 모델은 인간을 더 효율적이고 창의적으로 만드는 것은 물론, 기업의 생산성을 높이며 경제 전반에 걸쳐 새로운 능력을 발휘할 것이다. 사물 인터넷은 냉장고부터 센서, 배터리, 자율주행 자동차에 이르기까지 일상적인 사물들의 연결을 가속화함으로써 초(超)연결 시대의 지능형 인프라가 될 것이다. 현재의 2차원 웹은 증강현실과 가상현실 덕분에 머지않아 우리의 생활 환경에 통합된 공간 인터넷으로 변화할 것이다. 이 기술들은 모두 하나하나가 세상에 파괴적인 영향을 미칠 수 있는 기술들이다. 그러나 이 모든 기술들보다 다음 인류 진보의 시대에 가장 중요하게 여겨지는 것이 암호화폐의 기반 기술인 블록체인이다.

또한 기술, 특히 AI 관련 기술이 우리 삶에 미치는 영향에 대한 불안이 커져가는 가운데서도 이런 기술들은 본격적으로 발전하고 있다. 기술 대기업들은 너무 강력해졌다. 우리의 사생활은 침해받고 있다. 소셜 미디어는 아이들을 해치고 있다. 창작자들은 정당한 보상을 받지 못하고 있다. 거짓 정보와 양극화가 일상이 되었다.

새롭게 등장한 기술들은 이런 문제들을 해결하는 데 도움을 줄 수 있다. 실제로 웹은 새로운 시대로 접어들었다. 새로운 인터넷과 새로운 디지털 시대의 다른 기술들을 위한 새로운 플랫폼이 등장하고 있다. '인터넷'이라는 용어가 네트워크 간 연결이라는 처음의 기술적 정의에서 벗어나 여러 기술, 비즈니스 모델, 사회적 행동을 포함하는 시대를 의미하는 것으로 확장된 것과 마찬가지로, '웹3'라는 용어도 블록체인, AI, 사물 인터넷, 확장현실과 같은 각각의 기술들이 중요한 역할을 담당하는 다음 시대를 설명할 수 있도록 진화하고 있다. 이들은 함께 디지털 사업, 문화 및 번영의 새로운 시대를 위한 운영 체제가 될 것이다.

제2의 '한강의 기적'이 일어날 시기

그렇다면 한국은 어디에 있을까? 나는 한국을 여행하는 동안, 한국이 블록체인에 대한 이해 수준이 매우 높으며, 학생부터 정부 관료, 산업계 지도자들에 이르기까지 많은 사람이 이 기술의 잠재력에 대해 열린 마음을 가지고 있다는 사실에 깊은 인상을 받았다. 또한 나는 일부 한국인들이 다음 디지털 시대, 특히 블록체인과 AI 산업과 기술에서 뒤처질까 봐 우려한다는 사실도 알 수 있었다.

물론 해야 할 일은 많겠지만, 내 생각에 한국은 웹3 분야에서 세계적인 리더가 되기에 이상적인 위치에 있다. 반세기가 조금 넘는 기간 동안 한국이 세계 최빈국에서 세계 경제 강국으로 성장했다는 사실을 잊지 말아야 한다. 기업, 시민, 시민 사회, 정부의 이해관계를 일치시키고 산업화와 경제 발전을 장려하는 일련의 정책을 통해 한국은 세계에서 가장 부유하고 역동적인 경제 집단으로 도약하는 한강의 기적을 실현했다. 이제는 제조업의 산업 혁명이 아니라 블록체인, AI 및 기타 신기술의 디지털 혁명을 통해 추진되는 새로운 '한강의 기적'이 필요한 때다. 다가오는 반세기도 지나간 반세기와 마찬가지로 모든 이해관계자들이 일치된 공통의 목표를 향해 협력해야 할 것이다.

지난 10년 동안 한국은 자동차에서 반도체에 이르기까지 다양한 산업에서 지속적인 기술 발전으로 세계 최고의 디지털 혁신 국가 중 하나로 자리 잡았다. 한국은 경제 전반에서 창의력이 폭발적으로 증가함으로써 경쟁력 있는 웹3 거물로 빠르게 변모하고 있다.

2016년 내가 돈 탭스콧Don Tapscott과 함께 《블록체인 혁명Blockchain Revolution》을 공동 집필한 이후 만난 많은 한국의 기업가, 비즈니스 리더, 크리에이터, 정부 관계자들은 블록체인 분야, 더 넓게는 웹3 분야에서 특별한 목표를 추구했다.

여러 자료에 따르면 한국은 이미 세계에서 세 번째로 큰 암호자산, 즉 토큰 시장이며 그 시장에서 가장 인기 있는 5개 통화 중 한국 원화가 있다. 내가 책에 쓴 것처럼 이것은 암호화폐보다 훨씬 더 큰 시장이다. 토큰은 주식과 채권에서 예술, IP, 부동산에 이르기까지 전 세계의 자산을 디지털 형식으로 변환할 수 있는 가치를 저장하는 디지털 컨테이너다.[1] 2016년에 나는 다양한 웹3 사용 사례를 지원할 수 있는 블록체인 프로토콜이자 범용 플랫폼인 아이콘ICON의 창립 팀을 만났다. 이 프로젝트는 한동안 글로벌 리더였으며 언젠가 다시 그 자리를 차지할 지도 모른다.

한국의 젊은이들은 정부와 규제 담당자들이 업계와 더 잘 소통하고 이런 기술을 더 잘 이해하도록 압박하고 있다. 2024년 1분기, 한국의 금융 규제당국은 디지털 금융 정책을 시행하면서 얻은 교훈을 논의하기 위해 동남아시아국가연합ASEAN 회원국들과 만났다. 이러한 회의가 활발해지는 것은 각국 정부가 권고 지침을 발표하는 수준을 넘어 암호화폐 시장을 공식적으로 규제한다는 적극적인 신호다.[2]

2022년 한국 대통령 선거에서 암호화폐 혁신이 국민의힘과 더불어민주당 양당 모두의 정책 의제에 포함되었다. 국민의힘은 비트코인 상장지수펀드ETF 도입을 검토하겠다고 약속한 반면, 민주당은 이러한 ETF를 허용하겠다고 명확히 선언했다.

더 나아가, 디지털 자산 기본법 제정과 2024년 7월 가상자산 이용자 보호법 시행을 통해 한국의 입법자들은 기업가적 혁신과 소비자 보호를 균형 있게 추구한다. 기업들이 장기 계획에 따라 투자하고 사업을 구축하려면 명확한 규제가 필요하므로 이는 환영할 만한 조치다.[3]

메타버스가 한국에서 두 번째 생명을 얻고 있다

지난 30년 동안 우리는 컴퓨터와 스마트폰으로만 접근할 수 있는 2차원 웹을 사용해 왔다. 확장현실Extended Reality은 몰입형 공간 인터넷을 약속한다. 그러나 메타버스에 '두 번째 생명'을 부여하려면 모든 것을 재고해야 한다. 페이스북, 애플 등이 제시한 현재의 메타버스 모델은 우리를 가상 디즈니랜드로 이끌 뿐 인간 경험을 더 좋은 방향으로 변화시키지 못할 것이다. 물론 그 정도의 메타버스 경험으로도 사람들은 재미있어 하겠지만 거기에는 중요한 내용은 아무것도 없고 궁극적으로 인류는 이를 통해 발전하지 못할 것이다.

웹이 우리의 새로운 공유 현실이 될 운명이라면, 우리는 이 새로운 온라인 공간을 완전히 개방하고 개인에게 디지털 재산권, 경제적 자유, 디지털 인격권 및 나아가 시민권까지 부여해야 한다. 다행히 개방성과 개인의 권리를 메타버스와 연결할 수 있는 기술 도구들이 존재한다.

한국은 웹3의 경제적, 문화적 측면에서 중요한 게임과 인터랙티브 오락 분야에서 선도적인 역할을 하고 있다. 한국 갤럽의 2023년 국가 비디오 게임 산업 조사에 따르면, 응답자의 약 18.9%가 게임에 가상 또는 증강현실을 구현하고 있다고 대답했다. 관련 기술 중 메타버스가 두 번째(7.3%)를 차지했으며, 인공지능(5.0%), 블록체인(3.7%), 대체 불가능 토큰(NFT, 3.4%)이 그 뒤를 이었다.[4]

그 예로 들 수 있는 것이 1997년에 설립된 네오위즈NEOWIZ다. 네오위즈는 최근 애니모카 브랜즈Animoca Brands, 엑스엘게임즈XLGames와 같은 파트너들과 지속적으로 혁신하고 있다. 네오위즈는 2022년에 오픈씨 마켓플레이스에서 NFT 프로필 사진 컬렉션인 '조기 은퇴한 고양이 클럽Early Retired Cats Club, ERCC'을 출시했다.[5]

2023년 네오위즈는 폴리곤Polygon 블록체인에서 웹3 게임 플랫폼 인텔라XIntella X를 출시했다. 인텔라X의 특징은 웹3 지갑, NFT 마켓플레이스, 탈중앙화 거래소다. 인텔라X 생태계에 기여하는 사람들은 게임을 개발하거나('개발해서 벌기') 게임을 플레이하면서('플레이해서 돈 벌기') 네이티브 인텔라X 토큰을 획득할 수 있다.[6]

실제로 한국인들은 웹3 기술의 열정적인 얼리 어답터다. 앱분석 사이트인 앱매직 AppMagi에 따르면, 인기 있는 웹3 지갑인 메타마스크 MetaMask는 2020년 9월부터 2024년 5월까지 한국에서 123만 번 다운로드되었다. 한국은 필리핀(350만 번), 인도네시아(235만 번), 베트남(130만 번)에 이어 전 세계 메타마스크 사용국가 순위에서 4위를 차지했다.[7]

그리고 한국은 웹3 인재의 온상으로 부상하고 있다. 아시아의 선도적인 웹3 벤처 캐피털 펀드 중 하나인 해시드 Hashed의 CEO 사이먼 킴은 "한국은 애플리케이션과 콘텐츠 분야의 재능 있는 개발자 풀로 인해 전 세계의 큰 관심을 받고 있다"라고 말했다.[8] 해시드는 2021년에 웹3를 국가적으로 촉진하기 위해 약 2,400억 원(약 2억 400만 달러) 펀드를 조성했다. 여기에는 컴투스 Com2uS, 크래프톤 KRAFTON, 위메이드 Wemade 같은 게임 회사들뿐만 아니라 F&F, 무신사 같은 패션 브랜드와 BTS 소속 엔터테인먼트 회사인 하이브도 투자했다.[9]

네오위즈는 게이머들을 위한 인텔라X 출시를 촉진하기 위해 2023년 개인 투자자들로부터 1,200만 달러를 모금했다. 2024년 4월에는 플레이어들이 경쟁하거나 협력하여 네오위즈의 게임 장르에서 포인트를 적립한 다음 이 포인트를 암호화 토큰으로 전환할 수 있는 '어드벤처 Adventure' 서비스를 선보였다.[10] 네오위즈는 또한 인텔라X 게임 생태계 내에서 팀워크를 육성하기 위해 '크루 Crew'라는 길드 시스템을 도입했다.[11]

전통적인 게임 회사들은 웹3에 대한 관심이 그다지 높은 편은 아니다. 갤럽 조사에 따르면 임원진의 72%가 웹3 혁신을 사용자 경험에

통합하지 않고 있다고 답했다.[12]

문화계는 새로운 비즈니스 모델이 필요하다

생성형 AI와 새로운 형태의 정보 기술로 생겨나는 위협은 결코 상상의 산물이거나 사소한 것이 아니다. 할리우드에서 작가와 배우들이 파업에 돌입한 것은 생성형 AI 도구가 창작 활동의 결실을 재사용하고 용도를 변경함으로써 창작자의 기본권을 박탈할 가능성에 대한 우려를 표명하기 위해서이다. 문화계는 창작자의 창의성을 보호할 수 있는 새로운 비즈니스 모델이 필요하다. 웹3 기술은 창작자의 허가 없이 창작자의 작업으로부터 이익을 얻는 것을 사실상 불가능하게 만들 수 있다. 기술은 사람들과 기업들이 창작물을 도용, 복사 또는 독점하기 쉽게 만드는 것이 아니라 오히려 노력한 결과물의 운명을 통제할 수 있는 힘을 실어줄 것이다. 이 같은 세상은 인류 문화에 대한 창의성의 본질적 가치를 인정하고 존중하며, 기본적으로 예술가와 창작자를 보호하고 그들의 생계를 위협에 빠뜨리지 않을 것이다. 웹3로 그런 세상을 구현할 수 있다.

한국은 기회를 놓치지 않았다. K팝 산업은 전반적인 재무 상황에 대한 투명성이 부족하다. 따라서 이벤트나 상품 판매 수익에서 아티스트의 몫이 얼마나 되는지 역설계해서 확인하기가 어렵다. 이런 문제를 해결하기 위해 미국 기반 아발란체Avalanche 블록체인의 개발자인 아바랩스Ava Labs는 SK그룹과 협력하고 있다. 그들은 SK그룹의 거대한 기술 인프라를 활용하여 NFT 기반 K팝 콘서트 티켓팅 시스템을 함께 개발하고 있다.[13]

새로운 기술에 대한 이해도가 높은 두터운 팬층을 가지고 있는

K팝 산업은 한국의 웹3 스타트업에도 큰 기회가 될 수 있다. 이런 기회를 이용해 아바랩스는 K팝과 웹3 혁신의 교차점에서 활동하는 창작 스튜디오인 타이탄 콘텐츠Titan Content에 투자했다. 또한 아바랩스는 다른 플레이어들과 거래하기 위해 게임 내 자산으로서 NFT를 통합할 계획으로 한국의 게임 산업에도 진출했다.

이처럼 문화 산업은 원하는 결과를 얻기 위해 가상 협업을 구체화하고 실시간 인센티브를 구축하는 데 앞장서 왔다.

한국 기업을 위한 웹3

게임, 문화, 금융을 넘어 한국의 다양한 산업 분야의 비즈니스 리더들이 웹3 기술을 채택하기 시작했다.

통신 분야에서는 SK텔레콤이 2022년에 아토믹스 랩Atomix Lab과 안랩 블록체인 컴퍼니AhnLab Blockchain Company와 제휴하여 웹3 지갑을 출시했다. 1년 후 SK텔레콤은 블록체인 회사인 아톰릭스 랩Atomrigs Lab과 무브Move 가상 머신으로 유명한 앱토스 랩Aptos Labs과 함께 개발한 웹3 지갑 서비스인 'T 지갑' 계획을 발표했다.[14] 그들의 목표는 SK텔레콤 고객들에게 스마트폰으로 스마트 계약 구축 및 실행을 포함한 안전하고 원활한 웹3 경험을 제공하는 것이다.

헬스케어 분야에서는 블록체인 헬스테크 회사인 솔브케어Solve.Care가 한국 시장에서 협력 기회를 모색하기 위해 블록체인 연구소BRI 코리아와 양해각서를 체결했다. 솔브케어 코리아의 회장인 이언 박사는 "솔브케어가 전 세계적으로 의료 접근성을 높이고 진료 경험을 개선한다는 미션을 갖고 있으며 이를 달성하는 데 한국 파트너들이 중요하다"고 말했다.[15]

김인환 보스아고라^{BOSagora}재단 이사장 겸 BRI코리아 대표는 "이번 파트너십 체결은 사용자의 일상생활에 통합하도록 설계된 블록체인 플랫폼인 보스아고라가 헬스케어 분야로 확장하는데 긍정적인 영향을 미친다"라고 강조했다. 보스아고라재단은 디지털 민주주의의 새 시대를 열기 위해 출범했다. BRI는 2021년부터 한국의 보스아고라, 특히 김 박사와 그의 팀인 케인 리, 노지은, 게일 강 등과 함께 협력해 왔으며 솔브케어와 같은 파트너들과 함께 보스아고라가 블록체인 플랫폼과 혁신의 생태계로 발전하는 모습을 직접 목격했다.

결론

한국 기업들은 마이크로소프트, 나이키, LVMH, 산탄데르, 세일즈 포스 등과 함께 공공 블록체인에 더 많은 투자를 하고 있다. 2024년 6월 코인베이스 보고서에 따르면, 포춘 100대 기업이 발표한 온체인 프로젝트는 전년 대비 39% 증가했으며 2024년 1분기에 사상 최고치를 기록했다. 포춘 500대 기업의 임원을 대상으로 한 설문조사에서는 56%가 온체인 프로젝트를 진행하고 있다고 밝혔다.

비즈니스 역사를 공부한 사람이라면 누구나 이것이 일어날 일임을 예측할 수 있었을 것이다. 블록체인의 초기 구현은 인터넷의 초기 모습과 유사했다. 1990년대 초반부터 중반까지 기업들은 인터넷이 보안에 취약하고, 악의적인 행위자, 유해한 자료 배포, 사기와 같은 문제점을 안고 있으므로 "기업용으로 준비되지 않았다"면서 인터넷을 불신했다. 익숙하게 들리지 않는가? 당시 기업들은 인터넷을 도입하는 대신 기업 내부용으로 IP 프로토콜을 이용한 자체 인터넷, 즉 인트라넷^{INTRANET}을 만들었다.

모두가 아는 바와 같이 시간이 지남에 따라 이러한 사설 네트워크는 사라졌고 전 세계의 기업과 정부는 공공 인터넷을 수용했다.

수십 년이 지난 지금도 기업들은 가치의 인터넷인 블록체인에 대해 동일한 접근 방식을 취하고 있다. 공공 인프라가 기업용으로 준비되지 않았다고 느낀 그들은 독점적 권한 부여와 사설 블록체인을 구축했다.

몇 년 전, 우리의 싱크탱크인 BRI는 이런 문제를 인식하여 "기업 블록체인은 죽었다. 기업을 위한 블록체인이여 영원하라"라고 선언했다. "왕은 죽었다, 왕이여 만세"라는 표현과 마찬가지로, 기존 모델은 끝났지만, 새로운 모델이 등장했다.

우리는 이제 어디로 갈까? 나는 기술 채택과 가치 축적이 모두 급속히 증가할 것이라고 생각한다. 기술 혁신은 긍정적인 피드백 루프를 생성할 수 있다. 예를 들어, 강력한 컴퓨터를 구축하면 더 강력한 칩을 만들 수 있게 되고, 이는 다시 더 강력한 컴퓨터로 이어지는 식이다. 이러한 'S-커브의 가파른 상승'은 무어의 법칙에서 가장 잘 드러나지만 훨씬 더 넓은 범위의 영역으로 확장된다. 역사는 반복되지 않지만 비슷한 패턴을 따라간다.

다시 말해, 기업 블록체인은 죽었을지 모르지만 공공 블록체인 인프라는 이제 전면에 나설 준비가 되었으며 AI 및 다른 웹3 기술과 함께 금융, 의료를 비롯해 사실상 모든 산업의 미래를 구축할 수 있는 강력한 토대를 제공한다.

나는 "미래는 예측하는 것이 아니라 성취하는 것"이라는 말을 자주 한다. 한국은 업계와 정부 리더, 기업가 등과 함께 웹3 기술을 이용해 놀라운 미래를 창조할 수 있다. 현재 진행 중인 혁신 문화와 엄청난 추진력을 고려할 때 나는 이제 그 어느 때보다도 한국의 찬란한 미래가 이뤄질 것이라고 확신한다. 나는 이를 실현하기 위해 여러분과 협력할 날을 기대한다.

나는 다음에 한국을 방문할 때 창업자들, 정부 장관들, 기업 지도자들과 만나 웹3 분야에서 한국의 리더십을 더욱 확장할 수 있는 방법에 대해 논의하고 싶다.

이야기를 나누고 싶다면 언제든지 info@tapscott.com으로 연락 주세요!

알렉스 탭스콧

서문

실리콘밸리는 인재, 자금, 기술, 문화, 정부의 연구개발 지원 등이 융합된 '기술의 갈라파고스'로 불린다. 오늘날 거대 인터넷 기업을 일구어낸 수많은 기술 기업가들이 탄생한 요람이다.[1] 월드 와이드 웹을 발명한 것은 영국 컴퓨터 과학자인 팀 버너스리 Tim Berners-Lee 경이었지만 상용화된 것은 미국에서였다.

하지만 이번에는 다르다. 이 책의 주제인 웹3는 기술 도구와 인적 자원이 어느 때보다 널리 분산된 시기에 등장했다. 웹의 선구자들이 온라인의 첫 번째 지평을 개척하던 1993년에는 전화를 한 번도 사용한 적이 없는 사람이 전 세계 인구의 절반을 넘었다. 지금은 전 세계 인구 3명 중 2명 이상이 인터넷에 연결된 스마트폰을 가지고 있다.[2] 공상과학 작가 윌리엄 깁슨 William Gibson 의 말을 인용하자면, 미래는 이미 여기에 와있으며 인재와 기술은 거의 고르게 분포되어 있다. 웹1과 웹2는 정보에 대한 접근을 민주화함으로써 누구나 온라인에서 만나 협업할 수 있게 만들었다. 웹3는 우리에게 돈을 벌고 자산을 소유하고 세계적으로 공평한 경쟁의 장에서 부를 창출할 수 있는 더욱 강력한 도구를 제공하며, 그 과정에서 권력과 영향력을 탈중앙화한다. 만약 기술의 확산이 진정으로 세상을 '평평하게' 만들 수 있다면 웹3는 더욱 평평하게 만드는 롤러가 될 것이다.

웹3라는 단어가 일반화되기 전인 2014년부터 나는 비트코인에 관해 글을 쓰기 시작했다. 소위 트레드파이^{TradFi, 전통 금융} 사람인 나는 투자 은행가이자 공인재무분석사^{CFA} 자격증 소지자로서 새로운 금융 기술을 연구하고 있었다.

2015년, 나는 아버지 돈 탭스콧^{Don Tapscott}과 함께 훨씬 더 큰 규모의 연구 프로젝트를 시작했다. 우리는 연구 결과를 정리해 《블록체인 혁명^{Blockchain Revolution}》으로 출간했다. 연구를 진행하면서 나는 이 새로운 범용 기술이 세상의 모든 것을 바꿀 새로운 '가치의 인터넷 시대'를 열고 있다는 사실을 깨달았다. 당시 사람들에게 이 사실은 분명하지 않았기에 우리는 많은 회의론자와 마주했다. 2016년 《블록체인 혁명》이 출간되었을 때 웹3의 기초 자산인 토큰, 즉 디지털 자산의 전체 시장 가치는 약 100억 달러였다. 상장 기업으로 친다면 S&P500 지수에 간신히 진입할 수 있는 규모였다. 당시 의류업체 갭^{The Gap}의 시가총액이 웹3 산업 전체의 시가총액보다 더 컸다. 오늘날 웹3 자산은 그것의 100배가 넘는다. 이 책은 완벽한 타이밍에 나온 덕분에 전 세계 20개 언어로 번역될 정도로 공감을 불러일으켰다(운이 좋았다!).

2016년 이후 나는 거의 40개국을 여행하며 남극을 제외한 모든 대륙에서 현지 기업가, 정책 입안자, 비즈니스 리더, 일반인을 두루 만났다. 나는 웹3 혁신이 전 세계에서 광범위하게 일어나고 있는 것을 보고 매우 놀랐다.

비행기는 나를 다양한 '미래'로 데려다주는 타임머신이 되었다. 많은 시민이 디지털 화폐로 거래하고 가치를 저장하는 이스탄불로. 성장하는 웹3 산업의 아시아 교두보인 싱가포르로. 인터넷 사용자들이 웹3 도구를 사용하여 온라인에서 새로운 일자리를 창출하는 태국으로. 정부가 글로벌 인재와 자본을 유치하는 광범위한 계획의 핵심으로 웹3를 채택한 두바이로. 2023년 6월 리시 수낙Rishi Sunak 영국 총리가 "영국을 세계 웹3의 중심지로 전환하겠다"는 결의를 밝힌 런던으로.[3] 잠시 웹3의 선두 주자였던 토론토에 발을 내딛는 순간 나는 1950년대의 옥수수밭에 착륙한 마티 맥플라이영화 〈백 투 더 퓨처〉 시리즈의 주인공가 된 것 같았다.

여행하는 중 나는 기술에 대한 오해가 어떻게 확산되었는지도 목격했다. 일부 언론, 비즈니스, 정부 지도자가 퍼뜨린 잘못된 생각들은 웹3 기업가들에게 높은 장벽이 되었다. 이 역시 전 세계적인 현상이다. 기존 권력의 중개자들은 2022년 암호화폐 거래소인 FTX의 붕괴와 셀시우스Celsius, 보이저Voyager와 같은 암호화폐 대출기관의 파산을 지적하며 웹3에 관한 우려를 정당화한다. 그들은 중앙은행이나 대기업이 통제할 때는 새로운 기술이 혁신적이고 유용하지만 자유 시장에 맡겨두면 부정적인 영향을 미친다고 주장한다.[4] 즉, 투기꾼들에게는 새로운 도박 방법을, 범죄자들에게는 법 집행을 피할 새로운 도구를 제공한다는 주장이다. 그러나 이 회사들이 붕괴한 원인은 기술 때문이 아니라 이를 운영하는 사람의 오만 때문이라고 할 수 있다.

2022년의 사건들로 인해 시야가 어두워진 상황에서 나는 현재 상황에 대한 포괄적인 분석이 필요하다고 절실하게 느꼈다.

모든 새로운 산업에서 그렇듯이 많은 스타트업이 새로운 미래를 구축하려고 시도하지만 대부분은 변혁 과정에 각주 정도의 이름을 남기고 사라진다.

이것은 정상적인 현상이다. 이 책에는 수십 명의 창작자, 개발자 및 몽상가들의 이야기와 통찰력이 담겨 있지만 그것은 특정 조직, 사람 또는 회사의 행운에 관한 것은 아니다. 나는 이 책에서 산업 내 어두운 이야기를 공유하거나 특정 자산의 가격을 예측하지는 않을 것이다. 분명 토큰은 웹3의 핵심이다. 상당수의 토큰, 특히 기본 프로토콜이나 혁신적인 조직의 소유권을 나타내는 토큰은 가치가 큰 폭으로 상승할 것이다. 그러나 미래에 가격이 오를 토큰이나 투자에 관한 조언을 찾고 있다면 이 책은 도움이 되지 않을 것이다. 이 책은 토큰의 매수·매도 전략이 아니라 토큰의 개념에 관해 다룬다. 나는 시간 경과에 따른 비교 관점에서 데이터를 사용한다. 이 분야는 매우 역동적이고 급격한 혁신이 일어나고 있으므로 최신 데이터를 확인하고 싶다면 데이터의 출처를 참조해야 할 것이다.

또한 이 책은 이 새로운 산업의 창업자들을 철저하게 파고들지도 않는다. 제한된 분량과 시간 내에 그렇게 할 수도 없다. 10년 전만 해도 책을 쓰려는 사람은 모든 창업자에게 일일이 전화를 걸어 정보를 확인할 수 있었지만 지금은 그럴 수 없다. 이 책에서 나는 역사가 이레네 바예호Irene Vallejo의 도서관 비유[5]를 바꾸어, 웹3 지식의 군도에 있는 섬들을 연결하려고 한다. 즉, 나는 점과 점을 연결할 것이다.

이 책은 웹3에 관한 5년간의 연구, 투자, 실습, 협업을 바탕으로 하고 있다. 2017년 나는 블록체인 연구소를 출범해, 의료 및 금융 서비스부터 에너지 및 엔터테인먼트에 이르기까지 모든 산업에서 블록체인 및 웹3의 영향에 관해 100개 이상의 연구 프로젝트를 수행했다. 이 연구들은 이 책에 담긴 많은 아이디어의 밑거름이 되었다.

또한 나는 이 책을 쓰기 위해 50번 이상의 인터뷰를 진행했다. 웹3는 무엇보다 경제와 관련이 있으므로 나는 애니모카 브랜즈Animoca Brands의 공동 설립자인 얏 시우Yat Siu처럼 사업가 정신을 가진 선구자들과 직접 이야기를 나누었다. 시우는 1980년대 10대 시절 아타리Atari에서 첫 직장을 얻었고, 2017년에 웹3 분야에 우연히 발을 들여놓았으며, 회사의 미래를 웹3 게임 분야에 걸고 이 분야의 혁신가들을 지원했다. 10년 전 제러미 알레어Jeremy Allaire는 달러와 다른 통화를 위한 인터넷 기반의 지불 도구인 '돈을 위한 HTTP'를 만드는 아이디어를 냈다. 그의 회사인 서클Circle은 스테이블코인인 USDC를 개발했으며 2022년까지 총 8조 6천억 달러의 온체인 거래를 지원했다.[6] 또 다른 선구자인 서니 아가왈Sunny Aggarwal은 컴퓨터과학과 교수가 웹3 미팅에 참석하기 위해 시험을 건너뛰는 것을 허락하지 않자 버클리 대학을 중퇴했다. 그는 탈중앙화 거래소인 오스모시스Osmosis를 설립하여 수십 가지 다양한 자산 간 마찰 없는 거래를 지원하고 있다. 또 다른 발명가인 아나톨리 야코벤코Anatoly Yakovenko는 나의 팟캐스트인 〈디파이 디코디드DeFi Decoded〉에 출연해 애플과 구글의 스마트폰 독점이 자신의 플랫폼 솔라나Solana에서 웹3 애플리케이션을 개발하는 것을 방해하고 있다고 설명했다. 이후 야코벤코는 자체 휴대폰과 운영체제를 출시했다.

우리는 필수적인 웹3 인프라를 구축하는 '핵심 개발자'들과도 이야기를 나누었다. 또한 '더 머지The Merge'라는 네트워크 업그레이드를 도입하기 위해 이더리움의 개발자인 팀 베이코Tim Beiko도 만났다. 네트워크 업그레이드는 2,000억 달러에 달하는 자산을 적재한 초음속 제트 여객기가 비행 중에 엔진을 바꾸는 것과 비슷하며 심지어 이 작업을 하는 중 음료 카트조차 넘어지지 않게 해야 하는 난이도의 작업이다. 웹3의 사회적 기업가들에게 수백만 달러의 보조금을 제공해온 깃코인Gitcoin의 케빈 오워키Kevin Owocki와 스캇 무어Scott Moore와도 토론했다. 위키피디아의 설립자인 지미 웨일즈Jimmy Wales는 웹3에 대해 열린 마음을 가지고 있었지만 웹3로부터 이익을 얻는 것에 대해서는 회의적이었다. 기업가들은 처음에는 폐쇄형 '엔터프라이즈 블록체인'이 이 기술의 핵심이라고 생각했지만 결국은 웹처럼 공개 네트워크가 진정한 혁신이라는 것을 깨닫게 되었다고 말했다.

웹3 회의론자들 중 일부의 불만은 일리가 있었다. 버라이언트 펀드Variant Fund의 제시 월든Jesse Walden, 앤드리슨 호로위츠Andreessen Horowitz의 아리아나 심슨Arianna Simpson 등 벤처 캐피털리스트는 자신이 어떻게 웹3를 접하게 되었는지를 설명했다. 미국 상품선물거래위원회의 전 의장인 크리스토퍼 지안카를로Christopher Giancarlo는 웹3 규제 및 정책의 방향에 대해 의견을 제시했으며, 워싱턴 DC에서 암호화폐 혁신 위원회와 블록체인 협회를 이끄는 쉴라 워런Sheila Warren과 크리스틴 스미스Kristin Smith도 같은 입장을 밝혔다.

또한 웹3는 문화적 영역이다. '피플플리저pplpleasr' 같은 웹3 아티스트, 히트작인 〈나르코스: 멕시코〉와 〈기묘한 이야기〉의 시나리오 작가인 제시 닉슨-로페즈Jessie Nickson-Lopez와의 대화에서 분명히 알 수 있었다. 피플플리저는 스토리텔링을 재구성하고 있으며, 닉슨-로페즈는 자신의 스타트업 MV3와 함께 웹3 기업가로서 할리우드를 변화시키려고 한다. 필리핀을 비롯한 여러 곳의 게임사 임원들은 웹3가 자금이 부족한 개발자들에게 새로운 프로젝트 자금을 지원할 수 있는 도구를 제공하며, 소외된 그룹의 창의력을 어떤 식으로 높이는지에 대해 이야기했다. 문화계는 새로운 비즈니스 모델이 필요한데 웹3는 이를 가능하게 한다. 자신의 그림을 NFT로 전 세계에 판매하여 자폐증 치료 비용을 마련한 '세비Sevi'라는 필리핀의 8살 예술가의 사례는 웹3의 사회적 영향력을 명확하게 보여준다. 이러한 인터뷰들과 다양한 자료를 통한 연구, 그리고 블록체인 연구소의 조사가 웹3 연구의 기초가 되었다.

이 책은 미래에 관심이 있고 미래에 중요한 역할을 하려는 모든 사람을 위한 것이다. 당신은 진로를 고민하는 학생이거나 자신의 사업에 웹3가 어떤 도움이 될지 이해하려는 회사의 간부일지도 모른다. 또는 아프리카나 인도에서 일자리를 찾지 못해 웹3의 글로벌 노동력 풀에 합류하여 DAO에서 일할 기회를 찾는 구직자일 수도 있다. 젊은 구성원들과 소통하고 모금하는 방법을 찾는 비영리 분야의 사회운동가일 수도 있다. 웹3 도구를 이용해 자신의 창의성이 보상받는 방법을 모색하는 예술가나 스토리텔러일 수 있다. 자신이 사는 도시나 국가에 투자를 유치하려는 정치인일 수도 있다. 또는 단순히 인터넷과 세상이 더 좋아지고 공평해지기를 바라는 평범한 시민일 수도 있다.

웹3는 경제와 문화 분야에서 차세대 인터넷의 새로운 지평을 열고 있다. 미개척지를 탐험하는 것은 에베레스트 등반이나 화성 탐사처럼 전문가만이 할 수 있고 많은 자본과 강인한 정신력이 필요하다. 미개척지에는 위험과 보상이 기다리고 있다. 역사상 가장 풍요로운 신대륙은 종종 평범하지만 용감하거나 간절한 사람이 개척했다. 그러나 아무리 굳센 탐험가라 하더라도 가이드는 필요하다. 나는 이 책이 그런 이들에게 유용하게 사용되기를 바란다.

WEB3

차례

1부

파괴

1장

인터넷은
새로운 시대를 열고 있다

때때로 새로운 기술이 등장하여 사회 질서를 뒤흔들고 예상치 못한 방식으로 경제를 완전히 변화시킨다. 1440년 구텐베르크가 발명한 인쇄기는 대중에게 책과 지식을 전파했고, 80년 후 마틴 루터가 교회의 독단에 도전하는 95개 논제를 전파하는 데에 기여하였다. 또한 인쇄술 덕분에 신문, 소설, 포르노, 인쇄 광고의 시대가 활짝 열렸다. 1776년 제임스 와트의 증기기관은 초기 산업혁명에 활력을 불어넣으며 세상을 획기적으로 변화시켰다. 그 결과 철도 및 전신과 같은 새로운 산업이 등장했으며 앤드루 카네기의 US스틸과 존 D. 록펠러의 스탠다드 오일과 같은 대기업이 탄생하고, 미국노동총동맹과 같은 노동조합도 등장했다. 1920년대 미국 라디오 회사RCA, Radio Corporation of America

는 이탈리아 발명가 마르코니의 무선 통신을 상업화함으로써 생방송 뉴스와 기업 후원 프로그램을 통해 새로운 대중 매체와 소비자 문화를 창조했다. 독재자든 민주주의 국가의 정치인이든 대중 매체를 통해 국민 개개인의 집으로 파고들며 공포와 희망을 동시에 퍼트릴 수 있게 되었고 정치 풍토도 크게 변화했다.

20세기 후반, 냉전과 우주 경쟁은 컴퓨팅과 통신의 융합을 가속해 또 다른 획기적인 발명품인 인터넷을 만들어냈다. 처음 구상된 1960년대의 인터넷은 적국의 공격이 있을 경우에도 미국의 지휘센터가 가동 상태를 유지하기 위한 목적이었다. 이후 1990년대 팀 버너스리 Tim Berners-Lee의 월드 와이드 웹 World Wide Web 발명과 마크 앤드리슨 Marc Andreessen의 모자이크 Mosaic 웹 브라우저를 통해 인터넷이 상업화되었다. 인터넷, 특히 웹은 세상을 근본적으로 변화시켰다. 이제 웹은 모든 산업, 사회, 문화를 다시 한번 변화시킬 새로운 시대로 접어들고 있다.

웹의 첫 번째 시대, 지금은 웹1(1992-2002년)으로 알려진 '읽기 전용 웹'은 메일, 잡지, 카탈로그, 신문, 광고 등의 정보를 디지털로 재구성한 방송매체였다. 인쇄 잡지였던 〈와이어드 Wired〉는 배너 광고 사업을 시작했고, 전 세계 기업들은 우편을 이메일로, 마케팅 자료를 웹사이트로 대체했다. 사용자들은 온라인에서 정보를 읽을 수 있었지만 상호작용할 수는 없었다. 웹1은 인터넷과 연결된 컴퓨터가 있으면 사람이 누구나 정보에 접근할 수 있도록 하였지만 정적이며 일방적으로 작동했다. 사용자들은 다른 사람이 만든 콘텐츠를 수동적으로 받아볼 수만 있었다. 웹1 시대의 대표적인 서비스인 브리태니커 온라인 백과사전, AOL America Online, 라이코스 Lycos, 알타비스타 AltaVista 등은 인터넷이 존재하기 이전의 서비스에서 영감을 얻은 것이다.

'웹 페이지 발행', '전자 메일'과 같은 용어에 페이지, 메일 등의 단어가 사용된 것을 보면 웹의 정신적 모델은 종이와 출판에 뿌리를 두고 있다는 사실을 알 수 있다. 웹1의 창작물들은 스큐어모픽skeuomorphic, 다른 사물의 형태를 차용한 디자인이었다. 즉, 기존 모델의 디지털 버전이었다.[1] 때때로 신제품이나 새로운 서비스의 첫 번째 버전은 이전 버전과 유사하다. 이는 설계자 혹은 대상 고객이 현재와 완전히 다른 미래를 상상하지 못하기 때문이다. 그래서 설계자와 기업가들은 종종 오래된 제품의 특징을 활용하여 고객이 새로운 것에 더 익숙해지도록 돕는다. 예를 들어, 초기 전구 제조업체들은 전구를 촛불 모양으로 만들었다. 휴지통, 파일 폴더, 사서함 응용 프로그램 등 컴퓨터 아이콘 역시 이런 관습을 따랐다. 또한 테슬라가 초기에 내놓은 자동차 모델은 전기 자동차에는 필요 없는 전면 그릴을 장착하고 있었다.[2]

벤처 캐피털 회사 앤드리슨 호로위츠의 크리스 딕슨Chris Dixon은 "웹1의 초능력은 개발자의 힘을 활용하여 개방형 프로토콜에 의해 관리되는 시스템에서 나왔다"라면서 이렇게 강조했다. "누구든지 웹사이트, 앱 계층, 인프라 계층 등 모든 것을 구축할 수 있었다. 이런 커뮤니티 중심의 개발은 매우 강력한 힘을 가지고 있다."[3]

2000~2001년 닷컴버블 붕괴로 새로운 종류의 웹이 필요해졌다. 몇 가지 중요한 기술 혁신 덕분에 웹은 협동과 계산의 매체로 진화했다. '읽기-쓰기 웹'(2002-2020년)이라고 불리는 웹2는 콘텐츠를 만들고, 공유하고, 토론할 수 있는 도구를 제공함으로써 사용자들은 자신도 모르는 사이에 웹을 새로운 방식으로 사용하게 되었다.[4] 우리는 '쓰기'를 통해 웹에 자신의 콘텐츠를 추가할 수 있었다. 인터넷 기반의 커뮤니티와 조직이 형성된 것이다. 위키피디아Wikipedia를 생각해 보라.

공동 설립자인 지미 웨일즈Jimmy Wales와 래리 생어Larry Sanger는 자원봉사
자들에게 글을 기고하도록 요청하여 글로벌 자원을 구축하게 되었다.
위키피디아와 유사한 자원봉사 기구들은 사이트의 유용성과 개발을
관리했지만 그것을 소유하거나 통제하지는 않았다.[5] 반면 페이스북과
트위터와 같은 소셜 미디어 대기업들은 개인이 자신의 콘텐츠를 생성
하고 게시하며, 그룹을 구성하고, 온라인에서 협업할 수 있도록 플랫
폼을 만들었지만 사용자들은 자신의 콘텐츠에 대한 소유권을 주장할
수 없었고, 플랫폼의 거버넌스에 대해서 발언권도 없었다. 결과적으로
"인터넷 플랫폼들의 경제적 이익은 가장 가치 있는 기여자인 사용자
들의 경제적 이익과 일치되지 않았다. 지금도 마찬가지다."[6] 그 결과,
웹2와 모바일은 검색, 소셜 네트워킹, 전자상거래, 모바일 운영체제 등
여러 영역에서 자연 독점natural monopoly, 생산 규모가 가장 큰 선발기업이 다른 후발 기업의 시
장 진입을 자연스럽게 봉쇄하게 되는 상황을 형성했다. 딕슨은 "예전에는 CBS, NBC,
ABC가 있었다. 이제 우리에게는 페이스북, 구글, 아마존, 애플이 있
다"라고 말했다.[7]

기존 웹의 실패

◆
◆   팀 버너스리의 위대한 발명품 월드 와이드
웹은 여전히 세계에 엄청난 선(善)을 가져다주는 힘을 발휘하고 있지
만, 버너스리 자신이 인정했듯 그의 발명은 핵심적인 측면에서 기대에
못 미쳤다. 월드 와이드 웹이 출범한 지 30년이 지난 후 그는 〈가디언
Guardian〉에 "클릭 수를 상업적으로 보상하고 잘못된 정보의 바이럴 확

산을 조장하는 광고 기반 수익 모델의 '비뚤어진 인센티브', 양극화된 온라인 대화의 어조와 특성" 등 웹이 남긴 유산에 대해 글을 썼다.[8]

페이스북의 마크 저커버그Mark Zuckerberg는 아마존의 제프 베조스Jeff Bezos, 구글의 세르게이 브린Sergey Brin과 래리 페이지Larry Page와 함께 새로운 '석유'인 사용자 데이터의 거물로 등장했다. 사용자 데이터는 사용자 관심에서 생성되며, 채굴과 분석 과정을 거쳐 광고주에게 팔렸다. 개인용 디지털 보조 장치, 휴대 전화 기술, 3G 연결이 결합하면서 스마트폰이 탄생하여 수십억 명의 손에 온라인 슈퍼컴퓨터를 들려주었다. 스마트폰 카메라 덕분에 모든 사람은 자신의 삶을 다큐멘터리로 만들 수 있었고 엄청난 양의 데이터를 스트리밍했다. 모바일은 글로벌 포지셔닝 시스템GPS, Global Positioning System을 활용해 다른 사람의 여유 자원을 포장해 판매할 수 있는 소위 '공유 경제' 플랫폼을 활성화했다. 물론 공유 경제란 단어는 잘못된 표현이다. 예를 들어, 우버의 경우 운전자들은 자신의 시간과 자원을 우버와 공유하지만 플랫폼의 이익을 공유할 수 없으며 우버의 운영 방식에 대한 발언권도 없다. 마찬가지로 우버를 이용하는 승객들은 이러한 네트워크를 가치 있게 만들지만 우버에 대한 경제적 지분이나 거버넌스 관련 지분이 없다.[9]

버너스리는 웹2에 대한 웹3 지지자들의 우려를 공유한다. 그렇다고 해서, 그는 웹3의 핵심 기술 중 하나인 블록체인이 이런 문제에 대한 해결책이라고도 생각하지 않는다. 그는 데이터를 인터넷 사용자들의 손에 돌려주는 동시에 웹을 탈중앙화하고 개인정보 보호를 강화하기 위한 자신의 프로젝트를 언급하며 "블록체인 프로토콜은 어떤 것에는 유용할 수는 있지만 솔리드SOLID, Social Linked Data, 탈중앙화 웹 프로젝트에는 적합하지 않다"라고 말했다. 그의 관점에서 블록체인은 "너무 느리고,

너무 비싸고, 너무 공개적이다. 개인 데이터 저장소는 빠르고 저렴해야 하며 비공개적이어야 한다."[10]

버너스리는 또한 사람들이 '웹3'를 그가 '웹 3.0'이라고 지칭한 개념과 혼동하고 혼란스러워한다고 불만을 표명하기도 했다. 웹 3.0이란 컴퓨터가 웹의 데이터를 읽고 처리하여 모두에게 이익을 줄 수 있는 지능형 웹인 '시맨틱웹semantic web'을 의미한다.[11] 그는 '웹3'가 진정한 웹이 아니므로 무시해야 한다고 말했다. 어떤 의미에서는 그의 말이 옳다. 웹3는 기존 웹의 기술과 아키텍처로부터 근본적으로 벗어나 새롭게 부상하는 개념이다. 게다가 버너스리의 솔리드는 자신과 다른 사람이 웹2에서 파악한 데이터 포획과 소유권 문제를 해결하는 데 도움이 될 수 있다. 월드 와이드 웹의 창시자가 웹의 미래에 대해 말할 때 우리는 귀를 기울여야 한다.

웹2 지지자들은 새로운 '쓰기 가능한' 웹이 게이트키퍼사회적 사건이 대중 매체를 통하여 대중에게 전달되기 전에 미디어 기업 내부의 각 부문에서 취사선택하고 검열하는 기능들을 없애줄 것으로 생각했다. 그러나 기대와는 달리 웹2 대기업들이 새로운 게이트키퍼로 등장했다. 호주 정부에서 페이스북, 구글 등이 호주 뉴스 매체의 링크를 게시할 때 비용을 지불하도록 요구하는 법을 도입하자 페이스북은 호주 전역의 모든 뉴스 콘텐츠를 차단했다. 호주 국민의 39%가 페이스북에서 뉴스를 보는 상황이었는데도 정부 정책과 코로나19 대응 방침 공유 등 시급한 정보 전달 수단을 봉쇄한 것이다. 게다가 당시는 산불과 코로나19가 한창일 때였으므로 그 어떤 때보다 기상 뉴스와 보건 당국의 정보가 중요한 시점이었다.[12] 결국 호주 정부는 페이스북에 항복했다.

웹2 플랫폼들은 그들이 보유한 대량의 데이터를 활용해 닐슨

Nielsen, 세계적인 정보 분석 기업이 전성기 시절에도 불가능했던 방식으로 사용자들을 프로파일링하고 목표 고객을 발굴할 수 있게 되었다. 소셜 미디어는 진실 여부와 무관하게 특정 메시지에 수용적인 사람을 표적 삼아 극단주의를 증폭시키고, 공정한 담론을 해치고, 가짜 뉴스를 퍼뜨렸다. 이를 연구한 과학자들에 따르면 소셜 미디어는 뇌의 생화학적 작용에도 변화를 주었다.[13] 페이스북의 내부 감사 결과, "우리의 알고리즘은 인간 두뇌가 분열에 매력을 느낀다는 사실을 이용해 사람을 자기 강화적 극단주의 반향실echo chamber, 비슷한 생각이나 의견을 가진 사람만 모여 서로의 의견을 확인하고 강화하는 가상공간로 몰아넣고 있다"라고 평가했다.[14] 그러나 이런 경고는 웹2 플랫폼 경영진들의 진지한 반성을 전혀 촉발하지 못했다.

더 많은 상거래가 온라인으로 이동함에 따라 웹2 기업뿐만 아니라 비자, 마스터카드 같은 은행과 결제 회사들도 디지털 경제의 막강한 금융 중개자가 되었다. 애플, 구글, 페이스북, 아마존 등은 자신들의 시스템 안에 엄청난 가치를 창출할 수 있는 사용자 데이터, 앱 개발자 데이터, 브랜드 데이터를 보유하고 있었다. 결국 모든 협업과 소통은 이들의 중앙집중형 플랫폼에 축적되었다.

이 모델은 한동안 잘 작동했지만 점점 정교해지는 표적 광고와 페이지 추천에 사용자들은 압도당했고, 해커들에게 사용자 데이터를 노출되는 문제도 초래했다.[15] 경제학자 로버트 J. 샤피로Robert J. Shapiro는 〈뉴욕타임스〉에 이렇게 말했다. "제너럴 모터스가 철강, 고무, 유리를 생산할 때 비용을 전혀 지불하지 않는다고 상상해보라. 그것이 바로 지금 거대 인터넷 기업들이 하고 있는 것이다. 매우 유리한 거래다."[16]

웹2 거대 기업들은 자연 독점 구조로 네트워크를 통합하면서 경쟁을 억제했다. 이들은 신생 기업들을 제거하거나 인수하면서 시장 지배력을 확고히 했다. 예를 들어, 페이스북은 2009년 프렌드피드 FriendFeed, 2010년 프렌드스터Friendster의 특허, 2011년 프렌드리Friend.ly, 2012년 인스타그램Instagram과 지갑 앱, 2014년 왓츠앱WhatsApp과 오큘러스Oculus VR을 인수했다. 그에 그치지 않았다. 위치 추적, 얼굴 인식, 음성 번역, 운동 및 활동 추적, 음성 인식, 감정 감지, 생체 인증, 뇌파를 디지털 신호로 변환하는 뇌-컴퓨터 인터페이스 기술 등 다양한 기술을 인수하여 사용자를 더욱 상세하게 프로파일링하기 위한 데이터 수집 능력을 강화했다.[17] 페이스북의 관점에서 이러한 인수들은 합리적인 결정이었다. 다른 시대의 거대 기업들도 동일한 방법으로 경쟁자들을 합병하며 시장 독점을 이루었으니 말이다. 하지만 인터넷 사용자 입장에서 보면 이 모델은 마치 파우스트와 메피스토펠레스가 맺은 악마의 계약과도 같으며 이는 점점 더 지탱할 수 없는 현상으로 보인다. 대대적인 재고가 필요한 시점이다.

새로운 웹의 탄생

◆

◆   모바일 웹이 활성화되고 웹2 대기업들이 온라인 권력을 강화하고 있던 2008년 금융 위기 이후, 사토시 나카모토Satoshi Nakamoto라는 발명가가 등장하여 또 다른 웹 시대의 기반을 마련했다. 사토시는 비트코인 백서를 발표한 후 컴퓨터와 인터넷 연결만으로 인터넷을 통해 피어 투 피어P2P, peer-to-peer 방식으로 가치를 전송할 수 있는 최초의 공용 도구인 비트코인을 개발했다.[18] 비트코인 이전에는 중개자를 신뢰하지 않고서는 이러한 전송이 불가능했다. 비트코

인은 이메일과 웹이 정보를 위한 공용 인프라가 된 것과 같은 방식으로, 결제를 위한 공용 인프라가 되었다. 비트코인의 놀라운 점은 '제대로 작동한다'는 것이었고, 이는 훨씬 더 큰 상업적·문화적·정치적 격변의 무대를 마련했다.

웹은 세 번째 시대인 웹3, 즉 '읽기-쓰기-소유 웹(2020년 이후)' 시대로 접어들고 있다. 이 시대는 웹의 핵심 플랫폼, 조직, 자산을 소유할 수 있는 도구를 민주화하고 사용자들의 이익을 그들이 사용하는 기술의 이익과 일치시킬 수 있다. 웹1과 웹2는 크게 다르지만, 둘 다 여전히 정보 매체였다. 웹1과 웹2는 인터넷의 첫 번째 시대를 구성한다. 웹3를 통해 인터넷은 '가치의 인터넷'이라는 두 번째 시대로 접어들고 있다. 나는 《블록체인 혁명》에서 인터넷이 어떻게 두 번째 시대로 진입하고 있는지 설명했다. 블록체인으로 알려진 혁신적인 기술은 자산을 디지털 방식으로 표현하고, 소유하며, 거래하고, P2P로 안전하게 보호할 수 있는 가치의 인터넷 시대를 열어주었다. 블록체인은 새로운 웹과 새로운 인터넷 시대를 가져오고 있다.

웹2의 가장 큰 문제는 디지털 재산권의 부재다. 웹을 사용하는 우리는 모두 가치 있는 가상 상품이나 디지털 자산을 만들어낸다. 우리는 웹에 '쓰기'를 하고 가치를 창출하지만 웹2 대기업들이 그 가치를 차지해 버린다. 사용자는 자신이 만든 가상 상품을 소유하지 못한다. 자신의 데이터를 수익화하거나 개인정보를 관리할 수도 없으며 자신이 사용하는 서비스의 운영 방식에 이해관계자로서 발언할 권리도 없다. 여러분이 트위터에 글을 쓰거나 페이스북 그룹을 만들거나 인스타그램에 사진을 올리거나 틱톡 동영상을 만들거나 유튜브에 콘텐츠를 올릴 때 여러분은 이를 온전히 소유할 수 없다. 온라인에서 여러분은 구매 내역, 식습관, 대화 내용, 이동 경로, 교류 인물, 외모, 관심사, 지지하는 단체, 정보 접근 방식, 콘텐츠 시청 시간 등 개인적인 데이터의 흔적을 남기고 있다. 그리고 이 데이터들은 결코 여러분의 것이 아니며 모든 권리는 웹2 대기업에게 있다. 이제 상황을 이해하겠는가?

때로 여러분은 사용하는 플랫폼에서 가치를 창출하기 위해 돈을 지출하기도 한다. 포트나이트Fortnite 같은 비디오 게임이 예가 될 것이다. 게이머들은 경쟁력 있는 게임을 하려면 게임의 디지털 상품을 구매해야 한다. 하지만 그것들을 게임 밖으로 가져갈 수는 없다. 만약 게임 회사가 인수되어 좋아하는 게임 서비스가 종료되거나 코드가 변경되면 이런 자산은 영구적으로 잃을 수 있다. 즉, 우리는 온라인 세계에서 소유자가 아니라 세입자에 불과하다. 앤드리슨 호로위츠의 아리아나 심슨Arianna Simpson은 "그것들은 전통적인 의미의 자산은 아니다. 소유권이 없으며 재산권도 없다. 다른 사람의 우주 안에서 그의 허락하에 존재할 뿐이다"라고 말했다.[19] 이는 사용자에게 불리한 것이며 웹의 경제적 잠재력을 제한한다. 이러한 한계에도 불구하고 인터넷 사용자들은 실질적으로 소유하지도 못하는 디지털 상품에 연간 1,000억 달러를 지출하고 있다. 매튜 볼Matthew Ball은 그의 저서 《메타버스The Metaverse》에서 "사용자가 구매하는 가상의 모자, 토지, 또는 영화가 진정으로 그들의 소유가 될 수 없는 이유는 결코 그것을 통제할 수 없기 때문이다"라고 주장했다.[20] 산업 시대 번영의 기초는 재산권이었다. 정보 시대의 번영은 온라인 소유권, 즉 디지털 재산권에 달려있다.

디지털 자산 또는 토큰의 소유권은 웹3의 기반이다. 이는 사람들에게 디지털 존재에 대한 경제적 지분을 부여한다. 디지털 소유권은 개인이 디지털 자산을 활용하여 P2P로 수익을 창출하고 저축하며 거래하고 투자할 수 있게 함으로써 새로운 금융 모델을 가능하게 한다. 이는 금융과 화폐 분야에서 수백 년 만에 가장 큰 격변이 될 것이다. 이더리움Ethereum 선구자이자 깃코인Gitcoin의 설립자인 케빈 오워키Kevin Owocki는 "우리는 지금까지 디지털 영역에서 재산권을 가지고 있지 않았다. 실제 세계에서 재산권이 금융 발전에 중요했다고 생각한다면, 웹3에서도 중요하다고 생각해야 한다"라고 주장했다.[21] 그리고 소유권과 더불어 새로운 신분 인증 방법이 등장했다. 인터넷 사용자들은 웹3 도구를 사용해 자신의 속성을 증명할 수 있으며 웹3 ID는 생체 인식이나 정부 ID 증명을 통해 보완될 수 있다. 비디오 게임 사업가인 베릴 리Beryl Li는 이것을 '인간성 증명'이라고 부른다.[22] 마지막으로, 소유권은 사용자에게 플랫폼과 서비스 운영 방식에 대한 발언권을 부여한다. 거버넌스 권리governance right는 플랫폼이 사용자에게 책임을 지는 보다 대표적이고 공정하게 운영되는 인터넷을 약속한다. 간단히 말해서, 웹3의 리더들은 "인터넷 사용자는 거래에 관한 개인정보 보호를 보장받고, 디지털 자아에 대한 주권과 온라인 자산에 대한 재산권을 가져야 한다"고 주장하고 있다.

웹3의 리더와 옹호자들은 다양하고, 세계적이며, 젊다. 불과 한 세대 전에는 과학 소설 영역에만 존재했던 기술 도구를 가지고 자신들의 능력을 강화한다. 탈중앙화 기술은 웹3에서 권력, 영향력, 가치 창출을 균형 있게 분산시킬 것이다. 단일한 '웹3 문화'가 존재하는 것은 아니지만 웹3 사용자와 개발자 커뮤니티에는 몇 가지 공통적인 특징이 있다. 초기 도입자들은 새로운 것을 시험해 보는 것을 두려워하지 않으며 "경제를 근본 원칙에서 재구상하는" 실험가들이다.[23] 웹3는 웹1처럼 산뜻하지만 조금은 경솔한 분위기를 가지고 있다. 위험이 크고 영향은 막중하지만 웹3 커뮤니티에는 유머 감각이 넘치는 밈^{meme}들이 유행한다. 또한 웹3는 개방적이다. 이더리움 플랫폼의 개발자인 팀 베이코는 "이더리움은 단순히 오픈소스 또는 허가가 필요 없다는 것 그 이상이다"라면서 이렇게 설명했다. "당신이 이더리움에서 무언가를 구축하면 누구나 그것과 상호 작용할 수 있다. 그들은 코드를 볼 수 있을 뿐만 아니라 직접 연결할 수도 있다. 이를 통해 개방성과 협업의 거대한 문화가 만들어진다."[24]

웹3 개발자들은 열린 시장에서 경쟁하는 자본주의자들이다. 한 가지 예외는 '비트코인 신봉자들'일 것이다. 1981년에 퓰리처상을 수상한 트레이시 키더^{Tracy Kidder}의 책 《새로운 기계의 영혼^{The Soul of a New Machine}》의 한 구절을 인용해 표현하면, 비트코인에 대한 그들의 감정은 마치 '코사크^{Cossacks}들이 자신의 말에게 가진 애정과 강한 유대감'과 같다고 할 수 있다.[25]

생명, 자유, 그리고 디지털 재산권의 추구

◆

◆   재산권은 자유 사회, 민주주의, 정상적으로 작동하는 시장 경제의 기초다. 이 개념은 17~18세기 계몽주의 시대에 처음으로 명확하게 제시되었지만 수 세기에 걸쳐 그 개념이 확장되었다. 오늘날 재산권은 현대 사회와 시장 경제의 초석이다. 계약에 명시되어 공정하고 공평한 법치에 의해 집행되는 재산권은 모든 투자, 자본 형성, 혁신의 기반이다. 실제로 계약은 모든 자산 종류, 기업, 경제 활동의 기초다. 이를 가장 잘 관리하는 국가는 더 큰 투자와 혁신으로

인한 이익을 누릴 수 있다. 직관적으로도 타당한 이야기다. 소유권을 확신할 수 없다면 새로운 사업을 시작하거나 투자할 사람이 누가 있겠는가?

17세기 영국 학자 토마스 홉스Thomas Hobbes는 기념비적인 저서인 《리바이던Leviathan》에서 단일 인물보다는 법과 국가에 근거한 강력한 중앙 권력을 옹호했으며, 인간 존재는 '고독하고 가난하고 추악하고 잔혹하며 짧다'고 주장했다.[26] 수십 년 후 신성한 왕권보다 의회의 우선권을 주장한 명예혁명 기간, 존 로크John Locke는 《통치에 관한 두 논문Two Treatises of Government》을 발표했다. 인간의 자연 상태에 대한 로크의 견해는 그렇게 비관적이지 않았지만, 그의 정부 개념은 국가의 절대적 권위가 아닌 개인의 권리에 뿌리를 두고 있었다. 권리는 정부의 통치가 아니라 사유 재산에서 비롯되었다고 보았다.[27] 물론 세상이 그렇게 돌아가지는 않았다. 그렇다면 자연 상태에서 개인이 직면한 불편함에 대한 로크의 해결책은 무엇이었을까? 바로 재산권이다.

웹1은 (아담과 이브보다는 카인과 아벨에 가까운) 야만적인 상태가 아니었다. 그럼에도 불구하고, 그것은 무질서하고 체계가 없었으며 개인이 개인정보를 공유하지 않고 신원을 확인할 수 있는 방법이 부족했다. 디지털 재산권을 표현하고 커뮤니티 소유권을 나타내고 가치 창출을 온라인으로 조정·구성·자금 지원할 수 있는 다른 메커니즘을 개발하는 방법도 없었다. 웹2 기업들은 우리가 그들의 울타리 안에서 관리되고 선별된 경험에 접근할 수 있는 간단한 모델을 제공했다. 그리고 우리는 플랫폼에 가치를 구축하는 데 데이터를 제공했음에도 불구하고 콘텐츠로부터 발생한 이익을 포기해야 했다. 우리는 서비스 이용약관을 읽지도 않고 동의하곤 한다. 우리는 플랫폼의 발전이나 다른 참여자들에 대해 어떠한 의견도 제시할 수 없다. 로크의 말을 인용하면 우리가 노동을 제공함에도 불구하고 '재산'은 진정으로 우리 것이 아니다. 오히려 플랫폼은 우리의 디지털 인격을 시장에서 가장 높은 가격을 써낸 입찰자에게 판매하고 있다. 이런 점에서 웹2는 계몽주의보다는 정통적이고, 자본주의보다는 봉건제도에 더 가깝다. 인터넷을 서핑하는 것은 디지털 영지의 보안을 위해 기꺼이 개인정보와 데이터 권리를 포기하는 행위라는 점에서 인터넷을 '농노'처럼 사용한다는 것과 비슷하다.[28] 게다가 권위주의 체제에서는 웹2 애플리케이션이 사회 통제와 정치적 탄압의 도구가 될 수 있다.[29]

반면에 웹3 기술은 경제적·사회적·정치적 자유를 위한 도구가 될 수 있다. 블록체인이 권리를 보장하는 역할을 수행할 수 있다. 암호화폐 연쇄 창업가인 서니 아가왈은 "개인정보 보호는 중앙집중식 시스템보다 웹3가 더 잘 수행할 수 있는 가장 중요한 분야 중 하나"라고 말했다.[30] 업계에서 토큰token이라고 알려진 디지털 무기명 자산은 온라인 플랫폼에서 가치 있는 디지털 상품을 보유하고 이전하는 것을 가능하게 해준다. 이런 재화에는 화폐, 증권, 기타 금융자산뿐만 아니라 수집품, 지적재산권IP, 우리의 신원 정보, 데이터는 물론이고 우리가 아직 상상하지 못한 것들까지 포함된다. 온라인에는 실물 부동산처럼 소유권을 주장할 수 있는 고정된 면적의 부동산은 없다. 오직 무한한 미개척지만이 존재한다. 제임스 데일 데이비슨James Dale Davidson과 윌리엄 리스-모그Lord William Rees-Mogg 경은 그들의 저서인 《주권적 개인The Sovereign Individual》에서 "사이버 공간은 향후 가장 풍요로운 경제 영역이 될 것"이라고 주장했다.[31]

옥스퍼드 사전은 토큰을 사실, 질적 요소, 감정의 '가시적이거나 만질 수 있는 증표'로서 소지자가 상품이나 서비스로 교환하거나 기계를 작동하는 데 사용할 수 있는 '상품권'으로 정의한다.[32] 좋든 싫든 기술 세계는 이 용어를 받아들였고 다행히 이는 적절한 용어로 판명되었다.

크리스 딕슨은 웹사이트가 웹1과 웹2의 기본 구성 요소였던 것처럼 토큰이 웹3의 기본 구성 요소라고 설명했다. 그는 토큰을 컨테이너에 비유하면서 "토큰은 코드, 이미지, 음악, 텍스트 등 창의적인 사람이 생각하는 무엇이든 포함할 수 있다"라며 이렇게 설명했다. "여기에서 핵심은 토큰이 단순히 정보를 전달하는 하이퍼링크가 아니라 소유될 수 있다는 사실이다. 즉, 사용자, 스마트 계약, 서비스는 토큰을 소유할 수 있다."[33] 여기에서 말하는 '스마트 계약smart contract'은 도큐사인DocuSign과 같은 웹2 앱을 사용해 '전자 서명'을 하는 정적이고 아날로그적인 계약이 아니다. 전자 서명은 웹2의 발명품이다. 즉 계약서를 읽고 서명을 하면 끝이다. 반면에 스마트 계약은 코드로 작성된 자체 실행 및 변경 불가능한 P2P 계약으로, 조건을 이행하기 위해 변호사, 은행 또는 기타 중개자가 필요하지 않다. 스마트 계약은 디지털 신탁 계좌를 보유하는 것처럼 금전이나 기타 자산을 보유하는 등 더 많은 작업을 수행할 수 있다.

아크 인베스트먼트Ark Investment Management의 브렛 윈턴Brett Winton은 스마트 계약을 이렇게 표현했다. "우리는 누구나 동의할 수 있는 방식으로 어떤 것을 디지털적으로 소유하고, 소유권을 증명하고, 다른 사람에게 소유권을 이전할 수 있는 기본 메커니즘을 가지고 있다."[34] 마침내 우리는 디지털 상품과 신원을 소유하고 그 소유권을 증명할 수 있는 수단을 갖추게 되었다. 속담에서 말하듯 "실제로 소유하는 것이 법적 소유의 90%를 해결해 준다."[35]

디지털 공유지의 승리

◆

◆　　　　　　　　　1992년 발표에서 연구 과학자 데이비드 클라크[David D. Clark]는 인터넷 개척자들의 정신을 이렇게 표현했다. "우리는 왕, 대통령, 투표를 거부하고, 대략적인 합의와 실행되는 코드를 믿는다."[36] 클라크의 선언은 1970년대와 1980년대의 인터넷 표준 개발의 준(準)무정부주의 정신을 포착한 것이며 웹1의 개방성과 자유의 정신으로 이어졌다.

이메일과 인스턴트 메신저 같은 초기 인터넷 킬러 앱 제작자들은 미국 정부와 학계에서 자금을 지원하는 오픈소스 소프트웨어에 의존했다. 어떤 기업도 핵심 플랫폼을 소유하거나 초기 웹의 개발을 감독하지 않았다.[37] 웹이 성장하면서 새로운 기능들이 추가되고 수억 명의 새로운 사용자들이 유입됨에 따라 디지털 공유지를 기반으로 상업적 기회를 찾아내려는 새로운 기업들이 등장했다.

생태학자 개릿 하딘[Garrett Hardin]은 '공유지의 비극[tragedy of the commons]'이라는 용어를 만들었다. 공유지에서 가축을 방목하던 19세기 농부들은 땅을 계속 사용하고 싶어 했다. 토지 사용을 규제하는 규정이 없었기에 모든 농부들이 자신의 소에게 먹이를 주려는 이기심에 따라 행동하다가 결국 땅을 황폐화시켰다. 이것이 공유지의 비극이다. 하딘은 민족주의자이자 인종차별주의였는데, 그의 논문은 우생학을 지지하고 이민을 반대하는 관점에 영향을 미쳤다.[38] 그럼에도 불구하고, 기후 과학부터 경제 이론에 이르기까지 그의 영향을 축소할 수는 없다. 많은 사람이 그의 이론의 비관적 버전을 도로, 수로, 식수, 식량 공급에 이르는 다른 공공재로 확장했으며, '공유지의 비극'의 교훈을 자원의 민영화 또는 최소한의 외부적 통제를 정당화하는 데 이용했다.[39]

우리의 온라인 공공재는 원자재가 아니라 오픈소스 프로토콜이다. 이것은 공용 도메인에 위치한 소프트웨어로서 자원봉사자들이 개발하고 관리하며 누구든 원하면 원본 코드를 이용하여 프로그램을 사용·복사·수정·배포할 수 있는 권리를 공유한다. 인터넷은 우리가 자발적으로 협력하여 굉장한 가치를 지닌 오픈소스 공공재를 구축할 수 있다는 사실을 보여주었다. 오픈소스 프로젝트는 매년 전 세계 국내총생산GDP을 수천억 달러 증가시키고 노동 생산성을 향상하며 스타트업 창업을 지원한다.[40]

깃코인의 케빈 오워키는 이렇게 말했다. "새로운 웹사이트를 구축하고 싶을 때 나 자신만의 웹서버, 데이터베이스 서버, 클라우드 호스트를 만드는 것이 아니라 오픈소스 소프트웨어를 사용할 수 있다. 그런 방법이 멋진 이유는 우리 모두 거인의 어깨 위에 앉을 수 있기 때문이다. 우리는 이전 세대가 세운 오픈소스 기반 덕분에 더 빨리 나아갈 수 있다."[41] 그런데 오픈소스는 구축하기보다 유지하는 것이 훨씬 더 어렵다. 프로젝트들이 제대로 수익화되지 않았기 때문이다. 그래서 오워키는 오픈소스를 유지하는 사람은 자신의 열정 프로젝트를 완성할 자금을 마련하기 위해 다른 기업체에서 일해야 하는 상황이라고 지적했다.

이러한 인센티브와 경제적 보상의 불일치 때문에 오픈소스 프로젝트는 기업 프로젝트와 효과적으로 경쟁하지 못하고 있다. 마이클 J.

케이시[Michael J. Casey]가 말했듯이 "영리 기업들은 오픈 프로토콜 위에서 작동하는 상용화된 전용 애플리케이션에 자원을 집중했다."[42] 기업들은 최고의 인재를 영입하고 방향을 결정할 수 있으며 비영리 단체에 기부할 수 있는 재정적 자원을 보유하고 있다.

웹3 도구는 디지털 자산의 소유를 통해 온라인에서 개인에게 재산권을 부여할 뿐만 아니라 개발자들에게 풀타임으로 작업할 수 있는 경제적 인센티브를 제공함으로써 오픈소스 프로젝트를 시작하고 유지할 수 있는 실행 가능한 모델을 제공한다. 사용자와 개발자는 서로 다른 그룹이지만 온라인 경제 내에서 그들의 이해관계는 일치한다.

토큰이 우리가 가치 있다고 생각하는 모든 것을 담을 수 있는 컨테이너라면 기여자들을 위한 특정 경제적 권리와 공공재 관리 방법을 담은 규칙 역시 토큰에 프로그래밍할 수 있다. 노벨 경제학상 수상자인 엘리노어 오스트롬[Elinor Ostrom]은 자산을 효과적으로 관리하는 공동체에 대해 연구했다. 그녀는 지속 가능한 자원 관리를 가능하게 만든 명확한 사용 경계 설정부터 간단한 거버넌스 규정화에 이르는 8가지 원칙을 정의했다.[43] 우리는 경제적 권리와 함께 규칙과 인센티브를 거버넌스 토큰[governance token, 블록체인 기반 프로젝트나 플랫폼에서 토큰 소유자들이 해당 프로젝트나 플랫폼의 운영, 정책 결정 등에 참여하고 투표하게 해주는 디지털 암호화폐]에 프로그래밍함으로써 오픈소스 개발자들이 자신의 열정 프로젝트를 전업으로 수행할 수 있는 길을 열었다. 이런 필수적인 인프라와 웹3를 위한 모든 서비스가 오픈소스로 이루어진다. 어떤 기업도 이것들을 독점할 수 없으며 다른 사람이 그 위에 서비스를 구축하는 것을 배제할 수도 없다. 따라서 온라인에서 개인의 소유권이 강화되는 것이다.

이러한 공동체 소유권 개념은 비즈니스는 물론 다른 영역으로도 확장된다. 웹3에서 탈중앙화 자율 조직인 DAO ^{decentralized autonomous} organizations라는 새로운 인터넷 기반 조직을 통해 자신들의 자산을 모으고 관리할 수 있다.

세상과 비즈니스를 위한 여섯 가지 혁신

◆

◆   이 책에서 우리는 웹3가 우리가 사는 세상에 미치는 초기 영향을 살펴본다. 동심원처럼 처음에는 자산이라는 개념에 초점을 맞춰 시작하다가 점차 사람, 조직, 기업, 산업, 인간 경험, 그리고 문명 전체로 확장하면서 다룰 것이다. 이 모든 것이 앞으로 나아가는 젊은 창업가나 혁신가들에게 어떤 의미가 있는지, 산업, 정부, 교육 분야의 지도층에 있는 사람에게는 어떤 의미가 있는지 설명하려 한다.

지금까지 이렇게 전 세계가 상호 연결되고 상호 의존적이었던 적이 없었다. 웹3는 모두에게 똑같이 영향을 미치지만 그 방식은 다양할 것이다. 웹3는 우리 모두에게 도전과 기회를 제공한다. 우선 2장에서는 웹3의 청사진과 구조를 제시한다. 웹3라는 초고층 건물의 기초는 바로 블록체인이다. 블록체인은 전례 없는 기능을 가진 가상 컴퓨터다. 이것이 무엇을 의미하며 오늘날 혁신가들이 웹3에서 블록체인을 어떻게 적용하는지에 대해 자세히 살펴본다.

3장에서는 웹3의 핵심 구성 요소인 디지털 자산 또는 토큰의 심층 분석을 통해 핵심적인 변화에 대한 분석을 시작한다. 자산이 없다면 소유권도 존재할 수 없다. 디지털 자산은 인터넷 사용자들에게 경제 영역 중 가장 풍요로운 곳이 될 디지털 경제의 성장에 직접적으로 참여할 수 있는 수단을 제공한다. 우리는 웹3에서 인기를 얻은 11가지 종류의 디지털 자산을 다룬다. 여기에는 암호화폐cryptocurrency, 프로토콜 토큰protocol token, 거버넌스 토큰governance token, 오라클 토큰oracle token, 상호 운용성 토큰interoperability token, 증권 토큰securities token, 기업 토큰corporate token, 자연자산 토큰natural asset token, 스테이블코인stablecoin, 대체 불가능 토큰non-fungible tokens, NFT, 중앙은행 디지털 통화Central Bank Digital Currency, CBDC 가 포함된다. 이런 자산들이 전체 디지털 자산 가치의 거의 100%를 차지하며 이미 제품 및 시장적합성을 인정받았다. 예를 들어, 2022년 스테이블코인의 거래량은 2021년 대비 19% 증가한 7.2조 달러를 기록했다.[44] 그럼에도 불구하고, '다양한' 유형의 토큰을 계속 나열하는 것은 웹사이트의 사용 방식을 나열하는 것과 마찬가지로 무의미할 것이다. 게다가 토큰이 웹사이트가 웹1에서 했던 역할과 같은 역할을 웹3에서 한다면, 전부는 아닐지 몰라도 오늘날의 많은 토큰은 초기 닷컴 시절의 웹사이트와 같은 운명을 맞게 될 것이다. 즉, 변혁의 각주 정도로 남을 것이다.

4장에서는 웹3가 온라인 자산의 소유권을 새롭게 부여받은 사용자들에게 미칠 영향을 살펴본다. 웹2에서는 플랫폼이 창작자의 자산을 소유하거나 공동소유하고 통제하는 바람에 음악가, 아티스트, 작가 등이 상당한 피해를 입었다. 웹3 세계에서는 가치를 창출하는 모든 개인이 자신들이 기여하는 부분에 대한 소유권을 갖고 이득을 얻을 수 있다. 예를 들어, 음악가들은 750만 명의 사용자를 보유한 오디우스Audius와 같은 플랫폼에 콘텐츠를 게시하면 플랫폼의 운영 수익을 나누어 가질 수 있으며 플랫폼의 성공에 따른 경제적 지분을 갖고 관리 방식에도 발언권을 가질 수 있다. NFT는 문화적 자산의 가치를 표현하는 독특한 디지털 상품으로, 특히 시각 예술가들이 갤러리를 거치지 않고 매직에덴Magic Eden, 라리블Rarible, 오픈씨OpenSea 등의 플랫폼에서 작품을 팬들에게 직접 판매할 수 있다.[45] 구매자가 자산을 재판매할 때에도 예술가들은 블록체인에 프로그램된 로열티를 영구적으로 받을 수 있다. 할리우드는 '지루한 원숭이들의 요트 클럽Bored Apes Yacht Club'과 같은 초기 NFT를 중심으로 스토리 제작을 위한 저작권을 구매하려고 한다. 이제 영화는 부수적인 권리를 홍보하는 광고판 역할을 한다.[46] 할리우드의 한 관계자는 "오늘날 할리우드는 모든 것을 각색한다"고 빈정대기도 했다.[47] 일부 진취적인 시나리오 작가들은 NFT 스타트업을 설립하여 스토리텔링의 본질을 재고하고 있다. 그들은 이야기 속 캐릭터들을 초기 팬들에게 NFT로 판매하고, 팬들이 NFT에 대한 이야기를 쓰도록 함으로써 팬들이 스토리텔링과 세계관 구축 과정에 창의적이며 경제적으로 참여하도록 하고 있다. 웹2에서는 '자신만의 스톰 트루퍼storm trooper, 영화 〈스타워즈〉 시리즈에 등장하는 군인 캐릭터를 소유하는 것'은 불가능했다. 블록체인, 게임, 오픈 메타버스 분야의 세계적인 리더인 애니모카 브랜즈의 회장인 얏 시우는 "비트코인이 가치의 저장소라면, NFT는 문화의 저장소"로서 창작 산업을 근본적으로 변화시킬 것이라고 말했다.[48]

이런 변화는 창의적인 사람만을 위한 것이 아니다. 모든 인터넷 사용자는 가상의 자아에 대한 더 큰 통제권을 갖게 될 것이다. 우리 모두가 디지털 세계를 탐색하고 디지털 거래를 실행하면서 디지털 세계에 자신의 거울 이미지를 생성할 수 있다. 이런 '디지털 부스러기'의 흔적들로 이루어진 것이 우리 디지털 정체성의 핵심이다.[49] 웹2에서는 우리가 이런 데이터를 만들어도 디지털 지주들은 그것을 빼앗았다. 반면 웹3에서는 '자기 주권 신원self-sovereign identity'을 통해 자신의 디지털 자아를 되찾을 수 있다. 자기 주권 신원을 통해 우리는 자신의 신원을 책임 있게 관리하고, 이익을 보장받을 수 있다. 오늘날 대부분의 웹3는 개방적이므로 접속할 때 공식적인 신원 확인이 필요 없다. 자신이 누구인지 증명해 줄 제삼자도 필요 없다. 사용자들에게 자산 기반과 평판을 축적하고 통제할 수 있는 도구를 제공함으로써, 웹3 혁신가들은 자기 주권 신원을 구축할 수 있는 도구를 만들고 있다.[50]

기업이 산업 시대의 토대였다면 탈중앙화 자율 조직, 즉 DAO는 웹3와 차세대 디지털 시대의 토대가 될 것이다. 5장에서는 새로운 웹3 기반 조직들이 어떻게 비즈니스를 변화시키고 전통적인 기업들을 혼란에 빠뜨리는지에 대해 논의한다. 유한책임회사는 성장 자본을 조달하고 위험을 주주들에게 분산시키는 강력한 수단이었으므로 자본집약적인 산업 시대에 매우 효과적이었다. 그러나 웹3는 회사 자체의 기본 구조와 체계를 바꾸기 시작했으며 사회에서 혁신하고 부를 창출하는 새로운 탈중앙화 모델을 가져오고 있다. DAO는 대부분의 웹3에 적용되는 기본 구조다. 웹3 DAO의 재무부서는 수십억 달러의 자산을 공동으로 관리한다.[51] 또한 웹3는 공동의 성공을 위해 우리가 능력을 어떻게 구조화하고, 어떻게 함께 일하며, 어떻게 협업하는지 등에 관한 경영 과학을 다시 생각하게 만든다. 비즈니스 리더들은 어떻게 대응해야 할까? 하버드 대학교의 클레이튼 크리스텐슨Clayton Christensen 교수가 관찰한 것처럼 새로운 기술의 시장 기회가 너무 모호하기 때문에, 비즈니스 리더들은 종종 변화에 적용하지 못해 기회를 놓친다.[52] 그들은 기존 기술에 더 많이 집중하며 사소한 개선만을 추구하기도 한다.

웹3의 몇몇 단점으로 여겨지는 것들이 기존 기업들에게 도전이 되는 가장 큰 강점으로 드러날 수도 있다. 크리스텐슨은 "주류(主流) 시장에서 가치 없다고 판단하는 특성들이 일반적으로 신흥 시장에서 가장 강력한 판매 포인트가 된다"라고 했다.[53] 웹3의 주요한 특징 중 하나인 지갑 내 토큰의 '자가보관self-custody'을 살펴보자. 소유자들은 자신의 자산을 직접 보관하고 관리할 수 있다. 자산 보관 및 이전을 위해 은행과 같은 중개기관에 너무 오랫동안 의존해 온 시장에서 자가보관은 불편하게 느껴질 수 있다. 하지만 부패가 만연하고 테러리스트와 준군사 조직이 지배하거나 현지 법률이나 금융 인프라가 크게 미흡한 개발도상국 사람들에게는 자산을 디지털로 자가보관하는 것은 초능력에 가까운 기술이 될 수 있다. 웹3에 익숙한 젊은 사용자들에게 자가보관은 모든 것을 언제나 어디서나 한꺼번에 통제할 수 있는 모바일 사용자 경험의 기본 기능에 불과하다.

웹3는 기업뿐만 아니라 모든 산업을 혁명적으로 변화시키고 있다. 6장과 7장에서는 현재 웹3가 가장 큰 영향을 미치고 있는 산업인 금융 서비스와 게임 산업에 대해 살펴본다.

금융은 복식부기가 발명된 이래 가장 큰 격변을 겪고 있다. 사람들은 낯선 사람과 거래하면서 은행과 다른 중개업체들은 경제에서 신뢰받는 중간자로서 자금의 이동과 저장, 대출 상황을 기록했다. 탈중앙화 금융DeFi 덕분에 이것이 변화하고 있다. 디파이는 기존 금융 시스템에 디지털 외투를 입힌 핀테크Fintech와는 차원이 완전히 다르다. 디파이는 사토시 나카모토가 제안한 P2P 전자 화폐 개념을 대출, 거래, 투자, 위험 관리 등으로 확장하여 이 모든 것을 분산 네트워크상에서 운영한다. 이러한 혁신은 스마트 계약이라는 획기적인 발명 덕분에 가능해졌다. 스마트 계약은 코드로 작성되고 이더리움 같은 블록체인에서 처리되는 변경 불가능하고 자체 실행되는 계약이다. 금융은 세계 경제의 핵심 순환 기관이자 모든 산업의 생명선이기 때문에 모든 산업은 디파이의 영향을 받을 것이다.

웹3는 이번 장의 두 번째 연구 사례인 게이머들과 대화형 엔터테인먼트 소비자들을 위한 사용자 경험을 재구상하는 데에도 도움을 주고 있다. 무료 게임이 아마추어 게이머의 진입 장벽을 낮추고, 모바일 게임을 통합하고, 업계 전체의 수익 모델에 혁명을 일으킴으로써 게임을 변화시킨 것과 마찬가지로, 웹3 기반 게임은 가상 상품을 콘텐츠로 재구상하여 사용자가 구매하는 소모품이 아닌 실제로 소유할 수 있는 자산으로 만들어줄 것이다. 이 역시 게임 경험을 바꾸고 새로운 플레이어를 유입하여 게임 회사의 수익 모델을 새롭게 구성할 것이다.

8장에서는 개별 산업을 뛰어넘어 큰 관심을 받고 있는 메타버스의 세계를 탐구한다. 메타버스는 몰입감이 지속되는 공유 가상공간으로서 인간 경험을 위한 새롭고 중요한 영역이 될 것으로 기대된다. 거의 모든 사람이 메타버스가 발전할 것이라는 데 동의한다. 모건 스탠리는 2030년까지 메타버스 시장이 8조 달러 규모에 이를 것으로 전망한다.[54] 시티은행은 13조 달러 정도로 예상하는데, 이는 중국의 2020년 GDP에 근접한 규모다. 또한 시티은행은 10년 안에 메타버스의 사용자 수가 50억 명에 달할 것이며 메타버스가 새로운 사업, 창업, 고용의 원동력이 될 것이라고 예측한다.[55]

그러나 메타버스에 대한 오해도 많다. 엑시 인피니티Axie Infinity 게임의 개발사인 스카이 마비스Sky Mavis의 공동 창업자이자 최고운영책임자인 알렉산더 라센^{Aleksander Larsen}은 "많은 사람이 메타버스를 고화질과 3D 자산에 국한된 것으로 정의하려고 한다. 사실 메타버스는 '소유권이 진정한 참여의 토대 중 하나인 사회적 구조'라고 할 수 있다. 중요한 것은 서로 어울리는 사람과 그들이 얼마나 깊이 교류하는가에 관한 것이다"라고 강조했다.[56]

데스크톱 컴퓨터가 우리를 웹1으로 인도하는 관문이었고 스마트폰이 웹2로 진입하는 포털이었다면 가상현실^{VR}, 증강현실^{AR}, 디지털 지갑은 웹3를 경험하는 방식이 될 것이다. 그리고 이러한 기술들을 이용해 기술자 단 메입스^{Dan Mapes}가 말하는 자연 환경에 통합된 '공간 웹^{spatial web}'을 개발할 것이다.[57] 대부분의 VR 및 기타 몰입형 온라인 경험에 대한 투자는 애플의 비전프로^{Vision Pro} 헤드셋, 페이스북의 오큘러스 퀘스트^{Oculus Quest}, 마이크로소프트 등 대기업에서 주로 이루어지고 있다. 그러나 메타버스에 '두 번째 생명'을 부여하려면 디지털 재산권과 자기 주권 신원이라는 웹3 도구가 필요하다. 그렇지 않으면 페이스북과 같은 웹2 거대 기업들이 메타버스를 단지 기존 사용자를 위한 영역으로 파악하고, 그들의 데이터를 수집하며 스마트폰 시대에 성공했던 광고 기반 모델을 계속 이어갈 위험이 있다. 주의하라. "빅 테크가 메타버스라는 단어를 차지하려는 것은 완전히 말도 안 되는 일이다. 그것은 절망의 냄새가 난다"고 라센이 말했다.[58]

메타버스는 기존의 불평등, 구조, 관행, 억압의 형태를 강화하는 조지 오웰식 괴물이 될 수 있다. 혁신가들은 웹2 거대 기업들이 원하지 않는 재산권과 자기 주권 신원을 메타버스에 강제로 구현해야 한다. 볼^{Ball}은 "웹이 정부는 물론 전기전자공학회^{IEEE}와 같은 자원봉사 및 비정부 기구에서 시작한 반면, 메타버스는 '상업, 데이터 수집, 광고,

가상 제품 판매'라는 명확한 목적을 위해 민간 기업들이 개척하고 있다"고 말했다.[59] 승자는 공익적 역할을 하는 공유 인프라를 기반으로 메타버스를 구축하고, 디지털 권리를 부여할 것이다. 디지털 자산과 같은 오픈소스 웹3 도구만이 이를 가능하게 한다. 이 장에서는 개발자들이 모든 사람을 위한 개방형 메타버스를 개척하기 위해 무엇을 하고 있는지 살펴본다.

마지막으로, 웹3 메타버스의 구동에 필요한 물리적 인프라를 살펴본다. 탈중앙화 물리적 인프라를 의미하는 DePIN decentralized physical infrastructure에는 계산, 인터넷 연결, 그래픽 렌더링 등이 포함된다. 무선 네트워크부터 클라우드 컴퓨팅에 이르기까지 웹3 기반 DePIN의 전체 시장 규모는 2028년까지 약 3조 8천억 달러에 달할 것으로 추정된다.[60] 모든 산업의 경영진들은 여기에 주목해야 한다.

9장에서는 웹3가 어떻게 온라인으로 원거리 시장 간에 경제적 다리를 건설하여 전 세계 사람과 창작자들이 더 공정한 경쟁 조건에서 자신의 잠재력을 최대한 발휘할 수 있게 하는지 살펴본다. 웹3는 디지털 재산권을 강화하고, 금융 접근성의 장벽을 낮추고, 온라인상의 사람과 조직 간의 경제적 유대를 강화함으로써 글로벌 사우스global south, 저개발국과 후진국, 또는 제3세계 국가들을 통칭하는 용어에 거주하는 사람에게 힘을 실어준다. 우리는 웹3가 창작자, 사업가, 일반 시민들이 어떻게 세계 경제에 연결되도록 돕는지에 대한 몇 가지 사례를 살펴본다. 또한 웹3가 디지털 상품, 특히 스테이블코인을 채택함으로써 글로벌 사우스 지역의 통화 발행자들을 어떻게 위협하는지를 살펴볼 것이다. 토머스 프리드먼 Thomas Friedman은 저서 《세상은 평평하다The World Is Flat》에서 세계화가 글로벌 사우스의 사람에게 어떻게 기회를 제공하고 동시에 문제점을 야기했는지에 관해 설명한 바 있다. 웹3는 그 개념을 바탕으로, 사람들에게 돈을 벌고 글로벌 경제와 보다 더 완벽하게 연결될 수 있는 새로운 디지털 도구를 제공함으로써 세계를 더욱 '평평'하게 만들고 있다. 우리는 비즈니스와 시민사회의 지도자들이 이 기술을 어떻게 선한 목적으로 활용할 수 있는지 살펴본다.

이 책의 마지막에서는 바람직한 미래로 나아가는 과정을 가로막는 문제와 도전 과제를 솔직하게 살펴본다. 웹3에 대한 비판적인 의견이 있다. 게다가 비판의 강도도 크다. 어떤 사람은 웹3를 억만장자 벤처 캐피털리스트들이 만들어낸 유행어이거나 자금세탁 범죄자들이나 다른 범죄자들만이 사용하는 암호화폐를 교묘하게 달리 표현한 것일 뿐이라고 평가 절하한다.[61] 그들은 비트코인 블록체인의 탄소 발자국carbon footprint 때문에 모든 웹3 응용 프로그램이 에너지를 낭비한다고 추정하거나 웹3 기본 자산을 그저 장난감에 불과하다고 무시한다.

10장에서는 자아실현을 추구하는 이 새로운 기계의 영혼에 대해 논의한다. 우리가 《블록체인 혁명》을 집필할 당시 이 새로운 기계는 매슬로우의 욕구 5단계의 마지막 단계인 자아실현이 아니라 가장 첫 단계인 생존에만 초점을 맞추고 있었다. 이제 앞으로 닥칠 많은 장애물을 해결하기 위해 휴식을 취하면서 더 큰 꿈을 꿀 수 있다.

2022년 암호화폐 거래소 FTX의 붕괴는 웹3, 디지털 자산, 이 기술을 기반으로 서비스를 구축하는 회사들을 위한 포괄적인 정책 프레임워크의 필요성을 부각했다. 정부는 혁신이 일어날 수 있는 조건을 조성함으로써 도움을 줄 수 있다. 하지만 일부에서는 웹3 법률이 없는 상황에서 미국 규제기관들이 대상을 임의로 선정하고 권한을 너무 광범위하게 해석하면서 강제 집행을 통한 규제를 한다고 우려하고 있다.

2023년 6월 미국 증권거래위원회^{SEC}가 코인베이스^{Coinbase}를 고소한 후 미국의 공화당과 민주당 의원들은 SEC를 비판했다. 만약 소송이 성공할 경우 많은 디지털 자산, 심지어 대부분의 자산이 SEC의 관할 하에 들어오게 될 것이다. FTX의 붕괴는 또 다른 문제점을 드러냈다. 대부분의 웹3 사용자들은 중앙화된 거래소^{centralized exchange}에서 투자하고 거기에 자산을 보관함으로써 자가보관보다는 편의성을 선호한다는 사실을 증명했다. 실리콘밸리은행^{SVB}의 예금자들에 대해서도 유사한 이야기를 할 수 있다. 이 사태로 인해 많은 스타트업 기업들과 심지어 대기업들도 미국 연방예금보험공사가 개입하지 않았더라면 거의 모든 것을 잃을 뻔했다.[62] 많은 사람이 대출계약으로 인해 실리콘밸리은행에 현금도 보관해야 했기 때문에 자가보관은 현실적인 대안이 아니었다. 실리콘밸리은행이 붕괴되면 경제에 광범위한 재앙과 추가 피해를 야기할 것이라는 인식이 퍼졌기에 정부가 조치를 취한 것이다. 반면 FTX에 자산을 보유한 수천 명의 예금자, 기업, 투자펀드는 누구도 구제받지 못했다. 그들 중 일부는 모든 것을 잃었다.

웹3의 탈중앙화 음악 스트리밍 플랫폼인 오디우스의 설립자인 로네일 럼버그^{Roneil Rumburg}는 FTX의 붕괴를 계기로 "우리는 완전히 자주적인 탈중앙화 디지털 자산 관리 도구의 사용성 개선을 위해 더 많은 시간과 자원을 투입하게 될 것"이라고 말했다.[63] 하지만 그는 "오늘날 자기 주권적 암호화폐 사용자가 될 수 있지만, 그에 대한 사용 편의성의 기준은 여전히 너무 높아 일반 사용자들이 도달할 수 없는 수준"이라고 서슴지 않고 지적했다.[64]

역사학자 니얼 퍼거슨^{Niall Ferguson}은 웹3의 가파른 학습 곡선이 집중화할 수 있는 기회를 만들 수 있으며, 정보 대신 돈을 중심으로 하는 웹2의 역동성을 재현할 수 있다고 주장했다. 그는 탈중앙화 금융이 "현재는 윈도우 시대 이전의 개인용 컴퓨터 소프트웨어처럼 사용자 친화적이므로 암호화폐 거래소가 중요한 역할을 할 것"이라고 예상했다. 그는 덧붙여서 웹2 시대에 "아마존이 전자상거래를, 구글이 검색 엔진을, 페이스북이 소셜 네트워킹을, 트위터가 사람의 분노 표출을 중앙집중화한 것처럼 단일 거래소가 지배적인 역할을 하면서 탈중앙화 네트워크를 중앙집중화할 가능성이 크다"고 강조했다.[65]

다른 과제들도 있다. 웹3가 스마트폰 운영 체제를 독점하고 있는 애플과 구글 두 회사를 무너뜨리려면 자체 하드웨어가 필요할까? 웹3 세계를 시작하려면 어떤 기술 개선이 필요한가? 이런 비판은 대부분 타당하다. 우리는 아직 초기 단계에 있고, 많은 웹3 애플리케이션이 아직 대중적인 사용 단계에 도달하지 않았다. 하지만 상황은 빠르게 변하고 있다. 범죄자들도 이런 자산을 이용하긴 하지만, 막대한 양의 현금을 사용하는 것에 비해 적극적이지는 않다.[66] 새로운 사용자들이 웹3와 상호작용하는 경험은 다소 번거롭고 혼란스러울 수 있다. 혁신이 폭발적으로 증가하는 바람에 수많은 표준들이 서로 충돌하는 현상이 벌어지고 있다. 모든 나라가 고유한 철도 규격을 운영하는 것처럼 블록체인도 다양하게 발전하고 있다. 한 나라에서 다른 나라로 넘어갈 때마다 철도 규격을 바꿔야 하듯이 매번 표준을 변경해야 한다. 이런 상황은 위험하며 변경 과정에서 문제가 발생할 수도 있다. 이런 기술들이 과연 하나의 표준을 중심으로 통합될 수 있을까?

기술이 크게 발전할 때마다 범죄자들의 활동 범위도 넓어진다. 기술이 기하급수적으로 발전하면 범죄도 기하급수적으로 증가한다. 사기꾼들은 웹3 도구를 이용해 이메일, 클릭베이트 clickbait, 인터넷상에서 자극적인 제목이나 이미지 등을 사용해 가치가 떨어지는 콘텐츠의 클릭을 유도하는 행위, 문자 메시지, 자동 전화 등으로 취약한 사람을 착취한다. 특히 경제학자들이 웹3의 '부정적 외부효과'라고 언급하는 폰지 사기는 웹3 혁신가들과 옹호자들이 반드시 해결해야 할 과제다.[67] 웹3는 사회의 가장 좋은 부분과 가장 나쁜 부분을 동시에 보여주는 거울과 같은 역할을 한다. 웹3는 새로운 디지털 자산을 만들고 그것을 전 세계 사용자에게 열정적으로 전파하고 진입 장벽을 낮춘다. 웹3의 이런 독특한 특성들로 인해 웹3는 선한 사람과 악한 사람 모두에게 매우 유용한 도구다.

이러한 이유 때문에 미국 증권거래위원회 위원인 헤스터 피어스 Hester Peirce는 "각각의 암호 자산, 블록체인, 프로젝트를 개별적인 장점에 따라 평가해야 한다"라면서 이렇게 강조했다. "암호 자산을 마치 단일체인 것처럼 이야기하는 것은 중요한 차이점을 모호하게 만들곤 한다."[68] 물고기가 물 없이는 살아갈 수 없듯이 사기꾼들이 사기를 치려면 모호함이 반드시 필요하다. 우리의 행동 방식이 해당 기술의 발전 과정에 큰 영향을 줄 것이다. 퍼거슨이 주장했듯이, 미시시피 버블 Mississippi Bubble, 1720년대 프랑스의 미시시피 회사가 미시시피강 주변의 대규모 미개척 지역을 개발하겠다고 주장하며 발행한 주식의 주가 폭락 사태과 사우스 시 버블의 붕괴가 주식 자금 조달과 주식 거래의 종말을 가져오지 않았듯 19세기에 수많은 금융 위기가 발생했지만 은행업이 사라지지는 않았다.[69]

서구에서는 정부가 가볍게 손을 댄 덕분에 웹2 기업들은 역사상 가장 강력하고 수익성이 좋은 기업으로 성장했다. 처음에는 오프라인 기업들의 가격을 인하한 다음, 잠재적인 경쟁자들이 너무 위협적으로 성장하기 전에 그들을 인수했다. 웹3 혁신은 권력의 중앙집중화, 사용자 개인 데이터의 조작, 수익화 등 웹2의 가장 두드러진 단점들을 해결하는 데 도움이 된다. 그럼에도 불구하고 이것들을 뿌리 뽑는다는 것은 유명 벤처 캐피털리스트의 말대로 '풍차를 상대로 싸우는' 돈키호테적인 도전처럼 느껴질 수 있다.[70] 일부 비평가들은 웹3를 '와일드 웨스트 Wild West, 19세기 중반 미국의 서부 개척 시대처럼 무법천지 상태'라고 부르기도 하지만, 우리는 이제 막 애팔래치아 산맥을 건넜을 뿐이다.

이런 비판은 또한 웹2와 웹3 사이의 문화적 차이 및 세대 간 격차를 드러냈다. 초기 비평가들은 인터넷은 단순히 포르노를 위한 것이라고 비판했다.[71] IBM의 메인프레임 독점에 도전장을 낸 신생 컴퓨터 회사들은 굶주린 포식자로 몰리기도 했다. 어느 컴퓨터 회사 임원은《새로운 기계의 영혼》의 저자 트레이시 키더에게 "IBM 조직 체계로는 전통적인 컴퓨터 시장에서 경쟁할 수 있을지 확신할 수 없다. 그건 금붕어를 피라냐가 있는 어항에 넣는 것과 같다"라고 말했다.[72] 훗날 PC 업계의 공룡들은 컴퓨터 피라냐들을 통째로 삼켰다. 스티브 잡스 Steve Jobs 와 스티브 워즈니악 Steve Wozniak이 애플 II를 출시한 해인 1977년, 컴퓨터 거대 기업인 디지털 이퀴프먼트 Digital Equipment Corporation, DEC의 CEO 켄 올슨 Ken Olsen은 "개인이 집에 컴퓨터를 가질 이유가 없다"고 주장했다.[73] 이런 종류의 반발은 컴퓨터가 나오기 전에도 있었다. 봉건주의 시대의 영주들은 '영세하며 보잘 것 없고 상스러운 상인과 중개인, 고리대금 업자들'이 자신들의 권력을 빼앗을 수도 있다는 생각을 비웃었을 것이다. 하지만 결국 자본주의가 경제의 주류가 되었다.[74] 역사는 똑같이 반복되지는 않지만 비슷한 양상을 보인다. 이 장에서는 신화나 오해와 실질적인 구현 문제를 구별할 것이다.

결론에서는 독자들이 할 수 있는 일에 대해 간략하게 설명한다. 웹3의 형성 과정은 시대를 바꾸는 격변의 과정이다. 우리는 역사가들이 이전의 격변을 돌아보았던 것처럼 이 시기를 되돌아볼 수 있을 것이다. 영국 역사학자 에릭 홉스바움 Eric Hobsbawm 은 1914년 제1차 세계대전 발발과 함께 시작된 '짧은 20세기'는 1989년 소련 붕괴와 함께 끝났다고 말했다.[75] 그해 지정학적 판도는 극적으로 바뀌었지만 미국 내의 비즈니스, 사회, 일상생활은 그다지 크게 바뀌지 않았다. 마찬가지로 나중에 돌이켜 보면 지금 이 순간이 '긴 20세기'에 종말을 고하고 온라인상에서 새로운 경제와 문화가 태동하는 '새 시대'의 여명을 알리고 있는 때인지도 모른다.

2장

소유권 웹의 청사진

웹3는 차고에서 혼자 작업하던 어느 천재의 머릿속에서 갑자기 탄생한 것이 아니다. 오히려 수 세기에 걸친 컴퓨팅의 혁신 결과로 나온 것이다.[1] 그중 대표적 선구자가 앨런 튜링 Alan Turing 이다. 그는 1948년에 "서로 다른 업무를 수행하는 무수히 많은 기계들은 필요 없다. 단 하나의 기계만 있으면 충분하다"라고 주장했다. 그는 "다양한 작업을 위해 다양한 기계를 만드는 엔지니어링 문제"를 "이러한 작업을 수행하도록 범용 기계를 '프로그래밍'하는 사무 작업"으로 대체할 수 있다고 생각했다.[2] 그의 연구는 이더리움 프로토콜과 그것의 프로그래밍 언어인 솔리디티의 발명에 영감을 주었다.

또한 초기 디지털 시대의 많은 발전은 벨 연구소와 IBM 같은 기업에서 이루어졌다. 그러나 웹3는 대기업 조직 내 엔지니어들이 점진적인 개선에 기여하는 방식을 따라 기계적으로 쏟아져 나온 것이 아니다.[3] 인터넷의 첫 시대와는 달리 웹3는 정부 지원 연구 프로그램에서 나오지도 않았다. 그 대신, 웹3는 수천 명의 기여자들이 때로는 협력하고 때로는 경쟁하면서 만들어 냈다. 그들은 기술과 응용 분야를 계속 발전시키는 과정에서 획기적인 돌파구를 찾아내거나 막다른 길에 가로막히기도 하고 크게 도약하기도 하고 몇 단계 뒷걸음치기도 하면서, 길고 유기적인 실험 과정을 통과했다.

월터 아이작슨Walter Isaacson이 쓴 것처럼, "혁신은 성숙한 씨앗이 비옥한 땅에 떨어질 때 발생한다."[4] 지금 발아래 있는 땅과 마찬가지로, 우리는 겹겹이 싸인 기술 혁신의 단층 위에 서 있다. 각 층은 각 시대의 고유한 흔적을 지니고 있다. 이와 같은 기술 '스택stack, 데이터의 목록을 쌓아올리는 구조'은 다양한 시대의 서로 다른 구성 요소를 담고 있으며 모든 디지털 혁신의 기반을 형성한다. 웹3는 '매우 새로운 것'일 수 있지만, 그 기술이 성장하고 발전해 온 토양은 복잡하고 창조적이다. 버라이언트 펀드Variant Fund의 공동 창업자인 제시 월든Jesse Walden은 "이 레이어 케이크의 가치는 각 레이어를 합친 것보다 더 큰 양(陽)의 총합을 이룬다. 이것은 개발자들에게 더 많은 도구를 제공하여 스택의 각 레이어가 갖고 있는 모든 특수한 기능을 활용한 애플리케이션을 만들 수 있게 해준다"고 말했다.[5]

때로는 적절한 아이디어, 사람 또는 집단이 적시에 등장해 새로운 무언가의 씨앗을 뿌리기도 한다.[6] 아이작슨은 최초의 달 착륙이 가능했던 것은 로켓 유도 시스템을 작동시키는 강력한 마이크로칩이 로켓의 탄두에 들어갈 정도로 충분히 작아졌기 때문이지만 이를 달리 해석하면 우주 프로그램이 마이크로칩 산업을 발전시킨 것으로 볼 수 있다고 주장했다.[7] 1965년 NASA는 미국에서 생산된 칩의 72%를 구매함으로써 초기 마이크로칩 산업의 발전과 상업적 응용 프로그램 개발을 지원했다.[8]

여기에서 우리는 또 다른 교훈을 얻을 수 있다. 정부는 혁신과 기업가 정신이 발생하는 조건을 조성할 수 있을 뿐만 아니라, 기업이 상업용 애플리케이션을 개발하는 동안 이 기술을 재정적으로 지원하고 적극적으로 사용할 수도 있다. 역사는 이러한 사례들로 가득 차있다. 미국 헌법은 새롭고 입증되지 않은 기술에 대한 투자를 장려하기 위해 발명가들에게 특허를 줌으로써 그들의 아이디어에 독점권을 부여했다. 연방 정부는 초기 증기선 기업가들에게 미국 수로에서 이루어지는 상업 거래에 대한 독점권을 부여했다.[9] 일정 기간 초기 발명가와 기업가들은 선박을 제공하는 보상으로 독점 가격을 받을 수 있었다. 마찬가지로, 정부는 철도 개척자들과 민관 파트너십을 구축하여 세금으로 자본을 제공하며 원활한 철도 건설과 공공사업을 위한 토지수용권을 행사해 토지 소유자들에게 토지를 팔도록 강제했다.[10] 인터넷의 첫 시대, 즉 우리가 알고 있는 '웹'이 발명되기 훨씬 전에 미국 정부는 ARPANET Advanced Research Projects Agency Network, 1969년 미국 고등연구계획국이 개발한 컴퓨터 네트워크 같은 초기 기술의 후원자이자 사용자였다. 지금까지 웹3에서는 이러한 사례를 쉽게 찾을 수 없지만 기술이 성숙해지면 상황은 변할 수도 있다. 빅토르 위고의 말을 바꾸어 표현하면, 때와 기술이 맞아떨어진 아이디어만큼 비즈니스에서 강력한 것은 없다.

웹3의 기본 요소

◆

◆ 우리는 웹3의 구성 요소를 어떻게 이해해야 할까? 웹3는 작게 시작하여 거대하게 연결된 유기체로 성장하는 산호초 생태계와 같다. 다양한 종류의 산호들이 모여 산호초를 구성하듯 다양한 종류의 웹3 혁신들이 모여 상호 의존적인 기술 생태계를 구성한다. 이 요소들을 어떻게 불러야 할까? 개발자들이 완전히 새로운 것들을 창조하는 데 사용할 수 있으며 더 이상 환원될 수 없는 근본적인 요소이므로 '기본 요소'라고 부르는 것이 어떨까?[11]

블록체인이 가장 좋은 사례다. 블록체인은 서로 다른 구성 요소들을 영리하게 조합한 것이다. 이 중 일부는 우리가 10년 이상 사용해 왔지만, 창의적인 사람들이 더욱 새롭고 혁신적인 방식으로 조합했다. 예를 들어, 블록체인의 핵심 요소는 두 가지다. 작업 증명proof of work에 사용되어 거래 데이터를 체인에 저장하고, 네트워크를 보호하며, 프라이버시를 개선하는 '해시 함수hash function'와 디지털 자산의 소유권과 무결성을 검증하고 인증하는 '전자 서명digital signature'이다. 이들 요소가 개발된 시기는 20세기 중반이며 1980년대와 1990년대에 이르러 다른 소프트웨어가 이를 상용화했다.[12] 이런 기본 요소들을 P2P 네트워크와 결합하면 우리는 가치를 이동·저장·보호할 수 있는 새로운 아키텍처를 얻을 수 있다. 유럽연합은 비트코인에서 사용되는 해시 함수인 SHA-256 Secure Hash Algorithm 256-bit의 약자로, 암호학적 해시 함수 중 하나이며 256비트 길이의 해시값을 생성함을 '디지털 유로'에 적용하는 것을 고려하고 있다. 왜냐하면 전문가들은 그것이 양자 컴퓨터로도 해킹할 수 없는 양자 저항성quantum resistant을 가지고 있다고 믿기 때문이다.[13]

마찬가지로 중요한 것은 '가상 머신virtual machine'이다. 이더리움 창시자들은 이것을 사용해 이더리움 블록체인 네트워크의 많은 노드에서 코드를 분산 실행할 수 있는 이더리움 가상 머신Ethereum virtual machine, EVM을 만들었다. 가상 머신 역시 해시 함수와 전자 서명처럼 1930년대로 거슬러 올라가는 오랜 역사를 지니고 있다.[14] IBM은 1960년대에 가상 머신을 개발했는데, 이 가상 머신에서 사용자들은 각각 고유의 가상 환경에서 실행되는 여러 프로그램들을 작동시킬 수 있었다.[15]

웹3의 기본 요소 중에서 가장 오랜 역사를 지닌 것은 아마도 '암호화cryptography'일 것이다. 기원전 5세기로 거슬러 올라가는 이 기술은 군사나 국가 기밀뿐만 아니라 민감한 상업 정보 보호에도 사용되었다. 고대 이집트 상인들은 '치환 암호'를 사용하여 문자를 비밀 코드로 바꾸어 메시지를 보호했으며 메소포타미아인들은 숫자와 기호로 메시지를 암호화했다. 일부 역사가는 상인들이 장거리 통신을 하기 위해 문자를 발명했다고 믿는다.[16] 암호화는 이름에서 알 수 있듯이 암호화폐와 토큰 같은 웹3 자산, 블록체인 기술 자체에 매우 중요하다. 암호화는 거래의 암호화 및 보안, 사용자 데이터 보호, 블록체인의 무결성 검증 등 다양한 용도로 사용된다. 그 결과, 거래 내용은 거래의 발신자와 수신자만이 볼 수 있지만 거래의 발생 사실은 모든 사람이 확인할 수 있다.

웹3는 컴퓨터 과학사의 거인들이 남긴 '불멸의 기본 요소'를 활용하여 오늘날 혁신가들이 새로운 형태로 재구성해 가는 영역이다. 오늘날 웹3는 인공지능과 함께 컴퓨터 과학에서 가장 흥미로운 분야 중 하나이며, 완전히 새로운 기본 요소들이 계속해서 등장하고 있다. 스티브 잡스가 CRT 모니터, 그래픽 사용자 인터페이스, 마우스, 키보드와 자체 운영 시스템을 결합하여 개인용 컴퓨터를 만들어낸 것처럼, 웹3 기업가들도 낡은 것과 새로운 것을 결합하여 권력 분산, 개인정보 보호 강화, 소유권 증명, 디지털 자산 관리 등 향상된 기능을 갖춘 새로운 도구를 만들어내고 있다.

앤드리슨 호로위츠의 알리 야히야Ali Yahya에 따르면, 블록체인 프로토콜은 "자기만의 삶을 가진 프로그램을 만들 수 있게 한다"라는 점에서 강력하다. 블록체인 프로그램은 "원래 그것을 작성한 사람, 하드웨어를 제어하는 사람, 실행 중에 프로그램과 상호작용하는 사람의 간섭으로부터 자유로운 자체 실행 프로그램"이다.[17] 이런 새로운 인터넷을 구축하는 기본 블록이 되는 웹3의 기본 요소는 무엇인가?

1. 토큰: 디지털로 가치를 표현하는 방법

웹3 시대의 기반인 토큰은 거의 모든 가치를 프로그래밍할 수 있는 백지와도 같다. 사람들은 돈, 예술, 증권, 탄소배출권 등 모든 것을 토큰으로 재창조하고 있다. 유니언 스퀘어 벤처스Union Square Ventures의 브래드 번햄Brad Burnham은 자기 동료인 앨버트 벵거Albert Wenger가 쓴 프로토콜 수익화에 대한 블로그 글을 인용하며 토큰을 "오픈소스 소프트웨어의 본질적인 비즈니스 모델"이라고 불렀다.[18] 오픈소스 프로토콜에서 수익을 얻는 유일한 방법은 "프로토콜을 구현하는 소프트웨어를 만들고 이 소프트웨어를 판매(또는 호스팅)하는 것뿐이었다. 소프트웨어 제작은 판매와 별도의 행위였기 때문에 오늘날 사용되는 가장 성공적인 프로토콜을 만든 연구자 중 상당수는 직접적인 금전적 이득을 거의 얻지 못했다."[19] 토큰은 개발자들에게 오픈소스에 대한 기여를 수익화할 수 있게 했다. 따라서 기업들이 오픈소스를 더 많이 이용할수록 개발자들의 지분 가치가 계속 상승하므로 그들은 동기를 부여 받는다.

토큰은 대체 가능 토큰 fungible token과 대체 불가능 토큰 non-fungible tokens, NFT 등 다양한 범주로 나뉜다. 대체 가능 토큰은 법적 계약에 따라 나무나 종이 화폐와 같이 다른 항목으로 쉽게 대체할 수 있다.[20] 솔라나 Solana와 코스모스 Cosmos와 같이 서로 다른 블록체인 플랫폼들은 서로 다른 토큰들을 지원한다. 이해를 돕기 위해 이더리움에 초점을 맞추어 보자. 이더리움의 두 가지 표준에서 대체 가능한 토큰의 표준은 ERC-20이며 NFT의 표준은 ERC-721이다. 이 두 가지 표준은 이더리움 자산 가치의 대부분을 차지하며 선거의 투표권부터 포인트에 이르기까지 원하는 것은 무엇이든 프로그래밍할 수 있다. 모든 토큰이 동일하게 만들어지는 것은 아니다. ERC-20 토큰은 효용, 가치와 기능이 모두 동일하므로 대체 가능하지만 ERC-721 토큰은 그렇지 않다.[21] 예를 들어, 새로운 웹3 프로젝트를 시작하는 창업가는 새로운 사용자에게 토큰으로 인센티브를 주고 싶을 것이다. 사용자는 플랫폼을 사용함으로써 토큰을 획득하고 토큰은 사용자에게 커뮤니티의 프로젝트 운영 방식에 대한 발언권을 부여한다. 이러한 '거버넌스 토큰'은 서로 구별할 수 없으므로 대체 가능하다. 반면에 예술이나 독특한 디지털 상품을 대표하는 ERC-721 토큰은 고유하고 명백하게 다르기 때문에 서로 대체할 수 없으며 계약상 상호 교환이 불가능하다.

2. 합의 알고리즘: 분산 네트워크의 상태에 대한 합의 도출 방법

토큰이 가치를 가지려면 동일한 토큰이 동시에 두 곳에 존재할 수 없다는 것을 보장해야 한다. 인터넷에서 정보를 복사하는 것처럼 토큰을 복사할 수 있다면 그것들의 희소성이 사라지기 때문이다. 우리는 이른바 '이중 지불 문제double counting problem, 사용자가 이미 사용한 디지털 토큰을 다시 사용하는 문제'를 방지하는 네트워크 '상태'를 유지할 방법이 필요하다.[22]

이때 등장하는 것이 바로 '합의 알고리즘'이다. 합의 알고리즘은 중앙 조직 없이 분산 시스템에 대한 합의를 도출하는 데 사용된다. 합의 알고리즘의 역사는 1980년대 컴퓨터 과학자 레슬리 램포트Leslie Lamport, 로버트 쇼스탁Robert Shostak, 마샬 피스Marshall Pease가 처음 제기한 '비잔틴 장군의 문제컴퓨터 시스템에서 전송 중인 메시지가 신뢰할 수 없거나, 고의로 허위 정보를 보내는 참여자에 의해 시스템이 실패하는 상황'의 개발로 거슬러 올라간다. 이 비유에서, 한 무리의 장군들이 적을 공격하기 위한 작전을 수립하려고 한다.[23] 각기 다른 위치에 군대를 배치한 장군들은 인간 전령을 통해 통신해야 한다. 만약 그들의 전령이 거짓말을 하거나, 한 장군이 결과에 영향을 미칠 수 있다면 어떻게 공격 계획에 동의할 것인가? 이 문제에서 해답을 찾으려면 시스템의 단점을 용인해야 한다. 즉, 대부분의 장군이 계획을 충성스럽게 따르도록 '비잔틴 장애'Byzantine fault, 참가자 중 일부가 잘못된 정보를 보내거나 고의로 시스템을 속이려는 상황를 허용해야 한다. 하지만 어떻게 해야 하나?

첫째, 장군들은 자신들이 분산된 군대의 상태를 결정하기 위해 모두가 사용할 '합의 알고리즘'에 동의하여야 한다. 그래야만 결정을 내리기 위해 한 명의 장군에 의존할 필요가 없다. 합의 알고리즘의 예시로는 지분증명Proof of Stake, PoS과 작업증명Proof of Work, PoW이 있다. 모든 비잔틴 장군이 이 공격에 자기 재산을 투자했다고 가정하자. 작전이 실패한다면 그들은 개인 재산도 잃게 된다. 만약 한 명 이상의 장군이 배신하고 독자적으로 행동한다면 협력하는 장군들은 전쟁에서 승리할 수 있지만, 독단적인 장군들은 대가를 치르게 될 것이다. 즉, 군대에 가장 도움이 되는 행동을 한 장군들에게 보상이 돌아간다. 이것이 지분증명이 작동하는 방식이다. 이더리움, 코스모스, 카르다노 Cardano 등의 지분증명 네트워크 참여자들은 투자에 대한 수익과 교환하여 자신의 자산을 네트워크에 예치한다(이 수익을 스테이킹 보상이라고 함). 네트워크가 정상적으로 작동하면 그들은 보상을 받고, 그들의 이해관계는 다른 모든 사용자와 일치하게 된다. 때로는 이더리움의 경우처럼 자산을 일정 기간 묶어 두어야 하지만, 카르다노처럼 수시로 자산을 투입하거나 회수할 수도 있다.[24]

또는, 장군들이 중요한 공격을 위해 병사, 무기 등과 같이 엄청난 자원을 동원했다고 가정해 보라. 그들은 공격이 성공하기를 원하기 때문에 그렇게 했을 것이다. 비트코인에서는 특정 참가자들이 자산이 아닌 컴퓨터 성능을 투입한다. 우리는 이런 참여자들을 '채굴자'라고 부른다. 그들이 네트워크에서 비트코인을 새롭게 채굴하는 것이 광부가 금광에서 곡괭이로 금을 캐는 것과 비슷하기 때문이다. 채굴자들은 컴퓨터를 사용하기 위해 에너지가 필요하고 비용이 발생하며, 컴퓨터를 다른 생산적인 용도에서 전용해야 하므로 시스템을 계속 돌리기 위한 인센티브로 새로운 비트코인을 받는 것이다.

두 시스템 모두 장단점이 있다. 이더리움의 지분증명 메커니즘에서는 단일 행위자가 네트워크를 제어할 만큼 충분한 토큰을 (소유하지 않더라도) 제어할 수 있다. 이는 사용자가 스스로 스테이킹할 수 없거나 스테이킹하지 않으려고 할 경우, 더 크고 정교한 행위자에게 단순히 권한을 위임하는 방식으로 이루어진다. 비트코인의 작업증명은 이러한 집중을 훨씬 어렵게 만들지만 많은 에너지를 사용하므로 확장성이 떨어진다. 이것은 우리가 나중에 다룰 구현상의 문제들이다. 당장은 두 시스템 모두 중앙집권조직을 네트워크 상태로 변환하려고 노력한다.

3. 스마트 계약: 상업 계약의 자동화 방법

야히야는 소위 '스마트 계약'을 핵심적인 기본 요소 목록에 추가했다. 웹3를 시작한 비트코인 블록체인은 비트코인의 이동과 저장, 보안에 뛰어나지만 기능이 제한적이다. 비트코인 블록체인 출시 후 몇 년 동안 진취적인 개발자들은 토지 소유권 기록이나 다른 자산의 거래를 보호하는 네트워크를 프로그래밍하여 더 많은 일을 할 수 있는 방법을 모색했다. 이는 '컬러드 코인colored coins'으로 알려졌으나 비트코인이 이를 프로그래밍할 수 없었기 때문에 실패했다. 블록체인이 크리스 딕슨이 말한 '새로운 기능을 가진 새로운 컴퓨터'라면, 비트코인 블록체인에는 한 가지 기능이 빠졌다. 비트코인 블록체인은 광범위하고 무한한 종류의 작업을 수행하도록 프로그래밍하고 다시 프로그래밍할 수 있는 범용 기계는 아니었다.

이제 이더리움과 같은 스마트 계약 플랫폼이 등장하여 더 복잡한 작업을 프로그래밍할 수 있게 되었다. 1990년대 이 용어를 처음 사용한 닉 사보Nick Szabo에 따르면, 스마트 계약은 특수한 종류의 탈중앙화 애플리케이션이다. 그는 스마트 계약은 청량음료를 판매하는 자판기처럼 "종이 계약서에 작성할 수 있는 규칙을 종이 대신 기계에서 작성하는 규칙"이라고 설명했다.[25] 사보는 이어 "어떤 컴퓨터에서 코드가 실행되든 그 컴퓨터의 소유자에 대한 신뢰가 없더라도 코드가 제대로 실행되는지는 신뢰할 수 있는 것과 마찬가지다"라고 덧붙였다.[26] 웹3 혁신가들은 전통적인 계약의 비즈니스 논리를 스마트 계약으로 대체

하고 있으며 이런 움직임은 다른 경제 분야로 폭넓게 확산될 가능성
이 크다. 왜냐하면 사용자들은 스마트 계약을 통해 "거래 참여자들이
서로를 신뢰하지 않더라도 모든 유형의 거래를 프로그래밍할 수 있
으며 심지어 특수 기능을 가진 희소한 자산을 창출할 수 있기 때문이
다."[27]

4. 탈중앙화 자율 조직: 자산과 행동을 조정하는 방법

토큰은 탈중앙화 자율 조직DAO, Decentralized Autonomous Organizations이라고
불리는 새로운 디지털 기반 조직에 필수적인 자산이다. 이를 통해 전
세계의 낯선 사람이 자원을 모으고 기술과 재능을 조정하여 가치를
구축할 수 있다. 리눅스Linux처럼 오픈소스 프로젝트와 유사하지만, 기
여자들이 공정한 보상을 받을 수 있다는 점에서 다르다. 한 가지 예가
깃코인이다. 깃코인은 웹사이트에서 자신을 "오픈 웹 생태계의 중심
에 있는 개발자, 크리에이터 및 프로토콜 공동체"라고 소개한다.[28] 깃
코인 플랫폼은 킥스타터Kickstarter와 인디고고Indiegogo가 하지 못하는 일
을 한다. 깃코인은 제품과 서비스에 대한 아이디어를 지원자 및 해당
제품, 서비스의 잠재적 사용자뿐만 아니라 이를 구축하고 제공하는 인
재와도 연결해 준다. 깃코인 토큰 보유자들은 자금이 지원되는 아이디
어에 대한 재정적 지분과 거버넌스 권한을 가지고 있다. 공동 설립자
인 스콧 무어Scott Moore는 "깃코인은 현재 DAO로 운영되는데, 이는 우
리가 커뮤니티 소유의 인프라로 운영된다는 것을 의미한다"라며 이렇
게 설명했다. "우리는 더 많은 인프라를 구축하기 위한 인프라를 운영
하고 있다. 시스템이 조직의 커뮤니케이션 구조를 복제한다는 '콘웨이
Conway의 법칙'이 우리의 지배적인 원칙이다."[29] 깃코인은 자금 조달 메

커니즘을 통해 디지털 조직의 운영 방식에 대한 새로운 모델을 제시하고 있다. 무어는 "이것이 이 분야가 작동하는 방식이다"라고 강조했다.

그는 다음과 같이 설명했다. "보다 중앙집중화된 조직에서는 핵심 관리자와 개발자들은 소수의 그룹, 조직의 일부 사람과만 정보를 공유해야 한다. 탈중앙화 조직, 특히 DAO에서는 특정 활동의 옹호자들은 항상 다양한 채널을 통해 지속적으로 정보를 공유한다." 무어는 "웹 3에서는 텔레그램 Telegram, 디스코드 Discord, 시그널 Signal 채팅, 디스코스 Discourse 포럼, 스냅숏 Snapshot 투표 등 다양한 거버넌스 구성 요소에 주의를 기울여야 한다. 따라서 항상 주의력이 요구된다"라며 이렇게 말했다. "우리는 프로세스를 간소화할 수 있는 방법을 찾으려고 노력해 왔다. 그것이 우리가 시간을 두고 DAO를 발전시켜 간소화할 수 있었던 방식이다."[30]

깃코인에는 업무 흐름 형태별로 실행 그룹이 존재한다. DAO의 회원들은 해당 업무 흐름에 투표하고 예산을 부여한다. 스튜어드 steward로 알려진 커뮤니티의 독립적인 외부 구성원이 이러한 업무 흐름을 관리한다. 다시 말해, 깃코인은 일종의 입법부와 행정부를 가지고 있다. 무어는 이를 거버넌스 구조, 인센티브, 그 경제 내에서 서로 다른 역할을 하는 개인들로 구성된 가상 경제에 비유했다. 그는 DAO가 관료화될 위험이 매우 크다고 지적했다. "전통적인 조직에서는 업무 구조, 과정, 계층 구조가 매우 표준화되어 있어서 사람들은 조직에서 무슨 일이 벌어지는지 잘 알고 있다. 누가 어디에 있는지도 알고, 자신이 무엇을 해야 하는지도 안다."[31] 그러나 DAO는 아직 그렇지 않다. 무어는 DAO가 계층 구조 없이도 리더십을 가질 수 있다고 생각한다. DAO에도 조직의 운영에 필요한 일정한 체계나 규칙이 존재할 수 있지만 우리는 아직 이를 파악하는 중이다.

5. 영지식증명: 웹3에 프라이버시를 프로그래밍하는 방법

영지식증명Zero-Knowledge Proof은 그 이름에서 알 수 있듯이, 비밀을 노출하지 않고도 누군가의 비밀에 대한 지식을 검증할 수 있는 도구다.[32] 야히야는 "영지식증명은 블록체인의 성배와 같은 기본 요소"라면서 이렇게 설명했다. "영지식증명은 직관적이지 않고 논란의 여지가 있을 수 있지만 스마트 계약만큼이나 중요한 기본 요소다. 이러한 기초 위에서 사람은 탈중앙화 금융DeFi의 두 가지 중요한 혁신인 자동화된 시장 조성자Automated Market Maker나 본딩커브bonding curve, 토큰의 가격과 공급량 사이의 관계를 정의하는 수학적 함수처럼 분해될 수 있지만 여전히 복합적인 기본 요소를 구축한다."[33]

정부나 중앙은행이 현금을 신뢰할 수 있는 디지털 형태로 재창조하려고 한다면 완전한 익명 거래를 보장할 수 있는 영지식증명이 필요할 것이다. 우리가 식료품점에서 현금으로 구매할 때 그것이 알코올과 같은 규제 품목이 아니라면 점원이 신분증을 요구하지 않는 것처럼 말이다.

야히야는 영지식증명을 스도쿠 퍼즐에 비유했다. 퍼즐을 풀기는 어렵지만 자신이 그 퍼즐을 풀었으며 해답이 정확하다는 것을 검증하기는 훨씬 쉽다. "문제를 푸는 데 투입된 노동량과 해답을 검증하는 데 투입된 노동량 간의 비대칭이 핵심이다." 왜 그런 퍼즐을 하고 싶을까? "내가 실행하려는 프로그램이 있다고 가정하자. 아마 그것을 실행하는 데는 시간이 좀 걸릴 것이다. 해당 프로그램의 실행 작업을 위해 다른 사람을 아웃소싱하고, 이 사람이 프로그램을 올바르게 실행했다는 것을 보장받고 싶다면 그것이 바로 영지식증명이 할 수 있는 역할이다."[34] 즉, 영지식증명은 한 당사자(증명자)가 다른 당사자(검증자)에게 특정 정보를 알고 있다는 것을 해당 정보에 대해 어떠한 내용도 노출하지 않고 증명할 방법을 제공한다. 특정 지식의 세부 사항을 공개하지 않으면서 그 지식을 소유하고 있음을 증명해야 할 때 영지식증명 기술을 사용할 수 있다.

영지식증명은 특히 금융거래와 개인의 자유에 필수적인 개인정보 보호 프레임워크를 만들어낸다. 블록체인은 네트워크상의 모든 거래에 대한 변경 불가능한 기록이다. 블록체인은 시장 참가자들에게 절대적인 투명성을 제공한다. 그런데 만약 우리가 세부 사항을 공유하지 않고 어떤 일이 발생했는지 확인해야 한다면 어떻게 해야 할까? 가령 행동주의 투자자특정 기업의 지분을 매집한 뒤 경영권에 개입해 지배구조 변화나 주주 배당 확대 등을 적극적으로 요구해 주주 이익의 극대화를 꾀하는 투자자가 어떤 회사에 대한 지분을 대중이 확인하지 못하도록 은밀하게 매입하려고 한다고 가정해 보자. 영지식증명을 사용하면 거래를 검증하면서도 익명으로 작업을 수행할 수 있다. 영지식증명은 금융 외에도 수많은 분야에서 사용할 수 있다. 누가 누구에게 투표했는지 밝히지 않으면서 정부가 온체인에서 치른 선거의 결과를 검증하고 확인하려면 어떻게 해야 할까? 누군가가 개인정보를 공개하지 않고 자신에 대한 정보를 증명할 수 있는 디지털 ID 시스템을 구축하려면 어떻게 해야 할까?

야히야는 다음과 같이 설명했다. "영지식증명에는 검증 가능한 계산과 관련된 부분이 있고, 프라이버시 측면과 관련된 부분이 있다. 영지식증명이라는 용어가 아직 낯설겠지만, 현재도 종종 이더리움과 같은 플랫폼의 한계 상황에 대한 'ZK-롤업 확장성 솔루션'에서와 같이 검증 가능한 계산을 위해 영지식증명을 사용하고 있다."[35] 여기서 야히야는 이더리움과 같은 레이어 1에 구축된 소위 레이어 2 네트워크를 언급하고 있다. 사용자는 레이어 1에서 거래를 수행한 다음 그 거래들을 묶어서 다른 사람이 레이어 1, 즉 이더리움 블록체인에서 검증할 수 있는 거래 단위로 '롤업roll up'할 수 있다. 그러므로 거래가 오프체인off-chain, 블록체인 밖에서 이루어지려면 우리에겐 거래가 모두 발생했음을 확인할 방법이 필요하다. ZK-롤업이 이를 가능하게 해준다.

전통 금융에서 골드만삭스와 같은 증권 회사는 자신들이 수행하는 거래를 개별로 청산하거나 결제하지 않는다. 그들은 여러 거래의 차액을 정산해 한꺼번에 일괄 처리한다. 카지노도 이와 유사하다. 블랙잭에서 이길 때마다 다음 판이 시작하기 전에 현금으로 교환하지는 않는다. ZK-롤업을 통해 우리는 여러 거래를 한 그룹으로 묶어 검증할 수 있으면서도 개인정보 보호가 가능한 상태로 일괄 결제를 할 수 있다. 롤업의 최종 결제는 네팅netting, 거래자 간에 발생하는 채권과 채무를 상계하여 그 차액만 결제함처럼 나중에 발생한다. 사용자가 미래 이벤트의 결과에 베팅할 수 있는 웹3 예측 시장에서 인기 있는 플랫폼인 SX 네트워크의 공동 설립자인 제이크 한나Jake Hanna는 "월스트리트와 웹3 거래를 너무 동등한 잣대로 비교해서는 안 된다"라고 말했다. SX 네트워크는 레이어 2와 유사한 폴리곤Polygon에서 실행된다. "이더리움은 연준이 아니다. 이더리움은 신뢰할 수 있는 탈중앙화 프로토콜일 뿐이다. 연준처럼 분기별로 10명이 모여 회의를 하지 않는다."[36]

ZK-롤업에 대해 야히야는 "예를 들어 이더리움의 한 블록 안에 있는 계산 결과와 그 증명의 크기는 매우 작아 블록체인 안에 맞출 수 있다"라고 설명했다. "우리는 성능과 탈중앙화 간의 상충관계인 '확장성 삼중고 scalability trilemma'를 겪어왔으므로 이는 매우 강력한 기능이다. 성능을 높이려면 네트워크 내의 모든 노드를 강화해야 한다. 그러나 모든 노드를 더욱 강화하려면 노드 운영비용을 감당할 수 있는 사람들이 줄어들 것이고, 따라서 네트워크는 더욱 중앙집중화가 될 것이다."[37] 이는 모든 노드가 모든 거래에 대해 작업을 수행해야 하는 비트코인 같은 네트워크에만 적용된다. 영지식증명을 활용하면 하나의 노드만으로도 작업을 검증할 수 있으므로 삼중고에서 벗어날 수 있고, 야히야가 말하는 '병렬처리를 통한 성능'을 얻을 수 있다. 즉, 모든 노드는 한 번의 계산을 수행하고 다른 모든 사람이 이를 확인할 수 있도록 증명을 생성하면서 여전히 탈중앙화할 수 있다.

6. 지갑: 디지털 상품과 디지털 신원을 관리하는 방법

웹1 시대에 웹 브라우저가, 웹2 시대에 모바일 애플리케이션과 스마트폰이 핵심 역할을 했던 것처럼 웹3 시대에는 지갑 Wallet이 핵심 요소가 될 것이다. 혁신가들은 이미 수십 년 동안 디지털 지갑이라는 개념을 발전시켜 왔다. 웹3의 많은 구성 요소와 마찬가지로 디지털 지갑은 갑자기 등장한 개념이 아니다. 블록체인이 등장하기 훨씬 이전인 1988년, 사우스캐롤라이나주 패리스 아일랜드에서 미 해병대 신병들은 현금이나 신용카드 대신 '전자지갑 electronic wallet'이라고 불리는 스마트카드를 사용하고 있었다.[38] 웹3의 중요한 선구자인 암호학자 데이비드 차움 David Chaum은 1992년, 자신의 회사 디지캐시 DigiCash가 개발한 '신용카드 크기의 컴퓨터'를 소개했다. 이 장치는 디지털 신원과 디지털 현금을 저장하고, 현금을 거래하며 신원을 검증할 수 있었다.[39] 이것은 두꺼운 신분증 크기의 계산기처럼 보였다.[40]

마이크로소프트 공동 설립자인 빌 게이츠는 전통적인 지갑 크기의 휴대용 장치인 '지갑 PC wallet PC'라는 개념을 제시했다.[41] 1995년 빌 게이츠는 《미래로 가는 길 The Road Ahead》에서 이러한 장치가 메시지, 일정, 이메일을 표시할 것이며 '새로운 지갑은 위조 불가능한 디지털 화폐를 저장할 것'이라고 대담하게 예측했다.[42] 마크 앤드리슨 Marc Andreessen은 넷스케이프 Netscape에 지갑 기능을 탑재하지 않은 것을 후회하면서 인터넷의 원죄는 거래 레이어를 탑재하지 않은 것이라고 했다.[43] 그의 팀은 현재 널리 통용되는 메타마스크 MetaMask와 같은 지갑에서 흔히 볼 수 있는 초기 '플러그인' 형태의 지갑을 고려하고 있었다. 사토시 나카모토는 2009년 2월 출시된 최초의 비트코인 지갑인 비트코인-Qt를 코딩한 것으로 알려져 있다.[44]

디지털 지갑을 정확하게 정의하기는 어렵다. 게이츠는 스위스 아미나이프에 비유했다.[45] 우리는 《블록체인 혁명》에서 '개인용 블랙박스'라고 설명했다.[46] 다른 사람은 블록체인 지갑, 디지털 지갑, 전자지갑, 모바일 지갑, 온라인 지갑, 웹 지갑 등의 용어를 거의 같은 의미로 사용했다. 가장 중요한 것은 자가보관 self-custody의 개념이다. 일반적으로 "열쇠가 없으면 코인도 없다"라는 말처럼 코인을 움직이고 거래에 서명하는 데 사용하는 개인 키를 가지고 있지 않으면 실제로 토큰을 보유하고 있지 않은 것이다.[47] 20세기 지식인 제임스 번햄 James Burnham은 "소유권과 통제권의 분리는 사회학적 또는 역사적으로 의미가 없다. 소유권은 곧 통제권을 의미하며, 통제할 수 없으면 소유권도 없다"라고 주장하면서 핵심 사안은 "해당 객체에 대한 접근 통제와 해당 객체가 만들어내는 결과물 처분의 특혜"라고 덧붙였다.[48]

메이플 파이낸스 Maple Finance의 공동 설립자 겸 CEO인 시드니 파월

Sidney Powell은 "FTX의 붕괴는 웹3가 투명성, 자산 자가보관, 소유권의 원칙을 중심으로 통합될 것이라는 나의 관점을 구체화했다."라고 말했다. "그 이전에는 웹3는 확실히 속도가 떨어지고 사용자들이 매끄럽고 편리하게 사용할 수 없다는 말이 자주 나왔고 이는 결국 FTX와 같은 중앙집중형 금융 서비스를 사용하게끔 유도했다. 그러려면 거래 상대방이 파산할 위험을 감수해야 했다. 즉, 속도의 대가로 안전과 통제를 잃어버린 것이다."[49]

파월은 개발자들이 설계 원칙을 재고하고 사용자 경험의 블록체인 요소를 은폐하기보다는 강조할 것으로 예측한다. 따라서 지갑을 직접 연결하고 이더스캔Etherscan에서 거래를 확인하는 것처럼 '감사 능력과 보안을 증명할 것'을 기대한다. 상업적 측면에서 '디파이DeFi 기술을 사용하는 씨파이CeFi, FTX 같은 중앙집중식 금융와 전통 금융인 트래드파이TradFi 참여자들이 증가할 것'이라고 예측한다. 왜냐하면 디파이 기술은 거래 상대방 위험에 대한 보상으로 사용자에게 큰 비용을 지불할 필요가 없으므로 자본 비용을 줄여 주고, 또한 사용자들은 모든 서비스에서 자신의 자산이 안전하게 관리되고 있다는 지급준비 증명을 요구할 것이기 때문이다. 파월은 "전반적으로 우리는 디파이에서 핵심 강점을 강조하기 때문에 자가보관과 투명성에 매우 고무되어 있다"라고 말했다.[50]

디지털 지갑의 핵심은 보관에 있다. 자신의 개인 키를 보유할 때 자산도 보유하는 것이다. 나중에 자세히 살펴보겠지만 인플레이션 통화나 부패한 금융 시스템을 탈피하려는 사람에게 자가보관은 큰 장점이다. 그러나 많은 사람이 막대한 재산을 안전하게 유지할 자신이 없기 때문에 자가보관은 매우 부담스러운 문제이며 광범위한 채택의 걸림돌이 될 수 있다. 토큰을 사용하려는 많은 회사도 자가보관 자체를 거부할 수 있다. 중개 기관에 보관한 자산이 고객의 승인 없이 사라질 경우의 책임 문제를 떠나, 법적으로 고객을 보호하기 위해 금융회사들은 디지털 자산을 보유하지 못하도록 규정할 수 있기 때문이다. 그러나 디지털 자산을 보호하려고 전적으로 제삼자에 의존하는 것은 위험할 뿐만 아니라 웹3의 본질에도 어긋난다. SEC 위원인 헤스터 피어스는 최근 연설에서 "무분별한 중앙집중형 중개자에 대한 신뢰는 암호화폐의 철학과 모순되는 행위"라고 말했다.[51] 그렇다면 다른 방법이 있는가?

물론 다른 방법이 있다. '다중서명'과 '다중계산'은 디지털 자산 보관에 대한 이러한 문제를 해결할 수 있는 두 가지 접근 방식이다. 다중서명은 자산 소유자, 보관인, 제삼자 관리인 등 다수의 당사자가 자산 또는 계정에 대해 행동을 취하기 전에 거래를 승인하는 것이다. 다중서명지갑에는 CEO, CFO, 회계사, 제삼자 감사원, 수탁자 등 서로 다른 10명의 서명자가 존재할 수 있다. 다중서명은 불량한 행위자의 위험을 줄여준다. 다중서명은 모든 당사자가 온체인on-chain에서 서명함으로써 의사결정 과정의 투명성을 높일 수 있다. 세이프Safe는 2만 개 이상의 다중서명지갑이 수십억 달러를 안전하게 보관할 수 있도록 도와주고 있다. 신세틱스나 에이브와 같은 대표적인 웹3 DAO들은 안전한 자산 보관 및 재무 관리를 위해 세이프를 이용한다.[52] 한편, 다중계산 시스템은 단일 자산을 관리하는 책임을 여러 계산 노드에 분산시키고, 각 노드는 각기 다른 조직에서 설계한 고유의 보안 프로토콜을 적용함으로써 중복성을 추가하고 투명성을 향상하는 방법이다. 예를 들어, 파이어블록Fireblock과 같은 회사는 지리적으로 분리된 노드를 운영하여 자산을 보호하고 있다.

두 기술 모두 기술적으로 고도화되었지만, 이를 옹호하는 사람은 사용자가 기술 작동 방식을 이해할 필요가 없기를 바라고 있다. 이 기술은 자동차 문을 열고 시동을 걸거나 아이폰의 잠금을 해제할 때처럼 간단하게 버튼 하나로 작동할 수 있어야 한다.

웹3 우선사항

◆

◆　　　　　　　　　　　**결합 가능성**

시스템 이론에서 결합 가능성^{composability}은 다른 구성 요소 간의 결합 관계를 나타낸다.[53] 웹3 사용자에게 결합 가능성이란 다른 애플리케이션에 원활하게 연결되어 통합 기능을 수행할 수 있는 애플리케이션을 의미한다. 예를 들어, 디지털 자산을 사고파는 탈중앙화 거래소가 대출 플랫폼과 연결되어 사용자가 보유한 자산으로 대출을 받을 수 있다면 결합 가능성이 향상되는 것이다. 결합 가능한 시스템 덕분에 사용자들은 대출받아 웹3 게임에서 사용할 NFT를 NFT 시장에서 구매할 수 있다. 이 개념은 개발자들에게 활력을 불어넣는다. 개발자들은 레고 블록처럼 다양한 소프트웨어에 자신의 애플리케이션을 완벽하게 연결함으로써 완전히 새로운 구조를 만들 수 있다.

이러한 결합 가능성은 비즈니스의 다른 영역에서도 유용하다. 예를 들어, 인터모달 해상 컨테이너는 선박과 열차의 결합 가능성을 크게 제고함으로써 운송이 매우 편리해졌다. 이 발명은 전 세계 통상과 번영에 큰 도움이 되었다. 한 국가 안에서 사업을 결합하고, 계약을 체결하고, 직원을 고용해 사업하는 것이 여러 국가에 걸쳐 사업을 하는 것보다 일반적으로 훨씬 쉽다. 글로벌 무역은 여전히 높은 수준의 마찰을 겪고 있다. 웹3 애플리케이션의 높은 결합 가능성 덕분에 우리는 무수히 많은 애플리케이션이나 소프트웨어들을 단일 비즈니스 웹으로 결합하여 탈중앙화와 세계화 과정을 가속할 수 있다.

　이론적으로는 소프트웨어 수준에서 결합할 수 있다면 효율성이 크게 향상된다. 실제로는 비트코인, 이더리움, 솔라나 같은 블록체인들은 코드 베이스나 표준이 서로 달라 상호 운용이 불가능하다. 이런 현상은 전기가 처음 발명되었을 때 교류와 직류가 표준을 두고 충돌한 것이나, 가정용 비디오 시장의 표준을 두고 VHS와 베타맥스가 경쟁했던 상황과 유사하다. 이처럼 서로 다른 블록체인들의 진정한 결합이 가능해지기 전까지는 창업자들은 한쪽을 선택하거나 위험을 분산해야 한다. SX 네트워크의 창립자 앤드루 영[Andrew Young]은 "당신이 탈중앙형 애플리케이션을 이더리움이나 폴리곤에 배포할 수 있다면 이더리움과 호환되는 아발란체[Avalanche] 같은 솔루션에 애플리케이션을 배포할 수 있다"라고 말했다.[54] 그는 이를 "애플리케이션을 배포하려면 전체 인프라를 다시 구축해야만 하는 솔라나 혹은 EOS"와 대비했다. 그것은 안드로이드 대 아이폰의 대결의 한 장면을 보는 것 같다.[55] 웹3는 웹2가 웹1에서 전환한 것과 비슷한 도전과 기회에 직면하고 있다. 과거 전기 시장과 비디오 시장에서와 마찬가지로, 암호화폐의 표준을 둘러싼 전쟁이 진행 중이다. 전기 시스템은 여전히 호환되지 않는다. 나라마다 콘센트 모양이 다르므로 전자기기를 충전하려면 그 나라에 맞는 어댑터가 필요하다. 표준 전쟁에서 승리했더라도 시간이 지남에 따라 파괴적 혁신에 밀려 시장에서 사라지기도 한다. VHS, 베타맥스, DVD는 스트리밍 서비스에 밀려 시장에서 사라졌다.

토크노믹스

웹3에서는 누구나 오픈소스 프로젝트에 코드를 제공하고 토큰을 통해 보상받을 수 있다. 마찬가지로, 아이디어와 소프트웨어 개발 기술을 가진 개인이나 그룹은 이제 벤처 캐피털 같은 전문 투자자들의 도움을 받지 않아도 DAO를 직접 출시함으로써 자금을 조달할 수 있다. 이처럼 토큰은 웹3 경제 체제에서 인센티브 역할을 한다. 토큰 경제학 또는 토크노믹스Tokenomics는 암호화폐나 다른 디지털 자산의 경제적 측면을 연구하는 학문을 지칭하는 용어다. 토큰 경제학은 여러 가지 요소를 다룬다. 토큰의 유용성, 사용자를 유치하기 위해 토큰에 코딩된 메커니즘, 토큰의 분배 모델, 수요와 공급, 가치 상승 가능성 등이 포함된다. 지속 가능한 공공 인프라를 염두에 두고 설계된 토크노믹스는 장기적으로 사용자 수의 증가를 가져올 수 있다. 반면, 단기적인 성과를 염두에 두고 설계된 토크노믹스는 사용자의 관심을 떨어뜨리고 개발자들의 집중력을 잃게 할 수 있다.

중앙집중형 기업에서 코드 작성자는 급여를 받는 직원이나 계약직일 것이다. 세계은행에 따르면 사업을 시작하는 데 드는 기간은 전 세계 평균 20일이다.[56] 뉴질랜드와 같은 일부 국가에서는 하루 만에 쉽게 사업을 시작할 수 있는 반면, 베네수엘라에서는 230일, 캄보디아에서는 99일, 필리핀에서는 33일이 걸린다.[57] 이들 세 국가 모두 경제학자들이 '비시장(非市場) 거래'라고 부르는 정부의 비효율성과 부패로 인한 마찰 수준이 높아 웹3 애플리케이션과 암호자산의 사용이 더 활발해지는 현상이 발생했다.[58] 탈중앙화 거래소에서 토큰을 출시하는 일은 너무나 간단하다. 그 결과, 본질적으로 가치가 없는 토큰이 많이 생겼고 일부 토큰은 아예 처음부터 농담거리나 밈[meme]으로 시작한다. 일부 관찰자들은 어떤 주체나 조직이 모든 자산을 분산시킬 수 있는 기술은 실패하기 쉽고, 심지어는 사기로 이어질 수 있으므로 낮은 진입 장벽이 기술의 본질적인 결함이라고 잘못된 결론을 내렸다. 그러나 실제로 토크노믹스 덕분에 기업가들이 부패하거나 비효율적인 정부가 있는 곳에서도 마찰 없이 유용하고 잠재적으로 상당한 가치가 있는 자산을 쉽게 출시할 수 있다.

확장성 scalability

초기의 다른 기술과 마찬가지로 웹3는 엄청난 가능성을 지니고 있지만 제한도 많다. 초창기 내연기관은 신뢰할 수 없고 시끄러우며 위험한 기계로 인식되어 일부 지역에서는 사용이 금지되었다.[59] 라이트 형제는 여성 속옷에 사용된 원단으로 날개를 만들어 비행기를 날렸다.[60] 하지만 일부 사람은 이 천이 원래 목적에 더 적합하다고 주장했다.

이러한 초기 한계로 인해 어떤 이들은 웹과 같은 기술은 절대로 주류 기술로 채택되지 못할 뿐만 아니라 모든 사람을 위한 만능 해결사가 될 수 없을 것이라는 결론을 내렸다. '주류 진입 불가'를 표현하는 하나의 예가 블록체인 프로토콜을 평가하는 경험지표인 '삼중고'이다. 네트워크 보안, 확장성, 탈중앙화 가운데 개발자들은 두 가지만을 선택해야 한다. 이 프레임워크에 따르면, 안전한 프로토콜을 원하는 개발자들은 속도를 포기해야 한다. 비트코인이 이러한 프로토콜의 좋은 예다. 하지만 빠른 프로토콜은 안전하지 않을 수 있다. 솔라나는 사용자가 많고 거래 비용은 상대적으로 저렴하지만 솔라나 네트워크는 여러 번 중단되었다.[61] 비트코인과 이더리움 같은 다른 블록체인들이 중단이나 오류 없이 연중무휴로 운영된다는 점은 주목할 만하다. 이와 대조적으로 전통 금융시장은 거래시간이 정해져 있고 시스템은 정기적으로 수리와 업그레이드 과정을 거쳐야 한다. 하지만 우리가 변경 불가능하고 안전한 네트워크를 설계하고 있다면 체인을 일시 중지하는 것은 심각한 문제가 된다.

좀 더 쉽게 확장할 수 있는 프로토콜이 필요할까? 버라이언트 펀드의 월든은 이에 대해 '그렇지 않다'라고 주장한다. 그는 웹 초창기에 사람들이 온라인에 접속하려는 사용자를 모두 수용할 만큼 웹이 확장될 수 없을 것이라고 걱정했다는 사실을 상기시킨다. "그러나 초기 인터넷은 보안 소켓 계층SSL, secure sockets layer을 통해 제공되는 개인정보 보호 같은 기능을 추가하고 네트워크를 확장하기 위해 서로 겹치는 일련의 프로토콜로 발전했다. 이메일은 단순 전자우편 전송 규약SMTP, simple mail transfer protocol 및 인터넷 메시지 접속 규약IMAP, internet message access protocol을 통해 제공되었다. 이렇게 전문화된 프로토콜은 가능성의 영역을 넓혀주었고, 오늘날 우리가 누리는 풍부한 인터넷을 가능하게 했다."[62] 최초의 자동차는 스프링 쇼크, 와이퍼, 백미러, 파워 스티어링, 연료 분사 장치는 물론 운전대조차 갖추고 있지 않았다. 자동차 제조업체들은 안전띠를 추가하기 30년 전에 담배 라이트를 설치했고, 이러한 기능은 수십 년 후에 표준이 되었다.[63] 이렇듯 혁신이 항상 논리적으로 진행되는 것은 아니다.

상호 운용성

결합 가능성의 전망은 밝지만 그럼에도 블록체인에는 상호 운용성Interoperability의 문제가 존재한다. 하나의 체인에 저장된 자산을 다른 체인으로 이동시키기가 어렵다는 문제다. 개발자들이 하나의 표준이 아닌, 비슷하게 생겼지만 쉽게 결합되지 않는 다양한 재료로 작업하고 있기 때문이다.

〈스타트렉〉의 팬이라면 "스코티, 빔미업Beam me up, Scotty"이라는 대사에 익숙할 것이다. 블록체인에는 온체인 자산을 순간이동할 수 있는 매체로 변환한 다음 다시 원래 물질로 만들 수 있는 스타트렉의 순간이동장치와 유사한 기능이 필요하다. 소위 '브리지'라고 불리는 중요한 솔루션은 전송된 입자들이 본래의 크기로 다시 돌아가려면 태피 풀링 룸taffy pulling room를 거쳐야 하는 '원카비전Wonkavision'과 더 비슷하다.

인기 게임 '액시 인피니티Axie Infinity'를 위해 만들어진 이더리움 사이드 체인인 '로닌Ronin'에 무슨 일이 벌어졌는지 알아보자. 2022년 3월, 해커들은 코드의 취약점을 이용해 로닌 브리지에서 자금을 이동하는 데 필요한 '검증자 키'의 대부분을 장악했다. 제작사인 스카이 마비스Sky Mavis에게 검증자 키를 고도로 집중시킨 것이 탈중앙화에 비해 위험하다는 사실을 증명한 사건이지만 피해자들에게는 별다른 위안이 되지 못했다. 해커들은 무려 6억 달러어치의 이더Ether와 USDC를 탈취했으며 이 가운데 4억 달러는 사용자들의 자산이었다. 이는 액시와 스카이 마비스에도 큰 타격을 입혔다.[64] 이 사건은 '솔라나 웜홀Solana Wormhole 브리지' 해킹 사건 이후에 발생했다. 이름과는 달리(웜홀은 천문학에서 블랙홀과 화이트홀을 연결하는 통로), 이 브리지는 토큰 형태의 돈을 다른 차원인 블록체인으로 원활하게 변환하지 못했다. 이런 사건으로 인해 드러난 브리지의 문제점은 이 기술의 상호 운용성에 대한 사용자의 신뢰를 떨어뜨리는 커다란 취약점으로 남아 있다.

이더리움과 비트코인 네트워크는 서로 통신할 수 없다. 현재 운영 중인 수십 개의 다른 주요 블록체인 네트워크들도 마찬가지다. 한 네트워크에 기록된 값은 어떤 중개자가 역할을 하지 않는다면 다른 블록체인상에서는 보이지 않으며 전송할 수도 없다.

상호 운용성을 구현하는 또 다른 방법은 표준과 프로토콜을 사용하는 것이다. 〈스타트렉〉이 범용 번역기를 가지고 있듯이 〈스타워즈〉도 다양한 종족들이 은하계를 가로질러 의사소통할 수 있도록 고유한 공용어인 은하계 공용어Galactic Basic를 가지고 있다. 이처럼 블록체인에서 공통 표준과 프로토콜을 채택하면 서로 다른 네트워크가 이해하고 정보를 교환할 수 있다.

두 번째 문제는 기업 활용의 초기 단계에서 어느 회사도 공급망 파트너, 고객 또는 공식 거래를 위해 블록체인을 사용하는 규제기관과 상호 운용되지 않는 블록체인 솔루션에 의존하지 않는다는 것이다. 안정성을 확보하기 위해서는 업계 선두인 이더리움과 호환하고, 이더리움 유사 플랫폼 위에 애플리케이션을 실행하면 된다. 이는 모든 것을 수용하는 '가상 세계 컴퓨터'와 같다. 그러나 이러한 간단한 해결책은 혁신을 제한하고 프로젝트가 장기적인 요구에 맞지 않는 특정 표준을 준수하도록 강제할 수 있다.

블록체인 네트워크 코스모스Cosmos의 공동 창업자인 에단 버크먼 Ethan Buchman은 "이더리움과 소위 이더리움 킬러라 불리는 다른 프로젝트가 제시하는 '세계 컴퓨터 비전'은 사실상 인터넷이 나오기 전의 '세계 메인프레임'에 대한 논의와 매우 유사하다"라며 이렇게 말했다.

"IBM 또는 다른 어떤 회사가 세상을 지배할 하나의 컴퓨터를 운영한다면 누구도 컴퓨터가 필요 없을 것이며, 아무도 개인용 컴퓨터를 필요로 하지 않을 것이다."[65] 그의 설명에 따르면 우리 모두 "어느 공룡 기업의 지하실에 있는 거대한 슈퍼컴퓨터 메인프레임"에 단말기를 통해 연결되면 이 메인프레임은 확장하고 모든 기반을 포괄하며 '모든 사람의 컴퓨팅 요구'를 처리하게 될 것이다.[66]

서니 아가왈은 "상호 운용성이란 개념은 '멀티체인 비전'과 '인터체인 비전'이라는 두 가지 영역으로 나뉜다"라고 말했다. 멀티체인 비전에서는 "애플리케이션이 다른 체인에서 여러 버전을 배포하는 일반화된 블록체인을 많이 보게 될 것이다. 우리는 이것을 디파이 애플리케이션인 스시스왑SushiSwap에서 찾아볼 수 있다. 스시스왑은 자체적으로 모든 곳에서 배포되고 있다. 스시스왑은 이더리움, 아르비트럼Arbitrum, 폴리곤Polygon, BNB 체인 등 다른 인기 있는 네트워크들에 존재한다." 아가왈은 멀티체인 비전식 접근의 부정적인 측면을 강조했다. "이 모든 생태계가 서로 분리되어 있으며 자신들의 유동성을 다른 모든 체인에 분산시키고 있다"라고 말했다.[67]

인터체인 비전에서는 아가왈의 오스모시스처럼 체인들 사이에서 자신의 유동성을 분산시키거나 자율성, 속도, 보안을 저해하는 일이 없이 한 개 체인이 중개 역할을 하는 '특정 목적의 애플리케이션 전용 블록체인'이 존재한다.[68] 아가왈은 서로 다른 블록체인 네트워크들이 데이터와 거래 내용을 일관적이고 안전한 방식으로 교환하기 위한 규칙과 표준을 정의한 인터블록체인 커뮤니케이션inter-blockchain communication, IBC 프로토콜을 사용해 코스모스 네트워크에서 이 비전을 구현했다. 자율성 측면에서 각 애플리케이션은 여전히 자체 체인을 구동할 수 있다. 아가왈은 "애플리케이션이 다른 애플리케이션과 발생하는 거버넌스 문제로부터 자신을 보호하는 유일한 방법은 자체 체인을 가지는 것이다"라고 말했다. 처리량 또한 중요하다. IBC로 구축된 탈중앙화 클라우드 공급망인 아카시 네트워크Akash Network의 공동 창립자인 그렉 오수리Greg Osuri는 "기본 체인이 제공하는 확장성을 상속받아야 한다. 이는 보안을 부트스트랩할 필요가 없어서 좋을 수 있다. 하지만 소프트웨어의 운명에 대한 통제력이 없다는 점에서 나쁠 수도 있다"라고 설명했다.[69]

코스모스 프로젝트, 노블의 공동 설립자이자 CEO인 옐레나 듀릭Jelena Djuric에 따르면, 코스모스는 팀 버너스리, 빈트 서프Vint Cerf 등이 개척한 최초의 탈중앙화 웹에 가장 근접한 구조다. 그녀는 "코스모스는 단일 기업, 단일 리더, 단일 설립자, 단일 실패 노드에 영향을 받지 않는다. 최초의 인터넷이 이런 식이었을지도 모른다. 서로를 알든 모르든 서로 비즈니스 관계가 있든 없든 전 세계의 다양한 사람이 같은 스택에서 작업했고 그 스택을 개발했으며 그 스택을 다른 사람이 사용할 수 있도록 만들었다"라고 말했다.[70]

스택stack이라는 단어가 다시 등장한다. 스택을 토양이라고 한다면, 현재 코스모스는 이 다양한 토양 위에서 각각 다른 작물을 배양하고 있다. 서로 다른 작물의 씨앗이 촘촘히 심어진 것처럼, 때때로 코스모스 내의 그룹들이 너무 가까운 분야에서 성장하면서 자원을 두고 경쟁하기도 한다. 하지만 그들은 활기찬 생태계를 만들고 있다. "누구나 인터넷에서 웹사이트를 개설할 수 있는 것처럼 코스모스에서는 누구나 체인, 자산, 또는 애플리케이션을 시작할 수 있다"라고 듀릭은 말했다.[71]

사람들이 코스모스 스택에 다양한 창작물을 경쟁적으로 선보이게 될 때 코스모스는 어떻게 보안 문제를 해결할까? 아가왈에 따르면 웹3 시스템들은 이더리움과 같은 초대형 플랫폼에 보안을 집중하지 않을 것이다. 도리어 보안을 분산시킬 것이다. 아가왈은 "다양한 검증자validator가 이 모든 상이한 '앱 체인app chain' 전반에 걸쳐 신원을 공유하도록 선택할 것이다"라면서 이렇게 설명했다. 코스모스와 같은 네트워크에서 위임인staker들이 네트워크의 최대 이익을 위해 행동하지 않을 경우 그들은 스테이크stake, 사용자가 네트워크의 작동에 참여하기 위해 일정량의 암호화폐를 보유한 행위의 일부를 잃게 된다. 아가왈의 견해에 따르면, "그것이 보안의 미래 양상이다. 이것은 하나의 중심으로 운영되는 허브앤스포크hub-and-spoke 시스템이 아니라 모든 체인이 보안을 공유하는 메시 네트워크mesh network, 각 노드가 서로 독립적으로 연결되어 데이터를 공유하고 보낼 수 있는 네트워크가 될 것이다."[72] 이것은 북대서양 조약 기구나 〈스타트렉〉의 행성연합처럼 공유된 원칙과 모든 은하 혹은 코스모스를 보호하려는 공유된 약속으로 서로 묶여있다.

웹3와 인공지능: 저지할 수 없는 두 가지 힘의 충돌

◆

◆   웹3는 인공지능, 머신러닝과 융합되고 있으며 이 두 기술은 중요한 방식으로 서로 결합하고 있다. 나는 AI 전문가가 아니므로 이 분야 전문가에게 설명을 요청했다.

머신러닝은 컴퓨터에 명시적으로 프로그래밍하는 대신 데이터를 통해 학습하도록 가르치는 방법이다. 머신러닝은 알고리즘을 사용하여 데이터를 분석하고, 거기서 배우고, 배운 것을 바탕으로 예측하거나 조처를 한다. 이 프로세스는 알고리즘에 대량의 데이터를 제공하는 것으로 시작하며 알고리즘은 이 데이터를 사용하여 입력과 원하는 출력 사이의 관계를 학습한다. 그런 다음 알고리즘은 학습한 것을 사용하여 결과를 예측하거나 새로운 데이터에 대해 조처한다. 시간이 지나면서 알고리즘이 더 많은 데이터를 처리함으로써 예측은 점점 더 정확해지고 조치는 더욱 정교해진다.

웹3 기술이 개인의 프라이버시와 소유권을 침해하지 않으면서 AI가 잠재력을 완전히 발휘하도록 하려면 어떻게 해야 있는지 전문가에게 질문했다.

웹2 데이터 사일로는 AI 시스템을 훈련하는 데 사용할 수 있는 데이터의 양과 종류를 제한한다. 그에 따라 데이터 다양성이 부족해지고 더욱 발전되고 정교한 AI 모델의 개발이 저해된다.

웹3를 사용하면 다양한 이해관계자들이 더 많은 데이터를 공유하고 협업할 수 있다. 블록체인과 P2P 네트워크는 데이터 저장 및 공유를 위한 안전하고 투명한 인프라 역할을 할 수 있다.

예를 들어, 오션 프로토콜Ocean Protocol은 탈중앙화 데이터 시장을 구축하고 있다. 이 플랫폼을 통해 개인과 조직은 보안을 유지한 상태로 AI 개발자와 데이터를 공유하여 더욱 정확하고 다양한 AI 모델을 만들 수 있다.

또 다른 예로는 탈중앙화 애플리케이션을 구축하기 위한 탈중앙화 컴퓨팅 플랫폼인 홀로체인 프로젝트 Holochain project가 있다. 과학자들은 이 플랫폼을 사용하여 더 투명하고 믿음직하며 공격에 대해 더욱 안전하고 회복력이 뛰어난 AI 시스템을 만들 수 있다.

나는 AI를 웹3에 구현하는 데 따르는 과제에 대해 질문했다.

첫 번째 과제는 확장성 부족이다. 현재의 웹3 기술은 아직 AI가 필요로 하는 방대한 데이터와 연산 능력을 처리할 수 없다. 또한 개인 데이터 보호 및 AI 자원 접근에 대한 공정한 권한 제공 등 규제 및 윤리적 문제에도 직면한다.
전반적으로 웹3는 AI를 개발하기 위한 보다 큰 협업과 데이터 공유를 지원할 수 있는 잠재력을 가지고 있지만, 혁신가들과 규제 당국은 이를 실현하기 위해 여전히 중대한 문제를 해결해야 한다.[73]

위의 설명이 도움이 되었는가? 그렇다면 좋겠다. 이것은 오픈AI의 챗GPT 3가 설명한 내용이기 때문이다. 만약 인간이 이 자료를 생성하지 않았다는 것을 알아차리지 못했다면, 이 설명이나 다른 자료를 AI가 작성하지 않았다는 것을 어떻게 확신할 수 있을까? 이 질문은 이 책의 범위를 벗어난다. 확실히 웹2의 사용자 생성 데이터의 축적과 AI 기술은 우리의 관심 영역이다. 사실, 웹3와 AI의 융합은 탈중앙화 과학 DeSci으로 알려진 더 큰 현상의 일부다. 탈중앙화 과학은 아직 초기 단계이긴 하지만 웹3 연구 회사인 메사리 Messari는 자금 조달(과학 연구 및 프로젝트의 자금 조달 방법), 데이터(데이터를 구성하고 검토하는

방법, 기여자에게 공정한 보상을 하는 방법), 심지어 검토 및 출간(과학적 결과
가 기존 게이트키퍼를 뛰어넘어 대상 독자에게 도달하는 방법) 등 여러 관련 핵
심 분야에서 최소한 85개 이상의 다양한 프로젝트를 발굴했다.[74] 특히
AI의 거대 언어 모델LLMs은 대량의 데이터에 의존해야 하므로 일부에
서는 AI 종사자들이 데이터 생성자들의 인지, 동의, 또는 그들의 자산
사용에 대한 공정한 보상 없이 데이터를 사용하는 것을 우려한다. 개
인들은 자신의 데이터를 토큰화하여 누군가 자신의 데이터를 사용할
때마다 보상받을 수 있다. 이렇게 되면 데이터에 접근하거나 구입하는
것이 더 어려워지고 조달 비용이 많이 들어 AI 연구가 제한될 것인가?
아니면 더 크고 향상된 데이터 풀로 이어져 창작자를 보호하면서 업
계가 활성화될까? 오션 프로토콜 재단은 다자간 연산multiparty computation
과 동형 암호화homomorphic encryption와 같은 다른 개인정보 보호 기술과
유사하게 데이터가 저장된 위치에서 계산할 수 있는 '컴퓨트 투 데이
터compute-to-data' 기능을 보유한 프로토콜을 관리한다.[75] 이더리움 메인
네트워크에서 실행되는 이 프로토콜은 개인과 조직이 개인정보와 소
유권을 보호하면서 AI 모델의 데이터에 대한 접근 권한을 부여할 수
있다.[76] 이러한 해결책을 통해 의료, 교육과 같은 중요한 영역의 다양
한 애플리케이션에 사용할 수 있는 새롭고 더 발전된 AI 모델을 만들
수 있다.

결론 및 핵심 요약

기술이 성숙 단계로 접어들면 사용자는 그것이 어떻게 작동하는지 생각하지 않는다. 자동차에 시동을 걸면서 자동차 내부에서 무슨 일이 벌어지고 있는지 아는 사람이 과연 몇이나 될까? 웹3가 그렇게 되기 전에 우리는 웹3이 어떻게 작동하는지를 자세히 살펴봐야 한다. 우리가 지금 볼 수 있는 것들은 다음과 같다.

1. 수십 년, 때로는 수 세기를 거슬러 올라가 시간과 효용의 시험을 견뎌낸 기술과 비즈니스 혁신이 있다. 컴퓨터 과학의 선구적인 혁신, 영지식증명, DAO, 스마트 계약과 같은 핵심 기본 요소는 비즈니스 분야뿐만 아니라 다른 분야에도 광범위하게 적용할 수 있다.
2. 분산 원장, 디지털 자산, 스마트 계약, 영지식증명 등과 결합하여 우리가 꿈꾸는 모든 것을 지원할 수 있는 블록체인과 합의 메커니즘이 등장했다.
3. 결합 가능성, 상호 운용성, 확장성과 같은 기능들은 아직 초기 단계이며 지금도 계속 발전하고 있다. 토큰을 인센티브로 사용하여 웹3 고유의 자산과 조직을 구축하는 것은 아직 시행착오 중이며 이와 관련한 모든 실패 덕분에 우리는 토큰 경제 모델을 연구하고 구현할 수 있다.
4. 혁신가들은 핵심 기본 요소를 활용하여 유용한 제품과 서비스를 만들고 있다.
5. 동시에 진행되는 또 다른 혁신인 AI와 머신러닝은 차세대 디지털 시대에 우리가 책임 있게 확장해야 하는 분야다.

모든 기본 요소는 중요하지만 일부 요소는 필수적이다. 특히 다음 장의 주제인 디지털 자산, 즉 토큰은 웹3에 필수적인 요소다.

2부

변혁

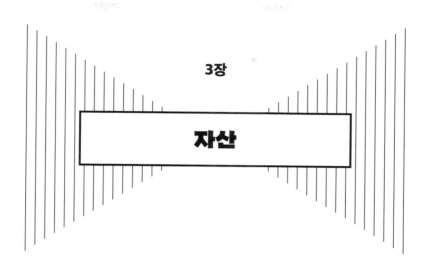

3장

자산

1066년 노르만 정복 직후 둠즈데이북Domesday Book, 중세 영국의 토지대장을 편찬한 평가관들은 중세 잉글랜드의 부의 불균등을 문서화했다.[1] "왕실은 토지의 20%를 직접 소유했고, 교회는 25%, 십여 명의 귀족들이 또 다른 25%를 통제했다. 사실상 250명 정도의 사람이 국가를 통제했다. 이들은 왕, 고위 성직자들, 왕으로부터 토지를 부여받아 연간 토지 수입이 100파운드 이상인 약 170명의 남작이었다."[2] 봉건시대의 유럽에서는 종종 소수의 사람과 집단이 가장 중요한 자산인 토지를 통제했다.

이러한 자산 소유의 불균형은 역사상 결코 특별한 것이 아니었지만, 그에 대한 상세한 전국적 기록은 특별하다. 4,000년 이상 상인들과 궁중 서기들은 이집트의 스콜피온 왕(기원전 3499~3200년)의 소지품 목록과 메소포타미아의 우르 계정(기원전 2112~2004년)에서 시리아의 우가리트 판(기원전 1200~1185년)에 이르기까지 자산의 거래와 소유에 대해 기록했다.[3] 고대 이집트와 중국에서 부유층과 가난한 자들 사이의 격차를 드러내는 확실한 증거는 군주와 함께 매장된 하인, 노예, 군인의 수였다. 군주들의 재산에 대한 신성한 권리는 사후세계까지 이어질 것이라는 증거다.[4]

산업화 시대는 부의 균형을 지주에게서 자본가에게로 이동시켰다. 19세기에 코넬리우스 밴더빌트Cornelius Vanderbilt와 같은 초기 산업가들은 증기기관 같은 새로운 산업 기술과 유한책임회사라는 새로운 법적 발명품을 활용하여 방대한 사업 제국을 구축하고 재산을 축적했다. 오늘날의 부는 초기 산업 시대만큼 집중되어 있지 않다. 밴더빌트가 죽기 직전에 모든 지분을 매각했다면, 그는 미국에 존재하는 9달러 중 1달러를 회수했을 것이다.[5] 만약 일론 머스크나 제프 베조스가 모든 재산을 처분한다면, 그들은 미국에 존재하는 100달러 가운데 1달러 미만을 회수할 수 있다.[6] 그럼에도 불구하고 밴더빌트가 가졌던 자산은 봉건 시대 토지 남작들이 통제했던 것보다 규모가 더 작았다.

세상은 여전히 불평등한 곳이다. 오늘날 자산 규모가 가장 큰 증권의 소유자는 약탈 남작이 아니라 투자자들이 보유하고 있는 뱅가드와 블랙록의 인덱스 펀드다. 2013년 미국인 전체의 은행 계좌 보유 비율은 평균 93%이었는데 비백인 가정의 해당 비율은 87%이었다. 백인의 64%가 주식을 가지고 있지만 유색인종은 46%에 불과했다.[7] 이것은 불평등하고 인종차별적인 과거 미국의 유산이다. 미국의 교육자이자 개혁자인 부커 T. 워싱턴Booker T. Washington은 재산이 평등의 기초라는 것을 매우 일찍부터 인식했다. 흑인 학생들을 가르치고 흑인 의원들의 입법 활동을 지켜보던 워싱턴은 법률과 투표권으로는 충분하지 않다는 결론을 내렸다. "투표권의 기초가 되는 것은 재산, 근면, 기술, 절약, 지능, 인품이 되어야 한다. 만약 이러한 요소들이 없다면 어떤 인종도 영구적인 성공을 거둘 수 없을 것이다." 재건 시기 Reconstruction, 19세기 미국 남북전쟁 후에 일어났던 복원 시기 이후 거의 100년 동안 인종차별적인 주(州)에서 있었던 짐크로 법 Jim Crow laws, 공공시설에서 백인과 유색인종 분리를 핵심으로 한 법은 흑인들이 부를 축적하는 것을 사실상 불가능하게 만들었다. 따라서 미국 정부는 제14차(1868년) 및 제15차(1870년) 수정 헌법에 명시된 권리를 확실하게 보장해야 할 필요가 있었다. 이러한 불평등의 양상은 여전히 존재하지만, 금융 포용성은 미국에서 지난 수십 년간 급격하게 증가했으며 수 세기 동안 비약적으로 확대되었다.

밴더빌트 시대 이후 무엇이 바뀌었는가? 그가 재산을 축적할 당시 월스트리트는 매우 부유한 개인들만이 접근할 수 있었다. 그러나 시간이 지남에 따라 주식 시장은 대중화되었다. 개방형 뮤추얼 펀드(1924년), 할인 중개 서비스(1975년), ETF(1991년), 수수료 없는 거래 계정(2019년), 주식의 지분 소유(2010년대)의 발명으로 주식 시장에 누구나 투자할 수 있게 되었다. 정부의 개입은 영국의 구빈법과 프리메이슨과 같은 비영리 단체에 기원을 둔다. 소득세와 상속세 부과 및 사회보장 확대 정책은 균형을 유지하는 데 도움이 되었지만, 뉴딜 시기 New Deal, 1933~1939년 미국 대통령 프랭클린 루스벨트가 추진한 경제 정책 시기까지는 보편적으로 시행되지 않았다.[8] 노동조합은 더 많은 근로자에게 최저임금을 보장하는 데 도움을 주었으며 군인 연금과 기업 연금은 은퇴 후 저축을 보존하는 데 도움을 주었다.

과거에도 정부는 부를 재분배하기 위해 개입했다. 교황으로부터 이혼을 허락받지 못한 헨리 8세는 전체 토지의 3분의 1에 달하는 교회의 토지를 몰수하여 개인에게 매각함으로써 젠트리 또는 상업화된 농부로 알려진 완전히 새로운 계급의 창출에 기여했다. 일부 학자는 헨리 8세의 '정부 개입'이 현대 농업과 산업화가 시작되는 데 중추적인 역할을 했다고 주장한다.[9] 20세기 자산 소유의 민주화에서 얻은 이득의 상당 부분은 시장의 힘과 혁신에 기인한다. 웹3 시대에도 마찬가지일 것이다. 정부가 웹2의 독점 기업을 분쇄하기 위해 개입할 수도 있지만, 오히려 웹3의 혁신이 웹2의 사업 모델을 파괴할 가능성이 더 크다. 웹3를 채택하는 강력한 동기는 바로 소유권이다. 토큰은 보유자에게 디지털 재화에 대한 경제적 권리와 지배권을 부여하며 누구나 이를 획득할 수 있다. 일종의 보편적 기본 자산이라고 할 수 있다.

이것은 또 다른 추세로 이어진다. 경제가 세계화됨에 따라 자산은 더욱 추상적으로 변해갔다. 산업 시대 전에는 농업, 벌목, 채굴이 주요 산업으로서 땅이 부의 원천이었다.[10] 19세기에 산업화가 본격화되면서 석탄 및 석유 자원, 산업 플랜트 및 기타 자본 자산의 가치가 높아졌으며, 지폐, 증권, 예금 증서, 특허 및 인간이 창조한 무형의 발명품도 가치가 높아졌다. 새로운 자산과 자산 종류가 폭발적으로 증가하면서 자본주의는 '가능한 것'의 정의를 바꾸어 놓았다. 전기 작가 T.J. 스타일스는 밴더빌트가 현대 자본주의를 이끌었던 과정을 이렇게 설명했다. "상업 활동을 하면서 고안된 수단들은 점차 유형의 자산을 단순한 증표로 추상화했으며 더 나아가 증표도 사용하지 않게 되었다. 즉, 돈은 금화에서 금을 보증하는 지폐로, 종잇조각인 법정 화폐로, 은행 계좌의 장부 기록으로 바뀌었다."[11] 또한 스타일스는 우리가 당연시하는 현대 금융의 보이지 않는 구조가 밴더빌트 시대에 '격렬한 논쟁, 혼란, 심한 저항' 속에서 탄생했다고 지적했다. 어딘가 익숙한 소리가 아닌가? 스타일스는 "기업은 마치 유령처럼 소유주의 몸을 떠나 그 자체가 하나의 인격체가 되었다"라고 주장한다.[12]

웹3의 킬러 앱 또는 킬러 자산은 우리가 이미 소유하고 이해하는 주식, 화폐, 뮤추얼 펀드, 기타 금융자산과 같은 무형 자산의 디지털 버전이 아닐 것이다. 19세기에 가장 가치 있는 기업들은 땅의 산출물이 아닌 지적 발명품을 소유했다. 재산법이 이를 규정했으며 철도 회사, 철강 회사, 섬유 제조업체, 지역 은행 등에 대한 지분을 표시하는 증권 같은 새로운 기술들이 이를 현실에서 구현했다. 마찬가지로, 웹3의 가장 가치 있는 자산은 디지털 주식이나 채권 또는 다른 전통적인 자산이 아니라 '웹3에 고유하게 존재하는 무언가'가 될 것이다.

물론, 웹3는 기존 자산을 업그레이드하는 데에도 도움이 될 것이다. 벤처 캐피털 회사 6MV의 마이크 두다스Mike Dudas는 업계의 정서를 이렇게 요약했다. "암호화폐를 시작으로, 세계 자산 종류의 상당 부분이 토큰화될 것이다."[13] 이것은 충분히 일리 있는 말이다. 디지털 자산은 모든 사람, 모든 비즈니스, 모든 조직 간에 즉각적이고 국제적이며 최종적인 P2P 결제 수단을 제공한다. 예를 들어 사용자들은 금융자산 시장에서 더 빨라진 속도, 더 폭넓은 접근성, 더 풍부한 유동성의 혜택을 볼 수 있다.

월스트리트의 세계적 중요성이 약화될 가능성도 크다. 초기 핀테크 기업들은 기존 인프라 위에 혁신을 덧씌워 중앙화된 중개자의 위치를 강화했다. 이와 대조적으로 토큰 발행자는 자금과 자산에 대한 통제권을 사용자들에게 분배하려고 한다. 이러한 창조적 파괴는 새로운 것이 아니다. 종종 신기술은 기존의 방식을 보강하기보다는 파괴했다. 예를 들어, 뉴욕 타임스는 인쇄 매체에서 디지털로 전환하고 사업 모델을 재구축함으로써 더 많은 사람과 연결되어 글로벌 영향력을 얻었다. 2022년에 1,000만 명이 넘는 구독자를 확보했다.[14] 그러나 웹1과 웹2에서 가장 가치 있는 기업은 신문사가 아니었듯이 웹3에서 등장할 가장 가치 있는 기업은 은행이 아닐 것이다. 석유, 철강, 전신, 철도, 부동산 등으로 부를 축적한 밴더빌트와 그의 산업 시대 동료들처럼, 웹3 비전가들은 디지털 자산을 새로운 효용과 가치로 재구성하고 있다. 역사는 반복되지 않지만 역사의 운율은 반복된다.

웹3의 구성 요소

◆

◆   토큰이 자산 소유, 부의 창출은 물론 비즈니스의 구조를 뒤흔드는 강력한 존재가 된 이유는 무엇일까? 산업 경제의 가치 대부분이 기업의 주식에 축적된 것처럼 디지털 경제의 대부분이 웹3의 구성 요소인 탈중앙화 네트워크의 토큰에 축적될 것이다.

나이키, 마이크로소프트, LVMH 등 많은 전통 기업이 웹3에서 성공을 거두었으며, 앞으로 더 많은 기업이 웹3에서 성공을 거두게 될 것이다. 나스닥에 상장된 가장 큰 웹3 소매 거래소인 코인베이스Coinbase는 시가총액이 약 150억 달러이며 TD 아메리트레이드TD Ameritrade보다 더 많은 사용자를 보유하고 있다.[15] 골드러시 때 금광에서 직접 금을 캐는 것보다 곡괭이와 삽을 파는 것이 수익이 더 높았던 것처럼 같은 전략으로 무장한 이런 소매기업은 기업가, 투기꾼, 기타 선구자들에게 서비스를 제공한다. 하지만 코인베이스와 서클 같은 암호화폐 거래소 및 관리회사와 직간접으로 관련된 모든 기업의 시가총액은 여전히 시가총액 1조 달러인 토큰 시장에는 미치지 못한다.[16]

재능 있는 프로그래머의 머릿속에서 나온 코드 한 조각이 10년도 되지 않아 1조 달러가 넘는 가치를 만들어낸 비결은 무엇일까? 그것은 30년 동안 지속된 '이중 지불'이라는 컴퓨터 문제를 해결했기 때문이다. 토큰의 가치는 블록체인에 달려있는데 이는 모든 사람이 볼 수 있지만 어느 한 당사자도 변경할 수 없는 분산 원장 형태의 거래 기록이다. 블록체인은 자산 소유권과 출처에 대한 신뢰의 유일한 원천으로서의 역할을 한다. 특정 토큰이 가치를 갖는 이유는 여러 가지가 있겠지만 모든 토큰은 입증할 수 있는 희소성으로부터 가치를 얻는다. 토큰 거래는 거의 순간적이며 결제는 최종적이다. 즉, 블록체인에 거래가 기록되면 이를 되돌리려면 비용이 많이 소요된다. 그것이 바로 거래 플랫폼으로서 블록체인과 토큰을 신뢰하는 이유다.

토큰에는 다른 중요한 기능도 있다. 첫째, 토큰은 프로그래밍할 수 있다. 우리는 희소성과 검증할 수 있는 소유권이 필요한 거의 모든 목적에 걸맞은 토큰을 만들 수 있다. 오늘날 개인과 기업은 예술, 주식, 투표, 음원, 가상 세계의 캐릭터, 대출 계약, 신용 점수, 신원 정보, 이사회 멤버십, 콘서트 티켓, 자격증, 금융 파생상품, 탄소 크레디트, 통화, 상품 보증서, 뮤추얼 펀드, 건물의 부분 소유권 등을 증명하는 데 토큰을 사용할 수 있다.

1999년 당시 웹사이트의 모든 용도를 열거하는 것이 무의미했던 것처럼 토큰 종류의 긴 목록을 작성하는 것은 몇 년 안에 무의미해질 것이다. 예를 들어 교환 단위로서의 디지털 달러 또는 아루바섬의 타임세어 계약과 같이 가치 단위를 더 작은 단위로 나눠야 할 때, 우리는 이것이 가능한 토큰을 프로그래밍할 수 있다. 하지만 투표권이라든가 비행기 표의 경우에는 적용할 수 없다.

토큰은 자가보관이 가능하다. 즉, 사용자는 토큰을 디지털 지갑에 보관하거나 제삼자에게 맡길 수 있다. 자가보관에는 위험이 따른다. 디지털 지갑의 비밀키에 관한 내용을 기록도 하지 않은 채 분실했다면 자산을 영원히 복구하지 못할 수도 있다.[17] 암호화폐 연구 회사인 체이널리시스 Chainalysis에 따르면, 채굴된 비트코인의 17~23%가 분실된 키로 인해 유실되었다.[18] 다른 자산의 경우 유실 비율은 훨씬 낮을 것이다. 초기에 비트코인은 일부 애호가들만이 사용하는 실험 화폐에 불과했다. 거의 2년 동안 가치가 전혀 없었기 때문에 자산 안전장치에 대한 인식이 부족했고 많은 비트코인이 분실되거나 정지 상태에 있었다. 따라서 토큰 복구 서비스가 등장해 사용자 스스로 토큰을 복구하는 방법이 나타난 것은 놀라운 일이 아니다.[19] 일부 사람에게는 치명적인 약점으로 보이는 것이 다른 사람에게는 웹3의 큰 장점 중 하나로 보일 수 있다. 특권층만이 은행 서비스를 이용할 수 있거나 현지 금융기관이 불안정한 개발도상국에서 자가보관은 매우 유용하다.

몇 년 사이에 웹3의 사용자 수는 토큰 보유자 기준으로 0에서 약 3억 2천만 명으로 폭발적으로 증가했다.[20] 자가보관 방식이 웹3의 대중화를 가로막을까? 아니면 사용자들의 행동이 바뀌게 될까? 자동차 업계의 선구자인 고틀리브 다임러 Gottlieb Daimler는 "전 세계 자동차 수요는 운전기사 부족 때문에 1백만 대를 넘지 않을 것"이라고 말한 것으로 유명하다.[21] 다른 자료에 따르면 그는 약 5천 대를 예측했다고 한다.[22] 다임러는 사용자 행동의 변화를 예상하지 못했던 것이 분명하다.

자동차에 대한 그의 비전은 초기 창업자에게서 흔히 찾아볼 수 있는 스큐어모픽 형태였다. 즉, 그에게 자동차는 운전기사를 고용할 수 있는 부유층을 위해 엔진을 장착한 마차에 불과했다. 현대에도 유사한 사례가 있다. 베이비붐 세대는 1990년대에 태어난 밀레니얼 세대인 자녀들이 인터넷을 이리저리 조회하는 것을 보고 경탄했다. 오늘날 대부분의 미국인은 하루에 적어도 4시간 이상을 스마트폰에 소비한다.[23] 젊은 사람은 NFT와 다른 디지털 자산을 소유하는 데 매우 익숙하다. 부모들이 자녀들을 따라잡으려면 시간이 좀 더 필요할 것이다.

토큰은 자가보관이 가능하므로 제삼자인 정부의 간섭 없이 보유하고 사용할 수 있으며 원하는 대로 프로그래밍할 수 있다. 이는 허가 없이 사용할 수 있으며 검열 저항성이 강하다. 토큰 거래는 중단하거나 수정하기 어렵다. 많은 토큰은 오픈소스 소프트웨어로 만들어지며 이메일처럼 누구나 사용할 수 있다. 디지털 자산은 우크라이나 전쟁 지원금, 벨라루스, 홍콩, 미얀마의 시위운동 자금 조달, 그리고 심각한 초인플레이션으로부터 베네수엘라 국민을 보호하는 데 도움을 주었다. 물론 범죄자, 불량국가rogue state, 세계평화와 공존을 위협하는 제삼세계 국가들을 지칭, 테러리스트도 토큰을 사용한다. 암호화폐로 뒷받침되는 합성 자산 플랫폼인 신세틱스Synthetix의 설립자인 케인 워릭Kain Warwick은 "허가 없는 결제 네트워크의 진정한 가치는 모든 통화를 지원할 수 있는 능력에 있다"라며 이렇게 설명했다.[24] "우리는 다중 통화 스테이블코인의 개념을 가지고 있다. 우리는 여러 법정 화폐를 출시했다. 동시에 '금과 은은 왜 안 될까'라고 고민한 결과 금과 은도 출시했다. 의외로 사람들은 금을 좋아했다. '합성 금! 이게 바로 우리가 기다려왔던 것'이라고 경탄했다."[25] 물론 자산을 자가보관하지 못할 때 어떤 어려움이 있는지 알아보기 위해 강압적인 정권 아래에서 살아볼 필요는 없다. 그 대신 은행 영업시간이 지난 뒤 송금을 시도해 보라. 그러면 자가보관의 가치를 알게 될 것이다. 또한 많은 경우 콘서트 티켓, 투표, 금전과 같은 토큰에 빠르고 쉽게 접근할 수 있어야 한다.

경제의 다른 자산과 마찬가지로 토큰은 '대체 가능'하거나 '대체 불가능'하다. 대체 가능한 토큰은 같은 종류의 다른 토큰과 교환할 수 있다. 예를 들어, 비트코인은 대체 가능하다. 대부분의 사람은 어떤 비트코인을 소유하든 신경 쓰지 않는다. 모든 비트코인의 가치와 유용성이 같기 때문이다. 주식은 대체 가능하다. 각각의 회사의 주식은 동일한 경제적 지분, 권리 및 의무를 지고 있기 때문이다. 돈 역시 대체 가능하다. 1달러 지폐는 다른 1달러 지폐와 동일하다. 반면, NFT의 가치는 반드시 다른 NFT의 가치와 동일한 것은 아니다. 각각의 NFT는 고유하다. 그렇기 때문에 NFT는 디지털 예술, 문화 자산, 기타 희귀한 지적 재산, 맞춤 경험에 대한 소유권을 표현할 수 있는 인기 있는 수단이다. 우리는 거의 무한대에 가까운 고유한 유무형의 자산을 만들 수 있으므로 NFT 시장은 초기의 활용 사례를 훨씬 뛰어 넘어 성장할 가능성이 높다.

또한 토큰은 담보 또는 무담보로 발행될 수 있다. 무담보 토큰은 담보 토큰에 비해 토큰에 내재된 고유한 기본 가치에 따라 자유롭게 변동된다. 오늘날 화폐는 무담보로 발행된다. 50년 전까지만 해도 달러화 보유자들은 일정 조건에서 달러화를 금으로 교환할 수 있었다. 금본위제는 폐지되었지만 달러화는 여전히 매우 가치 있는 통화다. 1944년 브레턴우즈 협정국들은 미국 달러화를 세계 기축통화로 선택했다. 중국은 위안화를 세계 기축통화로 격상하는 방안을 추진했지만 달러화는 여전히 전 세계 중앙은행의 보유 자산의 60%를 차지한다.[26] 이더리움은 세계에서 두 번째로 큰 블록체인 플랫폼이다. 50만 명에 가까운 개발자들이 이더리움을 기반으로 수백만 명의 사용자에게 수천 개의 애플리케이션을 제공하고 있다. 사용자와 개발자는 충전소에서 전기차를 충전하듯이 분산된 계산, 응용 프로그램 및 거래를 실행하기 위한 연료로서 이더리움의 기본 토큰인 ETH가 필요하다. 이러한 내재적 유용성은 ETH를 매우 가치 있게 만들고 토큰에 대한 수요를 창출하지만, ETH를 소유한다고 해서 금, 채권, 물리적 플랜트나 장비, 지적재산권 등과 같은 자산에 대한 직접적인 청구권을 갖는 것은 아니다. 나중에 ETH가 토큰 보유자들에 프로토콜 수익에 대한 권리를 부여하고, 그 수익의 일부는 기업이 잉여 수입으로 자사 주식을 다시 살 수 있는 것과 마찬가지로 ETH의 총발행량을 줄이는 데 어떻게 사용되는지를 논의할 것이다. 하지만 전통적인 의미에서 ETH는 무담보 토큰이다.

반대로 미국 달러와 일정한 환율을 유지하도록 설계된 특정 스테이블코인들의 제작자들은 그 권리를 실제 보유하고 있다. 예를 들어, 센터 컨소시엄 Centre Consortium은 USD 코인USDC을 미국 은행에 보관한 미 정부 채권과 1:1 비율로 담보한다. 메이커 다오MakerDAO는 DAI 스테이블코인을 다른 토큰으로 담보한다. 토큰은 변동성이 크기 때문에 이러한 스테이블코인은 지불 준비율을 2:1 또는 그 이상으로 여유 있게 유지한다. 스테이블코인 보유자는 언제든지 스테이블코인을 기초 자산으로 교환할 수 있다. 즉, 그것들은 담보된 코인이다. 일부 스테이블코인은 매우 불안정하다. 2020년 테라 프로토콜Terra protocol의 제작자들은 기본 토큰인 루나LUNA가 미국 달러에 알고리즘으로 연결된 스테이블코인인 US테라UST를 출시했다. 테라 알고리즘은 코인의 가치를 유지하기 위하여 UST에 대한 상대적인 공급 또는 수요를 계산하여 총 공급량을 증가시키거나 감소시켰다. 그러나 다른 스테이블코인과 달리 UST는 '불충분'하게 담보된 토큰이었다. 즉, 각 UST가 미화와 1:1 비율로 담보된 것은 아니었다. 불충분한 담보 때문에 테라 루나 프로토콜에 대한 뱅크런 사태가 벌어졌다. 2022년 5월, UST 보유자들은 UST를 기초 자산인 미화로 환전하려고 한꺼번에 몰려들었다. UST는 붕괴하였고, 테라 프로토콜 또한 사라졌다.

토큰들은 P2P 방식으로 이전이 가능하다. 웹3의 탈중앙화 애플리케이션은 다른 애플리케이션과 결합이 가능하다. 즉, 같은 플랫폼이나 호환 가능한 플랫폼에서 구동되는 경우, 레고 블록처럼 다른 애플리케이션과 결합할 수 있다. 또한 P2P 세계에서 어떤 자산이든 다른 자산과 언제든지 교환할 수 있다. 제임스 데일 데이비슨과 윌리엄 리스-모그 경은《주권적 개인》에서 "일부 지역이 아니라 전 세계에 걸쳐 즉각적으로 검색할 수 있다면 사용자의 욕구와 정확하게 일치하는 사람을 찾을 확률은 극적으로 증가한다"라고 예측했다.[27]

토큰의 P2P, 유동성, 결합 가능성 등의 특성은 화폐와 같은 근본적인 개념을 다시 생각하게 한다. 오스트리아 경제학자 프리드리히 하이에크Friedrich Hayek는 이렇게 예견했다. "우리는 일반적으로 화폐와 그렇지 않은 것을 구분할 수 있는 명확한 구분선이 있다고 가정한다. 법 역시 그런 구분을 인정하려고 노력하지만 금융 사건의 인과 관계에 관한 한 그렇게 명확한 차이는 없다. 우리가 발견하는 것은 서로 다른 가치 변동성을 가진, 혹은 서로 독립적으로 가치가 변동할 수 있는 다양한 유동성 수준의 대상들이 화폐로서 기능하는 정도에 따라 그 경계가 끊임없이 변화한다는 사실이다."[28] 누구라도 어디에서나 자신이 보유한 토큰으로 시장을 만들어 낼 수 있게 된다면 무슨 일이 발생할까? 아노마^{Anoma}와 같은 웹3 스타트업들은 매입자와 매도자를 P2P로 연결하는 비공개 물물 교환시장을 구축했다. NFT로 주택 대출을 갚거나 애플 주식을 사용하여 콘서트 티켓을 구매하고 싶은가? 아노마의 설립자인 에이드리언 브링크^{Adrian Brink}는 "아노마의 최종 목표는 물물 교환의 문제와 한계를 해결하기 위해 창출되었던 화폐 자체를 파괴하는 것일 수 있다"라고 했다.[29] 우리는 이 문제를 다시 다룰 것이다.

자유 투사들의 자금 지원 토큰

◆

◆   토큰은 우크라이나가 러시아와 전쟁을 치르는 데 필요한 자금을 조달하는 데 중요한 역할을 담당했다. 전쟁이 시작되자 러시아의 공격과 포위에 맞서 싸우는 우크라이나에 수천 명의 개인과 기업, 유명 인사들이 익명으로 1억 달러 이상의 암호화폐를 기부했다.[30] 반(反)푸틴 예술 집단인 푸시 라이어트^{Pussy Riot}은 650만 달러 이상을 모금한 가상의 DAO 조직인 '우크라이나 DAO'를 출범하는 데 도움을 주었다.[31]

이것은 토큰이 검열에 강한 자산 보유증서이며 개인 간에 직접 이체가 가능하기 때문에 실현될 수 있었다. 토큰은 유동성이 있고 대체 가능하며 자가관리되는 자산이기 때문에 보유자는 이를 쉽게 법정 화폐, 상품, 서비스로 교환할 수 있다. 검열 방지 화폐를 사용해야 할 이유는 무수히 많고 그 목록은 계속 증가하고 있다. 캐나다의 소위 '자유

수송대 Freedom Convoy, 코로나 백신 접종 의무화에 반대하는 트럭 운전사들' 시위대는 고펀드
미 GoFundMe, 개인 및 자선 목적으로 돈을 모금할 수 있는 온라인 크라우드펀딩 플랫폼 및 기타 중개업
체가 그들의 플랫폼을 폐쇄하자 암호화폐를 사용해 시위자금을 조달
했다. 많은 사람이 시위대의 행동에 반대했으나[32] 우크라이나 자유 투
사들을 후원하기 위해 비트코인이 사용된 것에 대해서는 비판하지 않
았다.

암호화폐 기부 플랫폼인 기빙블록 Giving Block의 설립자인 알렉스 윌
슨 Alex Wilson은 허가 없이 사용할 수 있는 암호화 자산의 특성이 일반 사
용자에게 잘 어울린다고 생각한다. 그는 "인권 관련 분야에 기부하려
는 수요가 가장 높다"라고 말하며 "암호화폐 커뮤니티가 비영리 단체
보다 더 잘 할 수 있다고 생각한다"라고 덧붙였다.[33]

우크라이나 군수품 공급업체 대부분은 결제 수단으로 법정 통화
보다는 토큰을 선호한다. 우크라이나 국방부 차관에 따르면, "토큰 거
래는 하루 이상 걸리는 스위프트 SWIFT, 국제 은행 간 외국환거래 통신망 거래에 비해
간단하고, 복잡하지 않으며, 투명하고, 빠르다."[34]

토큰이 전쟁 지원에 도움이 된다는 것은 웹3와 웹2 간의 차이를
명확하게 보여준다. 10년 전에 우크라이나 전쟁이 났다고 상상해 보
자. 웹2 시대라면 열성적인 시민들은 적십자에 기부하고, 페이스북 같
은 중앙 통제 소셜 미디어 플랫폼에 격려 메시지를 올릴 것이다. 시민
들이 이용 약관을 위반했다면 적법한 절차 없이 검열당하고 심지어
플랫폼 자체에 접속하는 것이 금지될 수도 있었다. 웹3 시대에는 우크
라이나 대통령 젤렌스키의 "탄약이 필요합니다. (도망갈) 차가 아닙니
다"라는 호소에 응답해 디지털 자산으로 기부하여 자유를 위해 싸우
는 사람을 무장시킬 수 있다.[35]

웹1에 웹사이트가 있다면 웹3에는 토큰이 있다

◆

◆ 웹사이트가 웹1을 정의한 것처럼 토큰은 웹3의 다양한 애플리케이션을 활성화시키는 결정적인 도구다. 표준화된 선박용 컨테이너가 물류의 세계화에 혁신을 가져온 것처럼 토큰은 가치의 P2P 이동에 혁신을 가져올 수 있다. 토큰은 비용을 줄이고, 속도를 높이고, 마찰을 감소시키고, 경제 생산성을 높일 수 있다. 운송 컨테이너에 다양한 물건을 넣을 수 있는 것처럼 토큰도 거의 무한한 수의 속성을 프로그래밍할 수 있다. 프로그래밍이 가능한 화폐가 좋은 예다. 대학생 자녀에게 돈을 송금하는 것을 가정해 보자. 프로그래밍이 가능한 화폐로 월마트나 홀푸드에서는 사용할 수 있지만 주류 판매점에서는 사용할 수 없게 할 수 있다.

웹사이트가 정보를 컨테이너화했다면, 토큰은 가치나 자산을 컨테이너화한다. 앤드리슨 호로위츠의 크리스 딕슨은 "나는 웹사이트를 컨테이너라고 생각한다. 이것은 코드와 이미지, 텍스트를 담을 수 있다. 다른 웹사이트로 연결하는 하이퍼링크를 담을 수 있는 컨테이너이기도 하다. 원하는 것이라면 무엇이든 컨테이너에 담을 수 있다"라고 말했다.[36] 웹사이트는 퍼즐의 한 조각일 뿐이다. 원래의 월드 와이드 웹은 컨테이너인 우리의 웹사이트들을 서로 연결할 수 있게 해주었다.

이 은유를 선택한 것은 의도적이다. 현대적인 선박용 컨테이너는 운송 업계의 속도와 효율성을 근본적으로 개선하여 기업들은 공급망을 세계화할 수 있었다. 컨테이너선의 도입은 20년 동안 무역량을 790% 증가시켰는데 같은 기간 동안 자유무역협정[FTA]의 이점을 훨씬 능가했다.[37] 마찬가지로, 원래 월드 와이드 웹 설계는 이러한 컨테이너들을 서로 연결하는 시스템을 가지고 있었으므로 "이 멋진 상향식 시스템과 연결된 세계 속의 모든 작은 세계를 얻을 수 있었다."[38]

컨테이너나 웹사이트에 어떤 것이든 담을 수 있는 것처럼 디지털 자산에도 무엇이든 담고 소유권을 부여할 수 있다. 딕슨은 "핵심적인 특성은 단순히 운송용 컨테이너가 아니라 소유용 컨테이너가 될 수 있다는 것이다"라고 말했다.[39] 그러나 무한한 가능성에도 불구하고, 대부분의 사람은 토큰이 비트코인, 암호화폐 또는 다른 금융자산의 변형일 뿐이라고 생각한다. 이러한 혼란은 '토큰', '암호화 자산', '디지털 자산', '가상 자산' 등이 구분 없이 사용되면서 비롯했다. 암호화폐를 포괄적인 용어로 사용하는 업계와 이를 보도하는 미디어도 별 도움이 되지 않는다. 사실, 대부분의 토큰은 화폐와 관련이 없다. NFT 자격 증명이 화폐라고 할 수 있을까? 예술 작품은 어떤가? 탈중앙화 조직에 대한 거버넌스를 부여하는 토큰은 어떨까? 웹3 비디오 게임에서 플레이하는 아바타는 어떨까? 당사자 간의 맞춤형 금융 계약 조건을 담은 NFT는 어떨까?

웹3에 대한 초기 논의가 비트코인에 집중한 것은 당연해 보인다. 그 때문에 화폐와 다른 기존 금융자산에 관심이 쏠렸다. 화폐, 주식은 이미 존재하는 자산이기 때문에 이해하기 쉽고 편리했다. 우리는 종종 비트코인을 '디지털 금'이라고 부르며 고정된 공급량, 제한된 생산, 높은 에너지 사용 등과 같은 유사점을 강조한다. 이는 초기 웹사이트를 잡지, 신문, 광고와 비교한 것과 매우 비슷하다. 이것은 일종의 스큐어모픽이다.

크리스 딕슨은 스티브 잡스가 스큐어모픽이라는 단어를 대중화했다고 생각한다. 잡스는 항상 미래를 디자인한 다음 사용자를 미래로 이끌었기 때문이다. 여기에는 웹3와 관련된 두 가지 의미가 있다. 첫 번째는 혁신적인 기술을 마케팅하는 과제다. 혁신적인 기술은 종종 기존 기술과 차이가 너무 크기 때문에 잠재적인 사용자는 그것의 사용 방법을 알지 못하는 것은 물론 기존 기술과 어떤 관련이 있는지도 알지 못한다. 우리에게 이메일, 카메라, 음악, 위치 추적 기능이 있는 전화기가 있어야 하는 이유는 무엇일까? 잡스는 시각적 단서를 은유적으로 표현했다. 즉, 이메일 아이콘은 열지 않은 봉투로, 전화 아이콘은 구식 수화기로, 브라우저는 나침반으로, 메모 앱은 종이 메모장으로 표시했다. 그 가운데 가장 대표적인 것은 전화기보다 훨씬 더 많은 기능을 가지고 있는 자신의 발명품을 아이'폰'이라고 부른 것이다. 이것은 새로운 것을 더 친숙하게 느끼게 하는 의도적인 기법이었다.

두 번째 의미는 충격적으로 혁신적인 기술의 잠재력을 오늘날의 기술, 즉 종이와 출판, 디지털 현금과 분산 거래 원장과 같은 은유로만 제한해서 이해하는 방식에 따른 문제점이다. 이렇게 되면 입법자나 비즈니스 리더들의 상상력이 크게 제한된다. 딕슨은 이렇게 염려했다. "기술 분야에서 사람이 저지르기 쉬운 실수 중 하나는 새로운 기술의 초기 구현과 기술 자체를 혼동하는 것이다." 비트코인은 웹3가 일반 용어로 사용되기 훨씬 이전에 출시되어 '암호화' 산업과 그에 대한 분석을 지배했다.

새로운 창작 미디어의 진화 과정을 생각해 보자. 창작자들은 주로 이전 매체의 행동 방식을 그대로 도입하는 경향이 있다. 초창기 영화들은 팬터마임과 많이 닮았고 음악을 배경으로 한 연극에 지나지 않았다. 시간이 지나면서 감독과 제작자들은 음향, 촬영, 클로즈업, 줌 샷을 추가했다. 그들은 편집, 시각 효과 및 음향 효과, 애니메이션을 사용했다. 영화를 연극과 닮은 어떤 것이 아니라 웅장하고 환상적인 몰입 경험으로 만들었다. "현재 우리가 영화 제작의 기본적인 문법과 어휘라고 생각하는 것을 개발하는 데 20~30년이 걸렸다."[40]

디지털 이전 세상에서 웹과 유사한 것은 어떤 것이 있을까? 역사가이자 소설가인 이레네 발레호[Irene Vallejo]는 자신의 방대한 저서인 《갈대 속의 영원》에서 책의 기원을 추적하면서 인터넷에 관한 예리한 관찰을 내놓았다. 그녀는 팀 버너스리가 "공공 도서관의 질서정연하고 유연한 공간에서 월드 와이드 웹의 영감을 얻었을 것"이라고 지적했다. 웹의 고유한 주소인 URL은 '도서관 카탈로그 번호와 똑같은 것'이며, 웹의 하이퍼텍스트 전송 프로토콜인 HTTP는 "도서관 사서에게 우리가 읽고 싶은 책을 찾아달라고 요청하는 도서 신청 카드처럼 작동한다." 또한 그녀는 인터넷이 '다양하고 방대하며 보이지 않는 도서관'을 탄생시켰다고 말했다.[41] 실제로 버너스리는 WWW 가상 도서관World Wide Web Virtual Library을 설립했다.

딕슨도 이 말에 동의했다. "1993년의 웹은 잡지와 같다고 말할 수 있다. 하지만 그것의 본질을 살펴보면 코드, 이미지, 텍스트를 하이퍼링크의 태피스트리를 통해 함께 연결하는 방법이다. 오늘날 완전한 그래픽 디자인 도구 모음인 시그마Sigma가 웹사이트 안에 있다.[42] 우리는 이런 풍부한 서비스형 소프트웨어Software-as-a-service 앱을 가지고 있다." 다시 말해, 웹이 잡지와 같다고 말하는 것은 소설이 도서관과 같다고 말하는 것과 같다는 의미다. 최초의 도서관은 알렉산더 대왕의 장군이었던 프톨레마이오스에 의해 이집트 알렉산드리아에 설립되었다. 이후 이탈리아 메디치 가문의 후원으로 15세기 현대식 도서관이 탄생하기까지 거의 2천 년이 걸렸다.[43] 때때로 좋은 것들은 시간이 걸린다.

딕슨은 "우리가 이 새로운 원시적인 도구, 즉 웹사이트를 통해 무엇을 할 수 있는지 알아내는 데 10~20년이 걸렸다"라고 말했다.[44] 이것은 사람이 책을 이야기 전달의 매개체로 인식하는 데 수천 년이 걸렸던 것과 같다. 책은 왕의 승리나 신들의 영광에 관한 이야기를 전달하는 방법으로 시작했을지 모르지만 수천 년 동안 다양하게 진화했다. 그렇다면 디지털 자산이나 토큰의 미래는 어떻게 될까?

초기 앱 중 일부는 스큐어모픽 스타일을 채택하지만 대부분은 주류를 겨냥한 파괴적인 혁신보다는 틈새시장의 제품으로 끝나는 경우가 많다. 토큰 거래소인 오스모시스의 설립자 서니 아가왈은 "기존 자산을 디지털 기본 자산 형태로 전환하는 과정이 있을 것"이라고 말했다.[45] 이더리움 핵심 개발자 팀 베이코는 이런 분위기를 잘 포착해 두 가지 인기 NFT 프로젝트를 언급하며 이렇게 설명했다. "아이폰의 킬러 앱은 엑셀이 아니라 카메라를 활용한 인스타그램이나 GPS를 활용한 우버였다. 앱 개발자들은 '이 기기의 컴퓨터 성능은 무엇이며 어떻게 그것을 활용할 수 있을까?'라는 질문을 던졌다. 사람들은 블록체인 기술로만 가능한 독특한 앱을 원했으며 그중 상당수는 검열 저항성과 관련이 있다. 각자 자신의 NFT를 소유한다는 것은 정말 대단한 변화다. 이더리움 이전에는 '지루한 원숭이들의 요트 클럽'이나 '크립토펑크'와 같은 유명한 NFT가 없었다."[46]

웹3의 킬러 자산은 무엇일까?

◆

◆   《블록체인 혁명》에서 우리는 다양한 디지

털 자산의 세계를 이해할 수 있도록 분류 체계를 도입했는데, 이 목록을 11가지 유형으로 확장했다.

1. 암호화폐

비트코인과 같은 암호화폐cryptocurrency는 가치 저장 수단, 계산 단위, P2P 교환 매체로서 역할을 수행할 수 있는 인터넷 기반 화폐를 구축하려고 한다. 인류 역사상 가장 위대하고 지속적인 발명품 중 하나인 화폐는 획기적인 혁명의 시기를 지나고 있다. 소라 껍데기에서 점토판, 귀금속, 지폐, 은행 잔고로 수천 년 동안 진화한 화폐는 또 다른 거대한 도약을 앞두고 있다. 즉, 화폐가 디지털화되고 있다. 향후 10년은 국가 권력, 글로벌 기업, 디지털 시민 사회가 경제 활동의 핵심 인프라인 화폐를 장악하기 위해 경쟁하는 시기가 될 것이다. 우리의 미래를 이해하려면 화폐를 추적하면 된다. 비트코인은 시가총액이 약 4,000억 달러에 달하는 지배적인 암호화폐다. 또한, 비트코인은 모든 토큰 시가총액의 약 40%를 차지한다.

2. 프로토콜 토큰

ETH와 같은 프로토콜 토큰protocol token은 이더리움과 같은 '레이어 1' 스마트 계약 플랫폼의 핵심이며 웹3 애플리케이션 개발의 기반이다. 이더리움을 웹3의 공공재라고 생각해 보자. 이 비유에서 이더리움은 전력망이고 ETH는 전기다. 집에 난방을 하고 차를 충전하려면 전기가 필요하다. 이더리움 네트워크에서 애플리케이션을 실행하고 거래하려면 ETH가 필요하다. 이더리움으로 더 많은 애플리케이션을 구축하면 할수록 ETH에 대한 수요가 증가하고 이더리움 네이티브 토큰의 가치가 더욱 상승한다. 전력 회사는 고객이 많을수록 더 많은 수익을 얻는다. 이와 유사한 스마트 계약 플랫폼으로는 솔라나Solana와 아발란체Avalanche가 있다. 이 플랫폼 중 일부는 아발란체처럼 이더리움과 역(逆) 호환성이 있지만 솔라나와 같은 플랫폼은 별도의 독립적인 네트워크다. 아바 랩스Ava Labs의 존 우John Wu 대표는 이더리움의 호환성을 과거의 기술 표준에 비유하며 이렇게 설명했다. "베타맥스나 VHS 같은 기술의 역사를 보라. 일정한 표준을 사용하는 최소한의 사람이 모이면 이륙을 위한 임계 질량이 쌓인다. 이더리움이 거기에 도달했다. 이더리움이 호환성을 유지하면서 개선하는 것도 좋지 않겠는가?"[47] 별도의 프로토콜 토큰은 레이어 1 네트워크에 구축된 레이어 2 네트워크에 전력을 공급한다. 레이어 2 네트워크는 변전소처럼 그리드를 통해 전력을 공급하여 더욱 부드럽고 빠르게 실행되도록 하면서 메인 체인이 제공하는 기본 보안의 혜택도 누릴 수 있다. 이것을 실행 블록체인이라고 한다. 거래량이 많을수록 거래 흐름을 조절하는 변전소에 대한 수요가 더 많아지고, 결과적으로 해당 토큰에 대한 수요도 증가한다. 레이어 2의 거래는 P2P 방식으로 이루어진다. 하지만 분쟁이 발생하면 이더리움 레이어 2로 격상될 수 있다. 이런 식으로 레이어 2 거래를 개인 계약으로 생각하고, ETH를 온체인 분쟁을 중재하는 법원 시스템으로 생각할 수 있다. 아비트럼 및 옵티미즘과 같은 레이어 2 체인은 자체 토큰이 있어 프로토콜 토큰에 속한다.

3. 거버넌스 토큰과 유틸리티 토큰

거버넌스 토큰governance token과 유틸리티 토큰utility token은 보유자에게 프로토콜, 서비스, 제품 운영 방식에 대한 경제적 이해관계와 의사

결정 참여권을 부여한다. 제품이나 서비스 사용자들은 시장에서 이 토큰을 획득하거나 구매할 수 있다. 이러한 측면에서, 이 토큰들은 네트워크에 참여하게 하는 강력한 인센티브 역할을 한다. 우리는 스마트 계약 플랫폼 위에 거버넌스 토큰을 발행할 수 있다. 예를 들어, UNI 토큰 보유자는 이더리움에서 실행되는 유니스왑 탈중앙화 거래소에 영향을 미치는 결정에 투표할 수 있다.[48] 또는 거버넌스 토큰을 독립형 블록체인 기반으로 만들 수 있다. 예를 들어, 코스모스 생태계에서는 모든 애플리케이션이 자체 체인을 보유하고 있다. 파일코인Filecoin과 같은 프로젝트들은 자체 블록체인을 가지고 있다. 페이스북 초기 사용자들이 단순히 플랫폼을 사용하기만 하면 플랫폼의 경제적 이익을 누릴 수 있었다면 어땠을까. 그들은 사진을 게시하고 친구들과 교류하면서 페이스북 토큰을 획득했을 것이다. 또한, 그들은 회사가 사용자의 개인 데이터를 제삼자에게 판매하는 것과 같은 플랫폼 관리 방법에 대한 투표를 할 수 있었을 것이다.

4. 오라클 토큰

블록체인은 네트워크에서 발생하는 거래 내역을 변경할 수 없는 기록 시스템이다. 블록체인에 기록된 정보는 신뢰성이 높고 검색 및 감사가 가능하다. 이것이 블록체인의 가장 큰 장점 중 하나다. 하지만 블록체인은 자체 내장된 시스템이므로 실제 세계에서 발생하는 데이터에 '접근'할 수 없다. 만약 FRB의 기준 금리, 애플 주식 가격, 스포츠 경기 결과, 인공지능 데이터 피드, 건강 기록, 인구수, GDP 수치, 인플레이션, 주택 가격 등 무한한 '오프체인' 데이터 소스와 연계된 스마트 계약이 있다면 이 데이터를 어떻게 블록체인으로 가져와 계약을 실행할 수 있을까? 이것이 '오라클 문제'다. 이에 관해서는 이후 더 자세히 다룰 것이다. 한 가지 해결책은 권위 있는 단일 기관을 이용하는 것이지만, 이는 중앙화의 위험을 내포하고 있다. 체인링크^{Chainlink}와 우마^{UMA}와 같은 프로토콜은 신뢰할 수 있는 데이터를 보장하면서 오라클 프로세스를 분산하려고 한다. 해당 네이티브 토큰은 정확한 데이터를 제공하는 네트워크 노드에 지급된다. 우리의 웹3 가설이 정확하다면, 오프체인 데이터를 온체인으로 가져오는 필요성이 훨씬 더 커져 오라클 네트워크에 대한 수요가 증가하고, 결과적으로 기본 토큰에 대한 수요도 증가할 것이다.

5. 상호 운용성 토큰

상호 운용성 토큰^{interoperability token}은 서로 다른 블록체인을 연결하는 데 도움이 되는 코스모스, 폴리곤과 같은 프로토콜의 네이티브 토큰이다. 우리는 앞서 체인 간의 상호 운용성과 결합 가능성의 문제를 살펴봤다. 이 과제를 해결하기 위해서 웹 네트워크를 연결할 때 TCP/IP가 필요한 것처럼 서로 다른 네트워크를 연결하는 방법이 필요하다. 이러한 토큰은 쉽게 분류하기 어렵다. 예를 들어, 코스모스 생태계에서 구축된 많은 애플리케이션은 이더리움처럼 코스모스에서 작동하지 않는다. 결과적으로 코스모스 애플리케이션 개발이 반드시 코스모스의 네이티브 토큰인 ATOM에 대한 수요를 촉진하는 것은 아니다. 그러나 개발자는 메인 체인과 공유하는 검증자의 '공유 보안^{shared security}' 덕택에 이익을 얻을 수 있으며, 코스모스가 가장 크기 때문에 코스모스는 더 가치 있게 된다. 상호 운용성 토큰을 이해하기 가장 쉬운 방법은 이것을 블록체인 거래의 운하나 동맥의 회계 단위로 생각하는 것이다. 국가 간 혹은 블록체인 간의 상거래가 많아질수록 이 플랫폼은 더욱 번창하게 된다.

6. 증권 토큰

증권 토큰 security token은 주식이나 채권과 같은 증권에 대한 소유권을 나타내는 토큰이다. 증권 토큰은 회사 지분, 채권, 파생 계약, 뮤추얼 펀드 단위 등 다양한 형태로 거래된다. 예를 들어 셋 Set이 출시한 DAO인 인덱스코업 Index Co-op과 같은 디파이 지수 펀드는 탈중앙화 토큰 ETF처럼 기능한다. 증권 시장은 규제 시장이므로 전통 금융기관들이 많은 작업을 진행했던 부분이다. 블록체인은 증권을 포함한 자산에 대한 즉각적인 청산, 결제, 기록 유지 기능을 제공한다. 하지만 증권 토큰에도 몇 가지 해결해야 할 과제가 있다. 기존 방식은 변화에 저항하기 마련이다. 전체적인 업무처리를 아날로그 방식으로 하고 있다면 '암호화폐 기반' 방식으로 전환하기란 어려울 것이다. 기존 방식에 익숙한 고객들은 변화를 원하지 않을 수도 있다. 이러한 어려움에도 불구하고 산탄데르, 소시에테 제네랄, 세계은행, 방코 빌바오 비스카야 아르헨타리아, 몬트리올 은행, 유니온 뱅크 등 수십 개의 금융기관이 증권 토큰을 성공적으로 발행했다. 증권 토큰은 엄청난 잠재력이 있지만 아직 법률상 널리 인정되지 않아 틈새시장으로 머물러 있다.

7. 기업 토큰

기업 토큰 corporate token은 암호자산 거래소 같은 중앙집중형 기업이 발행한다. 기업 토큰은 로열티 포인트와 거버넌스 토큰의 혼합 형태다. 우리는 플랫폼을 사용함으로써 토큰을 획득하고, 이를 중앙집중형 거래소에서 특별 할인, 보상, 프로모션 등으로 교환할 수 있다. 하지만 기업 토큰은 거버넌스 토큰처럼 항상 경제적 권리나 거버넌스 권한이 내재되어 있는 것은 아니다. 그럼에도 불구하고 일반적인 로열티 포인트보다 더 유용하며 대체 가능하다. 스타우드 Starwood, 세계적인 호텔 및 레저 회사 리워드 포인트는 그 호텔 체인에서는 사용할 수 있지만 인기 거래소인 바이낸스와 코인베이스에서는 현금으로 교환할 수 없다. 하지만 만약 스타우드 포인트가 기업 토큰이라면 쉽게 현금으로 교환할 수 있다. 그러나 토큰을 오용하거나 남용할 수도 있다. 2022년 파산한 FTX는 유용한 자산으로 자체 토큰인 FTT를 만들었다. 하지만 FTX는 이 토큰의 거래를 조작해 인위적으로 가치를 상승시킨 다음, 이를 위험한 거래의 담보로 이용했으며 자매 회사인 알라메다 리서치 Alameda Research 에 불법적으로 송금했다. 기업이 신뢰를 구축하려면 기업 코인을 공정하고 공평하게 분배해야 한다. 그렇게 하면 기업 토큰은 웹3 시대에 기업을 위한 로열티 보상 프로그램의 본보기가 될 수 있다.

8. 자연자산 토큰

자연자산 토큰 natural asset token 은 탄소, 물, 공기 등의 자연자산을 기반으로 한다. 앞서 우리는 담보부 자산과 무담보부 자산의 차이점에 대해 설명했다. 두 가지 모두 시장에서 제품과 시장의 적합성을 찾았다. 비트코인과 같은 무담보부 자산은 디지털 금으로 간주하는 수백만 명의 열정적인 투자자를 찾았다. 은행의 달러로 뒷받침되는 스테이블 코인은 금융 중개업자가 제공하는 것보다 더 쉽고, 더 빠르고, 더 저렴한 디지털 화폐라는 것이 입증되었다. 자연자산 토큰은 탄소배출권과 같은 담보부 자산의 일종이다. 탄소 저감은 기후 변화 억제에 도움이 될 수 있다. 탄소배출권을 사고 팔고 폐기하는 탈중앙화 글로벌 등록소 산업은 앞으로 상당히 확장될 것이다.

9. 스테이블코인

스테이블코인stablecoin은 미국 달러와 같이 안정적인 가치를 가진 다른 자산에 연결된 디지털 자산이다. 스테이블코인은 웹3에서 주요 교환 매체이며 몇 년 만에 20배 이상 성장하여 시가총액이 1,350억 달러에 달한다.[49] 현재 스테이블코인은 중앙집중형과 탈중앙화 두 가지 종류가 있다. 중앙집중형 스테이블코인은 회사에서 발행하며 전통 금융기관에서 보유한 준비금으로 뒷받침된다. 센터Centre, 서클과 코인베이스가 설립한 컨소시엄의 USDC는 2022년 유통 공급량이 450억 달러를 넘어섰고 하루 거래량은 약 120억 달러를 기록했다. 미국에서 가장 인기 있는 결제 앱인 벤모Venmo의 10배 이상의 거래량이다.[50] 두 번째 종류는 스마트 계약에 있는 암호자산으로 뒷받침되는 탈중앙화 스테이블코인이다. 즉, 소프트웨어가 돈을 제어하는 형태다. 이더리움에서 출시되고 메이커 DAO가 유지하는 최초의 탈중앙화 스테이블코인인 DAI는 유통량이 약 47억 달러이며 일일 최고 거래량이 5억 달러를 기록했다.[51] 벤처 캐피털의 선도적 플랫폼인 엔젤리스트AngelList는 스테이블코인을 적격 투자 대상으로 인정한다.[52] 마스터카드는 자사 네트워크에 스테이블코인을 통합할 계획을 발표했다. 비자는 현재 USDC 스테이블코인의 결제를 지원한다. 이러한 사례는 앞으로 더욱 늘어날 것으로 예상된다.

10. 대체 불가능 토큰

NFT'NFT, Non-fungible token는 고유하고 대체할 수 없는 디지털 상품이다.[53] NFT의 활용 사례는 세상에 존재하는 독특한 자산만큼 다양하다. 디지털 상품을 프로그래밍하려는 아이디어는 소위 비트코인 네트워크의 '컬러드코인'과 함께 10년 전으로 거슬러 올라간다. 하지만 거래만 지원하는 비트코인 네트워크에서는 프로그램 형태의 컬러드코인이 정착하지 못했다. 이더리움 블록체인 네트워크상에서 구현되는 ERC-721이라는 기발한 토큰 표준이 등장하면서 NFT는 본격적으로 활성화되었다. 모든 토큰 ID를 단일 잔액으로 저장하는 대신 "각각의 ERC-721 단위는 고유한 ID를 부여받아 메타데이터(데이터, 텍스트, 이미지 등)에 연결됨으로써 동일한 계약에서 생성된 다른 토큰과 차별화된다."[54] 대표적인 예가 디지털 아트다. 메타데이터는 예술 작품 그 자체다. ERC-721 NFT는 작품의 서명과 출처 증명서와 유사하다.

11. 중앙은행 디지털 통화

CBDC Central Bank Digital Currency, CBDC는 정부와 중앙은행이 발행하는 디지털 자산이다. 2021년 이코노미스트지는 표지 제목으로 "정부가 발행하는 코인 Govcoins: 금융을 변화시킬 디지털 통화"라고 썼다.[55] 확실히 CBDC 열풍이 느껴진다. 하지만 현재까지 본격적인 운영에 들어간 프로젝트는 거의 없다. 이론적으로 CBDC는 중앙은행의 효율성, 범위 및 대응 능력을 향상시킬 수 있다. CBDC 옹호자들은 이를 통해 은행 서비스를 받지 못하는 사람을 지원하고 비용을 절감하고 금융 위험을 조기에 노출시킬 수 있다고 주장한다. 중국 공산당은 디지털 위안화를 시민 행동을 유도하여 사회 신용 점수를 보완하는 수단으로 보고 있다. 이코노미스트지는 CBDC를 낙관론과 겸손한 태도로 다루라고 권장했다.[56] 우리는 여기에 회의론도 추가한다. 미국 상품선물거래위원회의 전 위원장인 크리스토퍼 지안카를로는 "화폐는 너무 중요하기 때문에 중앙은행에만 맡겨둘 수 없다"라고 강조했다.[57]

지금까지 설명한 11가지 토큰 종류가 전체 디지털 자산 시장 가치의 거의 100%를 차지한다. 그러나 시가총액만으로 웹3 자산을 측정하기에는 불완전하다. 웹3 자산으로 개발 중인 '소울바운드 토큰 soulbound token'을 살펴보자. 이는 개인만 소유 가능하고 대체 불가능한 NFT로, 자체 디지털 지갑이 있는 사회보장 번호처럼 사용되는 기술적 용어다.[58] 이것은 정부에서 태어날 때 출생증명서처럼 발급해 줄 수 있으며 정체성의 핵심이 될 것이다. 개인정보를 공개하지 않으면서 운전면허증을 받고, 은행 계좌를 개설할 때 본인 확인을 위해 영지식증명의 구현을 통해 자유롭게 접근하고 사용할 수 있는 안전하고, 개인적이며, 지속적으로 발전하는 데이터 저장소다. 술집에서 술을 주문할 때 종업원은 당신이 법적 음주 연령에 도달했는지만을 확인하면 되며 이름, 거주지, 장기 기증 여부 등 기타 개인정보는 필요 없다.

이것은 토큰에 대한 몇 가지 흥미로운 질문을 제기한다. 소울바운드 토큰의 '시장 가치'는 얼마일까? 선거에서 투표권의 가치는 얼마일까? 사람들은 선거에 영향을 미치기 위해 돈을 쓴다. 토큰 보유자가 투표하고 프로토콜 수익을 얻을 수 있는 거버넌스 토큰처럼 다른 효용성이 없는 투표 토큰의 가치를 정량화할 수 있을까? 이것은 하나의 사례일 뿐이다. 수십 개, 어쩌면 수백 개의 다른 토큰 유형이 존재할 것이다. 사고팔 수 없는 정체성과 같이 가치와 관련된 토큰이 더 많이 등장할수록 시장 가치라는 개념은 더 이상 유용한 척도가 되지 않을 것이다.

우리는 이런 디지털 자산의 종류가 지속적으로 증가할 것으로 확신하지만 개별 자산이 장기적으로 어떻게 살아남을지에 대한 확신은 없다. 웹사이트가 웹1의 기본 구성 요소였던 것처럼 토큰이 웹3의 기본 구성 요소라면 오늘날의 많은 디지털 자산은 초기 닷컴 시기의 웹사이트처럼 역사의 뒤안길로 사라질 것이다. 아마존과 같은 초기 닷컴 기업이 웹2의 거물이 되었던 것처럼 일부 자산은 소유권 인터넷이라는 새로운 패러다임을 뒷받침하는 수조 달러 규모의 플랫폼 기반이 될 수도 있다. 하지만 웹3의 핵심 자산은 아직 등장하지 않았을 가능성도 충분히 있다.

웹3 프로젝트의 다음 물결에서 우리가 주목해야 할 것은 무엇일까? 역사는 우리에게 길잡이가 된다. 새로운 기술은 어려운 일을 더 쉽게 만들 뿐만 아니라 불가능했던 일을 가능하게 만든다. 하지만 새로운 기술의 초기 단계에서는 혁신이 기존 사물의 특성을 모방하는 경향이 있다. 웹1 초기 웹사이트들은 잡지, 카탈로그, 중고 물품 광고처럼 보였지만, 웹1의 진정한 힘은 온라인 커뮤니케이션과 협업 플랫폼의 역할에서 나왔다. 웹3의 초기 자산들은 실제 세계의 자산처럼 보이려고 암호화폐, 암호화 수집품(현재의 NFT), 스테이블코인과 같은 용어를 사용한다. 이는 웹1의 웹 페이지와 이메일 같은 킬러 앱에도 동일하게 적용된 현상이었다.

정책 입안자들은 디지털 자산을
어떻게 생각해야 할까?

◆

◆   웹3는 이전의 어떤 정보 기술보다 규제 당
국과 정책 입안자들에게 더 큰 충격을 주고 있다. 물론 컴퓨터, 인터넷,
스마트폰도 규제 당국에 까다로운 질문을 던지며 기존의 법률에 도전
했다. 초기 웹의 기본 구성 요소 중 보안 프로토콜인 '보안 소켓 계층
SSL, secure sockets layer'은 '전송 계층 보안TLS, transport layer security'으로 대체되었
다. SSL은 인터넷상에서 신용카드 번호나 사회보장 번호 등과 같은 정
보를 안전하게 암호화하므로 웹의 초창기 발전에 엄청난 역할을 담당
했다. 이것은 또한 무기급 암호화로 간주되고 상업적 용도로 사용하는
것이 불법이었던 128비트 암호화를 사용했다. 이런 규제 완화를 통해
웹이 크게 발전할 수 있었다.

오늘날 규제 당국은 훨씬 더 어려운 선택에 직면해 있다. 일부에
서는 모든 디지털 상품이 가격 혹은 가치가 있어 매매할 수 있으므로
이것을 유가 증권으로 간주한다. 마치 모든 블로그가 읽고 인용하고
표절할 수 있는 단어를 사용하므로 이를 신문이라고 부르는 것과 유
사하다. 물론 토큰화된 회사의 주식과 채권은 다른 금융자산과 마찬가
지로 증권이다. 하지만 디지털 아트, 등록된 IP에 대한 접근 권한을 부
여하는 토큰, 비디오 게임 내의 대체 가능한 가상 상품, 정체성과 관련
된 소울바운드 토큰은 어떤가? 이러한 자산들에 법적 선례가 있는지
는 입법자, 규제 당국, 법원이 기존 법률을 해석하는 방식과 사건별, 관
할 구역별로 해당 법률을 어디에 적용할지 결정하는 방식에 따라 달
라진다. 관련 산업은 규제 당국을 교육하는 데 도움이 되어야 하며, 규

제 당국은 자체 교육에 우선순위를 정해 선제적으로 행동하며 혁신과 실험을 최우선시해야 한다. 지침과 기준을 확립한 지역에 혁신가들이 모여들어 일자리를 창출함으로써 세상의 주목을 받게 될 것이다. 이 내용은 9장과 10장에서 다시 살펴보겠다.

토큰: 인터넷 기반 조직의 구성 요소

◆

◆ 　영국과 네덜란드가 만든 초기의 주식회사는 엄청난 혁신이었다. 투자자들은 리스크를 분산하고 대서양 횡단 항해 같은 대규모 사업을 추진할 수 있었다. 산업혁명은 최초의 유한책임회사limited liability company, LLC 발명으로 기업의 발전에 박차를 가했다. 이를 통해 개인 투자자들은 자원을 모을 수 있었으며 책임의 한계는 투자금액까지였다. 예를 들어, 애플 주식을 100달러어치 샀는데 회사가 파산한다면 손실 금액은 최대 100달러이다. 회사가 수십억 달러의 채무를 떠안거나 집단 소송을 당한다 해도 추가적인 책임은 없다.

앤드리슨 호로위츠의 크리스 딕슨은 "유한책임회사와 델라웨어 C형 법인우리나라의 주식회사와 유사한 회사이 탄생하기 전에는 철도 회사 경영자는 철도에서 사망 사고가 발생하면 교도소에 가거나 소송을 당할 수 있었다. 결과적으로 가족이나 깊이 신뢰할 수 있는 사람과만 파트너십을 맺었다"라고 설명했다.[59] 심지어 누군가를 죽이지 않았더라도 파산하면 채무자는 감옥에 갈 수 있었다.[60] 그러나 LLC가 등장하며 모든 상황이 바뀌었다. 1811년 미국의 산업 확장기에 최초의 LLC인 상업은행이 탄생했다.[61] C형 법인은 더 나아가 소유자 또는 주주의 자산, 수익, 세무 책임을 회사 자체와 분리했다. 이는 기업의 소유자를 기업 자체로부터 더욱 멀어지게 만들었다.[62] 주식회사는 독립된 주체로서 법인격을 획득했으며 설립자나 초기 주주들보다 더 오래 살아남았다.

기업은 산업 시대에 가장 적합한 구조였다. 철도 건설, 자동차 회사, 제철소, 정유소, 금광 개발 등 기술적으로 복잡하고 자본 집약적인 사업에 가족이 사업 자금을 조달하는 것은 불가능했으며 너무 위험했다. 기업은 위험을 분산하는 데 도움을 주었고 투자자들에게 회사와 그 사업이 설립자보다 더 오래 지속될 것이라는 로드맵을 제공했다. 또한 개인이 자본을 소유하려고 적극적인 첫걸음을 내딛는 데도 도움이 되었다. 하지만 기업 형태의 소유권이 네트워크를 구축하고 출시하는 데는 효과가 있을까? 오늘날 웹2 거대 기업들과 경쟁하기 위해 새로운 기업을 설립하려면 막대한 자본 투자가 필요하다. 대안이 없다면, 잠재적 경쟁자들은 기업을 신규 네트워크 구축 및 유지 관리를 위한 최적의 수단으로 가정하고 '자본 지출이 큰 산업을 위해 발명된 구조'를 네트워크에 접목하려고 힐 것이다. 결과적으로 이러한 대규모 네트워크는 독점 기업이 되기 위해 모든 자원을 축적하는 산업 시대의 트러스트와 유사한 행동을 하게 될 것이다.[63]

딕슨은 비트코인의 창시자 사토시 나카모토와 이더리움의 선구자 비탈릭 부테린을 언급하면서 "웹2에서 일어난 일은 어느 정도 예측이 가능했다. 더 좋은 시스템을 설계하려면 먼저 기본 원칙으로 자산 종류를 다시 생각해야 한다. 그것은 사토시의 본래 의도도 아니었고, 비탈릭의 의도도 아니었을 것이다"라고 말하며, "정보 네트워크라는 새로운 자산 종류가 모든 커뮤니티의 노력에서 총체적으로 나타났다고 생각한다. 이것은 디지털적이고 전 세계적인 것이다"라고 덧붙였다.[64]

토큰은 웹3의 핵심 요소다. 인간의 창의성과 인간의 하찮은 충동까지 새로운 네트워크 및 글로벌 조직에 반영할 수 있는 도구 세트다. 토큰의 궁극적인 목표는 기업 자체를 파괴하는 것일 수도 있다.

결론 및 핵심 요약

디지털 자산은 가치 있는 거의 모든 것을 온라인으로 프로그래밍하는 데 사용하는 새로운 기본 기능 또는 기술적 기본 요소다. 블록체인이 나오기 전까지는 디지털 희소성을 만들어낼 방법이 없었다. 즉, 누구도 가치 있는 디지털 상품을 반복해서 복사할 수 없었고, 제삼자를 신뢰하지 않고 온라인에서 소유권을 표현할 방법이 없었다. 몇 가지 중요한 내용을 간추려 본다.

1. 우리는 토큰을 두 가지 맥락으로 이해할 수 있다.

   첫째, 성경의 비유인 '마태 효과Matthew Effect, 사회학 용어로 마태복음 25장 29절 '무릇 있는 자는 받아 풍족하게 되고 없는 자는 그 있는 것까지 빼앗기리라'에서 유래함'에 따라 부는 부자에게 더욱 집중된다고 말하지만, 역사의 장기적 흐름에서 보면 부는 더욱 고르게 분배되어 왔다. 오늘날 소규모 투자자들이 보유한 인덱스 펀드는 미국의 주요 산업의 최대 주주로 자리 잡았다.[65] 근로자들을 대신해 투자하는 연금 제도는 금융시장에서 가장 큰 자금 배분자 중 하나다. 웹3 도구는 이런 부의 민주화를 가속화할 것이다.

   둘째, 경제가 더욱 복잡해지면서 자산은 점점 더 추상적인 형태로 변모했다. 봉건 시대에는 토지가 경제에서 가장 중요한 자산이었고 금은 물물교환이 불가능할 때 교환 매체로 작용했다. 산업화는 주식, 채권, 선하증권, 주가예탁증서 등과 같은 유가 증권의 출현으로 자산 혁신을 가속화했다. 자산의 디지털화와 웹3 고유의 디지털 상품의 발명은 역사적 흐름의 일부분이다.

2. 오늘날 토큰의 종류는 암호화폐, 프로토콜 토큰, 스테이블코인, 거버넌스 토

큰, NFT 등 다양하다. 웹3가 발전함에 따라 새로운 종류의 토큰이 계속 등 장할 것이다.

3. 토큰에는 P2P, 검열 저항성, 자가보관, 변형 불가능한 공개 데이터베이스에 존재 등 기존 자산과 차별화되는 몇 가지 핵심 원칙이 있다. 또한, 토큰의 종류는 대체 가능성 여부, 담보화 여부, 발행 주체(기업, 정부, NGO, 인터넷 고유 조직인 DAO 등)에 따라 무한히 다양하다.

4. 위의 이유로, 개발도상국에서는 통화 절하에 대비하거나 저항 운동에 자금을 지원하거나 현금 없이 P2P 방식으로 돈을 송금하기 위해 비트코인과 같은 토큰을 채택하고 있다. 웹3에서 네트워크에 기여한 부분에 대해 가치를 얻는 능력은 소재지나 신체 조건과 관계없이 모두에게 이익이며, 특히 당신에게 도움이 된다.

웹3는 창작자와 인터넷 사용자가 온라인에서 자신들의 기여로 더 많은 것을 얻을 수 있도록 힘을 실어주며 플랫폼, 창작자, 소비자 간의 역학 관계를 바꾸어 놓을 것이다.

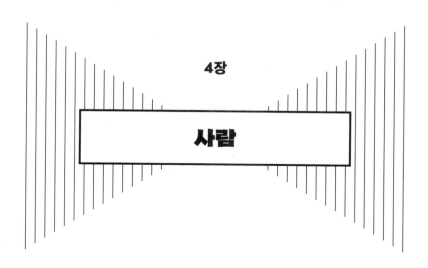

4장

사람

모두가 창작자이며 후원자다

◆

◆ 수천 년 동안 부유한 지배자와 후원자들은
위대한 예술가들을 지원했다. 중세 시대에는 사회 자체가 너무나 절박
하여 전문 예술과 고등 문화는 말할 것도 없고 보편적인 교육도 지원
할 수 없었다. 부유한 개인과 기관이 예술을 후원하는 데에는 각자 다
른 이유가 있었다. 피렌체의 메디치 가문에게 예술과 건축은 부와 권
력을 과시하는 수단이었다. 가족의 이름을 남기는 기념비를 세우는 것
은 개인의 수명보다 훨씬 더 오래 지속될 것이기 때문이다. 가톨릭교
회의 거대한 예술 사업들은 대중에게 경외심을 불어 넣었다. 이처럼

아름다운 작품을 만들어낼 수 있었던 것은 신의 손길에 의해서만 가능했을 것이다! 그리고 지옥으로 내려가는 저주받은 영혼들의 생생한 모습은 농민들을 두려움으로 사로잡아 교회의 영향력 아래 묶어두었다.[1] 군주들은 연극과 공연을 의뢰함으로써 민족주의 정신을 고취했다. 이유가 무엇이든 간에, 엘리자베스 1세가 없었다면 셰익스피어가 없었을 것이고 로렌초 데 메디치가 없었다면 보티첼리가 없었을 것이며 교황 바오로 3세가 없었다면 미켈란젤로 또한 없었을 것이다. 특히 종교 예술과 상징주의는 교회가 경제적 지분을 가장 많이 보유했던 시대에 번성했다.

19세기에 변화가 시작되었다. 인쇄술 덕분에 전문직 종사자들이 감당할 수 있는 가격의 시각 예술품을 대량으로 생산할 수 있게 되었다. 높아지는 식자율과 산업화한 인쇄술의 발달로 대중들이 책과 신문을 저렴하고 쉽게 구입해 읽을 수 있게 됨으로써 작가들에게 큰 혜택이 돌아갔다. 19세기 말 토머스 에디슨은 축음기를 발명했다. 처음에는 사치품이었던 축음기는 미국 황금기 시대에 거실의 필수 가구가 되었다. 1920년대 라디오와 영화는 문화에 대한 접근을 더욱 민주화했지만, 문화 창작자에게는 그다지 큰 영향을 미치지 않았다. 이러한 기술들은 대중매체의 시대를 열었고 문화를 소비하는 사람의 기반을 넓혔다.[2]

역사가들은 20세기를 창작 산업의 첫 번째 황금기로 기억한다. 이 시대는 다양한 예술가들이 작품으로 괜찮은 수입을 올릴 수 있었던 시대였다. 예를 들어, 레코드와 CD 판매는 로열티 수익을 꾸준히 창출했고, 이를 통해 녹음 아티스트, 스튜디오 뮤지션, 작곡가, 작사가 또는 무대 뒤편에서 관여하는 사람들도 꽤 괜찮은 몫을 차지했다. 그러나 스튜디오와 중개업자들이 제작과 유통을 통제했으므로 그들이 받는 보상은 권력자에 필적하지 못했다.[3] 종종 중개업자들은 그들이 받아야 할 것보다 더 많은 것을 챙겼다.[4] 예술가들은 인터넷이 중간업자를 없애는 데 도움이 될 것이라고 기대했고, 한동안은 인터넷이 그런 역할을 어느 정도 수행했다. 하지만 시간이 갈수록 인터넷은 창작자, 특히 음악가들이 생계를 꾸려나가는 것을 더욱 어렵게 만들었다. 그리고 새로운 중개업자가 등장했다. 이제 콘텐츠 제작자들은 NFT와 같은 디지털 상품을 통해 예전의 후원 시스템을 연상시키는 새로운 수익화 도구를 갖게 되었다. 규제받는 암호화폐 거래소, 지갑 및 보관 회사인 제미나이Gemini의 공동 설립자이자 CEO인 타일러 윙클보스Tyler Winklevoss 는 웹2 경제에서 제작자들은 '좋아요'로 보상을 받는다고 말했다. 그는 "'좋아요'는 실제 수익과 당신이 만들어낸 영향력 사이 추상화된 돈의 한 형태다"라고 설명했다. "웹3 사용자들은 '토큰'으로 보상을 받는다. 이 방식은 더욱 공정하며 그들이 기여한 가치에 비례하여 보상된다."[5]

20세기의 창작 모델은 공장에서 물건을 만들어내듯 매우 일률적이었다. 웹3의 모델은 훨씬 맞춤 지향적이며, 창작자들은 더 많은 돈을 쓰는 열성 팬들과의 관계를 조정할 수 있다. 또한, 웹3 모델은 창작 과정의 많은 단계에서 관문지기를 제거한다. 열성 팬은 평범한 팬보다 더 많은 돈을 쓰고, 그들이 지지하는 사업의 이해관계자가 된다. 창작자와 그들의 팬들은 그들이 함께 창출하는 가치를 함께 소유할 수 있다.

웹2는 어떻게 창작자들을 실망시키는가

◆

◆   유명한 디파이 아티스트인 피플플리저^{pplpleasr}
는 "애니메이션 분야에서 오랜 시간 일하면서 나는 항상 다른 누군가
의 비전을 실행하는 거대한 기계의 톱니바퀴처럼 느꼈다"라면서 이렇
게 말했다.[6] "나는 미야자키 하야오의 애니메이션, 픽사의 영화, 애니
메이션과 라이브 액션으로 훌륭한 스토리텔링을 하는 것을 보면서 자
랐다." 디지털 매체에서 이야기를 전하는 것이 피플플리저가 하고 싶
었던 일이다. 하지만 그 앞에는 여러 장애물이 있었다. 첫 번째가 성
불균형이었다. 피플플리저는 "시각 효과 컴퓨터 그래픽 업계는 남성
이 지배하고 있다"라고 말했다. 피플플리저는 마지막으로 다녔던 전
통적인 직장인 블리자드^{Blizzard}에서 정규직이 아닌 계약직으로 일했다.
게다가 근무했던 부서는 여성 정규직 직원을 한 번도 채용한 적이 없
었다. 두 번째는 문화였다. 피플플리저는 "아시아 환경에서 자란 사람
들은 스스로를 위해 목소리를 높이는 방법, 싸우는 방법, 또는 사회적
사다리를 오르는 방법을 배우지 못했다. 오히려 겸손한 자세와 자신의
작품이 스스로의 가치를 증명하도록 두는 것이 더욱 강조된다"라며
이렇게 회상했다. "시각 효과 스튜디오에서 조용한 노동자가 되는 것
이야말로 안정성을 위한 가장 확실한 길인 것 같았다."

하지만 피플플리저에게는 '이치에 맞는 것'보다 자신이 만들고 싶
은 작품을 만드는 것이 더 중요했다. 그녀는 이렇게 설명했다. "비(非)
아티스트들이 마이크로소프트 페인트^{Paint}나 다른 플랫폼을 사용해 만
든 아주 저급한 밈^{meme}으로 스스로를 홍보하고 있다는 것을 깨달았다.
나는 다양한 디파이 프로토콜을 홍보하기 위해 작은 애니메이션을 만

들기 시작했고, 암호화폐 트위터 Crypto Twitter의 특정 정신과 문화를 담아냈다. 그것이 사람들이 내 작품을 좋아했던 가장 큰 이유다. 나는 핀볼을 튕기는 것처럼 하나씩 작업을 이어갔다. 나는 여기저기서 일을 닥치는 대로 맡았다. 하나의 프로토콜을 위한 비디오를 만들고 나면, 나를 찾아온 다음 프로토콜을 위한 작업을 진행했다. 그렇게 해서 나는 모든 디파이 프로토콜을 대상으로 한 작품을 만들었다. 모두 입소문을 통해서였다."

피플플리저는 자수성가한 사람이다. 그녀는 독학한 애니메이터, 자생적인 디파이 아티스트, 암호화폐 커뮤니티와 소통할 기회를 찾아내서 활용하는 사람이다. 그녀는 "나는 디파이 분야의 가장 인기 있는 애플리케이션 중 하나인 유니스왑 V3 출시 애니메이션을 제작했다"라면서 이렇게 말을 이었다. "나는 많은 사람이 이 애니메이션에 주목하리라는 것을 알았다. 그래서 다른 어떤 애니메이션보다 더 열심히 작업했다. 그 무렵 NFT가 주목받기 시작했다. 2020년에 NFT에 손을 좀 대긴 했지만 당시에는 이렇게까지 정신없을 정도로 열풍이 분 것은 아니었다. 나는 이 두 영역을 어떻게 결합할 수 있을까 생각하고 있었다. 유니스왑 비디오가 완성되자 나는 이를 NFT로 경매에 부쳤고 이전의 디파이 비디오들과는 달리 525,000달러에 팔렸다. 이 작품은 나의 대표작이 되었으며, 플리저다오 PleasrDAO는 이 분야에서 내 이름을 전 세계에 널리 알리는 데 큰 역할을 했다."[7]

NFT의 급속한 상승으로 눈길을 끄는 기사들이 나왔는데 대부분 인기 있고 때로는 논란이 되는 NFT 프로젝트에 의해 형성되는 놀라운 가격에 초점을 두고 있다. 소더비는 현재 유명해진 디지털 아티스트 비플 Beeple의 작품 〈매일: 첫 5,000일 Everydays: The First 5,000 Days〉을 6천 9백만 달러에 판매했다. 8비트 비디오 게임 캐릭터를 닮은 간단한 렌더링인 크립토펑크^{CryptoPunks}와 같은 소위 '생성형 아트 프로젝트'의 NFT는 희소성과 문화적 위상으로 인해 인기를 얻었으며 수십만 달러 이상에 팔렸다. 돈이 남아도는 사람의 과시적인 소비는 NFT에 대한 반발을 불러일으키기도 했다. 하지만 좀 더 적당한 수준의 가격대에서 NFT는 아티스트들과 다른 창작자들이 충분한 돈을 벌 수 있도록 힘을 실어 주고 있다. 문화는 새로운 비즈니스 모델이 필요했다. NFT는 그 해결책의 일부다. 모든 사람이 아티스트가 될 수는 없지만 모든 아티스트는 이제 그들이 좋아하는 일을 할 수 있도록 지원하는 도구를 가지게 되었다.

피플플리저는 "나의 궁극적인 꿈은 스스로를 위한 예술 작품을 만드는 것이었다. 나는 재료를 가지고 있었지만 어떻게 샌드위치를 만들어야 할지 몰랐다"라고 말했다. 피플플리저는 기술을 연마하려고 인스타그램 계정을 만들었는데 그 계정은 자기표현을 위한 플랫폼이 되었다. 그녀는 이렇게 고백했다. "시각 효과 분야에서 일하면서 이런 작업을 하도록 권유받은 적은 없었다. 하지만 나의 비전을 더 잘 표현하는 기술을 배우기 위해서는 일하는 기간이 필요했다."[8]

인스타그램은 NFT를 통합하려 했던 웹2 플랫폼이다. "그들이 판매한 것의 50% 정도를 가져간다. 하지만 작품 자체가 애니메이션이기 때문에 특정 프레임 하나를 선택해야만 하므로 타협해야 한다."

피플플리저는 전통적인 미술 시장이 디지털 아트나 애니메이션과 크게 다르지 않다는 것을 발견했다. "적절한 사람과 연락하며 적절한 사람과 네트워킹하고 전시회와 갤러리를 돌아다니며 큐레이터들의 눈에 들어야 한다. 게이트키퍼도 너무 많고, 조용하고 겸손하게 행동하도록 배운 사람에게는 넘어야 할 산도 너무 많다. 나는 면접을 보고 있는 셈이다. 면접 결과를 기다리는 동안 정말 불안했다."

피플플리저는 최초의 디지털 아트 NFT를 판매했을 때의 소감을 털어놓았다. "가슴이 터지는 것 같았다. 방금 한 사람이 디지털 형태로 나의 작품을 구매했고, 앞으로 판매될 때마다 나는 10%를 받게 된다. 나에게는 전환점이 되는 순간이었다. '좋아요'를 받으려고 노력하거나 갤러리에 전시되려고 애쓰는 것 외에 처음으로 작품으로 수익을 창출할 방법이 생겼다."[9]

피플플리저는 관객들에게 과도할 정도로 세심한 관심을 기울인다. "많은 사람이 내 애니메이션을 정말 멋지다고 생각했지만, 많은 관심을 끌고 있던 것은 제작 비하인드 스토리 영상이었다. 픽사 영화를 보면 DVD에 특별 부록 영상이 있는데 그 영상에서 제작자들은 스튜디오를 돌아다니며 어떻게 영화를 만들었는지 이야기한다. 나는 사람들이 그런 것들을 정말 좋아한다는 사실을 알았다. 내가 화질이 낮은 웹캠 앞에서 작업 과정에 관해 이야기할 때에도 관심을 많이 받았기 때문이다."[10]

사용자 생성에서 사용자 소유 및 수익화로

◆

◆　　　　　　제시 닉슨-로페즈Jessie Nickson-Lopez는 가장 인상적인 캐릭터들에 생명을 불어넣은 TV 시나리오 작가다. 〈기묘한 이야기Stranger Things〉 시나리오 팀의 창립 멤버였던 그녀는 캐릭터 일레븐의 스토리 라인을 개발했으며 〈아웃사이더스The Outsiders〉, 〈나르코스:

멕시코^{Narcos: Mexico}〉 등 흥행작을 썼다. 2022년, 애플은 〈라라 랜드^{La La Land}〉와 〈위플래쉬^{Whiplash}〉의 감독인 데이미언 셔젤^{Damien Chazelle}이 연출하고 제시 닉슨-로페즈가 총괄 프로듀서로 참여하는 〈루시아^{Lucia}〉의 제작을 승인했다. 그녀는 할리우드에서 확고한 자리를 차지하며 35세에 대부분의 작가가 꿈꾸는 이력을 이루었다. 하지만 여전히 시나리오 쓰는 것을 천직으로 여긴다. 그녀는 웹3 스타트업인 MV3의 공동 설립자이기도 하다. 스토리텔링과 기술의 교차점에 있는 MV3는 TV, 영화, 할리우드 비즈니스 모델 자체를 뒤흔들려 한다. 닉슨-로페즈의 이야기는 이 분야 개척자들의 다양한 배경을 보여주며 누구나 혁신에 참여할 수 있다는 가능성을 일깨워준다.

MV3는 6,500개의 다양한 캐릭터로 구성된 NFT 컬렉션으로, 닉슨-로페즈와 MV3 팀이 만든 풍부한 스토리텔링 '세계관'의 구성 요소다. 소유자들은 이 지적재산^{IP}에 참여하고, 캐릭터의 여정에 발언권을 행사하며, MV3 팀과 함께 스토리를 공동 창작할 수도 있다. 캐릭터들은 영화, TV 외에도 다양한 스토리텔링 매체에 등장할 수 있고, 게임에서 플레이 가능한 캐릭터 또는 메타버스의 아바타가 될 수도 있다. 1976년 첫 〈스타워즈〉 영화 개봉 전 스타워즈 캐릭터를 구매하고 수십 개의 영화, 각색, 라이선싱 계약을 통해 그 캐릭터의 여정을 공유했다고 상상해 보라. 바로 이것이 MV3가 목표로 하는 것이다. MV3는 NFT '창작 행사'인 최초의 민트^{mint}를 통해 개발 자금으로 약 200만 달러를 모금했다.

우리는 줌으로 로스앤젤레스에 사는 닉슨-로페즈와 이야기를 나누었다. 그녀는 남편이자 MV3 공동 창립자인 토리 코하라^{Torey Kohara} 감독과 살고 있다. 그녀는 동생이자 공동 창립자인 로베르토 닉슨

Roberto Nickson이 어떻게 그녀를 설득하여 2021년에 NFT에 주의를 기울이게 했는지 설명해주었다. "나는 이 공간에 복수심으로 뛰어들었다. 나는 이더리움에 돈을 쏟아부었고, 그 의미를 이해하게 되었다. 도박에서 오는 흥분뿐만 아니라 물건의 소유권이라는 개념이 가져올 기회를 깨달았다." 얼마 지나지 않아 그녀는 자신이 사는 세계와 이 기술의 관계를 깨닫기 시작했다. "내 안에 잠자고 있던 작가로서의 직감이 곧바로 '할리우드가 어떻게 돌아가는지 알고 있다'라고 외치기 시작했다. 앞으로 몇 달 안에 NFT 프로젝트들에서 'NFT를 각색할 작가를 찾고 있습니다'라고 말하는 이메일이 쏟아져 들어올 것이다. 당연히 그런 일이 일어날 것이다. 할리우드는 모든 것을 각색한다. 그러나 나는 그 일을 할 수 없을 것으로 생각했다."[11]

왜 그럴까? 대부분의 NFT 프로젝트는 스토리가 없었기 때문이다. 캐릭터 자산을 영화에 넣는 것은 스튜디오가 지적재산을 소유하고 사용 방법을 결정하는 콘텐츠 제작 방식과 너무나 상반되는 일이라서 초기 개척자들은 이를 시도조차 하지 않았다. 초기 NFT는 혁신적인 것이라기보다는 포켓몬 카드와 더 비슷했다. 다시 말해, 형태만 흉내낸 모조품이었다.

예를 들어, NFT의 희소성과 프로그램 가능성은 각각 서로 다른 테마(펭귄, 원숭이, 고릴라, 픽셀화된 8비트 캐릭터, 회색 바위 등)에 대한 수백 또는 수천 개의 변형을 가진 수백 개의 '프로필 사진' 프로젝트를 양산했다. 논리는 이렇다. '캐릭터가 독특할수록 가치가 더 있다.' 강세장이던 시절에는 이러한 '매우 희귀한' NFT는 수십만 달러에서 수백만 달러에 달하는 가격에 팔렸지만, 현재는 이러한 프로젝트 중 일부만이 실제 가치를 유지하고 있다.

지루한 원숭이들의 요트 클럽Bored Ape Yacht Club, BAYC을 생각해 보라. 유가 랩스Yuga Labs가 만든 이 프로젝트는 화려하게 제작된 만화 원숭이 컬렉션으로 시작하여 인터넷 유명 인사와 유명인들의 온라인 프로필 사진Profile Picture, pfp으로 인기를 얻었다. 지루한 원숭이들을 소유하고 있다면 재판매, 분할, 부품 판매, 심지어 NFT를 담보로 대출까지 받을 수 있다. 실제 자산과 동일한 권리를 지닌 디지털 자산이다. 유가 랩스는 초기 pfp 열풍의 성공을 스토리텔링하고 개발 중인 거대한 멀티플레이어 온라인 롤플레잉 게임MMORPG인 〈아더사이드Otherside〉로 확장했다. 〈아더사이드Otherside〉는 보이저스Voyagers라고 불리는 게임의 잠재적 사용자들에게 10억 달러 가치의 가상 자산을 판매해 거액을 조달함으로써 사람의 주목을 받았다.[12] 지루한 원숭이 NFT는 소유자에게 지적 재산권을 활용할 수 있는 권한을 부여한다. 배우이자 프로듀서인 세스 그린Seth Green은 자신의 지루한 원숭이인 '프레드 시미안Fred Simian'으로 정확히 이런 계획을 세우고 있었다. 하지만 '미스터 치즈Mr. Cheese'라는 인물이 프레드를 훔치자 그린은 자신의 지적 재산권을 되찾기 위해 약 29만 7천 달러 상당의 몸값을 지불하기로 결정했다. 이는 웹3라는 새로운 세계에서 처음 일어난 일이었다.[13]

그린은 독창적인 것을 해낼 창의적인 인물이지만 닉슨-로페즈는 "내가 아는 대부분의 작가는 대부분의 NFT 프로젝트를 각색할 수 없을 것이다. 대부분은 별다른 이야기가 내재하지 않았기 때문이다. 그냥 동일한 사진의 변형일 뿐이다"라고 말했다.[14] 이러한 초기 NFT 프로젝트는 희소성과 세상에 전달하는 메시지 덕분에 가치가 있으며 영화나 TV 프로그램으로 각색할 캐릭터라기보다는 희귀하고 수집 가능한 명품에 더 가깝다. 이것은 희소성 때문에 가치가 있을 수는 있지만

pfp를 스토리에 맞게 각색한다는 것은 무생물 살인자가 등장하는 영화처럼 구찌 핸드백이 주연인 미니시리즈처럼 말이 안 된다. 위대한 철학적 명언을 의역하면, 천 마리의 지루한 원숭이가 수천 년 일한다 하더라도 할리우드 블록버스터의 차기작 시나리오는 쓸 수 없다. 하지만 그렇더라도 세스 그린은 중단하지 않을 것이다.

MV3의 이야기는 "실리콘밸리와 고담 시티가 충돌하는 곳으로, 기술 기업가들이 정치인의 자리를 빼앗고 지각 있는 안드로이드들이 해방을 찾아 거리를 배회한다"는 설정이다.[15] 기후가 완전히 악화된 2081년의 디스토피아 사이버펑크 사회를 배경으로 한 MV3는, 도시를 소유한 기업으로부터 권력을 탈취하려고 하는 이상주의자 반란군들의 이야기를 다룬다.[16] 닉슨-로페즈의 형제인 로베르토는 MV3가 "NFT 컬렉션에서 탄생한 차세대 대형 프랜차이즈"가 될 수 있으며, "소장자들이 직접 지적재산권의 성공에 참여할 수 있다"라고 생각한다. 닉슨-로페즈는 "할리우드에서는 팬들의 반응에 따라 살아남거나 죽는다. 프로젝트가 아무리 훌륭하더라도 팬들이 시청하지 않고 영화나 TV 프로그램에 관심을 가지지 않으면 아무런 성과를 거둘 수 없다. 두 번째 시즌도 만들 수 없고 프로그램도 빛을 보지 못할 것"이라고 말했다. 팬들이 프로젝트를 지지할 것을 안다는 것은 할리우드 시스템이 1억 달러 이상을 투자하는데 결정적인 열쇠가 된다. 닉슨-로페즈는 "그래서 그것을 역으로 설계해 엘루나 시티Eluna City라는 세계와 캐릭터들을 만들었다." 무척 야심 찬 프로젝트이며 MV3 팀도 그 점을 잘 알고 있다.

닉슨-로페즈가 이 세계를 설계하고 스토리 라인을 만들었지만 그녀의 팀만이 이야기의 방향을 결정하는 것은 아니다. "창작 경험이 전혀 없는 사람이라도 디스토피아 세계와 소설 애호가로서 창의성을 얼마든지 발휘할 수 있다. 팬들에겐 창의적으로 표현하려는 욕구가 넘쳐났다. 팬은 우리의 커뮤니티이자 공동 창작자이다. 그들은 세계관과 캐릭터에 투자했기 때문에 함께 만들어가는 데 정말 열정적이다. 그것은 내게 큰 영감을 주었다."

MV3는 창작 워크숍을 개최하여 NFT 보유자들이 캐릭터들의 배경 사연을 개발할 수 있도록 도와준다. 팬들이 기존 작품의 대안 엔딩과 새로운 장을 쓰는 팬픽션은 해리포터와 같은 인기작에서 매우 흥했지만 이것이 공식 스토리라인에 통합되는 경우는 거의 없었다. MV3 공동 설립자인 고하라Kohara는 "나는 팬픽션이 항상 의붓자식으로 여겨져 왔다고 생각한다"고 말했다.[17] 하지만 이제 팬들은 자신이 소유한 캐릭터에 관한 이야기를 쓰고 수익을 낼 수 있다. 나는 궁금해서 NFT를 하나 샀다. 이제 나는 이해관계자인 셈이며, 비즈니스 작가가 공상과학 소설을 제대로 쓰고 있는지 확인할 수 있게 되었다.

닉슨-로페즈에 따르면, 현재의 스튜디오 제작 시스템은 팬들이 콘텐츠를 공동 창작하고 공동 소유할 수 있도록 허용하지 않을 것이다. 팬픽션이 처음 발표되었을 때 일부 업계 거물들은 이것을 급진적인 생각, 심지어는 저작권 침해로까지 여겼다. 닉슨-로페즈는 자신의 의견을 이야기했다. "변호사들은 '당신은 귀중한 부분들을 찢어내서 사람들에게 그냥 나누어 주는 것 같네요'라고 말했을 때, 우리는 '바로 그겁니다! 그것이 바로 우리가 하는 일입니다!'라고 동의했다. 대부분은 이런 아이디어를 이해하지 못한다. 그러나 바로 이런 사람들의 생각을 바꿀 수 있어서 정말 흥미롭다."[18]

저작권과 관련하여 세계지적재산권기구WIPO 등 법률 전문가들은

NFT의 잠재적인 적용 가능성에 대한 분석을 내놓았다. 하지만 그보다는 실제 법적 분쟁과 판례를 통해 더 명확한 해답을 얻을 수 있다.[19] 그렇다고 해도, 지적재산권법에 익숙한 NFT 아티스트와 기타 창작자들은 시장이 자신의 NFT를 어떻게 다루기를 원하는지 종종 구체적으로 명시한다. 크리에이티브 커먼즈 라이선스 Creative Commons License, CCL와 마찬가지로, 그들은 어떤 표준 지적재산권을 보존하고 싶은지 혹은 NFT 구매자에게 어떤 라이선스를 부여하고 싶은지 선택할 수 있다.[20] 하버드 경영대학 교수 스콧 듀크 코미너스 Scott Duke Kominers는 2022년 8월 트위터에서 "만약 NFT가 모두 소유권을 가능하게 하는 것이라면 왜 창작자들은 크리에이티브 커먼즈 라이선싱을 통해 지적재산권을 포기할까?"라고 반문했다.[21]

이어지는 게시물에서 코미너스는 가명의 NFT 인플루언서인 플래시렉트 Flashrekt와 함께 이 질문에 대한 답변을 시도했다. 그들의 주장은 로렌스 레식 Lawrence Lessig의 저서 《자유 문화: 대형 미디어가 어떻게 기술과 법을 이용하여 문화를 억압하고 창의성을 통제하는가 Free Culture: How Big Media Uses Technology and the Law to Lock Down Culture and Control Creativity》를 연상시킨다.[22] 2004년 출간된 이 책에서 하버드 로스쿨 교수이자 크리에이티브 커먼즈의 공동 설립자인 레식은 '창의성의 사회적 차원', 즉 '창작물이 과거를 바탕으로 어떻게 만들어지며 사회가 법과 기술을 통해 창작 활동을 어떻게 장려하거나 억제하는지'에 대해 설명했다. 레식은 기술 공룡 기업과 같은 문화 독점자들이 어떻게 '공개 아이디어의 영역을 축소'했는지에 대해 설명했다.[23] 요지는, 창작물을 공유재산으로 내놓는 것은 회사가 아닌 창작자의 선택이어야 한다는 것이며, 창작자는 크리에이티브 커먼즈 라이선스를 통해 이를 실현할 수 있는 다양한 선택권을 가지고 있다는 것이다. 마찬가지로, 코미너스와 플래시렉트는 예술은 문화적 관련성에 따라 흥망성쇠를 거듭한다고 설명했다. 이는 모든 사람이 원작을 복사, 반복, 응용할 수 있도록 허용하면 보다 널리 확산되고 문화적으로 더욱 관련성이 높아질 수 있다는 의미다. 그들은 창작자들이 '생산 과정의 밈'을 장악할 것을 주장하지만, 이제 그들의 선택은 NFT를 통해 프로그래밍 방식으로 이루어질 수 있다고 덧붙였다.[24]

MV3의 사례로 돌아가면, 지적재산권을 먼저 제공하거나 판매하는 모델은 여러 면에서 기존 방식과는 다르다. MV3의 로드맵은 캐릭터 판매를 통한 자금 조달, 캐릭터 스토리텔링, 이를 기반으로 한 IP 창출로 이어지며, 이는 웹3 게임의 전략과 유사하다. 필리핀 웹3 게임 전문가인 리아 루Ria Lu는 NFT 게임과 전통 게임의 차이점을 이렇게 설명한다. "기존 게임은 게임을 출시한 다음 수익을 창출하면서 커뮤니티를 형성해 간다. 하지만 NFT 게임에서는 커뮤니티를 먼저 구축하고 자금을 모은 후에 게임을 개발한다."[25] 커뮤니티가 가장 중요한 요소다. MV3 역시 비슷한 전략을 채택하고 있다.

결국, MV3 같은 프로젝트가 성공하는 이유는 팬들에게 경제적 혜택을 제공하는 것뿐만 아니라 스토리 전개 방식에 대한 어느 정도의 통제권을 팬들에게 넘겨줌으로써 팬들의 참여를 유도하기 때문이다. 팬들에게 통제권과 경제적 이익을 넘겨주는 것은 할리우드 모델과 정반대이며 닉슨-로페즈도 이를 잘 알고 있다. 그녀는 "나는 지금은 생계를 위해 고용된 작가로 일하고 있다"라면서 이렇게 말했다. "이것이 정말 싫다. 원래는 사랑하는 사람과 나 자신을 위해 글을 썼는데, 이제는 돈을 벌려고 글을 쓴다. 지금 내가 글을 쓰는 건 애플 주주들을 만족시키기 위해서나 다름없다." 명확한 사실은, 창작자들에게 동력을 주고 프로젝트에 목적과 의미를 부여하는 것은 돈이 아니라 캐릭터에 대한 사랑이며 이는 창작 과정에 팬을 참여시킴으로써 증폭된다.

캐릭터에 대한 사랑 때문에 팬픽션을 쓰는 사람은 많다. 따라서 관객을 끌어들이는 스토리를 만든 사람은 보상을 받아야 한다. MV3의 경우, 최고의 작가들은 유기적이고 실질적인 방식으로 자신의 캐릭터를 이야기 속으로 끌어들일 것이다.

닉슨-로페즈와 그녀의 팀은 어떻게 MV3 비전을 현실로 만들고 있을까? 그리고 그들은 어떤 어려움에 직면해 있을까? 우선, 사람이 만든 IP가 비디오 게임에 등장하려면 누군가가 그들의 캐릭터와 스토리를 더 큰 이야기에 끌어들일 수 있는 방식으로 게임을 디자인해야 한다. 위험 요소는 스튜디오에서 독점적으로 통제할 수 없는 IP에 동의하지 않을 수도 있다는 사실이다. 그로 인해 영화나 TV 프로그램의 제작자들이 자금을 스스로 조달해야 할 수도 있다. 만약 자체 자금으로 프로젝트를 진행해야 한다면, 제작자들은 그들이 창출한 가치를 계산하고 공정하게 보상받는 방법을 신중하게 고려해야 한다. 또 다른 의문점도 많다. 이러한 공동 창작의 지적 재산권을 규제하는 법률과 국제 조약은 있는가? 아무리 채용을 잘해도 항상 조직 외부에 더 많은 인재가 존재한다는 경영 격언처럼 이런 커뮤니티들도 마찬가지다. 어떻게 하면 그 많은 인재 속에서 세계관을 풍요롭게 해줄 보석 같은 인재를 발굴할 수 있을까? 만약 어떤 콘텐츠를 채택해 분쟁이 발생한다면 사법권은 이것을 어떻게 판결할까? 필리핀에 거주하는 공동 창작자들은 미국 캘리포니아 지방 법원에서 자신들의 권리를 주장할 수 있을까? MV3와 다른 NFT 프로젝트의 설립자들과 선구자들은 정말 할리우드에 변화를 불러일으킬 수 있을까? 할리우드가 스튜디오들이 통제권을 유지할 수 있는 자체 버전을 만들게 될까?

이미 워너브러더스는 〈반지의 제왕〉 프랜차이즈와 관련된 한정판 NFT 시리즈를 발표했으며, 수많은 셀럽들이 자신들의 기술 신뢰도를 높이거나 브랜드를 확장하기 위해 NFT 시장에 뛰어들었다. 하지만 엘프, 오크, 호빗을 구매할 수 있는 시대는 아직 멀었다. 가장 혁신적인 할리우드 스튜디오들조차 혁신가의 딜레마에 빠져 이 기술의 가장자리에서만 혁신할지도 모른다. 그런데도 기존 업체들이 이 기술을 독점하거나 혁신자들의 시드 펀딩을 상대로 소송을 제기할 위험이 존재한다. 새로운 도구로 무장한 신예 크리에이터들이 틴셀타운(할리우드)을 장악할 수 있을까? 어려운 과제다. 하지만 그보다 더 이상한 일이 일어난 적이 있다.

기업 통제에서 커뮤니티 통제로

◆

◆　　　　　　　피플플리저는 시부야Shibuya라는 새로운 NFT 스토리텔링 실험을 시작했다. 이 프로젝트를 발표하는 블로그 게시글에서, 이 아티스트는 현재의 스토리텔링이 가진 몇 가지 제약에 대해 언급했다. "많은 사람은 여전히 단편 영화, 장편 영화, TV 시리즈 등 장편 콘텐츠에 집중한다. 문제는 이런 유형의 콘텐츠는 제작하는 데 시간과 비용이 많이 든다는 사실이다." 결과적으로 영화 스튜디오 같은 대기업만이 그런 콘텐츠를 제작할 여력이 있다. 하지만 창작자들이 영화 또는 대규모 사업의 제작 자금을 조달할 수 있는 다른 방법이

있다면 어떨까? 블로그 글은 계속되었다. "NFT 기술은 (pfp 프로젝트보다) 훨씬 더 많은 것에 사용될 수 있다! 나는 블록체인상에 장편 콘텐츠 공간을 만들고 싶다는 열망을 갖고 있었다. 이것이 시부야라는 아이디어가 탄생한 배경이다. 시부야는 장편 콘텐츠를 무료로 시청할 수 있지만, 시청자가 창작 과정에 참여하고 공유된 소유권을 통해 블록체인에서 수익을 창출하려는 웹3 실험이다."[26]

피플플리저는 시부야를 다음과 같이 간략하게 설명했다. "탈중앙화된 넷플릭스Netflix와 킥스타터Kickstarter의 만남인 이 플랫폼에서는 정보뿐만 아니라 자금도 크라우드로 조달하고 있으며, 동시에 두 가지를 진행한다." 시부야는 단순히 돈을 기부하고 기다리는 킥스타터 플랫폼보다 "크라우드펀딩 과정을 더욱 흥미롭게 만들기 위해 미디어와 상호작용하는 방식을 사용한다."[27]

전통적인 영화 제작에서 할리우드 스튜디오는 비밀스러운 블랙박스 안에서 모든 지적재산권을 만들어낸다. 업계 종사자들을 제외하고는 그 안에서 무슨 일이 일어나는지 아무도 모른다. 할리우드는 상의하달식 구조이기 때문에 신인 아티스트의 독창적이지만 검증되지 않은 작품보다는 '안전하게 성공할 것'으로 보이는 후속편에 집중한다. 그래서 우리는 새롭게 창조되는 IP 대신 수많은 후속작을 계속 보게 된다. 할리우드는 팬픽션을 각색하기도 하지만 이는 프로젝트를 완전히 통제할 수 있을 때만 가능하다. 할리우드는 팬들과 경제적·창작적으로 협력하는 것에 미온적이다. 다시 말해, 할리우드는 서로를 알지도 신뢰하지도 않는 사람을 어떻게 하나의 목표를 위해 이끌어야 할지 모른다. 이에 대해 피플플리저는 "블록체인은 서로를 신뢰하지는 않지만 블록체인 자체는 신뢰할 수 있다는 합의가 있는 사람이 모였

기 때문에 한 걸음 앞으로 나아갈 방법"이라고 말했다.[28]

　창작 과정을 어떻게 관리할 것인가가 가장 큰 과제다. 피플플리저는 아이디어를 완전히 개방형 구조로 커뮤니티에 넘기게 되면 전문성과 지식이 없는 사람을 포함하기 때문에 "아무런 결과물도 얻지 못하거나 질이 낮은 결과물"을 만들게 될 것이라고 말했다. 시부야는 이러한 문제를 해결하려는 프로젝트 중 하나다. 제작 과정에서 대중에게 어느 정도의 통제권을 줄 것인지, 그리고 창의적인 감독처럼 프로젝트 수행에 대한 노하우가 있는 사람에게 얼마나 많은 통제권을 부여할 것인지 간의 균형을 찾는 것이 핵심이다. MV3를 비롯한 수많은 미래의 웹3 창작 프로젝트들도 같은 문제에 직면할 것이다. 피플플리저는 "적절한 균형을 찾으면 우리는 최고의 결과물을 얻을 것이다"라고 말했다. 그녀는 영화 평가 사이트인 로튼 토마토Rotten Tomatoes나 기업 평가 사이트인 옐프Yelp에서 볼 수 있는 '군중의 지혜'를 지적하며, 사용자들은 "다수의 의견을 신뢰한다"라고 덧붙였다. 즉, 시부야는 이러한 집단 지성을 활용해 지적재산권을 창조하려고 한다. 피플플리저는 "슈퍼 팬이나 커뮤니티를 초기 단계부터 참여시키는 것이 중요하다. 작가실에서 아무에게도 아무것도 공개하지 않고 모든 것을 비밀리에 진행하는 할리우드 스타일은 의미가 없다"라고 주장하며 "커뮤니티를 제작 초기 단계부터 참여시키는 것은 분명히 가치가 있다. 하지만 대중이 말하는 만큼 실제로 기꺼이 일하지 않는다는 사실을 알게 될 것이다"라고 강조한다.[29]

　〈흰 토끼White Rabbit〉라는 프로젝트는 대체 가능한 엔딩 두 개가 있는 간략한 기본 이야기 골격만 가지고 있다. 어느 엔딩이 더 많은 투표를 받을지에 따라 영화의 주인공이 선한지 악한지가 결정된다. 자금을 모금하는 창작자들은 스토리나 작품의 질을 저하시키지 않으면서 어느 부분에 대중의 의견을 반영할 수 있을지 파악해야 한다. 피플플리저는 "전통적인 영화 산업을 독점하고 있는 소수의 관문지기들을 위해 좋은 콘텐츠를 아껴둘 것이 아니라 사람들이 참여할 수 있도록 하는 것이 어떨까?"라고 의문을 제기하며 이렇게 말을 이었다.

"이런 새로운 기술이나 패러다임의 전환이 없었다면 내가 성공할 가능성은 거의 없었다. 암호화폐나 웹3 이전 시대의 전통적인 할리우드에 진출하려고 했으면 처음부터 힘든 싸움이 되었을 것이며 나는 아마도 실패했을 것이다."[30]

2022년 12월 시부야는 앤드리슨 호로위츠와 버라이언트로부터 690만 달러의 투자를 유치했다고 발표했다. 케빈 듀런트 Kevin Durant 와 패리스 힐튼 Paris Hilton 등 유명 인사들도 이에 참여했다. 이 시점에서 진행한 언론 인터뷰에서 피플플리저는 시부야가 〈문라이트 Moonlight〉, 〈레이디 버드 Lady Bird〉, 〈에브리씽 에브리웨어 올 앳 원스 Everything Everywhere All at Once〉 등 인디 히트작으로 유명한 할리우드 스튜디오인 A24의 '웹3 버전'이 되기를 바란다고 말했다.[31] 하지만 유니버설 픽처스가 〈흰 토끼〉 영화의 제작권을 인수하고 피플플리저가 할리우드 스타가 되는 일이 벌어진다면 참으로 아이러니한 상황이 될 것이다. 하지만 어쩌면 우리는 거울 속 세상처럼 거꾸로 된 세상을 들여다보고 있는 것일 수도 있다.

플랫폼 기반에서 휴대 가능한 커뮤니티로

- ◆
- ◆　　　　　　　　　　로닐 럼버그 Roneil Rumburg 는 음악을 사랑한다.

그는 예술로서 음악을 중시하며, 예술가들을 지원하며 음악 커뮤니티의 열정적인 구성원이자 옹호자다. 그래서 그는 자신이 좋아하는 콘텐츠 제작자들이 사운드 클라우드를 대거 떠나는 것을 보고 걱정했다. 그는 "사운드 클라우드는 커뮤니티가 활동하던 공간이었고, 우리도 거기에서 시간 대부분을 보냈다"라고 말했다.[32] "우리는 '그들이 왜 떠나는가?'라고 질문하기 시작했다."

사운드 클라우드의 의사결정이 초기 커뮤니티에 최선의 이익이 되지 못했다는 사실이 문제의 핵심이었다. "사운드 클라우드는 검색 기능을 바꾸었고, 사람들은 이것이 회사 차원에서 소유·관리하는 콘텐츠를 선호하게 하여 커뮤니티 콘텐츠에는 불이익을 주고 있다고 느꼈다. 또한 사용자층과 어울리지 않는 여러 정책도 채택했다." 럼버그는 그러한 잘못된 결정으로 인해 "많은 아티스트들이 플랫폼을 떠났다"고 말했다.

이는 아티스트들이 다른 음악 플랫폼으로 옮기면서 겪었던 일련의 실망스러운 일 가운데 하나였다. 그는 "마이스페이스부터 유튜브, 사운드 클라우드 등을 거치면서 그들은 매번 팬들을 잃었고, 데이터에 대한 주권이나 통제권도 없었으며, 팬들에게 직접 도달할 수 있는 방법도 없었다"라면서 이렇게 설명했다. "인기 많은 유튜버가 틱톡 계정을 개설한다면 기존 팬층을 틱톡으로 이전할 방법이 없다. 처음부터 다시 시작해야 한다." 이런 부당함은 최고의 콘텐츠 제작자들을 플랫폼에 묶어두는 수단이며 어느 정도 효과가 있다. "한 미디어 플랫폼에서 다른 미디어 플랫폼으로 성공적으로 전환하는 경우는 매우 드물다. 가장 큰 이유는 기존 팬들을 옮길 수 없기 때문이다." 결과적으로 이렇게 창작자들에게 족쇄를 채우는 현상으로 인해 옳든 그르든 "새로운 형태의 미디어는 다른 형태의 창의성을 선호한다"라는 인상이 든다. "새로운 미디어 플랫폼이 등장할 때마다 새로운 종류의 콘텐츠 창작자가 등장한다."

게다가 각각의 플랫폼은 팬과의 관계를 데이터의 형태로 소유한다. 아티스트들은 누가 자신의 팬인지 그들이 콘텐츠를 어떻게 사용하는지를 알지 못한다. 그에 따라 팬들의 취향에 맞는 새로운 콘텐츠를 개발할 수 없다. 상황은 더욱 악화된다. 스포티파이에 음악을 업로드하려면 독립 아티스트들은 반드시 배급업체를 통해야 한다. 로열티 지급은 역방향으로 흐르는데, 먼저 배급업체에게 지급되고 그 후 아티스트들에게 전달된다. 이 과정에서 "많은 마찰이 발생한다."

럼버그는 문제의 핵심을 "회사에 좋은 것과 콘텐츠 제작자와 소비자들에게 좋은 것 사이에 존재하는 인센티브의 불일치"라고 요약했다. 웹2 미디어 플랫폼은 콘텐츠 네트워크를 가치 있게 만드는 사람과 '기생적인 관계'를 형성한다. "유튜브에 아무도 비디오를 업로드하지 않는다면 유튜브는 아무런 쓸모도 없을 것이다. 스포티파이도 마찬가지다. 하지만 플랫폼의 네트워크 효과는 지속되어 왔다. 그래서 사람들이 계속 찾아오는 것이다." 그는 이런 패턴이 새로운 미디어 자산마다 반복되는 것을 지켜봤다. "전형적으로, 초기에는 콘텐츠가 무료이면서 훌륭하다. 플랫폼은 네트워크가 성장하는 동안 잘 작동한다. 어느 정도 네트워크 효과가 달성되면 관계의 역학이 가치를 뽑아내는 방향으로 역전된다."

럼버그는 "아티스트가 팬들과 직접 소통하고 관계를 구축하도록 돕는 플랫폼이 시간이 흐르면 이러한 유형의 압력에 잘 견딜 수 있을까"라고 의문을 제기했는데, 이는 사운드 클라우드가 이윤을 내야 한

다는 압박을 암시하는 것이었다.[33]

럼버그는 아티스트가 통제권을 가지는 음악 공동체이면서 검색 플랫폼인 오디우스를 공동 설립했다.[34] 오디우스는 이더리움과 솔라나를 기반으로 구축되었다. 공동 설립자들은 "아티스트들이 실제로 배포 수단을 소유하고 운영하고 통제한다면 오디우스는 이러한 의사 결정 오류에 강한 저항력을 가질 수 있으며 또한 네트워크 성장 과정에서 아티스트들에게 권한을 부여함으로써 영원히 지속하는 시스템을 만들 수 있다"라고 믿는다.[35] 아티스트들이 데이터를 가져오거나 내보낼 수 있는 오디우스의 기능은 중요한 차별화 요소가 될 것이다.

그건 엄청나게 중요한 것이다. 액시 인피니티 게임의 제작사인 스카이 마비스의 공동 설립자 겸 최고 운영 책임자인 알렉산더 라센은 이렇게 설명했다. "문화가 모든 것이라면, 커뮤니티는 그 문화의 일부를 정의하는 것이다."[36] "웹3는 아직 초기 단계라서 당신이 어디에서 사람과 어울리고 시간을 보내는지에 따라 달라진다. 디파이 영역은 예술가, 음악가, 게이머들이 활동하는 NFT 분야와는 아주 다르다"라며 그는 이렇게 설명했다. "핵심은 이러한 암호화폐를 사용하는 사람들에 관한 것이다. 예를 들어. 액시 커뮤니티는 디파이 프로토콜 커뮤니티와 비교하면 아주 독특한 문화를 가지고 있다. 하지만 더 큰 맥락에서 보면 사람들은 자산에 대한 소유권을 원한다. 자유를 원하고 투명성을 중요하게 생각한다."

인터넷 플랫폼은 사용자가 콘텐츠의 게시자이자 온라인 제작자이기 때문에 가치가 있다. 사용자들은 트위터에 댓글을 달거나, 레딧 토론에 참여하거나, 페이스북, 인스타그램, 틱톡에 자신의 사진과 동영상을 업로드하는 것을 즐긴다. 사용자가 생성한 콘텐츠와 참여를 통해 유지하는 소셜 그래프 social graph 모두가 해당 플랫폼의 성공에 필수적이다. 페이스북의 가치는 사용자 참여의 함수인 네트워크 효과와 직접적인 관련이 있다. 콘텐츠 공개의 민주화는 대체로 긍정적인 결과로 나타났다.

물론 웹3에도 편의성과 유용한 서비스를 제공하며 가치를 추출하는 플랫폼들이 존재한다. NFT의 등록과 거래 플랫폼으로 큰 성공을 거둔 오픈씨 OpenSea를 생각해 보라. 오픈씨는 플랫폼에서 이루어지는 NFT 판매에서 수수료 또는 '로열티'를 받는데, 이는 미술 딜러나 다른 기존의 중개업자와 크게 다르지 않다. 초기 성공을 거둔 후 얼마 지나지 않아 오픈씨는 여러 경쟁자와 맞닥뜨리게 되었다. 웹3 조사 회사인 더블록 The Block이 지적하듯이, "NFT 시장은 창작자 로열티를 우회하여 유동성을 유치하기 위해 치열하게 경쟁했으며, 이는 경쟁자들이 오픈씨로부터 유동성을 흡수하고 수도스왑 Sudo-swap, X2Y2, 매직 에덴 Magic Eden과 같은 수수료 없는 플랫폼을 탄생시켰다." 결과적으로 "수수료 없이 거래되는 비중은 2022년 1월 총거래량의 2.8%에서 11월 말 30%로 급증했다." 개방형 플랫폼에서는 사용자와 창작자가 원하는 경우 자산을 다른 곳으로 옮길 수 있다. 즉, 어느 한 플랫폼에 묶이지 않아도 된다. 활발한 경쟁은 더 많은 혁신과 창작자의 수익 증가로 이어질 수 있다.[37]

웹2에서는 사용자들이 콘텐츠를 만들 수 있지만 웹3에서는 커뮤니티가 집단으로 콘텐츠를 만들고 소유할 수 있다. 이것은 정확히 어떤 의미일까? MV3의 경우, 사용자들은 자신들이 만든 자산을 소유하고 캐릭터 스토리의 흐름과 MV3 세계의 미래 방향을 함께 결정할 수 있다. 이것이 바로 커뮤니티 소유 콘텐츠다.

피플플리저는 시부야를 구축하면서 웹2와 웹3 도구 및 플랫폼을 상호 보완적인 것으로 생각했다. "웹3에 종사하는 너무나도 많은 사람이 웹2와 완전히 분리해야 한다고 생각한다." 시부야는 사용자들이 크라우드펀딩을 하고 지적 재산권을 창출할 수 있는 장소가 될 수 있지만, 시부야가 그런 지적 재산권의 최종 목적지이거나 유일한 배포 방법이 될 필요는 없다. 예를 들어, 사람들은 시부야에서 단편 영화를 제작하고 유튜브를 통해 배포할 수 있다. "이는 '우클릭 저장하기'가 나쁜 게 아닌 것과 같다. 유튜브는 당신이 웹3에서 만든 것을 광고하는 수단이기 때문이다.[38] 웹3는 단지 새로운 수익화 방법일 뿐이다. 지금 당장은 웹3에서 많은 사람의 시선을 끄는 것은 한참 멀었다. 그래서 여전히 웹2에서 트래픽을 받아 웹3에서 구축하도록 보완할 필요가 있다. 이것이 인터넷의 자연스러운 진화다. 웹3는 이제 웹2의 특정 문제에 대한 해결책을 제공하고 있다."[39]

이러한 커뮤니티 소유권은 창작자들에게 중요하다. 예를 들어, 창작자들은 NFT와 스마트 계약을 통해 수익에 대한 권리를 명확하게 하고 수익 지급을 자동화할 수 있다. 음악가, 예술가들은 웹3 도구를 활용하여 자신들의 작품을 재구상하고 있다. 이러한 기능은 인터넷 플랫폼의 모든 창작자와 사용자, 즉 우리 모두에게 영향을 미친다. 웹2는 우리에게 소셜 그래프를 이용해 소셜 네트워크를 제공했다.

벤처 캐피털리스트 제시 월든의 주장대로 웹3는 우리에게 사회경제적 그래프를 토대로 사회경제적 네트워크를 제공하고 있다. "여기에서 사람들을 연결하는 것은 경제적 관계나 이해관계를 기반으로 하는 것이 아니라 필연적으로 개인적인 관계다."[40] 웹3는 페이스북을 웹3 특성을 가진 유사한 소셜 네트워크로 대체하지 않을 것이다. 완전히 새롭고 이전에는 불가능했던 다른 대안으로 대체할 가능성이 크다.

NFT와 기타 토큰은 이미 '토큰 게이트 커뮤니티'의 핵심으로 자리 잡았다. 이 커뮤니티에서는 참여자들이 특정 자산의 소유권을 증명할 수 있으며, 컨트리클럽 회원권처럼 토큰이 입장권 역할을 함으로써 이를 통해 서비스, 혜택, 특전에 접근할 수 있다. 이러한 토큰 게이트 커뮤니티가 상품이나 서비스 측면에서 무엇을 제공할 수 있는지는 상상력의 한계를 뛰어넘는다. 어떤 커뮤니티는 MV3, 시부야 같은 대화형 스토리 및 세계관 구축 프로젝트일 수도 있고, 디지털 아트 제작자들을 위한 '프렌즈위드베네핏 Friends With Benefits' 같은 토큰 게이트 집단이 될 수도 있으며, 친구와 가족을 위한 소셜 네트워크, 판타지 축구 리그, 롤플레잉 게임에 참여하는 플레이어 길드, 플라밍고 다오 Flamingo DAO와 같은 예술품 수집가를 위한 DAO, 트렌드 보고서에 미리 접근할 수 있는 트렌즈비시 Trends.vc와 같이 토큰 보유자를 위한 커뮤니티일 수도 있다.[41] 이러한 사회경제적 네트워크에 여러분이 쏟아붓는 콘텐츠와 창조적 에너지는 수익으로 돌아올 것이다.

버라이언트 펀드의 공동 설립자이자 제너럴 파트너인 월든은 "웹3에서 펼쳐지는 모델은 현재의 TV처럼 창작자가 한쪽으로만 콘텐츠를 생성하는 것이 아니다. 웹3에서 창작자들은 자신들이 만든 창작물의 소유자이면서 팬 커뮤니티와 협력해 함께 이야기와 엔터테인먼트를 구축하는 모델이다"라고 말했다.[42] 물론 이러한 커뮤니티에 금전적 보상만을 위해 가입하는 것은 아니지만, 보상이 주어진다면 감사할 일이다.

새로운 매체가 새로운 메시지다

◆

◆　　　　　　　"비트코인이 가치의 저장 수단이라면 NFT 는 문화의 저장 수단이다." 웹3 게임 개발 스튜디오인 애니모카 브랜 즈의 공동 설립자인 얏 시우의 말이다. 그는 문화야말로 "사상 최대의 경제적 저수지"라고 덧붙였다. '경제적 저수지'는 게임 용어로서 마치 물이 싱크대에서 흐르는 것처럼 가치가 어떻게 창출되고 어디로 흐르 는지를 나타낸다. 시우는 문화가 과소평가된 자산이며 이제 우리는 그 가치를 디지털 방식으로 저장할 수 있는 체제를 갖게 되었다고 생각 한다.

1964년 미디어 이론가 마셜 맥루한Marshall McLuhan은 "매체가 메시 지다"라는 유명한 말을 남겼다.[43] 당시는 인쇄물, 라디오, TV가 주된 매체였던 방송 시대였고, 미디어는 제작자에서 소비자에게 일방적으 로 전달되었다. 웹2 시대를 빠르게 되짚어 보면 정보의 인쇄기였던 인 터넷이 발전하면서 누구나 콘텐츠를 만들어 온라인에 게시할 수 있었 지만, 스포티파이 같은 강력한 네트워크 효과를 가진 플랫폼만이 음악 을 유통할 수 있었다. 아티스트들은 스트리밍 서비스에 굴복하거나 저 작권에 대한 보상 없이 사용자들이 자신의 예술 작품을 자유롭게 공 유하고 복사하는 현실을 감수해야 했다. 디지털 시각 예술가들은 더욱 위험했다. 그들은 자신의 작품을 수익화하고 저작권 침해로부터 보호 받을 도구가 전혀 없었다.

대형 웹2 플랫폼이 창의적인 미디어를 통합하고 상품화하면서 모 든 사용자를 창작자로 만들어냈다. 이들은 우리에게 시민 저널리스트, 사진 블로거, 소셜 서클과 온라인 커뮤니티에서 소규모 인플루언서로 활동할 수 있는 도구들을 제공했다. 소수의 대기업이 제어하는 알고리즘은 비슷한 생각을 가진 개인으로 구성된 초기 커뮤니티들을 자기 강화적인 반향의 방으로 몰아넣었다. 그곳은 자존심을 북돋우고 기존의 편견과 의견을 재확인하는 곳이었다. 맥루한의 금언은 방송 미디어, 특히 TV를 겨냥한 것이었지만 다른 시대에도 적용할 수 있다. 오늘날 소셜 미디어는 정보를 얻는 주요 매체이며 종종 매체 자체가 담론의 중심이 되기도 한다. 페이스북이 2016년 선거와 이후의 선거 운동에서 허위 정보를 확산하거나 극단적인 목소리를 증폭시킨 역할을 했다든지 아니면 일론 머스크의 트위터 인수를 둘러싼 이야기 등이 그 실례가 된다.

1996년 빌 게이츠는 사용자가 콘텐츠를 게시할 수 있는 플랫폼으로서 인터넷이 미칠 영향을 예측했다. "인터넷의 흥미로운 특징 중 하나는 PC와 모뎀만 있으면 누구나 자신이 만든 콘텐츠를 게시할 수 있다는 것이다."[44] 빌 게이츠는 콘텐츠를 '아이디어, 경험, 제품'으로 넓게 정의했다. 실제로 웹2 사용자들은 많은 콘텐츠를 만들었고, 그중 일부는 매우 성공적이었다. 특히 일부 소프트웨어 제작자들은 큰 성공을 거두었다. 하지만 소프트웨어 플랫폼은 상업용 인터넷 이전의 텔레비전 네트워크와 마찬가지로 콘텐츠의 배포를 통제하고 대부분의 가치를 가져갔다.

콘센시스 ConsenSys의 렉스 소콜린 Lex Sokolin은 "웹2에서는 정보가 곧 상품이었다. 따라서 정보 자체는 가치가 없지만 정보에 관한 관심은 광고를 통해 제품화되고 포장된다"라고 말했다. 웹2 패러다임에서 경력을 쌓은 사람에게는 콘텐츠 소유권을 이용하여 유통을 제한하는 것은 뭔가 잘못되었다는 느낌을 준다. 소콜린은 "NFT는 정보를 해방하

고 접근을 민주화하려는 웹2 기업가들에게는 매우 불쾌한 존재다"라고 덧붙였다.[45]

얏 시우는 자신의 사업체인 애니모카 브랜즈를 이런 역동적인 힘의 변화에 베팅했다. 애니모카 브랜즈의 핵심 주장 중 하나는 디지털 재산권이 '소비' 콘텐츠를 엄청난 가치를 지닌 '자산'으로 변화시킨다는 것이다. 결과적으로 콘텐츠 자체가 플랫폼이 된다. 창작자들은 소수 회사가 통제하는 유통 수준이 아니라 콘텐츠 수준에서 가치를 획득한다. 현재까지는 이 주장이 타당해 보인다. 오픈씨에서 발행된 모든 NFT의 총 가치가 오픈씨 자체의 시장 가치보다 크다. 모든 토큰의 가치는 접근 권한을 제공하는 거래소와 지갑 제공업체보다 훨씬 더 크다.[46]

맥루한의 관찰은 어느 때보다 선견지명이 있게 느껴진다.[47] 방송 미디어와 그것을 흉내 낸 모조품들이 웹1과 동의어이고 소셜 미디어가 웹2와 동의어라면, NFT와 같은 디지털 자산이 웹3를 정의하는 데 도움이 될 것이다. 예술가가 NFT를 판매할 때 그 예술가는 메시지(예술)를 매체(디지털 자산)와 함께 포장하고 있다.

우리는 모두 창조자다

◆

◆ 이러한 이야기들은 창작자들이 웹3 도구를 활용하여 팬들과 새로운 차원으로 소통하면서 다양한 상업적 수익 창출의 길을 열고 '소유자'로서 참여하는 새로운 방식을 강조한다. 하지만 대부분의 사람은 예술가나 시나리오 작가가 아니다. 토큰을 벌고

NFT 및 기타 문화적 산물의 가치에 대해 투자하면서 웹3의 삶을 사는 사람도 아니다. 이러한 창조성의 르네상스 시대에 대부분의 사람은 단순히 관중 역할을 할 수밖에 없을까? 애니모카 브랜즈의 얏 시우는 "그렇지 않다"라고 대답했다.

시우는 성장 배경으로 인해 다른 문화, 언어, 경제 시스템을 자유롭게 넘나들 수 있었다. 중국계 기업가인 그는 뛰어난 클래식 음악가였던 부모 사이에서 오스트리아 빈에서 태어났다. 그는 주로 백인인 동급생들과 독일어를 사용하며 자랐다. 어린 시절 시우는 동베를린에서 자라며 그곳에서 권위주의 공산주의를 직접 목격했다. 빈으로 돌아온 뒤, 그는 온라인 서비스인 컴퓨서브CompuServe에서 다양한 국가 사람들로 구성된 커뮤니티를 발견했다. 학교에서는 음악을 공부했지만 컴퓨터에 더 매료되었다. 10대 시절 그는 독일의 아타리Atari에서 첫 직장을 얻었다. 그는 웹의 세 시대 모두에서 인터넷 사업을 시작한 경험이 있다. 이미 1980년대에 가상 자산을 사고팔았고 2010년대 초에 그의 회사는 애플이 앱을 플랫폼에서 제거하기 전까지 모바일 게임의 선구자 역할을 했다.[48]

2017년, 얏 시우는 우연히 웹3에 발을 들여놓았고, 웹3의 중요성을 즉시 파악해 애니모카 브랜즈를 설립해 이 새로운 세계에 뛰어들었다. 애니모카 브랜즈는 웹3 게임 분야에서 가장 영향력 있는 개발자이자 투자자 중 하나가 되었다. 그는 수십 년간의 경험과 독특한 성장 배경 덕분에 동시대인들이 가질 수 없는 세상에 대한 통찰력을 구비했다.

첫째, 시우의 부모는 기술을 적극적으로 받아들였다. 그들은 시우가 세계 뉴스를 시청할 수 있도록 동네에서 처음으로 위성 TV를 설치했다.[49] 이를 통해 시우는 세계적인 시각을 갖게 되었다. 또한 그들은 개인용 컴퓨터를 사주었다. 그는 '인터넷 서비스 이전'의 온라인 커뮤니티를 발견했고, 그곳에서는 그가 "아시아인이라는 것이 중요하지 않았다."

1970년대 실리콘밸리에서 설립된 아타리는 당시 퐁Pong과 스페이스 인베이더스Space Invaders 게임으로 유명한 게임 업계의 거물이었다. 그런 회사가 음악 학위를 가진 오스트리아 출신 10대 소년을 면접도 하지 않고 채용한 것은 이상하게 보일 수도 있다. 하지만 회사는 매우 독특하고 관습에 얽매이지 않는 것으로 유명했다. 월터 아이잭슨Walter Isaacson은 저서 《혁신가들The Innovators》에서 회사에서 "매주 금요일 맥주 파티와 대마초 흡연 파티가 열렸고, 특히 주간 목표를 달성했을 때는 벌거벗고 수영하는 경우도 종종 있었다"라고 썼다. 설립자 중 한 명은 온수 욕조 안에서 회의를 진행하기도 했다.[50]

시우는 초기 컴퓨터 게임에서 가상 자산을 구매한 최초의 사람 중하나였을 것이다. "당시에는 결제 시스템이 없었으며 페이팔도 없었다. 말 그대로 수표를 보내고 현금화될 때까지 기다려야 했다." 판매자는 시우의 돈을 받자마자 사라질 수도 있었지만, 그는 거래를 이행했다. "우리는 멀티유저 던전multiuser dungeon, 여러 플레이어가 같은 가상공간에 동시에 접속해 글로 즐기는 게임 안의 허름한 술집 같은 곳에서 만나 아이템을 교환했다."

음악가의 자녀로서 시우는 예술가로서 생계를 유지하는 것이 어렵다는 것을 잘 알고 있었다. 그는 어머니와 동료 음악가들이 업계 관계자들에게 이용당했다고 설명했다. "주된 이유는 재무 시스템, 사업 시스템, 계약에 대한 지식이 부족했기 때문이었다."[51] 시우는 온라인 소유권이 모든 사람에게 동등하게 이익을 주지는 않겠지만 누구나 참여할 수 있다는 사실을 인정했다. "우리는 웹3가 보편적 기본 소득이 아니라 보편적 기본 지분을 제공할 수 있다고 생각한다. 우리 모두는 어떤 형태로든 데이터 창조자다. 예술가, 소프트웨어 개발자, 게임 제작자와 같은 능동적 창작자들이 있는가 하면 네트워크 효과에 기여하고 그에 대한 보상을 받는 수동적 창작자들도 있다."[52] 시우는 다음 장에서 자세히 살펴볼 게임 산업의 경제학에 대해 설명했다. 무료 게임에서 사용자는 게임을 무료로 다운로드하고 플레이할 수 있지만 게임의 더 많은 기능을 원하면 비용을 지불해야 한다. 시우는 총 플레이어 중 1~3%만이 실제로 비용을 지불한다고 말했다. "게임에서 벌어들이는 1,000억 달러의 수익은 전체 게임 플레이어 중 한 자릿수의 플레이어에서 나온다." 나머지 97~99%도 게임의 네트워크 효과에 기여하므로 중요하다. 어떤 이들은 약간의 금액을 지불하는 5명 또는 100명을 데려오거나 많은 금액을 지불하는 한 명을 데려올 수도 있다. 무임승차자들이 게임을 플레이하지 않는다면 지불 의향이 있는 플레이어들도 결제하지 않을 것이다. 무료로 게임하는 사람은 "네트워크 효과에 기여하므로 보상을 받아야 한다."[53] 그들의 데이터와 시간을 사용했기 때문이다.

시우는 전통적인 네트워크인 페이스북에 이 모델을 적용하는 방법에 대해 언급하면서 "대부분의 사용자 가치는 수백 달러 혹은 수천 달러에 불과할 수 있다. 그래도 문제없다. 하지만 우리는 지분도 구축하고 있다. 우리가 모두 동일하다고 말하는 것이 아니라 모두가 지분을 가지고 있다고 말하는 것이다"라고 설명했다.[54]

제시 월든도 이에 동의했다. 디지털 소유권으로부터 혜택을 받는 것은 전문 창작자들만이 아니다. 그의 관점에서 보면, 웹3는 창작자들의 팬들과 커뮤니티에 권한을 준다. 2021년 11월, 암호화폐 애호가들과 역사 애호가들은 개인이 소유한 미합중국 헌법 초판의 사본을 구매하기 위해 온라인에서 자금을 모금했다.

입찰에 필요한 수백만 달러를 조달하기 위해 이들은 컨스티튜션다오ConstitutionDAO라는 그룹을 결성했다.[55] 이는 빠르게 온라인으로 퍼져나갔다. 경매 때까지 DAO는 '우리 국민We, the People'에게 중요한 유물을 구할 기회를 본 수천 명의 기부자로부터 4천만 달러의 자금을 모았다. 벤저민 프랭클린은 자랑스러워했을 것이다. 컨스티튜션다오는 낙찰에 실패했지만 중요한 분수령이 되는 순간이었다. 즉, 개인들이 웹3 도구를 사용해 명분을 중심으로 자발적으로 힘을 합치고 자금을 조달하고 유용성이나 경제적 가치가 있는 무언가를 구축할 수 있는 방법을 보여주었다.

월든은 가수 테일러 스위프트가 레코드 회사 임원인 스쿠터 브라운에게 음반에 대한 권한을 넘겨주게 되었다는 가상의 상황을 설정했다. 복수심에 불탄 그녀는 전체 앨범을 다시 녹음하여 그가 가져간 음반의 가치를 떨어뜨렸다. 그녀의 팬들은 집단으로 스쿠터 브라운이 가져간 음반의 대금을 지불할 의사가 있었을지도 모른다. 그들은 단지 로열티만 중시하는 것이 아니라 소유자의 경험을 소중히 여기기 때문이다"라고 월든은 설명했다. "우리는 차세대 인터넷이 모든 제품과 서비스의 사용자를 소유자로 변화시키리라고 생각한다."[56]

버라이언트 펀드는 종종 제품이 시장 적합성을 갖기 전이나 심지어 제품 자체가 나오기 전에 투자하는 시드 투자자다. 때로 스타트업은 내부자로서는 알 수 없는 것을 보기 위해 외부자의 관점을 필요로 한다. 이것이 월든이 업계에서 가장 존경받는 투자자 중 한 명이 된 이유다.

월든은 토큰이 사용자의 금융 보안, 의견 표출, 참여 등 특정 필요와 욕구를 충족시키는 제품이라고 말했다. 일부 토큰 소유자에게 토큰은 사회적 소속과 커뮤니티를 제공하며 일하는 방식의 통제에 대한 욕구도 만족시켜준다.[57] 또한 토큰은 개인정보 보호 수준을 높여준다. 토큰 소유자들은 원한다면 익명성이라는 벽 뒤에 디지털 자산의 소유권을 감출 수 있다.

2016년 덴마크 국회의원인 이다 아우켄Ida Auken은 세계 경제 포럼에 "2030년에 오신 것을 환영합니다. 나는 아무것도 소유하지 않고 사생활도 없지만 삶은 그 어느 때보다 좋습니다"라는 내용의 칼럼을 기고하여 큰 화제를 모았다.[58] 이 글은 특히 세계 경제 포럼에 강한 의심을 품고 있던 우익 단체들 사이에서 온라인 비판의 주된 대상이 되었다. 오늘날 이 글은 2010년대 중반 '공유 경제' 서비스가 활성화되었던 시대를 담은 타임캡슐 같은 느낌을 준다. 당시 밀레니얼 세대는 금융 위기로 인해 물품 구매력이 약했다. 그런 이들에게 승차 공유, 휴가용 별장 임대 등을 쉽게 해주는 '공유 경제' 서비스는 매력적이었다. 많은 벤처 투자자의 자금 지원으로 수익과 성장보다는 사용자 확보에 집중하던 웹2 스타트업들 때문에 밀레니얼들은 이것을 저렴한 가격으로 이용할 수 있었다. 현재 많은 '공유 경제' 기업들이 경쟁 격화와 벤처 캐피털의 투자 감소로 인해 수익 창출에 어려움을 겪고 있는 상황에서 사후적으로 보면 아우켄이 "당신이 상품이라고 생각했던 모든 것은 이제 서비스가 되었다"라는 주장은 순진하게 느껴진다. 오히려 웹3는 그녀의 말을 뒤집어 놓는다. 아우켄은 모든 상품이 서비스가 된다고 말했지만 웹3는 온라인 소유권을 통해 모든 서비스가 자산이 될 수 있다고 주장한다.[59]

우버, 에어비앤비와 같은 소위 공유 경제 기업의 경우, 실제로 가치를 창출하는 사람(운전기사, 임대인, 사용자 등)이 부를 공평하게 공유하지 못하고 있다. 이러한 플랫폼들은 잉여 노동력, 차량, 빈방 등을 모아서 다시 파는 자연독점 체제다. 연구에 따르면 이러한 독점 기업은 근로자, 고객, 사회에 상응하는 가치를 제공하지 못하는 것으로 나타났다. 대신에 아무도 소유하지 않고 사용자들에 의해 운영되며 그들이 창출한 가치를 그대로 축적하는 웹3 플랫폼을 상상해 보라.

하지만 아우켄은 웹2 플랫폼에 의존할 때 우리가 어떤 타협을 하는지 예측했다는 점에서 혜안을 지녔다. 그녀는 "때때로 나는 개인정보를 진정으로 보호받지 못한다는 사실에 짜증이 난다. 내 정보가 등록되지 않은 곳은 어디에도 없다. 내가 하는 일, 내 생각, 내가 꿈꾸는 모든 것이 어딘가에 기록된다는 것을 알고 있다. 아무도 그것을 나에게 불리하게 사용하지 않기를 바랄 뿐이다"라고 언급했다.[60]

아우켄이 이 글을 쓴 이후로 두 가지 커다란 행동 변화가 일어났다. 첫째, 더 많은 인터넷 사용자들이 자신의 데이터가 어떻게 사용되는지에 대해 경계하고 이를 보호하기 위한 조처를 하고 있다. 둘째, 더 심오한 변화는 소유권이 다시 중요해지고 있다는 것이다. 밀레니얼 세대도 실제로 소유하고 싶어 한다는 사실이 드러났다. 오늘날 밀레니얼 세대는 주택 구매자의 43%를 차지하며 이는 다른 세대보다 압도적으로 높은 비율이다. 또한 그들은 자동차와 필수 소비재의 가장 큰 구매자이기도 하다.[61] 웹2 시대의 임대 경제, 즉 소유권도 권리도 없는 경제와 더불어 전체적인 소유권 회귀 추세는 '소유권 웹ownership Web'이 존재할 수 있는지 시험할 수 있는 환경을 조성하고 있다.

계몽주의의 거인 존 로크John Locke는 "모든 사람에게는 자신의 인격에 대한 소유권이 있다. 이것은 그 자신만이 소유할 권리가 있다. 그의 육체노동과 손으로 만든 결과물은 분명히 그의 것이다"라고 주장했다. 로크는 개인의 노동과 행위가 그 사람에게 소유권을 부여한다는 생각으로 그렇게 주장한 것이다. "왜냐하면 이런 노동은 의심할 여지없이 노동자의 소유이기 때문에 그 노동에 결합된 것에 대해 노동자 외에는 아무도 그것에 대한 권리를 주장할 수 없다."[62] 로크는 동시대 사람이 식민지화나 노예제도를 발전시키기 위해 했던 것처럼 자신에게 편리할 때는 이러한 권리를 기꺼이 타협했으며, 대영제국에서 노예제도는 1833년까지 존속됐다. 그럼에도 불구하고, 사람들이 가치 있는 것을 창조하기 위해 시간과 노력을 투자할 때 결과물에 대한 일정한 권리를 가져야 한다는 생각은 옳다. 그러나 아직 온라인에서는 인터넷 사용자를 포함한 창작자들에게 적용되지 않고 있다.

탈중앙화 금융은 사용자가 소유한 네트워크가 신속하게 성장할 수 있음을 보여주었다. 탈중앙화 거래소인 유니스왑이 좋은 예다. 거래소는 유동성이 많을수록 가치가 더 커지므로 유니스왑은 네이티브 토큰인 UNI를 사용해 사용자들이 초기 유동성을 제공하도록 장려했다. 거래소의 유동성이 풍부할수록 유리하다. 이것은 플랫폼과 사용자, 창작자 모두에게 원윈이다. 이제 막 시작하는 웹3 소셜 네트워크를 상상해 보라. 새로운 서비스를 출시하는 데 비용이 많이 들기 때문에, 프로젝트는 조기 채택자들에게 경제적 권리와 플랫폼에 대한 발언권을 주는 거버넌스 토큰으로 보상한다. 토큰은 조기 채택자와 사용자를 네트워크의 경제적 참여자로 전환함으로써 대규모 협업과 채택을 위한 매우 강력한 인센티브 역할을 한다.

크리스 딕슨은 "웹2 시대에는 부트스트래핑 문제를 극복하기 위해 영웅적인 기업가 정신과 더불어 많은 경우 판매 및 마케팅에 막대한 비용을 지출해야 했다"라고 말했다.[63] 이렇게 어렵고 비용이 많이 드는 과정 때문에 소수의 네트워크만이 세계적인 규모에 도달할 수 있다. 일단 이런 네트워크들이 확고하게 자리 잡으면 유사한 사용자를 목표로 하는 새로운 네트워크는 그들과 경쟁하기 어려워진다(페이스북을 생각해 보라). 딕슨은 계속해서 이렇게 설명한다. "웹3는 네트워크 부트스트래핑을 위한 강력한 새로운 도구인 토큰 인센티브를 도입했다. 기본적인 아이디어는 네트워크 효과가 발휘되지 않는 부트스트랩 초기 단계에 고유 유용성 부족을 보완하기 위해 토큰 보상을 통한 재무적 유용성을 제공하는 것이다."[64] 총 프로젝트 수가 훨씬 더 많이 증가함에 따라 이전 기술 주기보다 더 많은 프로젝트가 실패할 가능성이 있다. 따라서 대규모 협업, 조정 및 가치 창출을 장려하는 토큰의 역할이 더욱 커진다.

정신 건강 상태 확인:
토큰 인센티브로 불편한 애플리케이션 경험이 생길까?

◆

◆   2004년, 내가 암허스트 대학교의 신입생이었을 때 같은 반 여학생이 페이스북에 관해 이야기하는 것을 처음 들었다. 나는 그 여학생을 좋아했기 때문에 그녀의 제안대로 페이스북 계정을 개설했다. 나는 마이스페이스Myspace와 프렌드스터Friendster를 사용하는 사람을 알고 있었고 진정한 친구와 관심사를 가진 사람이라면 온라인에서 모든 시간을 보내지 않을 것이라는 결론에 도달했다. 아쉽

게도 그 여학생과는 사귀지 못했지만 나는 열렬한 페이스북 사용자가 되었으며 당시 소셜 네트워크에 있는 수백만 명의 다른 '초기 사용자' 들과 수백 개의 연결고리를 통해 소셜 그래프를 그려나갔다. 초기 페이스북은 광고가 없어 꽤 매력적이었다. 나는 무료 통신 서비스를 이용하기 위하여 시간과 사회적 자본을 기꺼이 교환했다.

모든 새로운 네트워크에서 조기 채택자는 엄청난 가치가 있다. 우리가 페이스북에 쏟은 시간은 페이스북을 시장 선두 기업으로 만드는 데 도움이 되었다. 그러나 사용자들의 기여에도 불구하고 우리는 어떤 재정적 이익도 공유하지 못했다. 처음에는 페이스북이 재미있고 유용한 서비스였기 때문에 그런 점이 괜찮아 보였다. 하지만 정밀 타게팅된 광고를 보는 대가로 우리의 데이터, 프라이버시, 온라인의 자율성을 포기했다.

이제 웹3 버전의 소셜 네트워크를 상상해 보라. 처음부터 모든 사람의 관심사가 잘 일치한다. 우리는 이 서비스를 사용하여 친구들과 연결하고 사진을 공유하고 커뮤니티를 만들지만, 우리가 원한다면 사진에 대한 모든 권리를 유지하고 네트워크 지분을 획득하며 전략적 결정과 기술적 변경에 대해 발언권을 갖는다. 서비스를 더 많이 이용하고, 추천하고, 콘텐츠를 업로드할수록 더 많은 수익을 얻는다. 이처럼 강력한 인센티브를 통해 다른 사람이 가입하고 네트워크에 참여하며 새로운 사용자들을 유치한다. 자본이 튼튼한 기존 플랫폼과 경쟁하더라도 사용자 소유의 소셜 네트워크는 기존 플랫폼의 기반을 꾸준히 잠식할 것이다. 새로운 사용자는 새로운 네트워크의 네이티브 토큰 가치 상승으로 이익을 얻는다. 설립자와 조기 채택자 모두에게 이익이다.

안타깝게도 일부 창작자가 웹3 기반 모델을 너무 형편없이 설계했기 때문에 초기 사용자들이 단지 토큰 보상을 이용할 목적으로 접근할 뿐 기본 서비스에 무관심한 경우가 많다. 그들은 인센티브가 사라지면 착취 가능한 다음 플랫폼으로 이동하고, 남은 토큰 보유자들은 잔여 소유권을 놓고 서로 다투게 된다. 이러한 행태 때문에 온라인 경험에서 과도한 금융화를 두려워하는 일반 사용자들이 떠나간다.

경제적 보상을 도입하면 의도하지 않은 결과를 초래할 수 있다. 위키피디아의 공동 설립자인 지미 웨일즈는 웹3 인센티브를 '위키피디아에 있어 최악의 아이디어'라고 생각하는 이유를 나에게 설명했다.[65] 그의 우려 사항은 돈이 위키피디아의 지적 순수성을 훼손할 수 있다는 데 있었다. 웨일즈는 기고자들이 지식을 사랑하기 때문이지 누군가 돈을 줄 것이기 때문에 기고하는 것이 아니라는 점을 중요하게 생각했다. "예를 들어 엑손 발데즈 사건_{Exxon Valdez, 1989년 알래스카 프린스 윌리엄} 사운드에서 좌초된 유조선 사고로 미국 역사상 최악의 해양 환경 재해 중 하나에 관한 기사에 대해 이야기한다면, 돈을 가진 플레이어는 아마 엑손뿐일 것이다." 그는 "대가를 받는다면 우리가 진정으로 추구하는 고품질의 중립적인 백과사전이 되지 않을 것이다"라고 말했다.[66] 두 번째 우려 사항은 기고자들이 돈을 받는 방법과 이유였다. 만약 그들이 페이지 조회 수에 따라 돈을 받는다면, 기사의 맥락과 정확성을 희생하더라도 기사를 선정적으로 만들려고 할 것이다. 셋째, 그는 비트코인과 같은 일부 블록체인은 허용할 수 없는 생태 발자국_{ecological footprints, 사람이 사는 동안 자연에 남긴 영향을 토지의 면적으로 환산한 수치}을 가지고 있다고 생각했고, 이것이 위키백과가 암호화폐 기부를 받지 않는 이유다.[67] 마지막으로, 웨일즈는 토큰을 사용하여 자원봉사자들을 지원하는 것에 회의적이었다. 이러한 문제를 해결할 수 있는 시스템을 설계하는 것도 위키피디아에게는 가능했겠지만, 웨

일즈는 위험 요소가 너무 커서 추진할 가치가 없다고 판단했다.[68]

지미 웨일즈는 이러한 의구심에도 불구하고 음악 및 비디오 스트리밍처럼 창작자들이 더 나은 보상을 받을 수 있고 그들의 데이터에 더 많이 접근할 수 있는, 다른 목적의 사용자 소유 플랫폼에는 열의를 가지고 있었다. 그는 기여자가 자신들이 사용하는 플랫폼의 이익 일부를 쉽게 얻을 수 있는 방식을 만들어내려는 열망을 긍정적으로 평가했다. 피플플리저, 닉슨-로페즈 그리고 이러한 도구를 활용하는 많은 창작자처럼 웨일즈는 특히 DAO를 창의적인 아이디어를 공유하는 사람들이 쉽게 결속할 수 있는 간단한 인터넷 기반 도구로 보았다. 웨일즈는 DAO 멤버들이 "우리는 이 모든 힘든 작업을 하고 무료로 주지는 않을 것이다. 넷플릭스에 올리고, 아마존 프라임에서 판매하고, 영화관에서 다시 개봉할 것이다"라고 생각한다고 직관적으로 파악했다. DAO 멤버들의 사고방식은 이렇게 요약할 수 있다. "우리는 그것을 온라인상에서 커뮤니티로 만들고, 모두 투표하고, 기여도에 따라 지분을 받을 것이며 이를 공정하게 만드는 방법을 만들 것이다." 가장 중요한 것은 모든 사람이 소유자가 되고 성공을 공유하는 것이다. 웨일즈는 이어 설명했다. "스튜디오에서 일하면서 대박 영화를 만들었다면 당신의 이력서와 스튜디오 모두에게 좋겠지만, 당신은 영화 수익, 상품, 스트리밍, 비디오 온디맨드, 해외 라이선스, 기타 수익의 일부를 얻지 못한다. 왜냐하면 당신은 소유자가 아니기 때문이다."[69]

이러한 명확한 이점에도 불구하고 사용자가 소유한 네트워크가 본질적으로 더 정당하거나 지속 가능한 모델은 아니다. 사용자가 소유한 네트워크는 네트워크의 지속적인 개발, 보안 및 사용자 경험을 유지하기에 충분한 수익을 창출하는 것보다 광고 중심 모델을 자발적으로 만들 수 있다. 이 예에서 대다수의 토큰 소유자는 사용자 대부분이 반대하는 모델에 투표할 것이다.

기업가들은 초기 실행 과정에서 실수를 저질렀다. 액시 인피니티 는 플레이 투 언P2E 시장을 개척했지만 인센티브 시스템이 제대로 작 동하지 않았다. 초기 사용자들은 큰 이익을 챙겼지만 늦게 참여한 사 용자들은 게임 참여 비용을 빌려서 진행하다 보니 빚더미만 안았다. 개발사인 스카이 마비스는 이를 반성하고 플레이어와 협력하여 게임 개선에 노력했다. 스카이 마비스의 설립자인 알렉산더 라센은 성장을 위해 게임 플레이 자체가 핵심 동력이 될 것을 원했다. 그는 "품질 면 에서 기존 게임, 특히 모바일 게임에 필적할 수 있고 그 위에 웹3 게임 아이템의 소유권을 더하면 이는 아주 성공적인 레시피가 될 것이다" 라고 말했다.[70]

유니스왑과 같은 플랫폼은 네이티브 토큰을 통해 쉽게 돈을 버는 현상이 줄어들어도 대중적인 인기를 유지하고 있다. 어떻게 이런 일이 가능할까? 첫째, 이들은 장기적인 참여를 유도하는 공평하고 지속 가 능한 토큰 분배 모델을 만든다. 둘째, 토큰 인센티브만으로 참여를 유 도하지 않는다. 토큰을 너무 많이 발행하면 네트워크가 단기적으로 성 장하더라도 개별 토큰의 가치가 저하될 수 있다. 이는 성장 전략으로 는 효과가 있을지 모르지만 네트워크의 소유권이 사용자 경험의 일부 라면 사용자는 자신의 자산 가치를 보전하기를 원한다. 그들은 바이 마르 공화국의 마르크처럼 자산 가치가 하락하는 결과를 바라지 않을 것이다. 셋째, 기본 애플리케이션이나 서비스 자체의 본질적인 유용성 을 높인다. 사람은 토큰 보상뿐만 아니라 커뮤니티, 문화, 기능성 때문 에 플랫폼에 참여한다. 마지막으로, 소유권을 사용자 경험의 일부로 만들지만 그것이 유일한 사용자 경험은 아니다. 웹3 기업가들은 너무 자주 토큰을 획득할 목적으로만 애플리케이션을 개발하고 다른 것은 거의 고려하지 않는다. 그러나 사용자는 소유권 지분을 통해 부의 창출에 참여하고 플랫폼 운영 방식에 대해 발언권을 갖는다.

가상의 당신

◆

◆　　　　　　　　　계몽주의 이후 '개인'이라는 개념은 사회와 경제에서 주요 역할을 담당해왔다. 마틴 루터는 성경의 개인적 해석을 장려함으로써 사제와 교황의 중재 없이 신앙생활을 영위하도록 했다. 애덤 스미스는 《국부론》에서 모든 개인이 자신의 이익을 추구하면 전체 이익이 극대화될 것이라고 주장했다. 쾌락주의는 개인이 개인적인 즐거움에서 더 높은 목적을 찾도록 부추긴다. 민주주의는 '1인 1표'라는 슬로건을 통해 개인을 이야기의 중심에 둔다.[71] 이러한 가치관 속에서 개인은 주권을 가지며 권리를 누리고 스스로에 대한 의사결정권과 소유권을 가진다. 하지만 웹2의 온라인 세계에서 개인은 자신에 대한 의사결정권과 통제력 일부를 잃었다. 이러한 상실의 한 예가 평판이다.

평판은 모든 경제 활동의 기초다. 웹3 평판 시스템의 전문가이자 자이드 원Gyde One의 공동 설립자인 스테판 게르슈니Stepan Gershuni는 "어떤 두 당사자 간의 상호 작용인 경제적 거래가 발생할 때마다 두 당사자는 서로 신뢰를 구축하고자 한다"라고 말했다.[72] 경제학자 로널드 코스Ronald Coase는 그의 중요한 논문 〈기업의 본질The Nature of the Firm〉에서 신뢰 구축 비용이 주요 마찰 중 하나라고 언급했다.[73] 게르슈니는 "평판은 대출을 해주고 상환될 것을 확인하는 은행이나 프로토콜이 될수 있다. 파워 유저를 찾는 게임 회사일 수 있다. 솔리디티^{Solidity} 개발자를 고용하고 싶은 고용주일 수 있다"라며 이렇게 말을 이었다. "그들은 다섯 차례 면접할 수도 있고 아니면 누군가가 온라인에 기재한 그 사람의 평판을 살펴보고 훨씬 더 빠르게 채용을 결정할 수도 있다. 이를 통해 해당 개발자가 필요한 기술을 갖추고 있는지를 확인하고 다섯 차례 면접을 한차례 인성 면접으로 줄일 수 있기 때문이다."[74]

우리 자신의 신원을 관리하고 통제하는 것은 온라인 생활을 간소화하고 개인정보 보호를 강화하며 데이터 자산을 관리하고 그로부터 이익을 얻는 데 도움이 될 것이다.[75] 브레인트러스트^{Braintrust}와 같은 자격 증명을 위한 웹3 서비스를 이용하면 후보자의 신분을 더 쉽게 확인하여 채용 담당자, 구직자, 인사 관리자의 역할을 변경할 수 있다. 온체인 신원을 발전시키는 방법에 대한 업계 및 정부의 합의된 의견은 아직 없다. 디지털 ID는 출생 증명서를 비롯해 모든 개인이 소유하고 관리하는 자산일 수도 있고, 디지털 자산, 인증서, 계정을 저장하고 관리하는 수단으로 지갑 수준에서만 관련이 있을 수도 있다. 메사리^{Messari} 설립자인 라이언 셀키스^{Ryan Selkis}는 "지갑에 여러 가지 속성을 연결하여 당신이 선택적으로 보여줄 수 있는 다양한 NFT나 인증서를 보관할 수 있다. 개인으로서 당신은 10개의 다른 지갑을 가지거나 당신의 모든 자산, 모든 IP를 보관하는 하나의 지갑을 가질 수도 있다"라고 말했다.[76]

자기 주권적 디지털 신원의 보안을 위한 또 다른 핵심 요소는 이더리움 네임 서비스^{Ethereum Name Service, ENS}다. 이는 개인과 기업이 이더리움 블록체인상의 이더리움 주소와 연결된 고유한 온체인 신원을 만들 수 있는 도메인 네임 시스템domain naming system, 네트워크에서 도메인이나 호스트 이름을 숫자로 된 IP 주소로 해석해주는 서비스의 탈중앙화 버전이다. 사용자는 개인정보를 공유하지 않고도 이 이름을 사용하여 자금을 주고받으며 서비스와 애플리케이션에 접속할 수 있다. 기업은 ENS를 사용하여 고객 인증, 서비스에 대한 접근 권한을 제공하고, 고객 데이터를 안전하게 저장할 수 있다.[77]

또한 ENS는 다른 프로젝트들의 기반이 된다. 예를 들어, 언스토퍼블도메인Unstoppable Domains은 사용자가 자신의 ENS 이름과 연결된 웹 도메인을 만들고 관리할 수 있는 애플리케이션을 개발하고 있다. 네임바자르Name Bazaar와 같은 다른 프로젝트들은 사용자가 자신의 ENS 이름을 구매·판매·거래할 수 있는 시장을 개발하고 있다. 마지막으로 유니버셜로그인Universal Login과 같은 프로젝트는 사용자가 ENS 이름으로 탈중앙화 애플리케이션dApp에 접속할 수 있는 앱을 만들고 있다. 이를 통하면 블록체인과 관련된 길고 복잡한 주소를 기억할 필요가 없다. 검열에 강한 도메인은 디지털 정체성의 핵심이 될 수 있다. 권위주의 정권하에서 운영되는 탈중앙화 클라우드에서 정권이 무너뜨릴 수 없는 웹 페이지를 운영하는 반체제 인사 그룹을 상상해 보라.

게르수니Gershuni는 탈중앙화 평판 시스템을 구축하는 수십 개의 회사를 발견했으며, 이들 모두 다양한 사용 사례를 연구 중이다. 사례 중하나는 신용 평가인데 케이와이시다오kycDAO, 바이올렛Violet, 스펙트럴Spectral과 같은 회사들이 있다.[78]

그렇다면 온체인 시스템의 신용 평가는 기존 시스템과 어떤 차이점이 있을까? 게르수니는 "웹3에서는 이퀴팩스Equifax와 같은 단일 신뢰출처가 필요하지 않으며 실제 데이터를 볼 필요도 없다"라고 설명했다.

웹3에서는 '영지식 배지'를 사용할 수 있는데 이것은 개인정보 또는 비밀 정보를 공개하지 않고도 해당 정보가 사실임을 증명할 수 있다. 또한 그는 신용 평가 분야의 또 다른 개발업체인 시스모 Sismo가 영지식 배지 기술을 사용하여 이러한 기능을 제공하고 있다고 지적했다.[79]

2023년 초, 우리는 널리 사용되는 깃코인패스포트 Gitcoin Passport 등 온체인 ID 솔루션의 폭발적인 증가를 목격했다. 이는 웹3 사용자들에게 자신의 자격 증명에 대한 탈중앙화 기록을 작성할 수 있는 방법을 제공한다. 이 시스템을 통해 사용자는 온체인 활동에 대한 영수증과 같은 '스탬프'를 수집할 수 있다. 스탬프 포트폴리오를 통해 여권 보유자는 깃코인그랜츠 Gitcoin Grants와 같은 플랫폼에서 새로운 웹3 경험과 혜택을 누릴 수 있다. "신원을 더 많이 인증할수록 웹3 전반에 걸쳐 투표하고 참여할 기회가 더 많아진다."[80] 깃코인그랜츠와 같은 웹3 평판 시스템은 조합이 가능하다. 즉, 사용자가 방문한 사이트나 사용한 플랫폼이 아니라 사용자 스스로 모든 종류의 웹3 활동을 단일의 주권적 신원으로 집계할 수 있다. 웹3에서 당신은 평판, 자산, 거래 기록, 데이터 등이 포함된 가상의 자아를 실제로 소유할 수 있다.

결론 및 핵심 요약

웹1과 웹2는 창작자가 콘텐츠, 아이디어, 재능을 글로벌 대중과 공유할 수 있는 능력을 민주화했다. 웹3는 마침내 이를 수익화할 수 있는 도구를 제공한다. 그리고 우리는 모두 창작자이고, 이 새로운 창작자 경제에서 각자의 역할과 기회를 가지고 있다. 이 장의 핵심 내용은 다음과 같다.

1. 웹2는 창작자들을 실망하게 했다. 음악가들은 예전에 물리적 앨범 판매를 통해 수익을 창출했다. 하지만 디지털 기술은 이러한 자산을 무료 상품으로 바꿔버렸고, 웹이라는 인쇄기로 찍혀나가면서 그 가치는 0에 다다르게 되었다. 이런 상황 때문에 플랫폼은 가치 사슬을 다시 매개할 기회를 얻었고, 결국 창작자들은 이전보다 더 적은 수익을 얻게 되었다.

2. 사용자 생성 콘텐츠는 소셜 미디어 플랫폼에 의해 무료로 자동 수집되는 콘텐츠가 아니라 사용자 소유의 콘텐츠가 되고 있다. 온라인 커뮤니티, 예술가, 창작자들에게 시간과 에너지를 기여하는 팬과 후원자들은 그에 대한 보상을 받게 될 것이다. 팬들은 사랑, 재미, 열정으로 행동한다. 만약 그들의 행동이 가치를 창출한다면 그들은 대가를 받아야 한다. 웹3를 사용하면 그렇게 될 것이다.

3. 시부야와 MV3 같은 프로젝트들이 성공한다면 웹3는 지적 재산권의 소유권 모델을 뒤집어 놓을 것이다. 프랜차이즈 일부를 처음부터 무료로 제공하는 것은 기존 패러다임에서는 금기 사항이지만, 이는 창작자들이 커뮤니티 통제를 유지하면서 새로운 프로젝트를 시작하는 방법이 될 수 있다. 또한 커뮤니티는 사용자들이 직접 자산, 데이터, 신원을 제어하기 때문에 단일 플랫폼에 의존하지 않고 다른 플랫폼으로 이동할 수 있으며 다른 요소들과 조합이 가능하다.

4. 매체는 여전히 메시지다. 웹3는 정보뿐만 아니라 가치를 위한 디지털 매체가 된다. 얏 시우가 NFT는 문화의 저장소라고 말했을 때 그는 마셜 맥루한의 생각을 언급한 것이었다. 토큰은 매체이며 따라서 그 자체로 메시지다.

5. 토큰은 보다 공평하거나 지속 가능한 모델을 보장하지는 않는다. 잘못 설계된 토큰 모델은 이해관계와 인센티브를 잘못 조정하여 유망한 프로젝트의 성장을 저해할 수 있다. 그러나 올바르게 설계된 토큰과 그 생태계는 새로운 유형의 인터넷 기반 조직을 육성할 수 있다.

6. 웹2에서 가상의 당신은 수십 개의 회사, 정부 기관 및 기타 제삼자가 소유한 조각들로 존재한다. 웹3에서 우리는 가상의 자신이 가진 모든 조각을 통제하고 소유한다.

7. 문화는 새로운 비즈니스 모델이 필요하다. 웹3 도구는 창작자들이 적시에 공정한 보상을 받고 자신들이 창조한 가치에 더욱 충분히 참여할 수 있도록 보장할 수 있다.

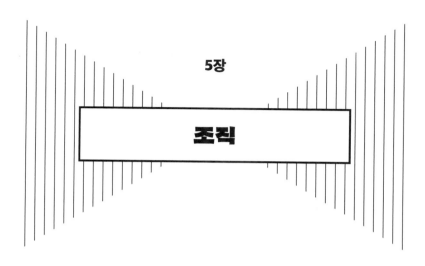

5장

조직

이해관계자 자본주의

◆

◆

◆ 　　　　　　　　　웹3 분야의 선도적인 벤처 캐피털 회사인 버라이언트 펀드의 공동 설립자 제시 월든은 거래소인 유니스왑이나 이더리움의 확장 솔루션인 폴리곤^{Polygon}과 같은 잘 알려진 탈중앙화 조직들을 지원했으며 시가총액이 각각 50억 달러와 80억 달러에 달한다. 캐나다 맥길 대학^{McGill University} 출신인 월든은 몬트리올에서 피치포크 ^{Pitchfork, 온라인 음악 웹진으로 주류가 아닌 장르에 초점을 맞춘 매체}에서나 볼 수 있는 신흥 인디 음악가들의 매니저로 경력을 시작했다.[1] 그는 "음악은 새로운 기술에 대해 가장 보수적인 산업 중 하나다"라고 말했다. 월든은 자신

이 관리하던 아티스트들이 "팬들에게 직접 도달하고, 주요 음반사가 어느 곳이든 관계없이 수익을 낼 수 있도록" 기술 플랫폼을 활용할 수 있는 기회를 발견했다.[2] 월든은 음악 산업에서 배운 것을 토대로 제작자들이 온라인으로 창작물의 대가를 받을 수 있도록 도와주는 블록체인 데이터 솔루션인 미디어체인Mediachain을 설립했다. 월든은 "2014년에는 암호화폐 공간에서 가장 잘 알려진 것이 비트코인이었다. 우리는 블록체인이 다양한 종류의 디지털 자산에 어떻게 도움이 될 수 있는지에 관심이 있었다. 우리는 이미지, 비디오, 노래와 같은 모든 미디어 자산을 다루었다"라고 설명했다.[3] 미디어체인의 핵심 개념은 현재 NFT 시장에서 흔히 볼 수 있지만 2014년에는 미디어체인을 작동할 수 있는 좋은 기술 플랫폼이 부족했다. 그는 "그때는 이더리움 출시 이전의 시기였다. 솔직히 조금 일렀다"라고 고백했다.[4]

월든은 2018년 앤드리슨 호로위츠의 첫 번째 웹3 펀드 출시를 지원한 뒤 아티스트 매니저와 미디어 기업가로서의 경험을 살려 버라이언트 펀드를 설립하고 투자 철학을 날카롭게 다듬었다. 그는 "우리는 모두 어떤 형태든 온라인 창작자다. 반드시 음악일 필요는 없다. 코드나 소셜 미디어의 콘텐츠도 될 수 있다. 웹3는 온라인 창작자, 제품 및 서비스 사용자 모두를 소유주로 만들 수 있는 잠재력을 가지고 있다"라고 주장했다.[5] 만약 버라이언트의 투자 철학이 정확하고 전 세계 50억 인터넷 사용자가 자신들이 사용하는 서비스의 소유주가 되어 소유권이 수반하는 모든 권리를 갖고 책임을 지게 된다면 우리는 역사상 가장 큰 경제 및 사회적 격변의 시기에 서 있는 것이다. 그러므로 지도자들은 웹3가 기업에 어떤 의미인지, 웹3에 어떻게 대응해야 하는지에 관한 여러 시급한 현안에 답해야 한다.

이처럼 새롭게 등장한 '사용자이면서 소유주'들을 어떻게 부를지를 살펴보자. 업계에서는 '이해관계자 자본주의 stakeholder capitalism'라고 표현한다. 이는 기업이 주주의 이익뿐만 아니라 고객, 공급망 파트너, 직원, 그리고 영업하는 지역 사회(여기에는 환경, 기후 변화 및 사회적 불평 등에 대한 기업의 영향이 포함됨)의 이익을 위해서도 행동해야 한다는 개념이다. 물론 이해관계자 자본주의에도 결함은 존재한다. 사회는 기업 리더들이나 선출된 대표를 통해서가 아니라 스스로 직접 참여하여 사회에 가장 유익한 일이 무엇인지 결정하는 것을 원하는 것이 아닐까? 어찌 되었든 대체로 이해관계자 자본주의는 많은 자본주의 기업을 더 나은 기업 시민으로 만들었다. 하지만 사용자 소유 네트워크에 '스테이크호들러 stakehodler'라는 새로운 용어는 어떨까? 이 말은 토큰을 장기적으로 보유함으로써 시장 변동성을 견뎌내 가치가 상승할 것을 기대하는 사람인 홀더 holder를 호들러 hodler로 잘못 표기한 단어와 인터넷 사용자가 디지털 자아와 디지털 자산을 소유하고 온라인에서 자신이 만든 것으로부터 공정한 이익을 얻는 이해관계를 의미하는 스테이크 stake를 결합한 것이다.[6] 호들러와 마찬가지로 이해관계자도 토큰을 소유하지만, 단순한 장기적 투자라기보다는 인터넷 사용자로서의 일상 경험을 통해 토큰을 얻을 수 있다. 이해관계자는 중요한 글로벌 자원을 관리하는 각 네트워크의 방법에 대한 경제적 이익과 함께 의사표시권과 투표권을 모두 가지고 있다.

사용자가 이익을 얻는 토큰 소유권 모델을 기반으로 구축된 이러한 글로벌, 탈중앙화 및 인터넷 기반 조직을 무엇이라고 불러야 할까? 일반적으로 사용되는 용어는 탈중앙화 자율 조직 Decentralized autonomous organization 즉 DAO다. DAO는 새로운 개념이지만 인센티브라는 경제적 측면에서 보면 실리콘밸리 스타트업과 동일하다.

월든은 실리콘밸리의 주요 격언을 이렇게 표현했다. "세계 최고 인재들을 당신의 '달나라 프로젝트'에 참여시키고 싶다면 그 프로젝트의 소유권을 그들에게 보상으로 주어야 한다."[7] 일반적으로 소유주는 자신이 하는 일에 자부심을 느끼고 성공하기 위해 열심히 일하는데 그 이유는 미래에 대한 이해관계stake를 가지고 있기 때문이다. 웹3는 창업자, 벤처 캐피털, 주요 초기 직원들에게만 적용되었던 소유권 개념을 전체 네트워크에 적용한다. 월든은 "비트코인을 최초로 거슬러 올라가 보면, 비트코인 네트워크를 구축하고 운영했던 최초의 개발자와 기술자들이 기여에 대한 보상으로 소유권을 얻었다"라고 설명했다. 따라서 버라이언트는 자신들이 지원하는 팀뿐만 아니라 이 플랫폼의 사용자와 소유주의 파트너로서 자리매김하고 있다. "암호화폐 세계로의 여정 초기에 정말로 나를 감동하게 하고 관심을 끌었던 것은, 암호화폐 초기 네트워크가 실리콘밸리에서 만들어진 것이 아니었다는 점이다. 하지만 네트워크를 구축하고 운영하는 인재를 끌어들이기 위해 실리콘밸리와 같은 소유권 모델을 사용하고 있었다."[8]

또한 지미 웨일즈Jimmy Wales는 공동 제작하는 영화에 대한 가설적 상황을 설정했다. 그는 DAO를 통해 수십 개국의 사람이 동일한 조건으로 공동 사업에 참여함으로써 이익을 얻을 수 있을 것이라고 말했다. 이러한 시도는 웹2 세계에서는 거의 불가능하다. 모든 나라에서 전부 합법적인 계약을 체결하고 대금을 지불하기가 "끔찍할 정도로 매우 복잡하기" 때문이다. 그 대신 웨일즈는 "우리는 DAO를 활용해 그 일을 해낼 것이다"라고 강조했다.[9] 물론 이러한 초기 단계의 벤처는 위험하다고 웨일즈도 인정했다. 하지만 실리콘밸리의 경험을 통해 알 수 있듯이 현명한 사람들은 장기적인 보상을 위해 단기적인 위험을 감수할 것이다.

이 모델은 기존 방식과는 다르다. 할리우드 스튜디오 모델Hollywood studio model이 지적 재산에 대한 창작물 통제권을 요구하는 것처럼, 전통적으로 벤처 캐피털은 투자 대상에 대한 통제권을 요구하거나 적어도 기업가가 사업을 운영하는 방식에 큰 영향을 미치고 싶어 한다. 결국 초기 벤처 기업을 지원하는 것은 위험하며 기회비용이 따른다. 웹3 네트워크에서는 벤처 캐피털과 창업자는 전체 토큰의 일부만 소유하고 나머지는 사용자가 소유한다.

토큰 기반의 인터넷 네이티브 조직인 DAO의 등장은 기업, 특히 법인 사업체에 있어 200년 전 유한책임회사 발명 이후 가장 큰 파괴적 혁신을 가져왔다. 새로운 기술과 혁신은 비즈니스 리더들이 어떻게 나아가야 하는지에 대해 어려운 선택을 하게 만든다. 현재처럼 초기 단계에서는 대답보다는 질문이 더 많은 것이 당연하고, 리더의 실력은 질문의 수준으로 드러난다.

수백만 명의 개인 사용자가 소유주가 된다는 것은 조직, 특히 기업에 어떤 의미가 있을까? 고객들이 회사 성공에 대한 경제적 지분을 갖고 회사 운영 방식에 투표권을 가진다면 경영진은 어떻게 효과적으로 회사를 이끌 수 있을까? 사용자 혹은 고객 시각에서 볼 때 소유권이 사용자 경험을 어떻게 변화시킬까? 고객들이 소유권을 가지면 브랜드에 대한 충성도가 높아질까 아니면 다른 곳에서 더 많은 재정적 이익을 제공받으면 이탈할 가능성이 커질까? 네트워크 효과를 통해 이익을 얻는 기술 플랫폼의 경우, 경제적 유대가 더 커질 가능성이 있다면 네트워크를 더욱 탄력적으로 만들고 성장할 수 있는 더 유리한 위치로 만들어 줄까? 아니면 경영이 산만해져서 발목을 잡히는 일이 벌어질까? 사용자들은 변덕스러운 투자자처럼 자산 가치의 변동에만 집착하게 될까? 제시 월든은 "사용자를 소유주로 만드는 것은 사용자가 투자자가 된다는 것이고, 투자자는 시장의 변동에 좌우된다는 것을 의미한다"고 말했다. 그는 "사용자로서 계속 참여하게 하려면 훌륭한 '소유자 경험'을 제공해야 한다"고 강조했다.[10] 이러한 온라인 소유권은 위키피디아나 인터넷 아카이브 또는 비영리 단체와 같은 인터넷 기반 조직의 어려운 문제를 해결할 수 있을 것이다.

초기 웹2에 관한 중요한 저서인 《네트워크의 부The Wealth of Network》의 저자 요차이 벤클러Yochai Benkler는 "개인이 효과적으로 협력하려면 공식 조직이나 동료처럼 장기적이고 안정적인 관계보다는 다른 사람과 느슨하게 연합하는 관계가 더 필요하다"고 주장했다.[11] 그러나 웹2의 현실은 공식 조직이 최고의 위치를 차지했고 느슨한 연대는 소외되었다. 아마도 케빈 오위키와 깃코인 팀이 제시한 해법이 더 정확할 수 있다. 즉, 토큰을 통한 소유권이야말로 해결해야 할 문제와 인재를 더 쉽게 연결할 수 있게 하고, 복잡성을 조정하고 서비스를 전달하는 기업의 영역에 오픈소스 모델을 적용할 수 있도록 해줄 것이다.

합자회사에서 사용자 소유 네트워크로

◆

◆   최초의 합자회사는 11세기 중국에서 등장했고 유럽에서도 같은 시기에 산발적으로 등장했지만 합자회사가 본격적으로 주류에 등장한 것은 15세기에서 17세기에 이르는 '탐험의

시대'였다. 이 개념은 당시 최신 비즈니스 모델인 국제 무역을 촉진하기 위해 필수적인 형태만 갖춘 단순한 것이었다. 여러 투자가는 합자회사를 통해 광산을 건설하거나 무역을 위한 배를 운항하는 것처럼 대규모 사업을 추진할 수 있었다.

합자회사는 자본주의 역사에 있어서 몇 가지 새로운 개념을 대중화시킨 혁신이었다. 첫째, 개인이 혼자서 할 수 없는 복잡한 사업을 가능하게 했다. 둘째, 주주들은 회사의 운영에 영향을 주지 않으면서 주식을 거래할 수 있었다.

중상주의 시대에 대서양 횡단 항해를 위해 여러 척의 선박을 보유할 정도로 자본을 많이 가진 사람은 거의 없었다. 게다가 초기 항해 사업은 매우 위험했다. 매튜 캠벨은 저서 《바다에서 죽은 자 Dead in the Water》에서 1613년에 작성된 가장 오래된 해상보험 증권에 대해 기록했다. 증권은 "적국의 군대, 화재, 해적, 강도, 투하물, 적국의 선박 나포, 국왕과 왕자 및 다른 사람의 체포, 구금 및 기타 모든 위험, 선장이나 선원의 배임행위, 기타 모든 위험, 손실 및 불행에 대한 재정적 책임을 진다"고 명시하고 있다.[12] 이 정도의 위험이 도사리고 있는 상황에서 모든 재산을 걸 만큼 어리석은 사람은 아무도 없었을 것이다. 차라리 재미 삼아 몇 명의 귀족과 상인들을 모아서 새로운 회사를 설립하고, 최대한 빨리 보물을 찾아 출발하는 편이 더 나았을 것이다. 훗날 허드슨 베이 컴퍼니 Hudson's Bay Company로 회사명을 바꾼 '허드슨만으로 무역하는 잉글랜드 모험가 회사 The Company of Adventurers of England trading into Hudson Bay'와 같은 기업들의 다채로운 이름에서 나타나듯이 경제적 이익만큼이나 허세에 영감을 받은 당시 주주들의 모습이 짐작된다.

하지만 초창기 합자회사들은 영국에서는 왕실 헌장을 통해, 네덜란드에서는 총독 산하 의회 헌장을 통해 독점권을 확보함으로써 가능한 한 위험을 최소화하려고 노력했다. 이러한 독점권은 통치기관이 회사를 대신하여 개입할 수 있음을 명시적 또는 암묵적으로 보장하는 것이었다(때로는 그 반대의 경우도 있었다).[13] 로크가 《통치론 Two Treatises》을 쓰고 있을 때 네덜란드 동인도 회사와 허드슨 베이 컴퍼니가 해상 무역에 종사하고 있었으며 로이드 커피하우스에서 현대 보험 산업이 탄생했다.[14]

합자회사들은 글로벌 무역에서 활발히 활동했지만 초기에 다른 산업으로 확대되지는 않았다. 사우스 시 컴퍼니의 주식 투기와 붕괴로 발생한 금융 위기인 사우스 시 버블 South Sea Bubble 은 1720년 버블법의 제정으로 이어졌다. 버블법은 왕실 헌장이 없는 합자회사의 설립을 금지했고, 이후 100년 동안 국왕이 왕실 헌장을 부여한 회사는 극소수였다.

1800년대 초, 현대 자본주의와 산업계의 요구로 인해 제조, 철도 건설 등 자본 집약적 사업을 담당할 기업의 설립을 쉽게 할 수 있도록 법률 개정이 필요했다. 그때 등장한 것이 유한책임회사다. 앤드리슨 호로위츠의 크리스 딕슨은 "나는 유한책임회사를 자본 집약적 산업에 속한 기업의 기본 자산으로 생각한다"라고 말했다. 유한책임회사는 법에 따라 소유주 또는 주주들의 자산과 수입을 회사의 자산과 수입과 분리해 처리한다. 투자자는 회사에 투자한 금액만 손해를 본다. 따라서 그들의 재무적 책임의 상한선은 투자 금액까지다.[15]

증기기관 기술과 철도 표준이 도입되었을 때 철도를 건설하려는 기업가들은 가족으로부터 충분한 자금을 마련할 수 없었다. 전력망 구축도 마찬가지였다. 따라서 자본을 조달할 수 있는 새로운 구조가 필요했다. 유한책임회사는 이를 위한 수단이었으며 이를 통해 증권 시장과 오늘날의 금융 인프라가 성장하게 되었다.

유한책임회사는 증기기관, 철도 기관차와 함께 현대 자본주의의 혁신으로 널리 인정받고 있다. 1926년 〈이코노미스트〉는 유한책임회사라는 개념을 발명한 '이름 없는 사람'은 "와트, 스티븐슨 및 다른 산업혁명의 선구자들과 함께 명예의 전당에 자리를 차지할 만하다"라고 찬사를 보냈다.[16] 합자회사의 자산 종류인 주식과 채권은 이 새로운 유형의 사업과 완전히 일치했다.

하지만 디지털 시대에 유한책임회사와 일반법인의 유용성이 다했을까? 컴퓨터 네트워크가 등장했을 때 "우리는 자본 집약적 산업을 위해 발명된 구조를 접목하려고 했다. 이제 대규모 네트워크가 모든 자원을 비축하려고 하면서 마치 철도 회사처럼 행동하고 있다"라고 크리스 딕슨은 말했다.[17] 철도 재벌들은 공통 궤간의 사용으로 상호 연동할 수 있는 네트워크의 필요성을 이해했지만, 딕슨의 말처럼 그들이 국가의 여러 지역에서 독점적인 지위를 확보하려 했던 것 또한 사실이다. 제임스 데일 데이비슨과 윌리엄 리스-모그는 공동 저술한 《주권적 개인》에서 "무기나 생산 수단을 효과적으로 수집하고 독점할 수 있을 때 그것들은 권력을 중앙집중화하는 경향이 있다"라고 주장했다.[18] 이는 초기 인터넷 거대 기업들은 개선해야 할 부분이 많다는 것을 시사한다. 특허 회사chartered company, 국왕의 특허장에 의해 설립된 회사가 상업 시대의 기초였고 유한책임회사가 산업 시대의 기초였다면 이제 사용자 소유 네트워크가 디지털 시대의 다음 시대를 정의하게 될지도 모른다.

유한책임회사LLC와 DAO는 유사한 점이 있다. 두 조직 모두 개인들이 사업에서 위험과 잠재적 보상을 공유할 수 있다. 그러나 LLC는 일반적으로 제한된 수의 사람에 의해서 관리되고 그 관할권의 법과 규정을 따르는 법률 체계 속에서 생성된 법인이다. 반면 DAO는 아직까지는 법률 체계에 얽매이지 않고 정부 규제 없이 운영되는 경우가 많다. 물론 이 또한 조만간 바뀔 것이 확실하다. 마지막으로 LLC는 종종 설립과 운영에 상당한 자본이 필요하지만 DAO는 최소 자본으로 설립할 수 있다.

산업혁명은 기존 사회를 장악하던 지주 귀족층의 영향력을 줄였지만 그 과정에는 매우 오랜 시간이 걸렸다. 밴더빌트는 19세기 중반 대규모 사업을 추진하기 위해 거대하고 자본 집약적이며 법적으로 복잡한 기업 모델을 사용하기 시작했지만 이것이 지배적인 모델이 되기까지는 수십 년이 걸렸다. 유니언 스퀘어 벤처스Union Square Ventures의 공동 설립자이자 《자본주의 이후의 세계The World After Capital》의 저자인 앨버트 벵거는 "우리가 채집민에서 농경민이 되고 땅이 주요 자원이 되었을 때 궁극적으로 권력을 가진 사람은 토지를 지배할 수 있던 사람이었다"라고 말했다.[19] 계몽주의가 과학, 기술, 산업 시대를 열었을 때 권력을 가졌던 사람은 "산업 시대가 왔다! 우리는 산업 시대를 장려해야 한다!"고 생각하지 않고 "더 많은 땅을 차지하기 위해 탱크와 전함을 구입해야 한다"고 생각했다.[20] 땅에서 자본으로의 권력 이동은 19세기 후반에 일어났다고 알려졌지만, 벵거는 오래된 습관은 끔찍한 결과를 초래하면서도 쉽게 사라지지 않았다고 설명했다. "히틀러의 전체 프로그램은 레벤스라움Lebensraum 즉 생존권이었다(레벤스라움은 '생활공간'을 의미하며, 인명 피해를 무릅쓰고 독일인 정착을 위해 유럽 전역을 비워내려는 나치의 정책이다). 이를 승인한 사람은 귀족들이었고, 땅을 지배했다. 레벤스라움은 그들에게 완전히 합리적인 정책이었다." 벵거는 권력을 가진 사람이 "이 새로운 도구를 사용해 기존 권력을 강화시킬 것이며 때때로 권력 이전이 더 악의적으로 일어나는 경우도 있다"고 경고했다.[21] 20세기 중반쯤에는 농경 엘리트가 더 이상 경제에서 가장 생산적이고 유리한 자산을 통제하지 못하는 상태가 되었다. 땅은 자본에게, 귀족은 재벌에게 자리를 내주었다. 그렇다면 오늘날 지배적 패러다임을 잡은 기업의 지도자들은 대대적인 변화에 대비하기 위해 무엇을 해야 할까?

다시 등장한 혁신가의 딜레마

◆

◆　　　　웹1과 웹2가 우편 주문 카탈로그 사업, 인재 채용, 10대 청소년들이 즐겨 찾아가던 쇼핑몰을 혼란에 빠뜨린 것처럼 분명히 웹3는 많은 기업을 혼란에 빠뜨릴 것이다. 예를 들어, 유니스왑과 같은 탈중앙화 거래소는 거의 모든 자산을 거래할 수 있는 P2P 방식의 선구자가 되었다. 사용자들은 '자동화된 시장 조성자'라는 핵심 개념을 주식과 채권 거래에 혁신적으로 적용해 기존 거래소의 사업을 뒤엎을 것이다. 창작자가 소유하는 음악 공유 플랫폼인 오디우스는 스포티파이의 비즈니스 모델에 도전장을 던질 것이다. 스테이블코인은 기존 은행의 국제 송금 네트워크를 대체할 수 있다.

웹3 기술이 다양한 산업에 영향을 미치고 있음에도 불구하고 기존 업체들은 새롭게 등장한 스타트업으로 인해 중개 플랫폼에서 퇴출당할 위험, 데이터와 거래, 고객 자산에 대한 통제력 상실, 새로운 모델로 인한 경쟁 심화로 위협받고 있어 웹3 기술에 신경 쓸 겨를이 없다. 하지만 이러한 위험 요소들은 아직 약한 상태다. 따라서 많은 기존 업체들에게는 이 기술을 수용할 기회가 있다. 대부분의 기업은 틈새시장에서 실험하는 정도로 웹3 기술을 관망하는 접근 방식을 택했다. 토큰 수집품 형태로 NFT를 도입하는 브랜드나 고객에게 비트코인 투자 기회를 제공하려는 일부 금융회사들이 떠오르는데, 이는 더 넓은 의미에서 디파이와 디지털 자산이 그들의 사업에 미치는 영향을 고려하지 않은 것으로 보인다. 일부 업체들은 이 기회를 받아들이는 데 어려움을 겪고 있다. 미국 증권거래위원회 위원인 헤스터 피어스는 하버드대학교의 클레이튼 크리스텐슨 교수의 말을 인용하며 동료들에게 웹3에 대해 인내심을 갖도록 촉구했다. "기술은 개발에 시간이 걸리며 진정한 잠재력을 발휘하려면 종종 다른 영역의 혁신적인 발전과 결합하여야 한다. 그동안 외부인들에게는 어색하고 무용지물 혹은 완전히 유해한 것으로 보일 수 있다."[22]

기술의 파괴성을 인식하면서도 그것이 현재 사업과 어떤 관련이 있는지는 알 수 없다는 역설은 기업 지도자들에게 도전이 된다. 특히 성공적인 기업들은 종종 신기술을 저평가한다. 경영진은 수익성이 낮은 잠재 고객이 아니라 수익이 가장 높은 고객에게만 가치를 제공하는 데 초점을 맞추기 때문이다. 1997년 크리스텐슨은 "일반적으로 파괴적 기술은 주류 시장에서 기존 제품보다 성능이 떨어진다. 그러나 이들은 소외된 고객이나 비고객을 끌어들이는 다른 특징을 가지고 있다"라고 언급했다.[23] 이는 웹3에도 적용된다. 필리핀 같은 신흥 시장은 웹3 P2E 게임 앱의 채택률이 가장 높다.

알렉산더 그레이엄 벨이 전화 특허권을 매도하려고 했을 때 텔레그래프 회사에서는 "이 '전화'라는 기계는 의사소통 수단으로 진지하게 고려하기에는 결함이 너무 많다"라고 평가했다.[24] 우리가 가장 성공적인 제품과 서비스를 평가하는 데 적절했던 도구라도 새로운 것을 평가할 때는 종종 실패한다. 크리스텐슨은 "존재하지 않는 시장은 분석할 수 없다"라며 이렇게 주장했다.[25] "혁신적 기술의 활용 분야는 개발 당시에는 알려지지 않았고 알 수도 없다."[26] 이것이 바로 기존 기업들의 과제다. 하지만 벤처 캐피털리스트에게는 문제가 되지 않는다. 앤드리슨 호로위츠의 크리스 딕슨은 "우리는 시장 규모에 너무 의존하지 않는다. 왜냐하면 진정으로 파괴적인 기술은 새로운 시장과 새로운 사용 사례를 창출하는 경향이 있기 때문이다. 만약 에어비앤비를 호텔 시장이라는 측면에서만 바라보았다면 진정한 기회의 규모를 놓쳤을 것이다"라고 말했다.[27]

마찬가지로, 이런 혁신이 기존 기업의 수익에 미칠 영향을 어떻게 측정할 수 있을까? 딕슨은 새로운 비즈니스 모델 등 다양한 변수 때문에 이를 정확히 수치화하는 것은 불가능하다고 말했다. "IBM은 아직도 존재한다. HP도 마찬가지다. 나는 그들이 세계에서 특별히 핵심적인 위치에 있다고 생각하지 않는다. 하지만 대기업들은 어떤 식으로든 버티는 경향이 있다. 우리는 여전히 마이크로소프트 오피스를 사용한다. 아마 30년 후에도 어떤 형태로든 구글 검색을 사용하고 있을 것이다"라고 그는 지적했다. "하지만 그들이 빠르게 성장할까? 수익성이 높을까? 문화적으로나 경제적으로 핵심적인 존재로 남아 있을까? 창작자들이 페이스북이나 틱톡의 순위 알고리즘에 의존해야 할까? 나는 잘 모르겠다. 확실한 생각도 없다. 솔직히 말해서 나는 그 회사들이 어떻게 되든 신경 쓰지 않는다."[28] 많은 기존 기업은 웹3로 전환하는 데 실패할 것이지만, 역사에는 다른 패러다임으로 성공적으로 도약한 기업 사례들이 많다. 예를 들어 IBM은 20세기 초부터 PC 시대가 시작될 때까지 이 분야를 주도했다. 이러한 추세에서 마이크로소프트 같은 기업들이 웹3, 인공지능 및 기타 신흥 분야에 진출해 자리 잡았으며 앞으로도 잘 나갈 것이다.

딕슨은 "기술 분야 기업이 다른 기업을 이기고 성공하면 하던 일을 아주 오랫동안 계속한다. 그러다가 가끔 획기적인 혁신이라는 새로운 물결을 마주친다. 나는 웹3를 그런 새로운 물결로 생각한다. 기업들은 이번 물결을 정복해야 한다"라고 말했다. 그는 기업 소프트웨어 시장에서 진출 전략으로 사용하는 그린 필드 전략과 브라운 필드 전략에 대해 이렇게 설명했다. "그린 필드 전략은 새로운 기회를 추구하는 것을 의미하고, 브라운 필드 전략은 기존 시장을 공략하는 것을 의미한다. 새로운 기술이 등장하면 새로운 시장을 공략하기가 더 쉽다. 웹3의 암호화폐 측면은 매우 중요하며, 페이스북이 이 분야에서 실질적인 노력을 기울이고 있다. 하지만 페이스북을 제외한 기존의 대형 IT 기업들은 이를 무시해왔다. 이것은 스타트업에게 좋은 기회다."[29]

기술이 매우 초기 단계로 시장 기회가 명확하지 않은 경우, 기업 지도자들은 이러한 시장에 진입하기 위한 자원과 의지를 결집하는 데 어려움을 겪는다. 최근까지 웹3도 마찬가지였다. 기업들은 첨단 웹3 영역을 회피하고 안전지대에 웅크린 채 MIT의 도널드 설Donald Sull이 '활동적 타성active inertia'이라고 표현한 것처럼 기존 기술에 집중해 미세한 조정에만 치중하면서 "과거에 성공했던 방식을 가속하는 것으로 가장 파괴적인 변화에 대응하고 있다."[30]

또한 업체들은 동종 업계 기업들과 비교하고, 아이디어를 공개적으로 논의하고, 업계 내에서 블록체인 개발에 영향력을 행사하기 위해 컨소시엄에 참여한다. 가트너Gartner의 데이비드 퍼롱거David Furlonger와 크리스토퍼 유주로 Christophe Uzureau는 '적과의 동침'이라는 표현을 사용하며 기업들이 블록체인 중심 컨소시엄에서 경쟁 업체와 파트너십을 맺는 이유를 다음과 같이 설명했다. 첫째, 배우기 위해, 둘째, 독점 금지법에 저촉되지 않도록 공개적으로 아이디어를 논의하기 위해, 그리고 가장 중요한 것은 비즈니스, 기술, 벤더 검증에 대한 업계 표준을 개발하고 홍보함으로써 리스크를 관리하기 위해서다.[31] 하지만 퍼롱거와 유주로는 "업계에서 경쟁하는 기업들이 우호적으로 협력한 사례는 많지 않다"는 사실을 지적한다. 컨소시엄이 실패하는 가장 큰 이유는 무엇일까? 바로 정보 은닉이다. 아이러니하게도 그들은 "결국 신뢰가 핵심이다"라고 주장한다.[32] "명확한 목표를 가진 좁은 범위의 컨소시엄이 정의되지 않은 의도를 가진 광범위한 컨소시엄보다 더 효과적"이라는 사실을 발견했다.[33]

애니모카 브랜즈의 얏 시우에 따르면, 기업형 블록체인은 이러한 네트워크의 강력한 특징인 개방성과 결합 가능성 composability을 제대로 이해하지 못했다. "일반적으로 기업들은 비즈니스 모델이 철저하게 비공개로 유지되길 원한다. 하지만 디지털 재산권의 장점은 바로 자유롭게 결합하여 네트워크 효과를 창출할 수 있다는 점에 있다. 디지털 소유권은 물리적 재산권이 가능했던 것처럼 다른 사람의 작업을 기반으로 네트워크 효과를 무한대로 창출할 수 있는 능력을 제공한다."[34]

또한 잠재적으로 무한한 네트워크 효과는 공유 네트워크 효과로서 특정 회사나 단체가 독점할 수 없다. "개방된 결합 가능성 덕분에 이 영역에 대한 투자 방식이 영향을 받으며 우리는 네트워크 효과를 독점하거나 축적할 수 없다"[35] 공산주의 국가들이 그런 모델을 시도했지만 실패했다. '대중'이 생산 수단의 소유자가 아니었고, 공산주의 시스템은 폐쇄적이었다. 기업형 블록체인도 마찬가지다. "기업형 블록체인을 만들면 결합할 수 있는 능력이 제한된다"라면서 시우는 이렇게 설명했다. "100개 또는 1,000개의 고객사나 협력업체, 판매업체로 구성된 기업 네트워크에서는 효과가 있을 수 있다. 하지만 수백만 명의 고객을 결합하는 것이라면 공개 원장이 유리하다."

예를 들어, 스타트업은 온체인 데이터를 기반으로 지난 6개월 동안 오픈씨에서 거래한 사람이 누구인지 확인하고 토큰 보상을 통해 다른 플랫폼으로 전환하도록 유도할 수 있다. 사용자는 자신의 예술 작품과 디지털 수집품을 소유하고 있으므로 전환 비용은 미미하다. 결국 오픈씨는 독점적 지위를 몇 달 이상 유지하지 못했다. 시우는 다음의 가상 상황을 예로 들었다. "모든 사람이 아마존 데이터베이스에 접속해 '당신을 위한 특별한 모니터가 있습니다.' 혹은 '저희에게 오시면 10% 할인해드릴게요'라고 광고할 수 있다고 상상해 보라. 이러한 개방성은 전체 모델을 뒤집어 놓을 것이다. 바로 이것이 우리가 이 공간을 좋아하는 이유다."[36]

마이크로소프트에서 블록체인을 공동 설립한 요크 로즈Yorke E. Rhodes III는 다른 견해를 가지고 있다. 그는 "성공적인 컨소시엄이 없다고 말하려는 것은 아니다. 우리는 첨단기술 산업 내에서 성공적인 공급망 컨소시엄을 운영하고 있으며 6개월 이내에 본격적으로 생산에 투입할 예정이다. 현재는 쿼럼Quorum, 이더리움 기반의 오픈소스 블록체인 플랫폼을 실행하는 웹3 스택이다"라고 말하면서 이렇게 덧붙였다. "내가 말하려는 것은, 컨소시엄이 효과가 있을 수는 있지만 세계적인 규모에 비하면 매우 작다는 것이다. 모든 사람과 거래하는 페덱스의 요구를 충족시키려면 얼마나 많은 컨소시엄이 필요할까? 그것이 바로 컨소시엄이 안고 있는 규모의 문제다."[37]

기업의 의사결정자들은 본질적으로 공공 인프라와 연결될 수 없는 폐쇄 네트워크의 실행 가능성에 의문을 제기하기 시작했다. "쿼럼과 같은 이더리움 기반 체인을 사용한다면 가능하다. 이 플랫폼은 99% 호환되기 때문에 대중과 공개적으로 작업할 수 있다." 그는 공급망에 초점을 맞춘 마이크로소프트의 프로젝트에 관해 설명했다. "나는 아주 작은 팀, 동료 연구원, 멘토 연구원을 데리고 코드 관점과 인프라 관점에서 아주 최소한의 변경만으로 이 애플리케이션 스택을 가져와 이더리움가상머신EVM 호환 공간의 메인 체인과 레이어 2의 조합에 배치할 수 있다는 가설을 검증하고 있다"라면서 그는 이더리움과 쉽게 상호 운영되는 블록체인을 설명하면서 이렇게 덧붙였다. "이를 통해 기술 스택이 본질적으로 동일하다는 나의 주장이 입증될 것이다."[38]

사티아 나델라Satya Nadella가 이끄는 마이크로소프트는 서비스형 소프트웨어SaaS 모델, 즉 클라우드 모델로 완전히 전환했다. 마이크로소프트는 HP와 IBM과 달리 새로운 시장에 성공적으로 진출했다. 딕슨도 이렇게 동의했다. "마이크로소프트는 좋은 성과를 냈다. 본질적으로 기업용 소프트웨어 회사다. 기업용 소프트웨어 시장은 경쟁 구도가 다르다. 기업용 소프트웨어의 전환 비용은 매우 많이 든다. 마이크로소프트는 인터넷 시장의 승자는 아니었다. 클라우드 시장 진출이 늦었으며 모바일 시장도 완전히 놓쳤지만 효과적인 끼워팔기 전략을 통해 따라잡는 데에 성공했다." 그는 개인 소비자 인터넷과 시장이 기업과 정부 시장보다 완전히 파괴될 가능성이 더 크다고 주장했다. "시장마다 고유한 특징이 있다. 개인 소비자 소프트웨어 시장은 최신 트렌드

를 따라가지 못하면 상당히 어려워질 수 있다"[39] 웹3의 파괴적 기업
들이 비즈니스 대 비즈니스[B2B] 시장에 집중한다면 웹2 기업 서비스 제
공자를 대체하는 데 더 오랜 시간이 걸릴 수 있다. 하지만 성공한다면
미래의 붕괴를 조금 더 여유 있게 헤쳐나갈 수 있을 것이다.

로즈는 웹이 존재하기 훨씬 이전에 설립된 컴퓨터 회사, 즉 마이
크로소프트에서 일한다. 이 회사의 공동 설립자들은 1990년대 초반
데이비드 차움[David Chaum]의 디지털 결제 시스템인 이캐시[eCash]의 가치를
인식하고 이를 윈도우 95에 탑재하려는 비전이 있었다.[40] 마이크로소
프트는 다각화된 기술 회사로 전환하여 광고 수익보다는 다운로드가
가능한 서비스형 소프트웨어[SaaS]로 전환하는 데 중점을 두었다. 링크
드인[LinkedIn]은 사용자 데이터를 수익화하는 소셜 네트워크이지만 대부
분의 수익은 표적 광고가 아니라 유료 구독에서 발생한다.

로즈는 기업 사고방식의 변화를 직접 목격했다. 자신을 '기업쪽
사람'이라고 언급하며 그는 "프로토콜 스택 측면에서 공개 블록체인
과 기업형 블록체인의 차이는 인터넷과 인트라넷의 차이와 매우 유사
하다"라고 말했다. 1990년대 초 상업용 웹이 갑자기 등장했을 때 많은
기업은 인터넷의 잠재력을 보았지만 이에 대해 우려도 했다. '안전하
지 않고,' '강력하지 않으며,' '범죄자들만 사용한다'는 것이었다. 익숙
한 소리가 아닌가? 이러한 우려 때문에 기업들은 자체 인터넷을 구축
했다. 이들은 인터넷 프로토콜을 사용하는 독점적이고 사용 허가가 필
요한 네트워크를 인트라넷이라고 불렀다. 그러나 시간이 지남에 따라
공개 인프라가 강력해지고 전 세계적으로 확산되면서 기업들은 폐쇄
형 시스템을 포기하고 공개 인터넷을 수용했다. 로즈는 오늘날 블록체
인에서도 비슷한 일이 벌어지고 있다고 주장했다. 블록체인 기술이 웹

3로 발전함에 따라 기업 지도자들은 프라이빗 네트워크보다 훨씬 더 강력한 공개 네트워크에서 신뢰성 높은 애플리케이션을 구축할 수 있다는 사실을 이해하기 시작했다.

로즈는 초기 기업형 블록체인 시절을 돌이켜 보았다. 당시 클라우드, 기술, 특허라는 디지털 강점에 집중해 '기업'을 위한 인센티브를 부여하면서 "대규모로 공개 블록체인의 마법을 재창조하려고 뛰어들었다." 그 결과 멋을 낸 데이터베이스 같았던 하이퍼레저 패브릭 Hyperledger Fabric, 블록체인 솔루션과 응용 프로그램을 개발하기 위한 모듈형 아키텍처 플랫폼 또는 코다 Corda, 대형 글로벌 은행 컨소시엄이 개발한 이해 당사자들만이 데이터를 공유하는 블록체인 플랫폼와 같은 제품이 나왔다. 이들의 문제는 공개 도구를 사용하지 않았다는 것이다. "우리는 항상 공개 도구로서 인터넷에서 실행 가능성을 보여주는 것에 집중했다."[41]

액센추어 Accenture, IBM 등의 기업들이 기업형 블록체인 시장에 뛰어들면서 그들은 여러 이해관계자 사이의 거버넌스를 조정하는 분산 시스템으로서의 블록체인 개념이 흥미롭다는 것을 깨달았다. 하지만 로즈는 "실제로 사람들을 참여시키는 것은 상당히 어렵다"고 말했다. IBM은 식약품 공급원의 추적을 위한 블록체인 솔루션의 초기 파일럿 프로그램과 컨테이너 물류용 플랫폼 개발에서 덴마크의 해운 대기업인 머스크와 파트너십을 맺었다. 그러면서 까르푸, 돌, 드리스콜, 골든스테이트푸드, 크로거, 매코믹, 맥레인, 머크, 네슬레, 타이슨푸드, 유니레버, 월마트 같은 거물들을 참여시키는 데 어느 정도 성공했다.[42] IBM의 초기 블록체인 사업의 리더이자 대변인이었던 제나로 쿠오모 Gennaro "Jerry" Cuomo는 "IBM은 허가형 블록체인의 대표 모델"이라고 말했다. 그는 "비트코인과 블록체인을 연구했다. 하지만 직접 다루어 본

적은 없다"고 주장했으나 그 후 이더리움에 대해 알게 되었고, 비탈릭 부테린이 그리는 가상의 세계 컴퓨터에 대한 비전을 깊이 이해하고 나서 '사랑에 빠지게' 되었다.[43]

쿠오모는 퍼블릭 블록체인을 더욱 심도 있게 조사하며 발견한 새로운 사실을 계속해서 공유하면서 흥분을 감추지 못했다. 예를 들어 '평판' 문제를 생각해 보자. IBM은 1880년대로 거슬러 올라가는 특허들과 1890년 미국 인구 조사 결과를 계산하고 분석하며 얻은 대규모 정부 계약 등을 통해 기업의 '컴퓨팅, 표 작성, 기록' 요구를 이해하는 데 약 100년 이상을 투자했다.[44] IBM의 명성은 업계와 전력망의 성장과 함께 수십 년에 걸쳐 구축되었다. 하지만 쿠오모는 "블록체인 네트워크를 사용하면 신뢰와 명성을 수 세대에 걸친 서비스가 아니라 알고리즘으로 구축할 수 있다"라고 주장했다.[45] 알고리즘으로 명성을 매우 빠르게 훼손할 수도 있다. 네이티브 토큰 루나가 알고리즘 기반 스테이블코인인 테라 USD를 지원하는 테라 생태계를 생각해 보라. 알고리즘은 설계대로 작동했지만 보유자들이 '테라 USD'를 처분하기 시작하자 루나는 스테이블코인의 가치를 안정시킬 수 없었다.[46]

마이크로소프트의 로즈는 자신의 경험을 공유하면서 기반으로서의 공개 인터넷과 마찬가지로, 이더리움과 기타 퍼블릭 블록체인을 기반에 비유했다. "만약 당신이 '우리는 이것을 기반으로 개발한다. 그리고 이에 대한 안전한 연결을 제공한다'라고 말한다면, 기반에 대해서는 논쟁할 필요가 없다. 대신, 여러분은 이 그룹에 가입할지 아니면 저 그룹에 가입할지만 결정하면 된다. 이더리움은 이를 인식하고 초기 단계에서 이를 공개적으로 밝혔다. '우리는 이미 존재하는 기반을 가지고 있다. 바로 블록체인의 공개 인터넷 버전이다. 우리는 이를 강화하고 있다. 이것이 기반이다. 만약 여러분이 참여하고 싶다면 메인 체인이 될 것인지, 2단계 레이어가 될 것인지, 다른 무엇이 될 것인지 결정하면 된다.' 사실 이는 기업에게는 더 쉬운 선택이다. 왜냐하면 그것은 글로벌 기반에 참여할지를 결정하는 것이기 때문이다. 더 큰 관중을 원한다면 이 공개 기반으로 나아가면 되는 것이지, 사람을 센터 오브 엑셀런스 Center of Excellence, 특정 분야나 기술에 대해 전문적인 지식과 경험을 갖춘 팀 또는 기관나 컨소시엄 네트워크 consortium network 로 끌어들이는 것이 아니다."[47]

마이크로소프트는 미래의 기반 기술 3가지, 즉 웹3, 인공지능, 메타버스 분야에서 선두 기업으로 자리매김하고 있다. 웹3 기술을 원하는 마이크로소프트의 기업 고객들은 해당 분야에 대한 전문 지식을 보유한 로즈 팀과 협업한다. 이더리움이 환경친화적인 업그레이드인 '더 머지 The Merge'를 통해 지분 증명 방식의 합의 알고리즘으로 전환하면서, 퍼블릭 블록체인을 사용하는 데에 따른 환경, 사회, 기업 거버넌스 ESG의 우려가 사라졌다. 이는 소비자를 상대하는 기업뿐만 아니라 모든 기업이 고려해야 할 문제다. 앞으로 논의할 내용이지만 NFT와 같이 새롭고 사용하기 쉬운 웹3 도구는 도입 장벽을 획기적으로 낮출 것이다.

마이크로소프트는 AI 분야에서도 선두를 달리고 있다. 마이크로소프트는 AI 연구 자금 지원을 위해 2022년 11월 '사전 훈련된 생성형 변환기 generative pretrained transformer인 사용자 친화적인 웹 애플리케이션인 챗GPT ChatGPT를 출시한 오픈AI에 10억 달러를 투자했다.[48] 챗GPT는 복잡한 질문에 답하고, 시를 쓰고, 코드를 풀고, 농담을 하는 등 다양한 기능을 시연했다. 레이 커즈와일 Ray Kurzweil이 언급한 인공지능이 인간 지능을 뛰어넘는 '천재성'을 가지려면 아직 많은 시간이 걸리겠지만 AI와 머신러닝은 분명히 우리 삶의 지배적인 힘이 될 것이다. 마이크로소프트는 오픈AI에 투자하는 것 외에도 여러 AI 스타트업들과 독점적인 계약을 체결했다. 현재 마이크로소프트는 오픈AI의 기술을 소프트웨어 제품군에 광범위하게 적용하고 있다.[49]

마이크로소프트는 게임 및 가상 세계에서 공격적으로 성장하고 있다. 그들은 메타버스에 대한 야망을 숨기지 않는다. 2001년에 빌 게이츠와 배우 드웨인 존슨이 CES에서 엑스박스[Xbox]를 공개했을 때 그것이 마이크로소프트를 메타버스로 도약하는 데 도움을 줄 것이라고 누구도 예상하지 못했을 것이다. 하지만 우리는 지금 그 상황에 있다.[50] 2014년 마이크로소프트는 사용자가 블록으로 스스로 환경을 만들 수 있는 인기 가상 세계 비디오 게임인 마인크래프트[Minecraft]를 인수하기 위해 25억 달러를 지불했다. 마인크래프트는 단순한 게임 그 이상이다. 예를 들어 마인크래프트 사용자들은 협업하여 로스앤젤레스 정도 크기(500제곱마일)의 가상 도시를 만들기도 했고, 2020년에는 프랑스의 비영리 단체인 '국경 없는 기자들'이 마인크래프트 내에 '검열되지 않은 도서관'을 건설해 달라고 의뢰했다. 이곳에서 러시아, 사우디아라비아, 이집트 등에서 금지된 문헌과 검열된 저널리스트의 작품을 읽을 수 있다.[51] 2022년 말까지 매달 1억 7천만 명 이상의 사람이 마인크래프트를 사용했다.[52] 하지만 미 연방거래위원회[FTC]는 마이크로소프트가 게임 개발사인 액티비전 블리자드의 인수를 저지하려고 고소장을 제출했다.[53] FTC는 마이크로소프트가 "엑스박스 게임 콘솔의 경쟁사를 억압할 수 있다"고 우려한다.[54]

마이크로소프트가 웹3에 개방적인 자세를 유지하는 데는 한계가 있다. 마이크로소프트는 최근 애저[Azure] 클라우드 서비스를 통한 비트코인 채굴 금지 조치를 발표했다.[55] 하지만 웹3에 대한 개방성, AI 투자, 게임 및 가상 세계에서의 오랜 역사를 종합적으로 고려할 때 마이크로소프트는 향후 컴퓨팅, 엔터테인먼트, 비즈니스 시대를 선도할 기업으로 성장할 것이다.

NFT가 기업의 인지도에 미치는 영향

◆

◆

NFT가 점점 더 인기를 끌면서 구찌나 타코벨 같은 브랜드가 상대적으로 적은 비용과 낮은 기술 수준으로 웹3 프로젝트를 시작하여 영향을 끼칠 수 있게 되었다. 예를 들어, 나이키는 NFT 판매를 통해 1억 5천만 달러 이상의 수익을 올렸다.[56] 어떤 경우는 홍보용 제스처에 불과할 수 있지만 스타벅스의 NFT 리워드 프로그램처럼 핵심 사업에 의미 있는 혁신을 가져오는 경우도 있다. 그런 기업은 경영 방식에 공통점을 가지고 있다. 크리스텐슨이 말했듯이 "이들은 파괴적 기술 시장을 찾는 과정에서 초기에, 그리고 저렴하게 실패할 것을 계획했다."[57]

마이크로소프트의 요크 로즈는 NFT가 미치는 영향을 다음과 같이 설명했다. "ERC-721이라고 불리는 작은 토큰, 즉 NFT는 창작자와 암호화폐 이외의 디지털 자산을 다루는 모든 사람의 관심을 사로잡았다." 로즈는 뉴욕 대학교의 마케팅 및 홍보학과 부교수로, 전자상거래 마케팅 과정을 가르치고 있다.[58] "소프트웨어 라이선스, 게임, 광고 등 디지털이 우선인 비즈니스들은 모두 디지털 마케팅을 하고 있다. NFT는 나이키, 아디다스 등 브랜드 및 소비재 상품과 연결할 수 있는 매우 명확한 속성을 가지고 있다." 로즈는 기업의 관점이 어떻게 바뀌었는지에 대해서도 설명했다. "갑자기 모든 회사가 '공개 블록체인'이라는 기술과 기반을 두는 암호화폐 하부구조에서 연관성을 찾았다." 처음에는 전혀 관심을 두지 않았던 제약 회사 같은 기업들도 관련 있는 적용 분야를 발견했다.

로즈는 "우리는 한 번도 들어본 적 없는 브랜드들로부터 연락을 받고 있다"라면서 이렇게 말을 이었다. "마이크로소프트의 임원진을 포함한 모든 부서의 사람들은 '고객들이 도움을 요청하고 있다. 어떻게 대응해야 할까?'라고 말하기 시작했다. 따라서 많은 다른 대형 기술 기업들처럼 내부적으로 이 문제를 검토하기 시작했다. 우리한테는 소비자 대상 제품부터 전문 사용자 대상 제품, 백엔드 제품, 모든 오피스 제품, 클라우드까지 다양한 제품이 있다. 마이크로소프트는 웹3를 구현할 수 있는 여지가 아주 많다."

2018년 마이크로소프트는 오픈소스 분산 제어 시스템인 깃^{Git}을 사용하며 호스팅 서비스를 하는 깃허브^{GitHub}를 인수했다.[59] 로즈는 깃허브가 "개발자 저장소에서 커뮤니티 참여와 배정에 대한 검증 도구로서 검증 가능한 클레임 또는 소울바운드 NFT와 같은 요소를 채택했다"고 생각했다. "이는 깃허브가 내린 결정이다. 링크드인이 소울바운드 토큰, 클레임 또는 다른 것을 수용해야 할까? 그것은 링크드인의 결정이다. 그래서 '여기 뭔가 의미 있는 일이 일어나고 있다'라고 말하는 것이 마이크로소프트의 전략이다." 개별 팀은 자신들에게 어떤 것이 적합한지를 파악하고, 충분한 자체 교육을 통해 정보에 입각한 결정을 내릴 수 있어야 한다.

"흔히 마이크로소프트를 웹2 기업이라고 생각하지만, 우리는 검증 가능한 클레임과 탈중앙화 ID를 통해 이득을 볼 수 있는 유리한 위치에 있다. 왜냐하면 이러한 기술이 마이크로소프트에서는 직접적인 수익 창출의 핵심이 아니기 때문이다. 반면 페이스북은 수익의 97%가 소비자 데이터를 활용하는 앱에서 나온다. 이는 우리 입장에서 혐오스러운 일이다. 우리도 일부 데이터 수집이 발생하는 빙Bing 검색 엔진을 가지고 있지만, 우리는 소비자 데이터의 주권과 개인정보 보호가 매우 중요하다고 확고하게 믿는다. 우리는 가능하면 전문가, 기업 또는 소비자 데이터를 보관하지 않으려고 한다. 차라리 그런 데이터가 없기를 바랄 정도다. 해커에게 매력적인 목표물이 될 위험이 있기 때문이다."

사용자 소유 네트워크를 위한 프레임워크

◆

◆　　　　　　　　 사용자가 네트워크를 소유하게 된다면 온라인 협업 생산peer production의 방식에 대한 새로운 모델을 만들어야 한다. 탈중앙화 자원 거버넌스 문제를 반드시 해결해야 한다는 의미다. 즉, 의사결정, 새로운 계획에 대한 자금 지원, 기여자들의 채용 및 해고, 부당 행위에 대한 상대방 고소, 관할권 전반에 걸친 자산 구매, 정부 로비 활동, 계약 체결 등이 포함된다. 그렇다면 우리에게 동기가 되는 것은 무엇일까? 토큰 보유자의 이익을 극대화하는 것일까, 아니면 사용자 경험을 개선하는 것일까? 네트워크가 수익을 창출할 때 배당금을 지급할 것인가, 아니면 새로운 제품과 서비스에 재투자할 것인가?

요차이 벤클러는 《네트워크의 부》에서 "협업 생산은 공유재 기반 생산 방식의 특징이다. 이는 위계적으로 배정되기보다는 자발적으로 선택되고 탈중앙화된 개별적 활동에 의존하는 생산 시스템을 의미한 다"라고 했다. 초기 DAO의 대부분은 선의의 사람이 자발적으로 참여 했지만 때로는 조정 메커니즘이 필요하다. 벤클러는 "중앙화는 수많은 개별 행위자들의 행동이 일관성 있는 패턴을 이루거나 효과적인 결과 를 달성하도록 하는 방식에 대한 특정한 대응책이다"라고 주장했다.[60]

이러한 문제를 극복하기 위해 사용자 겸 소유자는 다양한 결과를 최적으로 도출하기 위해 리더십 또는 관리팀을 갖춘 DAO 형태로 사 용자 소유 네트워크를 조직할 수 있다. 제시 월든은 "주식회사는 주 주 이익 극대화라는 단일 최적화 기능을 가지고 있다. 사용자 소유 네 트워크는 사용자가 원하는 것은 무엇이든 최적화할 수 있다. 사용자 가 원하는 것은 네트워크, 제품, 서비스가 과도한 이윤을 추구하지 않 는 것일 수 있다. 즉, 불필요한 요금을 부과하지 말고 서비스 운영에 필 요한 최소한 비용만 청구하라"라고 주장했다.[61] 앨빈 토플러는 1970년 대 저서 《미래의 충격 Future Shock》에서 이보다 더 유연하고 역동적인 형 태의 거버넌스 및 의사결정 형태를 예측하면서 이를 애드호크라시 adhocracy라고 이름 붙였다. '과도한 정보 속에서 빠르게 움직이는 미래 의 조직으로, 일시적인 세포 조직들과 가동성이 매우 높은 개인들로 가득 차 있다'라는 뜻을 담고 있다.[62]

기업이 산업 시대의 생산 방식을 구현한 것이라면 DAO는 벤클 러가 '네트워크 지능 networked intelligence'이라고 부른 것을 구현한 것이다. DAO는 이름 자체에 자율성이라는 단어가 포함되어 있지만 기업과 마찬가지로 인간이 만든 구성체다. DAO는 다양한 새로운 네트워크 기반 조직과 글로벌 조직에서 인간의 독창성은 물론 충동 같은 최악 의 특성도 반영한다. DAO는 벤클러의 협업 생산 네트워크에 구조를 부여할 수 있다. 벤클러는 2000년대 중반 오픈소스 소프트웨어가 매우 중요한 새로운 자원을 만들어내던 시기에 다음과 같이 말했다. "무료 소프트웨어 프로젝트는 생산하기 위해 시장이나 관리 계층에 의존하지 않는다. 개발자들은 일반적으로 '상사가 시켰기 때문에' 프로젝트에 참여한다. 일부 참여자들은 컨설팅이나 서비스 계약과 같은 수익 중심의 활동을 통해 장기적으로 보상금을 얻는 데 집중하기도 하지만, 일반적으로 어떤 대가를 제시받았기 때문에 프로젝트에 참여하는 것은 아니다."[63] DAO는 사용자가 자신이 사용하는 제품과 서비스에 대한 지분을 얻을 수 있을 뿐만 아니라, 네트워크에 코드나 기타 가치를 제공하는 기여자에게 편리하고 쉽게 보상하는 방법이기도 하다.

DAO의 구체적인 특징은 무엇일까? 첫째, 보드게임 모노폴리 Monopoly의 공동 기금과 유사한 형태로 사용자와 이해관계자가 통제하는 공유 지갑을 가지고 있다. 누구나 토큰을 획득하거나 구매하여 DAO의 소유자가 될 수 있다. 이 토큰은 거버넌스 토큰이나 NFT로서, 이를 통해 지갑 내 자금에 대한 거버넌스 행사 및 경제적 조정이 가능하다. 또한 토큰 보유자는 자금 지출, 예산 배정, 기여자 고용 및 해고 등을 투표로 결정한다. DAO는 이미 유니스왑 같은 디파이 프로젝트의 경제적 자원을 조정하고 있다. 디파이 프로토콜은 일반적으로 거래량이 많다. 디파이 프로토콜은 거래 활동에서 발생한 수수료를 공동 지갑으로 전달한다. DAO 프로토콜은 사업 활동으로부터 얻은 수익금을 공통 지갑에 저장한다. 하지만 DAO 금고에 자금을 지원하는 방식은 외부 투자, 사용자로부터 얻은 수익, 네이티브 토큰의 가치 상승 등이어서 기업들이 자본을 획득하는 다양한 방법과 거의 동일하다.

DAO는 다른 특징들도 가지고 있다. 이름에서 알 수 있듯이 DAO

는 분산되어 있다. 전 세계에서 기여자와 사용자를 유치한다. DAO는 개방적이고 허가가 필요하지 않다. 누구나 참여할 수 있지만 경제적 이권이나 거버넌스에 참여하려면 소유자여야 한다. DAO는 또한 사용자 정의가 가능하다. 커뮤니티 소유, 거버넌스 및 새로운 비즈니스 모델 실험을 위해 백지 상태다. 이는 DAO가 복잡하거나 단순할 수 있다는 것을 의미한다. DAO는 이미 웹3에서 다양한 작업을 위해 널리 사용되고 있다. 공동 지갑에 참여하는 소수의 사람으로 구성된 소규모 집단부터 수백만 달러의 자금을 보유한 웹3 프로토콜의 조직에 이르기까지 다양하다. DAO는 복잡한 기업의 기능을 재현할 수도 있고, 가상 세계 및 비디오 게임에서 길드를 구성하거나 긴급한 인도주의적 요구에 자금을 지원하기 위한 자선 단체를 출범하는 것처럼 임시적인 작업도 수행할 수 있다.

만약 DAO가 공유 자금의 목적을 달성하기 위하여 자산과 사람을 조직하고 중요한 문제들에 대해 정기적인 투표를 한다면 그것은 기업일까? 그렇지 않다. 이더리움의 공동 창립자인 비탈릭 부테린은 DAO의 초기 단계에서 DAO가 기존 기업의 구조와 더 비슷하게 닮아갈 필요가 있다는 주장이 종종 제기되었다면서 이렇게 설명했다. "이런 주장들은 항상 비슷하다. 즉, 고도로 탈중앙화된 거버넌스는 비효율적이라는 주장이다. 이사회, CEO 등을 갖춘 기업의 지배구조는 수백 년에 걸쳐 변화하는 세계에 맞서 올바른 결정을 내리고 주주들에게 가치를 제공하는 목표를 최적화하기 위해 진화해왔다는 것이다."[64]

그러나 부테린은 DAO를 비판하는 측에서 DAO 지지자들을 평등하고 탈중앙화된 모델에 대한 믿음을 가진 순진한 이상주의자로 취급한다고 언급했다. 부테린은 DAO가 기존 기업보다 우수할 뿐만 아니라 세 가지 상황에서는 실행 가능한 유일한 모델이라면서 반박했다. 첫 번째 상황은 부테린의 표현대로 의사결정이 깔때기처럼 한군데로 집중하는 '오목한 환경 concave environments'에서 '찬성/반대'라는 답이 존재하지 않고 타협이나 부분적 해결이 필요한 상황이다. 중앙집중화된 의사결정은 이분법적인 질문에 대한 극단적인 대응으로 이어질 수 있다. 탈중앙화된 의사결정은 보다 신중하며, 다수의 지혜를 모으므로 단독 의사결정자보다 우월하다. 두 번째 시나리오에서는, 네트워크의 검열 방지를 위해 탈중앙화가 필요하다. 때로는 대기업이나 국가 권력과 같은 강력한 외부 행위자의 공격에 맞서면서 애플리케이션은 계속 실행될 수 있어야 한다. 우크라이나 DAO는 국제 결제 서비스 회사들이 활동을 중단시켰을 때 우크라이나군을 지원하기 위해 자금을 모았다. 마지막으로, DAO에서 "기본 인프라 제공처럼 국가의 기능과 유사한 기능을 수행"하는 경우 DAO는 신뢰할 수 있는 공정성을 유지해야 하며 "예측 가능성, 견고성, 중립성과 같은 특성을 효율성보다 더 중요하게 평가한다."[65] 조직 비용의 절감, 글로벌 인재 활용 능력의 향상, 소유자 의견 수렴의 증가, 토큰 형태로 소유권 보상의 생성 및 분배의 용이성 등 DAO가 더 적합한 이유는 많다. 이제 DAO의 실험과 구현이 활발한 분야를 살펴보자.

비즈니스, 문화, 게임 분야의 DAO

◆

◆   DAO들은 여러 종류의 비즈니스가 웹3 도구를 더 쉽게 사용할 수 있도록 노력한다. 예를 들어, 웹3 스타트업인

아라곤Aragon은 다양한 조직들이 조정하고 협업할 수 있도록 지원한다. 기업들은 DAO를 사용해 탈중앙화 팀이나 부서를 만들고 관리함으로써 내부 협업과 유연성을 향상할 수 있다. 아라곤은 탈중앙화된 의사결정 프로세스를 활용하려는 3,800개 이상의 DAO에 오픈소스 인프라와 거버넌스 플러그인을 제공한다. 아라곤의 애플리케이션과 서비스를 사용하면 누구나 쉽게 DAO를 시작할 수 있다. 아라곤의 네이티브 토큰인 ANT 보유자는 아라곤 네트워크 DAO 및 아라곤 법원 분쟁 해결 시스템의 거버넌스에 참여할 수 있다. 아라곤은 2016년 출시 이후 전 세계적으로 30만 명 이상의 회원을 보유한 탈중앙화 커뮤니티를 구축했다.[66]

웹3 기업이 아닌 기업들이 왜 이러한 도구를 수용할까? 여기에는 몇 가지 이유가 있다. 첫째, 기업들은 DAO를 사용하여 외부 파트너, 공급업체 또는 고객과의 관계를 관리할 수 있다.[67] 공개 DAO는 이러한 관계를 구성하는 데이터를 투명하고 탈중앙화 방식으로 관리하는 수단을 제공한다. 다오스택DAOstack과 보드룸Boardroom은 유사한 작업을 수행한다.

디게이밍DGaming, 액시 인피니티Axie Infinity, 더샌드박스The Sandbox, 체인거디언즈ChainGuardians 및 크립토스페이스엑스CryptoSpaceX와 같은 웹3 게임은 DAO가 배포되고 있는 또 다른 분야다. DAO 제작자는 웹3 게임에서 DAO를 사용하여 게임 내 자산 분배, 게임의 가상 경제 관리, 또는 액시의 경우처럼 네이티브 통화와 같은 게임의 특정 영역을 지배할 수 있다. DAO의 모든 거래는 온체인on-chain에 기록되며 투명하고 변경이 불가능하다. 만약 프로세스가 공개적이고, 게임 커뮤니티가 변경 제안을 보고 토론에 참여하고 투표 결과를 확인할 수 있다면 투표

여부와 관계없이 변경 결정에 대한 신뢰도가 높아질 것이다.

　혁신가들은 또한 공유 웹3 기반 메타버스의 자원을 관리하기 위해 DAO를 사용한다. 예를 들어, 디센트럴랜드 ^{Decentraland}는 사용자가 '가상 세계의 미래를 결정한다'는 비전을 공유하는 사용자가 공동 소유하는 탈중앙화된 3D 현실 플랫폼이다. 이 가상 세계에서 사용자는 랜드 ^{LAND}를 탐험하고, 독특한 경험을 창조하고, 서로 디지털 자산을 거래할 수 있다. 또한 네트워크의 토큰인 MANA(암호화폐)와 LAND(NFT)를 통해 콘텐츠와 애플리케이션을 수익화할 수 있다. 2017년 아리 메일리히 ^{Ari Meilich}와 에스테반 오르다노 ^{Esteban Ordano}가 설립한 디센트럴랜드는 2,550만 달러의 투자를 유치했다. 2022년 10월 11일 기준으로 하루 활성 사용자 ^{DAU}가 8,000명이라고 주장했지만 12월에는 월간 활성 사용자 추정치를 60,000명으로 변경했다.[68] 코인데스크 ^{CoinDesk}는 네 가지 다른 도구를 사용해 DAU가 526명에서 810명 사이라고 했다.[69] 디센트럴랜드의 DAO 구조는 MANA 및 LAND 보유자가 거버넌스 커뮤니티 투표를 통해 정책을 결정함으로써 이 가상 세계의 움직임을 통제할 수 있다. 이 책을 쓰는 시점 기준으로 시가총액이 약 13억 달러이며 금고에는 총 1,740만 달러의 자금을 보유하고 있고, 이 중 대부분은 MANA 토큰이다.[70]

　커뮤니티 조직자들은 관심사, 원칙, 가치, 그룹의 행동을 지배하는 몇 가지 규칙에 동의하고 DAO를 결성하여 활동할 수 있다. 이 구조는 창작 분야와 사회 운동 영역에서 점점 더 인기를 얻고 있다. 프렌즈위드베니피츠 ^{Friends With Benefits, FWB}는 설립자와 토큰 보유자가 다양하고 독특한 개인들의 협업, 특히 예술가들의 협업을 통해 웹3의 미래를 만들려는 DAO 모델이다. 이 커뮤니티는 FWB 토큰 보유자의 투표를 통해 웹 서비스의 탈중앙화와 관련된 프로젝트에 대해 집단으로 자금을 조달하고 자원을 배분한다. 2020년에 문화와 암호화폐를 결합하기 위해 트레버 맥페드리스Trevor McFedries가 설립한 이 소셜 DAO는 암호화폐 및 문화 분야의 예술가, 기업가, 열성 팬 등 3,000명의 회원과 함께 지속적으로 성장하고 있다. 2021년 11월에는 1억 달러의 가치 평가를 받고 FWB 시티즈FWB Cities라고 불리는 이벤트를 통해 1천만 달러의 투자를 받았다.[71] FWB는 회원이 거버넌스에 참여하려면 FWB 토큰을 보유해야 하는 '토큰 게이트 커뮤니티'다. 또한 FWB 커뮤니티에 참여하려는 사람은 신청서를 제출하고 최소 75개의 FWB를 구매해야 한다는 점에서 전통적인 의미에서의 배타성도 갖추고 있다.[72] 플랫폼은 공식 FWB 멤버의 거버넌스 참여를 검증하고 있다.[73]

글로벌 문제 해결과 솔루션을 위한 DAO

◆

◆　　　　　　　웹3 도구는 기후 변화와 같은 글로벌 문제를 해결하는 데에도 도움이 될 수 있다. DAO와 디지털 자산을 사용하여 모든 규모의 기업, NGO, 학계, 정부 기관 등 다양한 이해관계자들은 협업하고 자원을 결집하여 청정에너지로의 전환을 가속화할 수 있다. 예를 들어, 탄소 크레딧을 토큰으로 표시하고 거래할 수 있다. 앞에서 전쟁 중 다른 결제 수단이 작동하지 않을 때 우크라이나 DAO가 어떻게 자금을 마련했는지 설명했다. 기후 변화는 리젠 네트워크Regen Network, 클리마다오KlimaDAO, 아라곤Aragon, 플로우카본Flowcarbon 등의 DAO가 해결하고자 하는 분야다.

리젠 네트워크의 공동 설립자 겸 최고 재생 책임자인 그레고리 란두아Gregory Landua는 "기후 변화는 시장, 정책, 조정의 실패"라고 말했다.[74] 그는 생물 다양성의 붕괴, 미세 플라스틱의 확산, 생물권에 대한 위협과 같은 문제들 역시 시장 실패로 인해 발생했다고 말했다. 하지만 그는 또한 시장 메커니즘을 통해 지구 건강을 회복할 수 있는 길을 제시한다. "모든 경제 활동과 모든 기업에 건강한 지구가 필요하다." 탄소 시장은 탄소 배출에 비용을 부과하려 한다. 비용이 발생하기 때문에 탄소를 회수하거나 더 적게 사용하거나 탄소배출권을 거래할 것이다. 하지만 여기에는 어려움이 있다. 해당 기관이 탄소를 제대로 격리했는지에 대해 어떻게 합의에 도달할 수 있을까? "탄소는 무색, 무취, 무미의 가스다"라고 란두아는 강조했다.[75] 리젠 네트워크는 생태계 모니터링에 사회적·과학적 과정을 온체인의 경제 프로세스에 포함시키려고 한다.

다양한 구현 방안들이 있다. '탄소 시장' 스마트 계약이 탄소 크레딧 등록소carbon credit registries와 통합되거나 이더리움과 같은 블록체인에 새로운 등록소를 구성하는 방식으로 구현된다. 이러한 스마트 계약은 탄소배출권 거래 시장의 규칙, 즉 규정 준수 및 거래할 수 있는 총 탄소배출권 수에 대한 제한을 시행한다. 탄소배출권 거래 시장의 참가자는 '자동화된 시장 조성자'처럼 탄소 상쇄를 위해 스마트 계약과 상호 작용해 탄소배출권을 매매할 수 있다. 스마트 계약은 이러한 거래를 P2P 방식으로 자동 실행하고 탄소 크레딧 등록소를 업데이트한다. DAO는 온체인에서 실행되므로 모든 탄소배출권 거래에 대한 투명하고 변경 불가능한 기록을 제공한다. 어떤 버전에서는 시스템을 사용하는 DAO 회원이 시장 규칙을 변경하거나 탄소 상쇄 프로젝트의 자금 배분에 대한 투표에 참여하기 위해 거버넌스 토큰을 얻을 수 있다. 이 것은 필수사항은 아니다.

장기적으로 새로운 국가의 조직 형태로 DAO를 활용할 수도 있다. 다소 황당하게 들릴지 모르지만, 인터넷 도구를 사용해 소위 '네트워크 국가'를 설립하려는 운동이 점점 커지고 있다. 발라지 스리니바산Balaji Srinivasan은 이를 "전 세계 영토를 크라우드 펀딩으로 매입하고 기존 국가로부터 외교적 인정을 받을 수 있을 정도로 고도로 합의된 온라인 커뮤니티"라고 정의한다.[76] 네트워크 국가는 완전히 온라인상에 존재하는 '클라우드 우선' 국가로 시작하여 자금 조달, 물리적 영토 등 국가 기능을 점차 확충해 나갈 것이다.

스리니바산은 이러한 개념들을 오랫동안 고민해 왔다. 거버넌스 토큰이 '앱코인appcoins'으로 알려졌던 2014년에 그는 우리에게 DAO에 관해 설명했다. 그는 새로운 버전의 토tor, the onion router_인터넷 사용자의 익명성을 보호하기 위해 사용되는 오픈소스 소프트웨어 시스템을 만들고 싶다면 '토 코인'을 발행해 개발 자금을 조달함으로써 "오픈소스 소프트웨어를 개발하고 네트워크에서 서버를 운영하는 노드에 비용을 지불할 수 있다"고 말했다. 그는 "우리는 예전에는 불가능했던 방식으로 오픈소스를 수익화하는 방법을 만들었다"라고 덧붙였다.[77]

우리가 인터넷 도구를 사용해 탈중앙화된 제품과 서비스를 만들 수 있다면 국가를 설립하는 것도 가능하지 않을까? 시티다오CityDAO는 이런 도구를 사용하는 프로젝트 중 하나다. 시티다오는 구성원에게 제안에 투표하거나 직접 제안할 수 있는 '시민권'을 제공한다. 또한 문제 해결을 위한 길드도 보유하고 있다. 심지어 와이오밍주에 약간의 땅도 소유하고 있다.[78] 스리니바산은 국가 지위를 달성하는 것은 여러 단계중의 과정이라고 지적했다. 이러한 커뮤니티는 커뮤니티 형성, 토지 확보, 노드 연결, 경제와 문화 개발을 한 후에야 비로소 실질적인 국가 지위를 획득할 수 있음을 강조했다.[79] 전쟁이나 혁명을 통하지 않고 이러한 도구를 활용하는 점진적이고 평화로운 접근 방식은 매력적이다.

인공지능 분야의 DAO

◆

◆　　　　　DAO 혁신은 인공지능과도 만나 새로운 영역을 개척하고 있다. 인공지능과 기계학습 분야의 대표적인 DAO로는 싱귤래러티넷SingularityNET, 오션프로토콜Ocean Protocol, 다오스택DAOstack, 텐소플로우거버넌스 DAO TensorFlow Governance DAO, AI 이더리움 DAO AI Ethereum DAO 등이 있다. 앞서 우리는 일반인 데이터 소유자가 머신러닝 알고리즘에 사용하기 위해 오픈AI에게 데이터를 제공할 수 있고, 동시에 소유자의 프라이버시와 통제력을 유지하는 오션프로토콜Ocean Protocol에 대해 설명해달라고 요청했다. 이러한 탈중앙화 시장을 통해 개인은 질병 및 치료 연구와 같이 관심 있는 주제와 관련된 데이터를 발견하고 기여하며 사용할 수 있다. 데이터를 구매하고 커뮤니티 거버넌스에 참여하려면 사용자는 네이티브 토큰인 오션OCEAN 토큰을 보유해야 한다. 2017년 브루스 폰Bruce Pon이 설립한 오션프로토콜은 개방형 액세스 보호, 데이터 관리, 네트워크 성장을 추진하기 위해 투자자들로부터 총 3,310만 달러를 조달했다. 개인은 데이터 세트에 오션토큰을 스테이킹하여 유동성 제공자가 되고 생성된 거래 수수료의 일정 비율을 획득한다. 오션프로토콜의 시가총액은 약 1억 5천 8백만 달러

이며 '완전 희석 시가총액 fully diluted market value, 현재 발행된 주식 수와 모든 잠재적 주식 수를 고려하여 계산한 회사의 시가총액'은 5억 1천 4백만 달러이다.[80] 따라서 시장 규모를 기준으로 평가했을 때 오션프로토콜과 다른 유망한 프로젝트들이 상장 기업이었다면 초소형주로 분류될 것이다.[81]

싱귤래리티넷 SingularityNET은 '블록체인에서 실행되는 탈중앙화 AI 시장'으로 또 다른 유망 프로젝트다.[82] 이 플랫폼은 서로 다른 AI 프로그램이 협업하고 정보를 공유하여 더욱 지능적이고 유용해지도록 돕는다. 그렇게 함으로써 단일 AI 프로그램으로는 해결하기 어려운 문제들을 해결할 수 있다. 예를 들어, 한 AI 프로그램은 사진 속의 얼굴을 인식할 수 있고 다른 AI 프로그램은 자연어를 이해할 수 있다면 싱귤래리티넷에서 협업할 수 있다. 싱귤래리티넷은 신뢰를 구축하지 않고도 온체인에서 AI 알고리즘을 결합해 사용하는 것이라고 말할 수 있다.

기업 이후의 시대?

◆

◆ DAO는 경제 활동에서 역량을 조직화하는 유망한 수단이며 기업과 세계를 근본적으로 변화시킬 수 있는 잠재력을 가지고 있다. DAO는 경제에서 기업의 역할과 노동의 특성, 공공재화의 집단적 관리 방법, 오픈소스 기술 개발 및 유지 방법 등 모든 것을 다시 생각할 수 있도록 해준다. DAO는 기업과 기술 분야를 넘어서는 새로운 거버넌스 모델과 지표를 위한 디지털 실험 장치다. DAO는 인터넷 사용자에게 플랫폼 및 기타 공유 자원에 대한 소유권을 행사할 수 있는 메커니즘을 제공한다. 협업, 거래, 신뢰 구축 등의 비용을

낮춤으로써 DAO는 많은 경우 기업을 대체할 수 있다.

그러나 DAO에는 엄청난 위험과 불확실성 또한 존재한다. 디지털 자산과 마찬가지로 DAO는 기존 법률 시스템 내에서 운영과 관련된 법적 장치 및 규제 기반이 부족하다. 법적 지위가 없는 주체는 정규 직원을 고용하거나 해고하거나 급여를 지급하며 전통적인 법적 계약을 체결하고 시행하는 데 어려움을 겪을 수 있다. 스마트 계약은 이러한 기능을 자동화할 수 있지만 법적 강제력이 없다. 이것이 마찰의 원인이 되는 부분이다. DAO는 공개 블록체인 기반이며 브릿지bridge, 마치 다리처럼 서로 다른 체인을 연결하여 자산, 정보, 데이터 등을 상호 운용할 수 있도록 하는 프로토콜와 같은 소프트웨어를 사용하므로 사이버 공격에 취약하다. 물론 전통적인 기업들도 해킹을 당하곤 한다. 사용자에 의한 거버넌스는 이론적으로는 좋은 아이디어지만 시스템이 의도대로 작동하려면 사용자가 의사결정에 참여하고 조처해야 한다. 수동적이고 무관심한 사용자들로는 활기찬 커뮤니티를 만들지 못한다. 기업 지배구조와 같은 유사한 시스템에서 사용자들의 실적을 살펴보면 DAO가 경제의 거버넌스 문제를 해결할 것이라고 기대하기는 어렵다.

웹3 기업가들은 새로운 제품과 서비스를 출시하고 싶을 때 DAO를 사용하는 수준에 머무르고 있다. 그러나 이 기술은 계속 더 발전할 것이며 업계는 자신의 비전을 세계 곳곳으로 전파하면서 구현 과정의 문제점들을 극복할 것이다. 그러면 점점 더 많은 산업 분야가 DAO를 채택하고 혜택을 보게 될 것이다.

결론 및 핵심 요약

웹3에서 콘텐츠 제작자가 자신의 제품과 서비스를 직접 소유할 수 있도록 변화시키겠다는 약속이 사실이라면 더 많은 사용자 소유 네트워크가 등장할 것이다. 웹3 혁신 중 일부는 기업으로부터 나오겠지만 인터넷 네이티브 DAO는 디지털 경제에서 더 큰 역할을 수행할 것이다. 핵심 내용은 다음과 같다.

1. 이해관계자 자본주의가 확산될 것이다. 인터넷 사용자들은 자신이 사용하고 소유하는 플랫폼에 관심을 더 많이 가질 것이다. 그들은 수동적이거나 무관심하고 무력한 사용자가 아니다. 그들은 웹3 기반 커뮤니티의 이해관계자다.

2. 네트워크 조직체 형태의 DAO는 수익뿐만 아니라 네트워크 건강과 유용성도 목표에 포함시킬 때 기업보다 더 적합한 형태가 될 수 있다. DAO는 거버넌스와 경제의 조정 과정을 실험함으로써 비즈니스 이외에도 적용할 수 있는 새로운 모델을 개척하고 있다.

3. 기업들은 혁신의 딜레마에 직면해 있다. 대부분의 기업들에 웹3 시장 기회는 명확하지 않다. 이 기술을 받아들여야 할까 아니면 좀 더 기다려야 할까? NFT는 실험의 장벽을 낮췄다. 대부분의 기업, 특히 소비자 대상의 기업에게는 시도해 보기 좋은 수단이다.

4. DAO는 해결해야 할 많은 과제에 직면해 있다. 이 새로운 유형의 조직을 관리, 운영 및 성장시키기 위한 프레임워크가 필요하다. 또한 DAO는 법적 지위가 모호하여 계약 체결, 채용, 해고 등이 제한된다. 물론 모든 DAO는 서로 다르다. 그것들은 복잡하거나 단순할 수도 있고, 국제적 또는 국지적일 수 있으며, 온라인 자산이나 물리적 자산을 관리할 수도 있다.

5. DAO는 디파이에서 성공했지만 물리적 인프라, 문화, 게임 및 메타버스, AI 등 여러 분야에서 등장할 것으로 예상한다.

다음 장에서는 중요한 세 가지 산업 분야에서 일어나는 웹3 변화를 더 깊이 살펴보고, DAO, 토큰 인센티브, NFT 및 기타 웹3 기본 요소가 경제를 어떻게 더 좋은 방향으로 변화시킬 수 있는지 심층적으로 살펴볼 것이다.

6장

금융의 탈중앙화와 디지털화

2005년이 되자 닷컴 버블은 역사 속으로 사라지고 기술에 대한 반발도 가라앉았다. 폴 크루그먼Paul Krugman과 같은 주류 비평가들은 인터넷이 팩스보다 더 큰 영향을 미치지 못할 것이라고 주장했지만 인터넷이 일시적인 유행으로 그치거나 그 영향력이 제한적이며 별로 흥미롭지 않은 기술이 아니라는 사실은 분명해졌다.[1]

실제로 인터넷은 1990년대 후반 열광했던 시절에도 예상하지 못했던 훨씬 더 강력한 도구로써 비즈니스와 문화를 탈바꿈시키고 있다. 초기의 웹은 사용할 수 있는 사람에게 정보의 민주화를 달성했다. 그런 뒤 웹은 출판의 민주화를 가져왔다. 웹은 사용자가 수동적으로 정보를 얻는 상태에서 인터넷에 사진, 음악, 파일, 글 등을 업로드함으로

써 대화에 참여할 수 있게 변모했으며 심지어 웹 자체를 프로그램할
수도 있게 되었다. 우리는 인터넷 덕분에 시민 저널리스트, 아마추어
과학자, 재택 디지털 아티스트, 안락의자에 앉아 여유롭게 주식 시장
을 분석하는 금융 애널리스트 등이 될 수 있다.

블로그는 일반인도 쉽게 웹에 글을 올릴 수 있게 만든 초기 웹2의
중요한 애플리케이션이다. 요차이 벤클러는 블로그에 대해 "네트워크
에 연결된 컴퓨터가 있으면 어디서든 글을 수정할 수 있으며, 누구나
블로그를 읽을 수 있다"고 말했다.[2]

블로그를 통해 '대규모 소통'이 가능해졌다.[3] 벤클러의 관점에서
보면, 쓰기 가능한 웹은 "대중을 대상으로 하는 공동 콘텐츠 제작 시
스템으로서 본질적으로 소통의 수단이다."[4]

《네트워크의 부》는 사람들이 온라인상에서 대규모로 협업하고 인
류는 협업과 혁신의 새로운 황금기에 접어들 것이라는 가슴 벅찬 희
망으로 가득 차 있다. 위키피디아를 보라. 위키피디아는 자원봉사자들
이 인터넷으로 내용을 작성하는 최대 규모의 권위 있는 정보의 원천
이 되었다.

이런 새로운 디지털 도구의 잠재력에 대한 열광은 이해할 수 있
다. '읽고 쓸 수 있는 웹Read-Write Web'은 사람이 가치를 생산하고 협업하
며 활동을 조정하는 방식을 새롭게 혁신했다. 따라서 웹은 기업, 정부
및 다른 기구들의 역할을 새롭게 설정할 수 있다. 현재 오픈소스 소프
트웨어 운동으로 알려진 '효과적인 대규모 협업 노력'은 비즈니스와
정치적 교리에 도전하기도 했다. 요차이 벤클러에게는 사람들이 명확
한 금전적 보상 없이 자발적으로 온라인에 모여 전 세계 커뮤니티, 자
원, 기술, 문화적 가치를 구축하고 유지한다는 개념은 산업 경제의 기

반인 '가장 기본적인 경제학 원론'에 반하는 것이었다.[5]

웹2 혁신가를 위한 성적표

◆

◆　　　　　　　웹2의 결과를 진지하게 분석하면 혁신가들
이 받은 성적표는 엇갈릴 것이다. 그들은 주주와 창업자들에게 엄청
난 경제적 가치를 가져다주었다. 수십 년 전에는 상상할 수 없었던 방
식으로 인터넷 도입을 가속화하고 전 세계 사람들을 연결했다. 그들은
트위터와 같은 플랫폼을 통해 과거에 소외되었던 목소리를 공론화할
수 있는 공간을 창조했으며 경쟁의 장을 평준화함으로써 과학자, 기업
가, 운동선수, 투자자 등에게 대중과 소통할 새로운 기회를 제공했다.
또한 같은 취향을 갖는 사람이 스스로를 조직화할 수 있는 도구를 제
공함으로써 긍정적인 결과를 낳기도 했다. 하지만 때로는 그렇지 못한
경우도 있었다. 전반적으로 웹2 기술은 초기의 높은 열망과 목표에 도
달하지 못했으므로 웹3 혁신가들이 해결해야 할 새로운 문제들을 만
들어냈다.

한때 역동적이었던 신생 기업들은 제임스 번햄이 《경영자 혁명The
Managerial Revolution》에서 정의한 관리 자본주의 형태로 굳어졌다. 현재 페
이스북을 제외하면 창업주가 계속해서 주도적으로 운영하는 기업은
없다. 기업들은 여러 영역에서 과점 체제 또는 독점 체제로 운영되고
있다. 기업 소유자들은 이제 의사결정 과정에서 동떨어져 있다. 특히
중국의 경우 기업들은 공산당과 손잡고 국가 권력과 유착 관계를 맺
으면서 운영되고 있다.[6]

크리스 딕슨은 "웹2는 매우 뛰어난 사용자 인터페이스를 제공함으로써 수십억 명의 사람에게 매우 사용하기 쉬운 무료 서비스를 제공했다. 이상적으로 보면 웹2의 장점인 고급화되고 세련된 기능과 웹1의 개방형 생태계, 커뮤니티 중심 개발이라는 우수한 요소를 결합하는 시스템을 설계할 수 있었다. 그것이 인터넷이 지향하는 최상의 버전일 것이다"라고 말했다.[7]

그렇다면 웹2가 실패한 이유는 무엇인가? 첫째, 인터넷 고유의 소유권과 거래 계층이 없어 광고가 주요 수익 모델이 되었기 때문이다. 개방적인 플랫폼일수록 광고 친화적 모델로 전환되어 사용자 데이터를 수확하기에 급급했다. 딕슨은 이렇게 말했다. "광고주들은 통제된 경험을 원한다. 그들은 자신의 광고가 특정 콘텐츠 옆에 표시되기를 원한다. 다양한 이유로 광고 수익 모델이 오픈 생태계를 폐쇄하고 서비스를 종료하도록 만들었다. 페이스북에서도 같은 일이 벌어졌다. 참여율과 광고 효과를 최대화하려는 이른바 '획일적이고 폐쇄적인 서비스'가 되었다."[8]

둘째, 웹2는 금융 중개업자들만 부유하게 만들어주었기 때문이다. 웹2가 중개자로서의 역할을 바꾸지 않았으므로 금융 중개업자들은 혁신할 필요가 없었다. 이미 설명했던 것처럼 대부분의 핀테크 혁신은 금융회사 건물 벽을 디지털로 장식한 '디지털 벽지'처럼 되어버렸다.

셋째, 웹이 대부분 모바일로 전환됨에 따라 애플과 구글이 안드로이드 및 애플 생태계를 통해 인터넷에 대한 주요 관문을 통제하기 시작했으며, 플랫폼을 이용하는 개발자들에게 터무니없는 독과점 비용을 부과했기 때문이다. 모바일 앱 스토어는 개발의 걸림돌이 되어버렸다. 이들은 관문지기로서의 역할뿐만 아니라 앱 안에서 일어나는 거의 모든 경제 활동에 대해 임대료를 부과한다.[9] 애플은 판매하는 앱과 그 앱에서 일어나는 매출에 수수료 30%를 부과한다.[10] 대부분의 기술 개발자는 이러한 수수료를 사업에 부과되는 세금이나 통행료로 인식하고 있다. 중앙집중화된 보관 서비스인인 코인베이스는 애플이 인앱 구매 시스템을 통해 '가스료'를 지불하도록 요구하면서 동시에 그 일부를 가져가려 했다고 주장했다.[11] 코인베이스는 기술적으로 그렇게 하는 것은 불가능하며 이것은 마치 이메일에 세금을 부과하는 것과 같은 것이라고 설명했다. 그러자 애플은 코인베이스의 최신 앱 출시를 차단하여 사용자가 코인베이스 지갑을 통해 NFT를 전송하지 못하도록 했다.[12] 또한 모바일 컴퓨팅은 광고 분야를 더욱 강화시켰다. 페이스북은 차기 컴퓨팅 영역에 주목하고 있으며 폐쇄형 메타버스로 확장하기를 원하지만 수익 분배율을 50%까지 높이려고 한다.[13]

넷째, 사용자가 플랫폼을 제어할 수 없으며 어떻게 운영되는지 알 수 없기 때문이다. 플랫폼은 커뮤니티의 의견 없이도 변경될 수 있다. 웹2 비즈니스는 개방형 네트워크로 시작되었으나 보다 많은 광고 수익을 추구하면서 폐쇄형 플랫폼이 되었다.

다섯째, 웹2가 경쟁을 저해하는 독점 기업을 창출하면서 승자 독식 모델로 변모했기 때문이다. 웹2 경제에서 경쟁 네트워크를 자체 자금으로 운영하는 것은 너무 비싸고 위험해졌다. 웹2 대기업들은 임원에게 권한을 부여하고 이사회와 주주의 책임을 줄이는 이중 계층의 주식 구조로 되어 있으므로 이러한 동력을 악화시킨다. 일론 머스크가 트위터에 대해 내린 엉뚱한 의사결정은 사용자와 광고주를 멀어지게 만들고 기업의 가치를 떨어뜨렸다.

여섯째, 인터넷 사용자들은 추천 엔진에 사로잡혔다. 한때 추천 엔진은 원하는 것을 찾는 데 유용했지만, 이제 이것은 사용자들에게 스스로를 강화하는 자기 반향실에 몰려가도록 만들었다. 웹2 알고리즘은 극단주의가 매출 성공률을 높인다는 사실을 발견했다. 거짓 정보도 마찬가지였다. 공론의 분열과 정치 분야에서 점차 커지는 극단주의는 부분적으로 이런 현상의 또 다른 측면일 수 있다.[14]

일곱째, 대규모 플랫폼은 인터넷의 병목 현상을 일으켰으며 정부가 시민을 추적하기 위한 압력의 수단이 되었다. 중국은 웹2 대기업을 감시 시스템의 연장선으로 확대했고 웹3 혁신도 빠르게 포섭하기 시작했다.

웹3는 어떻게 산업을 변화시킬 수 있을까? 가장 큰 산업 분야인 금융 서비스와 화폐 시장을 탐구해보자.

금융과 화폐를 재구상하기

◆

◆　　　　　　　　　　은행은 인류 최초의 문명이 메소포타미아에서 등장한 직후에 탄생했다. 원래 은행은 정치, 경제, 종교, 문화생활의 중심이었던 사원이 하던 기능이었다. 원시 은행은 상품을 보관하고 교환할 수 있는 안전한 장소였다. 또한 거래를 추적하고 계좌를 관리할 수 있도록 회계 및 기록관리 시스템을 개척했다. 토론토 대학의 메소포타미아 고고학 교수인 클레멘스 라이클Clemens Reichel은 2022년 11월 토론토 왕립 온타리오 박물관이 주최한 패널 토론에 나와 함께 참여했다.[15] 라이클은 수메르 시대의 은행들이 '실물 화폐'(곡물과 같이 가치 있는 물건)를 저장하는 것에서 '화폐에 대한 정보'를 저장하는 것으

로 어떻게 발전했는지를 설명했다. 그는 또한 최초의 문자 형태인 쐐기 문자가 화폐와 동시에 등장했으며, 문자는 장거리 정보 전달뿐만 아니라 계좌 기록 역할도 했다고 덧붙였다.[16] 이 초기 기록 보관 방식은 화폐에 저장 수단 및 계산 단위로서의 가치를 부여했다. 초기 거래부터 화폐는 항상 가상적인 것이었다. 즉, 금이나 조개껍질 같은 물리적인 상품이 아니라 점토판에 쐐기 문자로 새겨진 것이었다. 결국, 은행은 사원의 영역을 벗어나 금융 서비스를 전문적으로 제공하게 되었지만 각 전문 기관은 여전히 기록으로 원장을 관리했으며 오늘날에도 유사한 기능을 한다.

금융 서비스 산업은 세계 무역의 심장이자 핏줄이다. 하지만 마치 프랑켄슈타인처럼 그 몸은 유통기한이 지난 이질적인 부품들로 뒤죽박죽이 되어버렸다. 세계은행에 따르면 국제 송금은 평균적으로 며칠이 소요되고 수수료율은 거의 6% 수준이다.[17] 또한 전 세계에서 금융 서비스를 받지 못하는 사람이 약 14억 명에 달한다.[18] 웹2를 통해 더 많은 거래가 온라인으로 이동함에 따라 금융 중개업자들은 혁신을 하지 않고도 부를 축적했다. 이 분야는 거래 상대방 위험이 존재하고 집중화되어 있어서 정부보다 훨씬 더 큰 영향력을 행사한다. 또한 서로 다른 시스템, 규제 체계로 운영되기 때문에 글로벌 수준의 상호 운용성과 유동성이 제한된다. 당연한 결과로, 이제 금융 서비스 업계는 역사상 가장 큰 변화 중 하나를 대비하고 있다. 웹3의 디파이 혁신가들은 금융 서비스 가운데 상당수를 탈중앙화하려고 하고 있으며 우리에게 화폐 그 자체의 의미를 다시 생각하게 만들고 있다.

디지털 화폐

◆

◆ 화폐는 물물교환 문제를 해결하기 위해 등장했다. 거래에서 당사자들은 교환할 수 있고 유동적이며 분할 가능하고(증분 단위로 지출 가능하고) 검증 가능한(금, 은과 같은 인증 가능한 물질로 만들어졌거나 강력한 기관이 보증하는) 교환 매체가 필요했다.[19] 종종 본질적으로는 쓸모없는 상품이 화폐의 대체재로 적합했다. 존 로크는 화폐란 "상호 동의를 통해 사람들이 진정으로 유용하지만 썩기 쉬운 삶의 필수품과 교환할 수 있는 것"이라고 말했다.[20] 이는 일종의 집단적 망상이다. 금은 '진정으로 유용한 것'은 아니기 때문에 화폐로 작동한다. 신뢰는 여러 형태의 화폐의 기초가 되었으며 자연스럽게 정부가 화폐 발행자로서 적합하게 되었다.

정부들도 혁신할 수 있었다. 스페인의 에이트 피스eight-piece 동전은 16세기에 부분적으로 인기를 얻었다. 멕시코, 페루 같은 스페인 식민지의 원주민 장인들이 가장 순수하고 운반하기에 가장 가벼운 은을 사용했기 때문이다. 이 장인들은 동전들을 개별적으로 주조하거나 수작업으로 잘라 사용자가 쉽게 여덟 조각으로 나누어 거스름돈으로 만들 수 있도록 했다(그래서 이름이 '에이트 피스'다). 에이트 피스는 스페인 식민지에서 사용되었고 나중에 13개 식민지가 독립한 후 신생 아메리카에서 채택되었다.[21] 그들은 주권을 강조하기 위해 동전의 한쪽에는 스페인 국가 문장(紋章)을, 다른 쪽에는 가톨릭 십자가를 찍었다.

스페인 사람이 대서양을 건너기 전인 13세기에 원나라의 쿠빌라이 칸은 위조하기 어려운 지폐 사용을 시행했다. 쿠빌라이는 희귀한 나무껍질을 사용하는 독창적인 제조 기술을 이용했는데, 이 기술은 오늘날까지 이어지고 있다. 마르코 폴로가 중국을 방문했을 때 그는 상인들과 시민들이 지폐를 쉽게 받아들인다는 사실을 발견했다. 이유는 무엇인가? 쿠빌라이는 제국 내에서 지폐를 악용하거나 사용을 거부하는 사람은 폭력으로 위협했고, 위조자들을 처벌하고 불순종하는 사람을 죽였다.[22] 이것이 명목 화폐fiat money, 즉 법정 화폐였다. 쿠빌라이가 중앙집권적 국가 권력을 통해 채택을 강요하고 화폐 시스템을 지탱한 것이 결과적으로 옳았다. 오늘날, 명목 화폐가 최고의 화폐로 군림하고 있으니 말이다.

웹3는 디지털 소지자 자산이라는 화폐의 새로운 시대를 열고 있다. 이를 통해 우리는 현금처럼 가치를 이동하고 저장하고, 거래하고 사업할 수 있다. 이 새로운 화폐는 즉각적인 결제, 불변성, 글로벌 유동성을 갖추었다. 국가 권력, 글로벌 기업, 그리고 점점 더 자기 목소리를 내는 디지털 시민 사회가 화폐의 미래를 장악하기 위해 경쟁함에 따라 앞으로 10년간의 혁신이 결정적일 것이다.

블록체인을 기반으로 한 세 가지 혁신이 미래의 화폐를 위해 경쟁할 것이다. 첫 번째가 우리가 논의해 왔던 비트코인과 같은 공개 암호화폐다. 두 번째는 담보로 뒷받침되는 민간이 발행하는 디지털 달러다. 소위 '스테이블코인'은 주로 은행에 1:1로 미국 달러에 뒷받침되고 있지만, 이것은 일시적인 현상일 수도 있다. 페이스북의 리브라Libra 프로젝트에서와 같이 미래의 스테이블코인은 다양한 자산 바스켓으로 뒷받침될 가능성이 크다. 세 번째는 중앙은행에서 발행하고 관리하는 디지털 통화인 CBDC다.

그렇다면 비트코인이 최고의 지위를 누릴 것인가? 장담할 수는 없다. 비트코인은 어떤 면에서는 성공했고 다른 면에서는 실패했다.

이 글을 쓰는 시점에서 비트코인의 시가총액은 4,000억 달러로 마스터카드의 시가총액 3,350억 달러를 넘어섰다.[23] 전 세계 사람들이 비트코인을 가치 저장 수단과 교환 매체로 사용한다. 은행 서비스를 받을 수 없는 사람에게는 비트코인이 생명줄 역할을 한다. 좌우 진영의 자유 투사들은 비트코인의 검열 저항성을 선호한다. 비트코인을 옹호하는 사람은 비트코인 혹은 허가가 필요 없는 다른 화폐 형태가 언론의 자유를 수호하는 데 필수적이며, 거래할 자유가 없다면 언론의 자유도 없다고 주장한다. 기술 분야 작가인 스콧 알렉산더Scott Alexander는 "만약 잡지의 인쇄비용을 지불할 수 없다면 언론의 자유는 공허하다. 교회 임대료를 지불할 수 없다면 종교의 자유는 공허하다. 시위 장소로 가는 버스 요금을 지불할 수 없다면 항의할 자유는 공허하다"고 말했다.[24]

2007년에 설립된 인권재단Human Rights Foundation, HRF은 권위주의 국가의 민주화 운동을 지원한다. 이 재단은 러시아, 베네수엘라, 레바논과 같은 국가의 반체제 인사와 민주화 지도자에게 발언권을 부여한다. 체스 세계 챔피언이자 푸틴 비평가인 게리 카스파로프Garry Kasparov가 HRF 의장직을 맡고 있다. 비트코인은 HRF가 억압받는 사람에게 힘을 실어줄 수 있는 또 다른 도구가 되었다. HRF의 최고 전략 책임자인 알렉스 글래드스타인Alex Gladstein은 "인권과 정치 분야에서 금융과 화폐는 거의 논의되지 않지만 매우 중요하다"고 말했다. "우리가 협력하는 대부분의 사람은 미국 달러화보다 훨씬 빠른 속도로 가치가 떨어지고 있는 형편없는 명목 화폐를 가진 정권에서 살고 있다." 이런 정권들은 돈과 은행 서비스를 통해 국민을 착취한다. 그들은 글로벌 금융 시스템과의 연결을 제한하고, 자금을 몰수하고, 은행 계좌를 동결하고, 미국 달러에 대한 접근을 제한하거나 범죄로 취급한다. 그는 "심지어 시민들이 달러를 가지고 있다는 이유로 체포될 수도 있고, 금을 구하려는 시도를 금지한다"고 언급했다.[25] 웹3 기업가이자 바베이도스 주재 아랍에미리트연합 대사인 가브리엘 아베드Gabriel Abed는 비트코인은 사용자를 인종, 신조, 종교, 소득에 따라 판단하지 않는다고 말했다. "대사가 되기 전까지 나는 제대로 된 은행 계좌를 갖지 못했다. 비트코인은 내게 자금 관리에 대한 주권을 부여해 주었다."[26]

글래드스타인은 미국, 유럽, 캐나다, 일본 그리고 몇몇 나라에 사는 '황금 인구' 10억 명은 '재정적 특권'을 갖고 있어 나머지 70억 인구의 가혹한 현실을 보지 못한다고 말했다. 비트코인이 아프리카에서 갖는 가장 강력한 장점은 현지 독재자와 과거 식민지 강대국으로부터 사람들을 자유롭게 한다는 것이다. 이 나라들의 금융 지배의 유산은 오늘날까지도 긴 그림자를 드리우고 있다. 글래드스타인에 따르면 아프리카 국가 간 금융 거래의 80%가 미국과 유럽의 금융회사를 통해 이루어진다.[27]

하지만 비트코인은 금이나 다른 상품처럼 에너지 집약적이면서 느리고 변동성이 크다. 게다가 중앙은행이라는 회의적인 사람들을 마주하고 있다. 은행가들은 대안으로 무엇을 제안할까? CBDC다. 정부는 CBDC를 비트코인 같은 공개 암호화폐보다 더 좋은 대안이라고 선전한다. 정부는 CBDC가 경제를 더 포용할 수 있고 변동성을 줄여 주며 투명성을 높임으로써 중앙은행이 위기에 대응하는 속도를 개선할 수 있다고 주장한다.

그러나 CBDC는 인권에 대한 우려를 불러일으킨다. 정부가 실시간으로 사용자가 디지털 달러를 어떻게 사용하는지 볼 수 있다면 어떻게 개인정보를 보호할 수 있을까? 정부가 CBDC를 채택하기를 원한다면 시민의 자유를 보호해야 한다. 일부 업계 평론가들은 우리에게 선택의 여지가 없을 것이라고 생각한다. 웹3 투자자인 아리 파울[Ari Paul]은 이렇게 설명했다. "정부는 암호화 화폐의 독점적 사용을 요구할 강력한 인센티브가 있다. 세금 집행을 쉽게 하고 정부가 범죄자와 반체제 인사의 돈을 '차단'할 수 있다. 또한 중앙은행은 실시간 투명성과 더 엄격한 통화 관리를 위해 CBDC를 선호한다. 그들은 먼저 암호화 폐 기반의 법정 통화를 출시한 다음 신속하게 그것과 경쟁하는 모든 것을 금지할 것이다. 현금, 법정 통화는 물론이고 금이나 비트코인 같은 퍼블릭 암호화폐까지도 금지할 것이다."[28]

이제 마지막 범주인 스테이블코인을 살펴보자. 선도적인 버전인 USD 코인[USDC]과 USD 테더[USDT]의 가치는 1,000억 달러 이상이다.[29] 페이스북은 리브라라고 불리는 다양한 자산 바스켓을 기반으로 한 자체 스테이블코인을 시도했다. 미국 정부는 이것을 미국 달러 시스템과 국가 안보에 대한 위협으로 보았다.[30] 글래드스타인은 이렇게 말했다. "나는 스테이블코인에 대해 매우 깊은 고민에 빠져 있다. 우리는 스테이블코인을 인정하고 심지어 환영해야 한다. 이것들은 수천만, 아니 수억 명의 사람에게 미국 달러를 기반으로 한 수단을 제공한다. 그리고 이를 위해 은행 계좌가 필요하지도 않다." 하지만 그는 스테이블코인이 미국 달러 시스템으로 인해 초래된 기존의 권력 불균형을 고착화하는 것은 아닌지도 우려한다. "스테이블코인은 비트코인의 애초 의도와는 반대로 미국 달러의 네트워크 효과를 확장시킨다."[31] 메이커 DAO의 이더리움 기반 DAI와 같은 합성 탈중앙화 스테이블코인은 은행 계좌가 있는 소프트웨어처럼 작동하며 스마트 계약에서 인정된 자산으로 뒷받침된다. 그러나 DAI는 다량의 USDC와 미국 국채를 담보로 보유하므로 다소 중앙집권적이다. 현실 세계 자산을 메이커에 추가하는 것은 메이커의 규모 확장에 도움이 될 수 있지만, 결과적으로 검열 저항성의 일부를 희생하게 될 것이다.

비트코인(디지털 금)과 CBDC(디지털 법정화폐)가 웹3를 향한 과거를 모방하는 형태의 화폐라면, 검열에 자유롭고 체인 상에 보유된 자산 바스켓에 의해 뒷받침되는 탈중앙화 스테이블코인이 결국 승리할 수도 있다. 어쩌면 "화폐를 디지털화한다"는 개념 자체가 과거의 속성을 모방한 것일 수 있다. 웹3가 개인적인 디지털 물물교환의 형태로 돌아가도록 해준다면 어떨까? 1997년 제임스 데일 데이드비슨과 윌리엄 리스-모그는 이런 발상을 예상해, "본인의 욕구와 정확히 동일한 욕구를 가진 누군가를 찾을 확률은 전 세계 사람을 즉시 정렬할 수 있다면 극적으로 증가할 것이다"라고 주장했다.[32] 그들은 또한 "글로벌 컴퓨터 네트워크의 디지털 화폐는 하이에크^{Hayek}의 유동성 연속체^{자산을 유동성의 수준에 따라 분류한 표} 상의 모든 것을 더욱 유동적으로 만들게 될 것이다. 단, 정부 발행 화폐는 제외될 것이다"라고 덧붙였다.[33] 한 가지 작은 변화를 제외하면 그들의 예언은 사실이 될 수도 있다. 왜냐하면 웹3의 초기 킬러 앱 중 하나인, 미국 달러에 연동된 스테이블코인은 정부 발행 화폐인 미국 달러화의 유동성과 유용성을 증대시켰기 때문이다.

글로벌 디지털 물물교환 자체가 결합 가능성^{composability}의 한 형태다. 웹3 기업가인 아드리안 브링크^{Adrian Brink}는 이렇게 주장한다. "모든 자산이 교환 또는 지불 수단으로 기능할 수 있도록 아노마^{Anoma} 프로젝트를 구축하고 있다. 이는 모든 것이 동등하며 거래에서 더 큰 유동성, 더 적은 가격 차이, 더 많은 사생활 보호를 보장할 수 있는 환경을 조성하는 것이다. 이 프로젝트의 최종 목표는 물물교환의 문제와 한계를 해결하기 위해 만들어진 화폐 자체를 붕괴시키는 것일 수 있다."[34]

USDC에 집중

◆

◆

제러미 알레어 Jeremy Allaire가 2013년에 인터넷 결제 회사인 서클을 설립했을 때 그와 공동 창업자들은 '돈을 위한 HTTP'에 대한 가설을 세웠다. 이는 금융이 인터넷에서 정보 교환 프로토콜과 같은 방식으로 작동할 수 있는 프로토콜을 의미한다. 돈을 위한 HTTP에서는 "누구나 프로토콜에 연결하여 가치를 교환할 수 있고, 누구나 웹 브라우저와 웹 서버를 연결하여 정보를 교환할 수 있다."[35]

원래 알레어는 비트코인 네트워크 기반 위에 회사를 구축하려고 했다. 당시 개발자들은 비트코인이 스마트 계약, 엔, 달러, 주식, NFT 등과 같은 자산을 처리할 수 있도록 프로그래밍할 수 있다고 생각했다. 비트코인 이전에는 인터넷을 통해 정보를 이동하는 것처럼 가치를 전 세계로 이동시킬 수 있는 수단이 없었다. 비트코인은 이 문제를 해결했다. 경험이 풍부한 웹3 개발자들과 마찬가지로 알레어는 합리적으로 작동하는 것 위에 비즈니스를 구축할 생각이었다. 하지만 시간이 지남에 따라 알레어는 기술적 한계를 발견했고 그가 정치적·이념적 이유라고 이해했던 새로운 코드 발행에 대해 적대적인 커뮤니티를 발견했다.[36] 그래서 2017년, 출시 4년 만에 비트코인을 기반으로 구축할 계획을 폐기하고 새로운 구조와 보다 개방적인 문화로 주목을 받던 신생 프로토콜인 이더리움을 기반으로 서비스를 구축하기로 결정을 내렸다.

우리는 2015년 《블록체인 혁명》을 쓰기 위해 알레어와 인터뷰했다. 그는 가치를 이동하고 저장하는 간단한 공개 도구를 구축한다는 목표에 집중하고 있었다. 그는 당시 몇 년 안에 "앱을 다운로드해서 달러, 유로, 엔, 위안화, 디지털 통화 등 원하는 통화로 가치를 저장하며 전 세계에 즉시, 비공개로, 안전하게 송금할 수 있기를 바랐다."[37] 몇 년 후 서클은 어떻게 되었을까? 상당히 잘하고 있다.

서클의 대표적인 스테이블코인인 USDC는 발행량이 450억 달러 이상이며 이론적으로 최소 1억 명으로 추정되는 디지털 자산 지갑을 가진 사람이라면 누구나 사용할 수 있다.[38] USDC는 이더리움, 솔라나, 코스모스와 같은 공개 프로토콜에서 실행된다. USDC는 2022년에 이더리움 네트워크에서만 4.5조 달러의 거래를 성사시켰으며 디파이와 웹3 게임 거래의 60%를 처리함으로써 웹3 경제에서 USDC의 중요성을 확인했다.[39] 서클은 2022년 연례 보고서에서 이더리움에서 USDC가 사용 가능한 지갑 200만 개 중 "75% 이상이 보통 은행 계좌의 필요 최소 잔액보다 적은 100달러 미만의 잔액을 보유하고 있음을 확인했다. 이는 금융 포용성 문제를 해결할 수 있는 전제 조건을 충족한 것이다"라고 주장했다.[40] 2015년, 알레어는 통화 프로토콜도 인터넷처럼 무료로 이용할 수 있어야 한다고 말했다. 서클은 이 목표를 향해 큰 진전을 이루었다. USDC를 사용하는 평균 수수료는 1센트 미만부터 약 50센트까지 다양하며 거래 시간은 1초에서 3분 사이이다.[41]

서클은 웹3의 개발자 커뮤니티에 의지함으로써 성공할 수 있었다. 알레어는 디파이에서 "결합 가능하고 프로그래밍 가능한 화폐를 위한 새로운 프로토콜을 구축하는 사람이 많이 있었다. 우리는 그들을 열광시키고 코인베이스를 설득시켰으며 선도적인 암호화폐 소매 플랫폼을 설득함으로써 순조롭게 진행할 수 있었다. 우리는 최종적인 성장과 수익화 방법을 알지 못했지만, 결국 많은 관심을 끌 수 있는 올바른 것을 만든다는 사실을 알고 있었다"라고 말했다. USDC는 18개의 서로 다른 블록체인을 통해 발행되고, 200개의 다른 프로토콜에 통합되었다. 또한 비자, 마스터카드, 트위터, 스트라이프는 USDC를 채택했다.[42]

서클은 공개 블록체인 인프라 위에 제품을 구축하는 미국 회사다. 알레어는 웹3가 성공하기 위해서는 이와 같은 하이브리드 접근 방식이 더 필요하다고 말했다. "나는 정부에서 발행하지 않은 비주권 상품 통화를 어떤 형태로든 채택해야 한다는 기준을 설정한다면 도저히 넘을 수 없다고 생각한다. 따라서 우리는 정부 부채인 화폐가 디지털 통화 형태로 표현된 하이브리드 세계에 살게 될 것이다. 하지만 개방적이고 분산되고 결합성을 가진 프로토콜을 기반으로 구축될 것이다."[43] 알레어는 하이브리드 접근이 정당화되는 다른 예를 인용한다. 예를 들어, 디지털 신원 확인, 현실 세계 자산의 토큰화, 계약 체결, 고용 및 해고, 다른 기업과의 경쟁 등을 위해 어느 정도 법적 지위가 필요한 DAO 등에서 하이브리드 접근은 정당화될 수 있다. 그러나 이 모든 새로운 웹3 서비스는 USDC와 마찬가지로 개방적이고 프로그래밍 가능한 인프라를 기반으로 구축될 것이다.

서클은 현재 성공적으로 작동하는 비즈니스 모델을 발견했다. USDC는 달러로 완전히 뒷받침된다. 즉, 서클이 보유한 450억 달러 이상의 담보를 미국 국채에 투자하여 위험 없이 3~4%의 수익을 올리고 있다. 금리가 인상되면 서클은 더 큰 이익을 거둘 수 있다. JP모건 체이스나 HSBC 같은 은행들이 자신들만의 스테이블코인을 발행할까? 알레어는 그럴 가능성이 낮다고 생각한다. 은행은 돈에 대해 다른 철학이 있다. 그들은 자본의 5배, 10배, 때로는 15배까지 대출해 줄 수 있다. 알레어는 "화폐에 새로운 물리법칙이 적용될 것이다. 인터넷에서 데이터의 속도, 유용성, 비용 효율성을 가진 화폐다"라고 말했다.[44] 테라 루나와 실리콘밸리은행에서 목격한 것처럼 이 새로운 물리법칙은 급격한 뱅크런을 일으킨다. 그러므로 은행은 도산 위험을 방지하려면 준비금이나 유동성을 충분히 갖추어야 한다.

CBDC에 대해 알레어는 선진국에서는 정부가 앞장서서 국가적이고 최종 사용자 중심의 인프라를 구축할 필요가 없으며 전례도 없다고 말했다. 그는 "선진국에서 전자화폐 혁신의 역사는 곧 민간 부문 혁신의 역사다. 전신 송금 시스템, 수표 발행, 자동화된 수표 결제 시스템, 신용카드, 체크카드, ATM, 페이팔, 애플 페이, 스테이블코인이 모두 이에 해당한다"고 덧붙였다.[45]

알레어는 중앙은행이 달러 디지털 화폐에 대한 연방 기준을 설정하는 데 중요한 역할을 한다고 말했다. "우리는 연방 규제를 지지한다. 공공 부문은 안전성과 건전성 기준을 규제해야 하고, 민간 부문은 기술과 유통에서 혁신해야 한다."[46] 일부 중앙은행은 알레어의 의견에 동의한다. 전 연방준비제도 이사 크리스토퍼 J. 월러 Christopher J. Waller 는 2021년 11월 연설에서 정부와 민간 기업이 국가 및 세계 금융 시스템을 발전시키고 경쟁을 촉진하는 데 있어 오랫동안 나란히 경쟁하거나 때로는 협력하면서 함께 일해 왔다고 말했다. 월러는 "적절한 네트워크 설계를 통해 스테이블코인은 특히 국경 간에 더 빠르고 효율적인 소매 결제 서비스를 제공함으로써 더 많은 소비자가 이 서비스를 사용할 수 있도록 돕는다"고 강조했다.[47] 스테이블코인은 블록체인을 기반으로 하므로 투명성이 높아지고 중앙은행의 업무가 더 쉬워질 수 있다. 정부가 완전히 수용할 때까지 웹3 업계는 서클의 모범을 따라 공개 블록체인 인프라에 집중함으로써 책임감 있게 성장할 것이다.

디파이의 기능

◆

◆　　　　사토시 나카모토의 P2P 전자화폐의 개념을 다른 8가지 금융 서비스로 확장할 수 있다. 내가 '골든 나인'이라고 명명한 금융 서비스의 기능들은 웹3 도구가 전통적인 중개업자들의 역할을 대체하거나 보완 또는 강화하기 시작함에 따라 심대한 변화를 겪고 있다.[48]

1. 가치 이동과 결제: SWIFT, 연방 금융결제망[ACH] 서비스 및 기타 기존 시스템에서 스테이블코인 및 CBDC로 이동하고 있다.

2. 가치 및 신원 인증: 은행 검증 KYC[Know-Your-Customer], 자금 세탁 방지[AML] 및 테러 자금 조달 방지[CTF] 규정 준수에서 온체인 신용 평가와 웹3 평판 시스템으로 이동하고 있다.

3. 가치 저장: 은행과 기타 기관에만 의존하는 것에서 다중서명 지갑[multisig wallet], 자가보관 솔루션, 기타 방식으로 방향을 전환하고 있다.

특히 기업들을 대상으로 신뢰할 수 있는 제삼자로서 계속해서 중요한 역할을 수행할 것이다.

4. 대출 및 차입 가치: 은행의 대출 기능이 대출자와 차입자를 P2P로 자동으로 연결하는 스마트 계약 기반의 대출 풀로 전환하고 있다.

5. 자금 조달 및 투자 가치: 기업 공개, 벤처 캐피털, 킥스타터 캠페인에서 디파이 토큰 초기 발행Initial DeFi Offering, IDO 및 기타 토큰 기반 크라우드 펀딩 모델로 이동하고 있다. 이를 통한 새로운 자산이나 조직을 출시하는 데 있어 진입 장벽과 관련 비용이 0으로 수렴한다.

6. 가치의 교환: 기업이나 기타 신뢰할 수 있는 중개업자가 주문 대장을 기반으로 유지·관리하는 중앙집중형 거래소에서, 사용자가 자동화된 시장조성자AMM처럼 자체적으로 실행하는 스마트 계약을 통해 거래가 P2P 방식으로 전자적으로 체결되는 탈중앙화 거래소로 이동하고 있다.

7. 가치 보험 및 위험 관리: 위험을 상쇄하려는 모든 투자자, 기업, 일반인을 위한 예측 시장의 발전으로 중앙집중화된 보험 제공업체의 영향력이 줄어들고 있다.

8. 가치 회계 및 감사: 재무제표와 감사 보고서를 작성하는 전통적인 회계 및 감사 기업에서 온체인 자동화 감사 업체로 이동하고 있다. 블록체인을 이용한 혁신가들은 투자자와 기업이 새롭고 복잡한 시스

템을 이해하기 쉽게 다양한 도구와 대시보드를 통해 구성함으로써 감사할 수 있는 방대하고 불변의 신뢰할 수 있는 데이터 보관소를 제공한다.

9. 가치 분석: 재무제표 분석에서 온체인의 블록체인 데이터 분석으로 전환하고 있다.

디파이는 자체적인 기본 도구를 통해 금융 서비스의 마찰과 비용을 최소화할 수 있다. 디파이 탈중앙화 애플리케이션으로 분류되려면 해당 애플리케이션을 종료하기 어렵고, 블록체인에서 실행되며, 신뢰 확인이 필요 없다는 특성을 가져야 한다. 메이커 DAO의 설립자인 룬 크리스텐슨Rune Christensen은 "디파이의 가장 큰 장점과 특징은 오픈소스 소프트웨어와 매우 유사하다. 중개자 없이 네트워크 효과를 누리며 사용자들이 허가 없이 원활하게 협업할 기회를 제공한다"고 말했다.[49] 벤처 캐피털리스트이자 패러다임Paradigm의 공동 설립자인 매트 후앙Matt Huang은 이러한 기본 도구 중 일부는 "기존 금융을 모방한 것이 될 것이다. 예를 들어 메이커 DAO는 자동 청산 기능이 있는 마진 대출이다"라고 덧붙였다. "하지만 다른 것들은 완전히 새로울 것이다. 예를 들어 유니스왑은 자동화된 시장조성자AMM을 중심으로 광범위한 설계 공간을 열었다."[50] 디파이의 이점은 비용 절감, 효율적인 회계, 완전한 투명성, 낮은 전환 비용, 광범위한 접근성 등 다섯 가지다. 은행가들은 이에 주목해야 한다. 탈중앙화 모델은 업계의 많은 부분을 대체하거나 붕괴시킬 수 있다. 좀 더 자세히 살펴보자.

개발도상국 사람은 은행 서비스 접근성이 좋지 않다. 디파이는 허가가 필요 없는 구조이므로 중개인이 없다. 따라서 진입의 주요 장벽은 인터넷 연결, 인터넷 연결 장치에 대한 접근, 높은 수준의 금융 지식이다. 유니스왑 설립자인 헤이든 애덤스 Hayden Adams는 디파이에서는 데이터 및 분석 도구가 무료이며 공개적으로 접근 가능하고 "대출이나 거래를 지원하는 대차대조표가 투명하므로 인터넷에 연결된 사람이라면 누구나 프로토콜의 자산과 부채를 초 단위로 추적할 수 있다"고 주장했다.[51] 그는 주장을 뒷받침하기 위해 JP모건 체이스, 골드만삭스, 유럽투자은행 등 유수 기업들이 '결제, 운영 및 유동성 위험을 줄이기 위해' 기존 발행 방식이 아니라 온체인에서 자산을 발행하고 거래하는 사례를 제시했다.[52]

디파이는 AMM과 같은 혁신을 개척했다. AMM은 유니스왑과 같이 사용자가 중개자 없이 디지털 자산을 거래할 수 있는 탈중앙화 거래소다. 캠벨 하비, 애쉬윈 라마찬드란, 조이 산토로는 저서 《디파이와 금융의 미래 DeFi and the Future of Finance》에서 "AMM은 거래 상대방 양쪽의 자산을 보유하고 매매 가격을 지속적으로 책정하는 스마트 계약이다. 계약의 관점에서 보면 가격은 매수 또는 매도와 무관하게 위험 중립적이어야 한다"고 설명했다.[53] 다시 말해, 스마트 계약은 거래소에서 중앙화된 시장 조성자와 동일한 기능을 수행한다.

DAO에 의해 관리되는 디파이 거래 및 스테이킹 프로토콜로서 최초의 AMM을 시작한 방코르 Bancor를 살펴보자.[54] 설립자인 갈리아 베나치 Galia Benartzi는 방코르가 AMM을 투기꾼을 위한 금융 기본 도구로 개발한 것이 아니라 특수한 필요가 있는 소규모 인구를 위한 커뮤니티 통화를 위한 플랫폼으로 개발했다고 설명했다. "만약 여러분이 어떤 섬이거나 유엔에 가입하고 싶다거나 새로운 국가가 되고 싶어서 여러분만의 통화를 발행하고 싶다면 그것은 대단한 일이다. 하지만 다른 국가가 여러분의 통화를 받아들이지 않는다면 여러분은 어떤 것도 수출입할 수 없을 것이다. 따라서 새로운 통화가 그런 기능을 할 수 있도록 완전한 경제 체제를 갖춰야 한다."[55] 방코르는 "새로운 블록체인 기반 통화의 세계에서" 그 기회를 찾았다. 베나치는 "통화 자체에 유동성을 프로그래밍할 수 있으면 교환성과 상호 운용성을 프로그래밍할 수 있다. 그러면 토큰 자체가 어느 주어진 순간에 다른 토큰과의 교환 비율을 수학적으로 알 수 있다"고 설명했다.[56]

실제로 AMM은 디지털 자산의 P2P 거래의 지배적인 모델이다. 우리는 이 모델을 다른 대부분의 자산에 쉽게 적용함으로써 뉴욕증권거래소[NYSE] 및 기존 조직이 유지·관리하는 전통적인 주문 대장을 없앨 수 있다. 예를 들어, 대출 프로토콜을 사용하면 대출자는 수익을 얻을 수 있고 차입자는 신용에 접근할 수 있다. 영구 선물 계약과 같은 새로운 파생상품은 사용자가 자산의 미래 가치에 대해 투기하거나 위험을 대비하도록 해준다. 기존 선물 계약과 달리 영구 선물 계약은 만기일이 정해져 있지 않다. 금융업계에 혼란을 일으킬 수 있는 대출 혁신 중 하나는 '동일한 거래 내에서 상환되는 순간 대출'인 플래시 대출[flash loans]이다.[57] 하비 등은 플래시 대출이 '기존 금융기관의 당일 대출'과 유사하지만 중요한 차이점이 있다고 말했다. "거래 내에서 상환이 요구되고 스마트 계약 때문에 강제된다."[58] 결과적으로, 금리와 시간에 대한 민감도인 듀레이션 위험과 상대방 위험은 모두 제거하지만, 해커가 코드를 악용하여 스마트 계약이 사용자를 대신하여 보유하고 있는 자산을 탈취할 수 있는 스마트 계약 위험이 발생한다.

디파이는 오픈소스이므로 사람들은 디파이 프로젝트나 플랫폼을 쉽게 복사하고 개선할 수 있다. 어떤 경우에는 복사하려는 플랫폼보다 더 큰 인센티브를 제공함으로써 '유동성이나 사용자를 가로채기' 위해서 그렇게 한다.[59] 업계에서는 이런 행위를 뱀파이어리즘vampirism이라고 부른다. 한편 사용자가 소유한 디파이 프로젝트의 초기 지분을 더 많이 제공하는 것이 초기 사용자들에게 인센티브를 줄 수 있고 신생 기업을 탄생시키는 데 도움이 될 수 있다. 반면에 악의적인 행위자는 지속할 수 없을 정도로 높은 수익률을 제안할 수 있고, 실제로 제안하기도 했으며 결국 수익률이 하락해 모두에게 피해를 주게 된다.

또 다른 디파이의 혁신은 디파이 토큰 초기 발행Initial DeFi Offering, IDO 또는 탈중앙화 거래소 초기 발행Initial Decentralized Exchange Offering, IDEX이다. IDO, IDEX를 통해 기업가는 토큰을 출시하고 USDC와 같은 스테이블코인 시장을 만들어 가격을 설정한 다음 구매자를 기다릴 수 있다. 그 토큰에 유용성이 있고 초기 사용자와 소유자 네트워크에 대한 접근이 가능하다면 가치가 더 올라갈 수 있다. 가상화폐공개 ICO Initial Coin Offering의 후손인 IDO는 웹3 스타트업이 자본을 조달하는 방법으로 점점 더 인기를 얻고 있다. 예측 시장은 디파이의 또 다른 자체 혁신 분야다. 사람들은 수 세기 동안 선거나 스포츠 이벤트와 같은 이벤트의 결과에 베팅해 왔다. 그러나 디파이는 이를 완전히 투명하게 P2P로 만들어 날씨와 같이 예측하기는 어렵지만 베팅하기 쉬운 이벤트로 확장할 수 있다. 미국의 수필가 찰스 더들리 워너Charles Dudley Warner는 "모두들 날씨에 대해 불평하지만 아무도 아무것도 하지 않는다"고 비꼬았다.[60] 예측 시장은 우리가 무언가를 할 수 있도록 도와준다. 우리가 농부라면 그것을 수확이 실패할 때에 대한 헤지 수단으로 사용할 수 있다. 월스트리트 거래자라면 무역 거래 실패, 평화 협상, 금리 인상 또는 기타 위험으로부터 포트폴리오의 위험을 상쇄하는 수단으로 활용할 수 있다.

'플래시 대출'과 같은 새로운 디파이 혁신을 제외하면 전통적인 금융 서비스에서 대출은 핵심적인 역할을 한다. 아주 똑똑한 은행가가 내게 이렇게 말했다. "우리는 돈을 움직인다. 우리가 돈을 움직이기 때문에 돈을 보관할 수 있고, 돈을 보관하기 때문에 대출할 수 있다. 대출은 은행 업무의 핵심이다." 그가 말한 요점은 스테이블코인과 같은 웹3 기술이 은행의 자금 제공자의 역할을 잠식하여 결과적으로 은행의 핵심 사업인 대출의 기반을 약화할 수 있다는 것이었다.

웹3는 대출을 어떻게 변화시키고 있을까? 디파이 대출 풀은 사용자가 기존의 금융기관을 통하지 않고 암호화폐 또는 기타 디지털 자산을 대출하거나 차입할 수 있는 플랫폼이다. 다양한 자산을 대출하고 차입할 수 있는 대출 시장인 컴파운드Compound를 살펴보자. 컴파운드에서 모든 토큰은 '모든 대출자가 동일한 변동 금리를 수취하고, 모든 차입자가 동일한 변동 금리를 지불하도록' 한군데로 집중된다. 모든 대출금은 대출 금액보다 많은 자산을 담보로 확보한다. 사용자의 담보가 일정 수준 이하로 떨어지면 사용자의 보유 자산은 자동으로 청산된다. 컴파운드에는 많은 장점이 있다. 대출자는 모든 대출이 초과 담보되기 때문에 차입자가 채무 불이행 위험에 빠지는 소위 거래 상대방 위험이 없다. 다양한 자산을 빌리거나 빌려줄 수 있으므로 사용자는 그만큼 선택의 폭이 넓어진다. 마지막으로, 컴파운드는 다른 애플리케이션과 결합할 수 있다. 사용자는 한 곳에서 돈을 빌려 다른 곳에서 쉽게 사용할 수 있다. 하지만 이 플랫폼에는 위험과 비효율성이 함께 존재한다. 예를 들어, 대출이 익명으로 이루어지므로 신용도는 의미가 없다. 따라서 '실제 세계'에서 우수한 신용 등급을 가진 사람도 신용 등급이 낮은 사람과 동일한 금리로 대출을 받아야 한다.

디파이에서는 극복해야 할 보다 근본적인 과제가 있다. 디파이는 대체로 폐쇄형 시스템이라는 점이다. 즉, 토큰의 차입, 대출, 저장, 이동, 교환 외에는 별다른 경제적 가치를 창출하지 못한다. 이유는 세 가지다. 첫째, 익명인 디파이의 특성상 디파이 서비스에 접근하려는 사용자에게 디파이 애플리케이션은 담보 제공을 요구한다. 둘째, 담보 자산은 증권, 현금, 부동산이 아니라 대부분이 암호화 자산으로 제한된다. 다시 말해, 잠재적 사용자는 디파이를 사용하기 전에 먼저 암호화 자산을 획득해야 한다. 셋째, 기존 금융기관은 개인의 신용 점수에 따라 지불 능력, 대출 상환 가능성 등을 평가한다. 하지만 디파이에서는 사용자의 대출 상환 능력과 의지를 평가하는 평판 시스템이 개발되지 않았으므로 디파이 프로토콜은 기본적으로 초과 담보 대출을 한다.

이러한 문제들을 정면으로 해결해 보자. 사람들은 자본 이득세 부담을 피하기 위해 토큰을 담보로 대출을 받을 수 있고 그 돈으로 새 차를 구입하거나 가족 여행에 사용할 수도 있다. 이는 실물 경제로 가치를 전달하는 방법이다. 같은 방식으로 주택 담보 대출이나 마진 계좌도 사용할 수 있다. 일부 기업들은 USDC와 같은 중앙화된 스테이블코인을 사용하여 코라페이Korapay와 같은 송금업체를 통해 급여나 대금을 지급한다. 개인들은 스테이블코인을 사용해 자산을 보관하고, 임대료를 지불하며, 상품 및 서비스를 구매한다. 따라서 우리는 비슷한 방식으로 메이커 파운데이션의 DAI와 같은 탈중앙화 스테이블코인을 사용할 수 있을 것이다. 하지만 현재 디파이의 비주류 분야에서만 어설프게 스테이블코인을 실험하는 단계에 머물러 있다.

간혹 무담보 대출도 제공하지만 개인이 아닌 기업 차입자를 대상으로 하는 경우가 많다. 디파이 대출 풀인 메이플Maple의 시드니 파월 Sidney Powell은 "메이플은 예금을 받고 집계한 다음 대출을 실행한다"고 말했다.[61] 간단하게 들리지만, 웹3 도구가 있기에 가능한 일이다. 파월은 "스마트 계약은 우리에게 비은행 대출 사업을 온체인에서 운영할 수 있는 정말 효율적인 도구를 제공했다. 자본을 집계하고, 상환금을 LP(유한책임사원) 또는 풀의 예금자에게 돌려주기가 매우 쉽기 때문이다"라고 말했다.[62] 처음에 메이플은 시장 조성자나 헤지펀드 같은 암호화폐 기반 조직들만 상대했다. 그러나 곧 다른 금융회사들도 메이플을 사용하기 시작했고, 많은 회사가 메이플의 편의성에 매료되었다. 파월은 "전체 워크플로우가 온체인에서 이루어지며 스마트 계약으로 진행된다"라고 말했다. 그는 또한 "버튼 하나를 누르면 스마트 계약이 '좋습니다. 이제 대출을 실행합니다. 대출 금리는 얼마입니까, 상환은 얼마나 자주 합니까, 누구에게 송금합니까, 기간은 어떻게 됩니까?'라고 묻는다. 이 모든 과정이 온체인으로 진행된다. 기존 시스템이라면 은행의 내부 장부에 기록되어 아무도 볼 수 없는 데이터 항목들이다"라고 덧붙였다.[63] 메이플은 FTX 파산의 여파로 일부 대출을 부실 자산으로 처리해야 했지만, 그 외에는 기업들이 암호화폐의 기본 플랫폼을 사용해 대출하고 차입할 수 있다는 것을 입증했다. 하지만 여전히 개인 사용자를 대상으로 한 온체인 신원 확인 문제는 해결되지 않았다.

그렇다면 어떻게 과제를 극복할 수 있을까? 첫째, 단순히 전통적인 주식과 채권뿐만 아니라 주택, 부동산의 소유권과 증서 등 더 많은 자산을 디지털화해야 한다. 실제 자산을 디지털화하는 것이 디파이 사업자들의 초점이다. 이더리움 설립자 비탈릭 부테린은 DAO로 관리되는 실제 자산 기반의 스테이블코인이 디파이와 기존 금융을 연결하는 가교가 될 수 있으며, 미국과 같은 단일 통화 발행자에 대한 의존도를 최소화할 수 있다고 생각한다.[64] 이런 변화에는 시간이 걸릴 수 있지만 우리는 분명히 그 방향으로 나아가고 있다. 메이커 DAO는 자체 스테이블코인인 DAI의 담보로 미국 국채를 추가했다. 디파이 프로젝트인 파클Parcl은 웹3 사용자가 맨해튼, 샌프란시스코 등 주요 시장의 부동산 투자를 대표하는 디지털 토큰을 구매할 수 있도록 한다.[65] 이러한 전통 시장과 디지털 시장의 결합은 디파이 도구의 유동성, 안정성, 기능성을 향상시킬 것이다. 또한 디파이 영역을 무담보 대출 또는 소액 대출로 확장하고, 사용자의 온체인 평판을 기반으로 웹3 신용 점수를 생성한다.

평판과 신원

◆

◆　　　　　　　　모든 사람에게는 평판이 있다. 우리는 디파이가 대중화되기 훨씬 전 《블록체인 혁명》에서 이 문제를 다루었다. 평판은 비즈니스와 일상생활에서 신뢰를 쌓는데 매우 중요하다. 현재까지 금융 중개기관들은 신뢰 구축의 기반으로 평판을 사용하지 않고 FICO 신용 점수, 사회 보장 번호 및 기타 식별자를 선호했다. 신용 평가 사업은 훌륭한 사업이다. 기업들은 자발적으로 고객 정보를 신용 평가 회사에 제공하고, 그들은 이 정보를 다른 정보들과 함께 묶어 고객 데이터를 제공하는 회사에 다시 판매한다. 웹3 사업자들은 온체인 평판을 우선 기존 신용 점수를 보완하는 수단으로, 궁극적으로는 대체

수단으로 사용하려고 한다.

스펙트럴Spectral의 설립자 시셔 바기즈Sishir Varghese를 예로 들어보자. 그는 온라인 포커라는 보기 드문 경로를 통해 암호화폐 업계에 들어왔다. 포커 테이블에서 확률을 평가하며 보낸 시간 덕분에 그는 위험에 대한 타고난 감각을 익혔다. 그는 곧 디파이에는 고객의 위험 분석이 빠져 있다는 사실을 깨달았다. 그래서 FICO 점수를 그대로 온체인에 연결하기보다는 '허가가 필요 없고 프로그래밍 가능한 신용도' 즉, 온체인 신용 점수를 구축할 수 있는지를 고민했다.[66] 스펙트럴은 기존 FICO 점수와 동일한 기능을 하는 '다중자산 신용위험 오라클Multi-Asset Credit Risk Oracle, MACRO 점수'를 만들었다. 사용자는 이 플랫폼을 통해 자신의 온체인 점수를 확인할 수 있다.

기존 신용 점수와 달리 데이터는 모두 온체인에 존재한다. 바기즈는 "신용평가를 공개적으로 접근할 수 있는 네트워크로 만들어 서양에서는 신용 평가 회사의 독점으로부터, 그리고 동양에서는 극단적으로 반이상향적인 사회적 신용 점수social credit score를 발행하는 중국 정부의 통제에서 벗어날 수 있게 하고 싶다"고 말했다.[67] 스펙트럴은 FICO 점수를 대체하는 것을 목표로 하고 있지만 FICO의 300~850점 범위는 그대로 고수하고 있다.

현재 스펙트럴은 정보 교환의 중심점이며 완전한 탈중앙화를 위한 로드맵을 개발하고 있다. 이러한 시스템을 구축하는 데에는 많은 어려움이 따르며 많은 사람이 이를 악용하거나 속이려고 할 것이다. 핀테크 분야 작가 알렉스 존슨Alex Johnson이 지적했듯이, "중앙집중화와 고객확인제도KYC의 장점 중 하나는 대출기관이 신청자의 전체 신용 이력을 확실하게 평가할 수 있다는 점이다." MACRO와 관련하여 존슨은 사용자가 "디파이 프로토콜과 상호 작용하기 위한 여러 개의 웹3 지갑을 여는" 상황을 상상했다. 즉, 사용자가 대출을 받고 싶을 때 MACRO 점수에 긍정적으로 기여한 지갑만 연결할 수 있게 하는 상황이다.[68] 또한 FICO는 개인의 대출 상환 능력과 의지를 측정하는 반면 MACRO는 청산 위험을 측정한다. 따라서 이들은 다른 지표이며 MACRO가 개인의 신용도를 반영하지 못할 수도 있다. 온체인 신용 점수는 웹3 사용자를 위한 새로운 범위의 서비스와 제품을 제공하는 데 도움이 될 수 있다. 만약 성공한다면 디파이는 마침내 헌신적인 소수뿐만 아니라 모두를 위해 더 좋은 금융 시스템을 구축할 수 있다. 본질적으로 온체인 신원은 편리성과 통제 기능을 제공한다. 자이드 원 Gyde One의 스테판 게르수니Stepan Gershuni는 "내가 아는 모든 웹3 신원 서비스는 나의 이더리움 주소로 인증할 수 있다. 만약 내가 단일 신원인 메타마스크MetaMask를 가지고 있다면 토큰이나 암호화폐가 없더라도 어떤 웹사이트에서든 인증할 수 있다"라고 말했다.[69] 이는 80개의 웹2 플랫폼에서 80가지 버전의 신원을 갖는 것보다 훨씬 더 편리하다. 통제권에 관해서는 게르수니는 "사용자의 모든 데이터가 이 신원에 연결되어 있고 어떤 애플리케이션이 어떤 데이터를 받을지 사용자가 선택하게 된다. 오늘날 트위터로 로그인할 때 애플리케이션은 트위터에 정보를 요청할 수 있지만 그것은 트위터에 존재하는 정보에 한해서만 가능하다"라고 말했다. 또한 트위터는 정보의 흐름을 통제하기도 한다. "만약 트위터가 과거에 그랬던 것처럼 어떤 정보를 차단하기로 했다면 아무도 신원 정보를 얻을 수 없다."[70] 웹3 세계에서는 정보에 대한 소유권은 사용자가 이용하는 서비스 플랫폼이 아니라 사용자 본인이 갖는다.

디파이의 위험과 기회

◆

◆ 다른 신규 산업과 마찬가지로 디파이 역시 전례가 없고 예측할 수 없는 위험으로 가득 차 있다. 예를 들어, 디파이 거래는 방대하고 변경할 수 없으며 신뢰할 수 있는 온체인 데이터를 생성하지만 실제 세계로부터의 정보에도 의존한다. 애플의 주가가 X 달러가 되면 보유자에게 보상하는 스마트 계약이 있다고 가정해 보자. 전통 금융시장에서의 콜 옵션과 유사하다. 스마트 계약은 어떻게 애플의 가격을 추적할까? 여기에서 스마트 계약이 호출하는 블록체인 외부의 데이터 소스인 오라클oracle이 등장한다. 하비 등에 따르면 오라클로 연결되는 오프체인 세계는 더 많은 투자와 혁신이 필요한 영역이다. "디파이가 고립된 체인을 넘어 유용성을 확보하려면 오라클은 분명히 해결해야 할 설계 문제이자 도전 과제다."[71]

디파이는 거래 상대방 위험을 제거하는 동시에 규제 위험을 증가시킨다. 암호화폐 사용을 완전히 금지한 중국 공산당 중앙위원회와 몇몇 국가를 제외하고 다른 규제 당국들은 여전히 디파이를 이해하려고 노력하고 있다.[72] 이런 불확실성은 혁신에 부담이 된다. 또한, 상호운용성 문제로 인해 다양한 애플리케이션 간의 결합 가능성은 아직 실현하지 못하고 있다. 디파이는 거버넌스 리스크 문제도 있다. 물론 토큰 보유자는 투표권을 가지고 있지만 과연 그들이 투표에 참여하려고 할까?

디파이 혁신가들은 자신들이 대체하려는 그 기관들과 이미 경쟁하고 있다. 코스모스의 에단 버크먼Ethan Buchman은 우리가 "월스트리트의 기존 행동 패턴 즉 투기, 카지노, 부익부 빈익빈 제도, 내부자 거래

등을 많이 복제하고 있다"며 우려한다. 버크먼은 만약 월스트리트가 디파이를 공동 선점하고 첨단기술을 활용한 부정행위 게임을 웹3로 확장한다면 '매우 유감스러운 일'이 될 것이라고 덧붙였다.[73] 금융 산업은 경제에서 중요한 역할을 하며 좋은 사람들이 이 업계에서 많이 일하고 있지만, 버크먼의 지적대로 월스트리트의 자제심이 뛰어나지는 않다. 실제로 월스트리트 트레이더들은 2000년대에 차입자 신용도가 낮은 서브프라임 주택담보대출[MBS]이나 복잡한 금융파생상품인 채무담보부증권[CDO]을 거래했던 것처럼 디파이에서 수익 기회를 찾으려 몰려들고 있다. 소설가이자 역사가인 이레네 바예호의 저서 《갈대 속의 영원[Papyrus]》에서 인용하자면, 금융업계는 "항상 미개척지에서 기회를 찾는 약삭빠른 사업가, 범죄자, 모험가, 그럴듯한 허풍쟁이들의 특이한 모임"을 이끌어 왔다.[74] 버크먼은 이 업계가 타락적인 행동에서 벗어나 보다 새롭고 포괄적이며 지속 가능한 모델을 구축하는 것에 초점을 맞춘 재생적 행동으로 도약할 필요가 있다고 생각한다.

또 다른 위험은 이 새로운 금융 개척지가 기존 시장의 더 어둡고 기이한 측면을 특징짓는 '돈만 밝히는 제로섬 사고방식'을 조장한다는 것이다. 2022년 디파이 시장의 첫 물결이 절정에 달했을 때 나는 콘센시스[ConsenSys]의 수석 이코노미스트인 렉스 소코린[Lex Sokolin]과 인터뷰했다. 그는 이렇게 말했다. "틱톡[TikTok]을 하는 열네 살짜리 아이들은 이제 파생상품인 채무담보부증권[CDO]을 다루는 금융 엔지니어나 다름없다. 마음에 들지 않는다고 해도, 안타까워도 도리가 없다. 그걸 다시 판도라의 상자에 집어넣는 것은 불가능하다. 우리 주변에는 거부하기 힘든 도파민 자극에 길들여진 수백만 명의 아마추어 금융 엔지니어들이 있다. 그들은 트롤링, 밈, 만화 캐릭터들로 조직된 부족으로 뭉치고 있으며 대중 영웅주의적이며 무정부 자본주의자로 군림한다. 정말 엉망진 창이다."[75] 이런 현상은 결코 금융 인프라를 위한 안정적인 기반은 아 닐 것이다.

디파이는 또한 뛰어난 해커들이 시스템의 코딩, 설계 또는 규칙에 내재된 결함을 악용할 수 있는 스마트 계약 위험이 있다. 국제결제은 행에 따르면 "경제 분석의 주요 원칙은 기업이 발생 가능한 모든 사건 을 포괄하는 계약을 고안할 수 없다는 것이다. 중앙집중화는 기업들이 이러한 '계약 불완전성'을 해결할 수 있도록 한다."[76] 디파이에서 이에 대응하는 개념은 모든 상황을 해결하는 코드를 작성하는 것이 불가능 한 '알고리즘 불완전성'이다.[77] 웹3 열성주의자들은 각 계약의 코드가 완전히 공개되어 있으므로 해커는 단순히 명시적으로 '작성된 대로' 사용하고 있다고 주장할 것이다.

블룸버그의 칼럼니스트인 맷 레빈Matt Levine은 "암호화폐 세계에서 명시적인 규칙은 매우 인기가 있다"고 지적했다. 개발자들은 종종 컴 퓨터 프로그램과 누구나 읽을 수 있는 오픈소스 스마트 계약을 코딩 한다. "만약 당신이 스마트 계약을 '해킹'하거나 시장을 '조작'해 이를 악용할 수 있는 방법을 찾기만 하면, 신속하고 효율적으로 그리고 대 대적으로 그렇게 실행할 것이다."[78] 레빈은 이런 종류의 행동을 규제 하고 심지어 유용하게 만들 수 있는 불문율이 있을 것으로 추측했다. 레빈은 새로운 기준을 설명하면서 다음과 같이 말했다. "만약 당신이 탈중앙화 금융 프로토콜을 해킹해 많은 돈을 가지고 도망친다면 당신 이 똑똑하기 때문에 그에 대한 보상으로 일부를 보유할 수는 있지만 그것을 모두 보유하는 것은 비열할 뿐만 아니라 범죄 행위이므로 대 부분 반환해야 한다." 결과적으로 해킹은 소프트웨어가 출시되기 전에 결함을 지적한 베타테스터에게 지불되는 일종의 사후 '버그 현상금'으로 전환된다. 레빈은 "프로토콜의 보안상 결함을 발견하면 그것을 지적한 것에 대한 보상이 필요하지만 그들이 모든 돈을 가져갈 수는 없어야 한다"고 덧붙였다.[79] 대부분의 사회적 집단에서와 마찬가지로 규범은 발전할 것이다. 하지만 웹3에 대한 신뢰 문제를 범죄자나 악의적인 행위자의 손에 맡기는 것이 올바른 방향일까? 악용자가 부모님의 지하실에서 기술을 연마하는 10대인지, 국가가 후원하는 사이버 테러리스트인지, 아니면 세계 최대 범죄 조직 중 하나의 악의적인 해커인지가 문제가 되지 않을까?

그 대신 이러한 시스템을 강화하고 완벽하게 만들 수 있는 기술적 솔루션이 필요하다. 앤드리슨 호로위츠의 알리 야히야는 "일부 프로그래밍 언어는 프로그램이 어떻게 작동할지 보여주는 보호 장치와 검사 수단을 제공하므로 다른 언어보다 안전한 시스템을 구축하는 데 더 적합하다"고 말했다. "페이스북의 무브Move 프로그래밍 언어와 같은 다양한 도구를 사용할 수 있다." 무브는 러스트Rust를 기반으로 리브라 암호화폐 프로젝트와 함께 개발되었으며 페이스북이 '자원 유형', 즉 언어로 돈이나 자산을 나타내는 데이터 유형에 대한 기본적인 기능을 제공한다.[80] "컴파일러와 실행 환경은 자산에 절대 일어나지 않아야 하는 복제 가능성으로부터 보호해준다. '공식적 검증' 단계까지도 발전시킬 수 있다"고 야히야가 말했다.[81] 그는 자기 생각을 다음과 같이 요약했다. "더 나은 인간 관행과 더 나은 기술의 조합이 우리를 그 목표에 도달하게 할 것이다. 이는 불가능한 문제가 아니며 스마트 계약 위험뿐만 아니라 브리징bridging, 서로 다른 블록체인 간에 자산이나 데이터를 전송하는 것에도 적용된다."[82]

스마트 계약 리스크에 대한 또 다른 고전적인 해결책은 코드가 출시되기 전에 외부 회사를 고용해 그 코드를 감사하는 것이다. 감사 회사의 평판이 좋을수록 그들의 '우수 품질 인증서'는 더 중요한 의미를 지니게 될 것이다. 코인베이스뿐만 아니라 이더리움 파운데이션 Ethereum Foundation, 컴파운드 Compound, 에이브 Aave 등이 선호하는 제플린 Zeppelin은 다음의 세 가지 문제를 해결하려고 노력한다. 첫째, 보안, 즉 해킹이나 공격에 대한 노출 문제, 둘째, 개발자 환경, 즉 오류를 초래할 수 있는 적절한 개발 및 테스트 도구의 부족 문제, 셋째, 운영, 특히 배포된 이후 까다로울 수 있는 애플리케이션의 문제를 관리하고 수정하는 일이다. 보안 감사는 시스템이 의도한 대로 작동하는지 확인하는 과정이다. 때로는 전문가를 신뢰하는 것도 괜찮을 것이다.

웹3 자산의 평가 방법

◆

◆   최초의 주식 시장은 1602년 암스테르담에서 시작됐다. 네덜란드 동인도회사의 주식을 거래하기 위해서였다. 주식 시장이 생긴 이후 상장기업은 비즈니스와 경제에서 점점 더 지배적인 세력이 되었다.

상장 기업의 길고 화려한 역사에도 불구하고 기업의 주식이나 기타 자산의 가치를 결정하는 방법인 증권분석은 비교적 최근에 등장했다. 벤저민 그레이엄 Benjamin Graham과 데이비드 도드 David Dodd는 1934년에 가치 투자의 정석이 된 《증권 분석 Security Analysis》을 저술했다.[83]

웹3에서 대부분의 자본 형성이 프로토콜 및 분산 애플리케이션 수준에서 발생한다면, 그레이엄과 도드가 그 당시 아날로그 자산에 대한 방법론을 개발한 것처럼 우리는 디지털 자산을 평가하기 위한 방법론과 프레임워크를 개발할 필요가 있다. 전통적인 기업들과 마찬가지로 우리는 관련된 사람, 비즈니스 모델, 제품 제공, 시장 위치 등을 살펴보고 가치를 도출할 수 있다. 전통적인 지표에 다른 변수들을 추가할 수도 있다. 참여자들의 참여도는 어떠한가? 그들이 구축하는 블록체인 경제의 규모는 어느 정도인가? 화폐는 얼마나 빠르게 순환하는가? 토큰 경제 모델, 거버넌스 모델, 기술 성능 등을 분석할 수 있다. 토큰 배포 모델, 수수료 구조, 회사의 주식 수와 비슷한 토큰 유통량을 살펴볼 수도 있다. 주식 수가 증가하고 감소하는 것처럼 유통되는 토큰의 수도 변동될 수 있다. 우리가 디지털 자산의 가치를 계산할 때 토큰 유통량은 매우 중요하다. 왜냐하면 정량적 지표의 분모이기 때문이다.

네트워크 참여자에게는 거래를 처리하고 네트워크를 보호하기 위해 자신의 시간, 에너지, 컴퓨터를 제공하는 것에 대한 인센티브가 필요하다. 사용자 소유 네트워크는 초기 참여자들에게 보상을 제공하고, 해당 네트워크의 신규 토큰을 발행하여 토큰 유통량을 늘린다. 비트코인 채굴자들은 노력에 대한 대가로 새로 발행되는 비트코인을 받는다. 코스모스 및 카다노와 같은 지분 증명 네트워크의 토큰 유통량도 꾸준히 증가하고 있다. 탈중앙화 거래소인 유니스왑 또는 탈중앙화 대출 상품인 컴파운드와 같은 네트워크 위에 구축된 애플리케이션도 토큰을 발행할 수 있고, 시간이 지남에 따라 토큰 유통량을 증가시킨다. 사용자들은 토큰 소각을 통해 유통되는 토큰을 제거할 수도 있다. 즉, 아무도 열쇠를 가지고 있지 않은 지갑 주소로 토큰을 보내서 다시 찾을 수 없도록 하는 식이다. 전통적인 금융시장에서는 이렇게 주식 수를 줄이는 것을 자사주 소각이라 부른다. 기업의 수익 증가율에 비례하지 않고 주식 수가 늘어날 경우, 추가로 발행된 주식은 기존 주식을 희석하는 요인이 된다. 마찬가지로, 토큰 유통량이 기본 프로토콜의 수익보다 많이 증가하면 토큰 보유자의 가치가 희석된다.

웹3 투자자들은 주당순이익EPS이나 자사주 매입과 같은 요소들을 '토큰 당 프로토콜 수익' 및 '토큰 소각'으로 재구성하고 있다. 그 대표적인 사례가 이더리움이다. 최근 '더 머지The Merge'와 이더리움 개선 제안인 EIP-1559로 알려진 이더리움의 최근 업그레이드는 지분 증명 시스템을 구현하고, 이더리움의 시장 메커니즘을 변경해 이더리움의 탄소발자국을 99% 이상 감소시키고 ETH의 인플레이션율을 90% 절감함으로써 웹3의 분수령이 되었다. 또한 지분 증명을 구현하고 이더리움의 시장 메커니즘을 변경하여 거래 수수료를 지불하기 위해 사용된 ETH의 일부를 소각시켜 ETH의 희소성을 높였다.[84] 스테이킹 참여자들은 여전히 새로운 ETH를 받지만 네트워크 수요가 안정됨에 따라 소각량이 발행량과 일치하거나 심지어 초과하기 시작했다.

이더리움의 핵심 기여자이자 이더리움 '더 머지'의 주요 설계자인 팀 베이코는 이 과정을 다음과 같이 설명했다. "검증자에게 토큰 발행과 거래 수수료의 일부를 주고 나머지 거래 수수료를 소각하면 소각이 발행을 상쇄할 때 지속 가능한 보안 예산과 함께 보상과 디플레이션을 모두 얻을 수 있다."[85] 이 과정의 핵심 동인은 이더리움 네트워크 사용에 대한 지속적이고 증가하는 관심이다. 만약 네트워크에서 거래를 원하는 사람이 없으면 새로운 토큰의 발행을 상쇄할 수수료가 발생하지 않는다. 이 지속 불가능한 발행에 따른 악순환은 이더리움의

경쟁자가 될 수 있는 많은 프로젝트를 압박했다. 이 책을 쓰는 동안 이
더리움은 유통량이 지속적으로 감소하고 수익은 일정하거나 증가하
고 있다. 이더리움의 이런 시스템은 토큰 보유자들에게 가치를 키워준
다. 애플이 자사주 매입을 통해 주식의 유통량을 줄이고 주당 이익을
증가시키는 것처럼 이더리움의 소각 메커니즘은 장기적으로 토큰 보
유자에게 가치를 제공한다.

웹3의 금융 프론티어 개척

◆

◆   수십억 명의 사람들이 유선전화를 건너뛰고
휴대전화를 사용하게 된 것처럼, 디파이는 특히 남반구의 사람이 전통
적인 은행이나 중개업자들을 건너뛰게 할 수 있다. 유니스왑의 거래량
은 뉴욕증권거래소에 상장된 코인베이스의 거래량을 초과하는 날이
많다. 자동화된 집합 투자 프로토콜인 YFI('와이파이'라고 부름)는 투자
자가 자본을 한군데로 모아 스마트 계약을 통해 투자자 대신 투자하
는 시스템으로, 첫해에 70억 달러의 총예치금액TVL, total value locked을 달
성했다. 스테이블코인인 DAI의 일일 거래량은 약 5억 달러로 이는 미
국의 인기 결제 앱인 벤모Venmo를 능가한다.[86] 또 다른 스테이블코인
USDC는 중앙집중화된 금융기관에 담보자산을 보유하기 때문에 엄밀
한 의미에서 디파이 자산은 아니지만, 2022년 이더리움 블록체인에서
만 4조 5천억 달러(하루 평균 120억 달러 이상)의 거래를 처리했다.[87]

휴대전화에 대한 경험을 통해 우리는 5G든 위성이든 간에 인프라
를 구축하는 데 비용이 많이 든다는 것을 배웠다. 그렇다면 디파이도

같은 문제를 갖고 있을까? 디파이는 누구나 인터넷에 연결되어 있으면 접근 허가가 따로 필요 없는 시스템이다. 반면, 암호화폐를 소유하고 인터넷이 가능한 장치와 적절한 인터넷 연결이 있어야 한다. 따라서 진입 장벽은 상당히 높다. 신흥 시장에서 통신이 어떻게 발전했는지를 알면 디파이 공급의 로드맵을 알 수 있다. 휴대전화 사업자들은 모바일 서비스를 출시할 때 휴대전화를 무료로 제공하곤 했다. 디파이 프로토콜은 플랫폼 자체의 소유권을 무료로 나눠주지만, 이는 사람들에게 무료 휴대전화보다 매력적으로 느껴지지 않을 수 있다. 또한, 디파이 프로토콜은 통신 회사만큼 자본이 충분하지 않아 동일한 수준으로 보조금을 지원할 수 없다.

통찰력 있는 정부는 기존 은행들이 제 역할을 못 하는 특정 지역 내 금융 서비스의 접근성을 넓히기 위해 디파이 프로토콜에 맞춘 자체 사용자 인터페이스[ii]를 구축할 수 있다. 세계은행에 따르면 전통적인 핀테크의 장점에도 불구하고 AML(자금 세탁 방지) 및 CTF(테러 자금 조달 방지) 규제 준수의 부담으로 인해 개발도상국 내 신규 서비스 제공업체의 상대 거래 은행에 대한 접근은 제약을 받고 있다. 이런 규제는 이민자들이 디지털 송금 서비스를 이용하는 데에도 악영향을 미친다. 요약하자면 디파이 혁신가들은 규제의 불확실성, 보안 리스크, 접근성 부족 등 많은 도전 과제에 직면해 있다. 그럼에도 불구하고 디파이의 잠재적 이점은 너무나 크다. 오늘날 거대 금융 산업은 이를 주목해야 한다.

결론 및 핵심 요약

웹2에는 몇 가지 단점이 있다. 웹2의 비즈니스 모델이 광고되면서 웹2는 인터넷 사용자들을 폐쇄적인 공간으로 몰아넣고 사용자의 데이터를 채굴했다. 금융 중개자들은 거의 혁신 없이 부를 축적했다. 중앙집중식 플랫폼은 독점을 만들어 혁신을 저해했다. 이러한 한계는 다양한 산업에서 새로운 솔루션에 대한 기회를 만들었다.

1. 금융 서비스는 신원 확인, 자금 이동 및 보관, 대출 제공, 성장 자본 조달, 위험 보장, 금융 상품의 시장 조성 등의 모든 업무를 재구성할 수 있다. 이것은 단순히 디지털로 전환하는 작업이 아니라 세계에서 가장 중요한 산업의 새로운 아키텍처를 구축하는 과정이다.

2. 디파이는 진정한 인터넷 기반 금융 산업의 구축이라는 선봉에 있다. 디파이는 뛰어난 결합 가능성, 유동성, 프로그래밍 가능성의 장점이 있다. 디파이는 공식적인 인증이 필요없으므로 은행 계좌가 없는 사람도 더 쉽게 접근할 수 있다.

3. 디파이에는 규제의 불확실성, 스마트 계약 위험, 오라클 위험, 사기 등 여러 가지 단점이 있다. 하지만 시간이 지나면 극복할 수 있는 구현상의 과제다.

4. 스테이블코인은 전통 금융과 디파이 사이를 더 긴밀히 연결하고 통합하는 데 주도적인 역할을 하고 있다. 스테이블코인은 은행과 다른 기업들이 웹3 도구들을 채택함에 따라 웹2.5로 통칭되는 혼합 모델의 표준이 될 것이다.

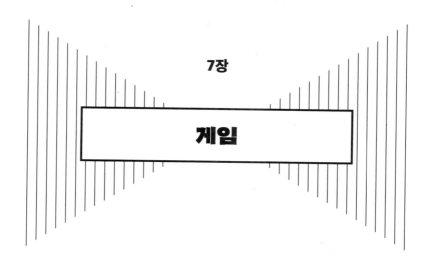

7장

게임

웹2에서 게이머는 디지털 상품을 구매할 수 있지만 이에 대한 소유권은 없다. 상품들을 일정 기간 임대하는 것에 불과하다. 이 산업의 비즈니스 모델은 플레이어들이 게임 내 자산을 구매할 수 있도록 진화했다. 앞서 언급했듯이, 인터넷 사용자가 진정으로 소유하지도 못하는 디지털 상품에 연간 1,000억 달러를 소비하는 것에서 알 수 있듯이 그들이 디지털 임대 시장을 지지하는 것을 막지 못한다. 예를 들어, 로블록스^{Roblox}는 연간 19억 달러 매출의 대부분을 '로벅스^{Robux}'라는 게임 내 통화의 판매에서 올리고 있다.[1] 로블록스는 일일 사용자 수가 5천만 명으로, 로벅스는 세계에서 가장 널리 사용되는 '가상 통화' 중 하나다. 그러나 이는 진정한 의미에서 디지털 무기명 자산이 아니다. 사용자들은 로벅스를 현금과 교환할 수 있지만 그것은 로벅스 회사의 결정에 달려있다. 사용자는 어떠한 재산권도 행사할 수 없다.

이러한 권리의 부재가 사람들이 가상 자산 시장을 구축하는 것을 막지는 못했다. 초기 단계부터 가상 자산 시장은 불법이긴 했지만 번성했다. 애니모카 브랜즈의 얏 시우는 "가상 아이템을 판매하는 블랙 마켓은 수십 년간 존재했다. 처음에는 소규모였지만 대규모로 커졌다. 오늘날도 이베이^{eBay}에 가면 계정을 사고파는 것을 볼 수 있는데, 이는 곧 디지털 자산을 파는 것과 다름없다"고 말했다.[2]

일부 사업가는 가상 자산 거래를 통해 합법적인 비즈니스를 구축하려고 시도했지만 해당 사업이 게임 서비스 약관에 위배된다는 이유로 게임 회사에 의해 폐쇄되었다. "사실, 당신은 당신의 물건을 소유하지 못한다"라면서 시우는 이렇게 말했다. "이러한 갈등은 블록체인 이전에도 업계에 존재했다. 블록체인이 등장하면서 집중화된 통제에서 벗어나 독립적이고 탈중앙화 방식으로 자산을 저장하는 방법이 제시되었을 때에야 우리는 비로소 그 잠재력을 깨달았다. 우리는 '맞아, 이 것을 기반으로 구축하면 모든 것이 바뀔 거야'라고 생각하게 됐다."[3]

웹3 게임은 플레이어가 가상 상품을 임대하는 것이 아니라 소유할 수 있도록 한다. 웹3 게임이란 참여자에게 진정한 디지털 상품의 소유권을 제공하고 게임 플레이를 통해 금전적 보상이 가능한 게임을 의미한다. 또한 플레이어들이 직접 자산을 사고팔 수 있도록 함으로써 앱 안에서 일어나는 구매 과정에서 구글과 애플의 중개 역할을 없애고 그들의 임대료 추구 모델에 도전한다. 이때 토큰 기반 커뮤니티가 전통적인 소셜 네트워크를 대체할 수 있다. 커뮤니티가 소유한 콘텐츠가 팬들에게 더 많은 권한을 부여하며 게임 및 모든 종류의 콘텐츠 제작에 있어 전통적인 스튜디오에 도전할 것이다.

무료 플레이에서 플레이 투 언으로

◆

◆ 　　　　　　모바일 F2P Free to Play 게임은 아이폰이 발명
된 직후 유행하기 시작했다. 다운로드 가능한 앱은 재미있고 단순한
형태의 게임을 제공했다. 예를 들어, 새총으로 앵그리버드를 몇 분 동
안 잡는 게임은 출퇴근하는 사람의 관심을 끌었다. 사용자는 이 게임
을 무료로 다운로드해 플레이할 수 있었지만 특정 기능을 사용하려면
유료로 구매해야 했다. 이 초기 게임들은 대부분의 측면에서 전통적인
게임 모델보다 열등했다. 돈을 내면서까지 게임을 즐기려는 사람은 드
물었다. 소니나 마이크로소프트의 임원 입장에서 보면 이런 고객은 플
레이스테이션이나 엑스박스에 500달러를 지출하고, 콘솔에 DVD처
럼 넣어서 재생하는 디스크와 하드웨어 액세서리에 수백 달러 이상을
지불하는 핵심 게이머에 비하면 상업적 가치가 없었다. 결과적으로,
대기업들은 무료 게임 시장을 무시했다. 그들은 핵심 고객에게만 집
중하고 당시에는 입증되지 않고 약간은 허술하기도 한 수익성이 낮은
고객에게는 관심을 두지 않았다. 그것이 올바른 사업 전략처럼 들리지
않는가? 이것이 바로 지금 '최고'의 고객들이 신경 쓰지 않는 신제품
을 개발할지와 관련된 '혁신가의 딜레마'다. 설사 기업 경영진이 그 중
요성을 깨닫는다고 하더라도 타이밍을 잘못 잡거나 투자를 너무 적게
하거나 간혹 너무 과도하게 투자해서 혁신적인 시장이나 기술이 얼마
나 파괴력이 있는지 파악하지 못하기도 한다.

2009년의 아이폰은 엑스박스 성능에 버금가는 기능을 제공하지 못했지만 2022년의 아이폰은 동일한 기능을 제공한다. 우리가 초기에 휴대폰에 다운로드했던 무료 게임들은 단순하고 조잡했다. 오늘날의 모바일 게임은 전체 게임 매출의 57%를 차지하며 이 중 절반은 무료다. 부차적이었던 시장이 지금은 주류 시장이 된 것이다.[4] 무료 게임의 성장이 콘솔 시장을 잠식한 것은 아니다. 모바일 게임과 무료 게임의 성공은 게임에 대한 진입 장벽을 대폭 낮춤으로써 게임 시장의 규모를 키웠다. 이는 '콜오브듀티Call of Duty'와 같은 프리미엄 콘솔 게임의 성장으로 이어졌다.

얏 시우는 모바일 게임의 혁신과 무료 게임이 게임 사업을 심각한 불황에서 구출했다고 말했다. "대부분의 사람은 2009년에서 2010년 사이에 게임 산업이 침체의 늪에 빠졌다는 사실을 기억하지 못할 것이다. 플레이스테이션 판매가 정체되면서 소니의 전망은 매우 비관적이었다."[5] "게임 스튜디오와 기술 회사들은 '한 달에 20개의 게임을 구입할 소수의 고객을 목표로 삼았다. 고객은 타겟Target, 게임스탑GameStop 혹은 다른 매장에서 이러한 게임들을 구매했다. 게임 시장 전체가 이런 모델을 중심으로 움직였으나 결국 한계에 부딪혔다."[6]

시우에 따르면, '인스타그램이 사진을 대중화시킨 것처럼' 무료 게임이 게임을 대중화했다. "할머니부터 엄마까지 모두가 앵그리버드와 캔디크러쉬사가를 시작으로 전문 게이머가 되었다. 그중 일부는 결국 '아, 사실 내가 게임을 좋아하는구나. 이렇게 재미있다는 걸 몰랐어'라고 생각하기에 이르렀다."[7] 무료 체험 비즈니스 모델은 게이머가 4억 명이었던 틈새시장이 오늘날 30억 명이 넘는 시장으로 성장하는 데 크게 기여했다. 모바일 무료 게임은 진지한 게이머가 된 사람이 콘솔 구매자로 변화하는 관문이 되었다. "갑자기 콘솔 게임의 판매가 증가했고, 모바일 게임 산업이 수십억 명의 새로운 사용자들을 끌어들임에 따라 게임 산업 전체가 성장할 수 있었다"라고 시우는 말했다.[8]

웹3 게임 스타트업인 라구나 게임즈 Laguna Games의 리아 루 Ria Lu는 "NFT 게임 이전의 혁신은 무료 게임이었다. 과거에는 대규모 기업들은 전통적인 게임 방식에서 모바일 무료 게임으로 전환하는 데 어려움을 겪었다"라고 설명했다. 루는 "자원이 부족해서가 아니었다. 일반적으로 새로운 아이디어를 시도하는 것은 인디 게임 회사들의 몫이다. 그들은 새로운 것에 도전하는 것을 즐기기 때문이다. 반면, 대기업들은 시장이 이익이 된다는 판단이 서야만 그 시장에 뛰어든다"고 덧붙였다.[9] 루는 "초기에는 소규모 독립 개발사들이 앵그리버드와 같은 무료 게임들을 제작했다. 나중에 시장이 거대해지면서 대기업들이 모바일 게임 시장으로 진출했다"고 지적했다.[10]

NFT 게임에서도 이와 유사한 패턴을 볼 수 있다. NFT 게임이 아직 보잘것없어 보이지만, 일부 사람은 디지털 상품의 소유권과 그에 따르는 경제적 효과가 시장에서 엄청나게 중요하게 될 것으로 생각한다. 이미 토큰 기반 커뮤니티는 공동 소유의 개념으로 인기를 얻고 있다. NFT 게임의 경제 시스템에서 돈 버는 것을 좋아하는 사람도 늘고 있다. 이 모든 요소는 웹3 개발자들이 새로운 법적 권리를 끊임없이 개발하려는 의욕을 지속적으로 불러일으킨다. 스카이 마비스의 공동 창업자이자 COO인 알렉산더 라센은 웹3 게임의 품질과 몰입감이 웹2 게임과 동일해지는 '기능 평등' 단계에 도달하게 되면 웹3 게임이 '백전백승'할 것으로 믿는다.[11] 웹3 게임이 게임 업계를 지배하고 다른 모델들을 압도하며 '승리'할 것이라는 라센의 예측이 맞을 수도 있다.

하지만 무료 게임이 게임 시장을 성장시켰던 것처럼 웹3 게임이 지금
까지 게임에 관심이 없었던 사람들을 게임 산업으로 끌어들이면서 시
장을 성장시킬 수도 있다.

소유와 수익은 게임하는 재미를 대체하기보다
향상시켜야 한다

◆

◆   루는 소유권이 웹3 애플리케이션의 여러
특징 중 하나이지만, 최우선이 되어야 하는 것은 유용성과 재미라고
강조했다. 그러면서 자신의 게임인 크립토 유니콘스 Crypto Unicorns의 디
지털 상품들을 보석에 비유했다.[12] 사람이 에메랄드를 사는 이유는 그
것을 착용하고 싶어서다. 언젠가 보석을 팔 수도 있겠지만 에메랄드
를 사는 주된 이유가 판매 때문은 아니다. 루는 "나는 보석을 착용하
고 소유하는 것을 즐기기 때문에 보석을 산다. 사람들이 NFT 게임도
보석과 같다고 생각하면 좋겠다"라면서 말을 이었다. "사람들은 게임
을 즐기려고 그 게임의 NFT를 구매한다. 그것이 NFT가 가치를 가지
는 이유다. 게임 산업이 발전하는 것이 바로 내가 꿈꾸는 미래의 모습
이다."[13] 그리고 그녀는 "NFT 게임이 인기를 끌기 시작했을 때 사람들
은 게임하는 것이 좋아서가 아니라 돈을 벌 수 있어서 게임을 했다. 하
지만 그것도 게임이다. 그 경험을 즐겨야 한다. 그게 당연한 일이 아닌
가?"라고 했다.[14]

시우도 비슷한 비유를 사용했다. 강한 커뮤니티와 문화를 가진 게
임은 사용자들이 본질적인 가치 이상으로 감정적인 애착을 가지고 있

기 때문에 성공할 가능성이 크다. 그는 결혼반지를 예로 들었다. "결혼 반지는 모두 동일한 재료로 만들어졌고 대체 가능하다. 하지만 특정 결혼반지를 사는 순간 그것은 매우 의미 있는 것이 된다. 값을 매길 수 없게 되고 당신이 결혼을 소중히 여긴다면 결혼반지는 팔 수 없다."[15]

루의 견해에 따르면 NFT 게임 플레이어들이 게임의 자산을 소유하므로 게임에 대한 소유권을 더 많이 가진다. "당신이 게임에 투자를 많이 하면 할수록 당신은 그 게임이 부분적으로 당신의 것이라는 느낌이 들 것이다." 루는 무료 게임과의 차이점을 이렇게 비교했다. 게이머들은 로벅스와 같은 '가상 코인'에 돈을 쓰지만 "게임이 지겨워지면 '이제 그만둘 거야, 게임하지 않을 거야'라고 말하게 된다. 그러면 게임에 쏟아부은 모든 것을 잃게 된다. 그것은 가상의 것이고 다른 곳에서는 중요하지 않기 때문에 게임에서 나가면 사라져 버린다."[16] 만약 주요 캐릭터가 루의 게임인 크립토 유니콘스Crypto Unicorns에 등장하는 유니콘과 같은 NFT라면 더 이상 플레이하고 싶지 않을 때 이를 다시 팔 수 있다. "그러니 완전히 손해 보는 것이 아니다." 그런 의미에서 루는 웹3 게임의 경험은 웹2 게임과는 약간 다르다고 말했다. "내가 쏟아부은 모든 것을 잃어버리지 않아도 되기 때문이다."[17] 플레이어들 입장에서 보면 토큰을 소유하는 것은 웹3 커뮤니티를 만들고 플레이어들 간에 협업과 연결고리를 더 많이 만들 수 있다는 것을 의미한다.

라구나 게임즈의 또 다른 멤버는 프로덕트 디렉터인 카트리나 울프Katrina Wolfe다. 정적인 성격의 게이머인 울프는 게임에 대한 자신의 열정을 직업으로 승화시켜 다양한 기술을 가진 사람과 함께 일하기를 원한다는 사실을 깨달았다. 그녀는 인디 스튜디오인 콩그리게이트Kongregate에서 7년 동안 일한 후 2022년 라구나 게임즈에 합류했다. 울프는 소유권이 기존의 게임 플레이를 풍부하게 만들 수 있다고 생각한다. 그녀는 각기 다른 게임에 사용되는 캐릭터(아바타)를 개발하는 사람이며, 프로필 이미지를 활용하는 NFT 프로젝트에도 관심이 많다. 아바타를 소유한다는 아이디어는 자신과 같은 게이머들에게 매력적이었다고 말했다. 스카이 마비스의 알렉산더 라센도 비슷한 이야기를 했다. "게이머로서의 과거를 돌이켜 보면, 엄청나게 중요한 경기에서 승리했을 때조차도 그것이 실제로 일어났다는 사실을 증명할 방법이 없었다. 왜냐하면 기존 인터넷이었기 때문이다. 누군가 내 이름을 구글에서 검색한다면 인터넷 역사의 어딘가 구석진 곳에서 내 이름이나 닉네임이 간신히 언급된 것을 찾을 수 있을 것이다. 하지만 내가 그 게임 제작자가 '승리의 상징'으로 발행해 준 NFT를 보유하고 있었다면 어떻게 될까? 그러면 그 NFT는 나의 디지털 자아의 일부가 될 수 있었을 것이다."[18]

울프는 또한 사용자가 만든 콘텐츠도 게임을 풍성하게 만든다며 이렇게 말했다. "나는 스카이림 모드 Skyrim mode, RPG 게임인 '엘더스크롤5: 스카이림'에 대한 사용자 제작 콘텐츠도 많이 플레이했고, 다른 게임의 여러 모드도 즐겼다. 세계에는 놀라운 아이디어를 가진 사람이 너무나 많다. 소유권과 수익을 가질 수 있는 기능과 전 세계의 창의적인 사람이 콘텐츠를 제작할 수 있도록 지원하는 시스템이 갖춰지면 게임의 잠재력이 제대로 발휘될 수 있다고 생각한다."[19]

사샤 모즈타헤디 Sascha Mojtahedi는 NFT 카드 게임인 패러렐 Parallel을 개발할 때 '플레이해서 돈 벌기 P2E' 게임에 대해 다른 시각을 제안했다. "우리는 이것을 '승리해서 돈 벌기 W2E' 게임으로 생각했다. 단지 게임하는 것만으로는 보상하지 않았다. 이기는 경우에만 보상해준다."[20]

그러나 다른 사람과 마찬가지로, 모즈타헤디는 게임의 사회적 측면이 웹3 게임의 성공에 기초가 된다고 본다. 게이머들이 돈벌이에 대한 과도한 부담감을 극복하려면 웹3 게임이 재미있어야 한다. 그렇다면 게이머들이 계속 게임하는 요인은 무엇일까? "첫째, 플레이하는 것이 매우 재미있다. 둘째, 그것은 사회적이다. 사람은 게임을 통해 서로 사회적으로 소통하고 싶어 하기 때문이다"라고 모즈타헤디는 말했다. "우리는 워존Warzone을 플레이하면서 대화가 가능한 음성 헤드셋으로 채팅할 수 있다. 이것은 친구들과 통화하면서 돌아다니고 뛰어다니며 총을 쏘는 것과 같은 느낌이 든다."[21]

블로우피시 스튜디오Blowfish Studio의 벤저민 리Benjamin Lee는 1998년부터 게임을 개발해 왔다. 파트너인 아론 그로브Aaron Grove와 함께 그는 한동안 애플 앱스토어의 게임 차트에서 상위권에 오른 시즈크래프트Siegecraft와 같은 인기 게임들을 만들었다. 리는 항상 다음에 무엇이 등장할지 주시한다. 처음에는 PC였고 그다음에는 모바일과 VR이었으며 이제는 웹3다. 리아 루와 마찬가지로, 리는 초기 웹3 모델의 결점을 발견했다. 대부분의 플레이어는 마치 '직장 일을 하는 것'처럼 "게임을 시작하며 바로 현금을 받았다." 둘째, "게임하는 사람의 층이 매우 얇았다. 이는 단순히 클릭만 하는 방식이므로 전통적인 게임 개발자인 블로우피시의 개념에는 맞지 않았다. 지난 12년 동안 우리는 프리미엄 게임에 집중해 왔다."[22] 동시에 사용자 경험으로서의 소유권은 리에게 깊은 인상을 남겼다. "은행을 거치지 않고 전 세계에 돈을 즉시 송금하는 것은 매우 강한 인상을 주었다."[23] 리는 이를 게임에 적용하고 싶었다.

리는 블로우피시의 첫 번째 웹3 게임인 팬텀 갤럭시즈Phantom

Galaxies의 플레이어들을 위한 자신의 비전을 이렇게 설명했다. "플레이어들은 게임을 즐기기 위해 게임을 해야 한다. 그들은 게임의 세계에 관심을 갖고 자신의 캐릭터, 우주선, 소유할 자산들을 구축하면 된다. 돈을 벌려고 게임하는 것이 아니다."[24] 그는 "처음에 팬텀 갤럭시즈를 기존 게임으로 일부 파트너에게 제안했을 때 반응이 매우 긍정적이었다. 우리는 팬텀 갤럭시즈가 재미있는 게임이 될 것이라고 확신해 정식으로 출시할 계획이었다. 그러나 블록체인으로 전환하니 기존의 경로나 기존 파트너들을 이용할 필요가 없었다. 그 덕분에 우리는 실험적이고 더욱 혁신적인 방식으로 접근할 수 있었다"라고 말했다.[25] 게임 산업의 최첨단에서 일하는 리는 웹3가 자유를 준다고 생각했다.

라구나 게임즈의 루는 웹3 게임 개발에 입문하는 사람에게 다음과 같이 조언했다. "보통의 게임으로 생각하세요. 일반 게임이 갖춰야 할 요소들, 즉 재미있는 게임, 매력적인 캐릭터, 멋진 그래픽을 갖춰야 합니다." 루는 크립토 유니콘스를 훌륭한 게임으로 만들고 싶었다. 그녀의 팀은 게임 개발 경력이 오래된 전통적인 게임 개발자들로 구성되어 있다. 그녀는 이렇게 강조했다. "우리는 NFT 게임을 만들려고 라구나 게임즈를 설립한 것이 아니다. 우리는 게임 회사이며 게임을 만드는 사람이다. 우리는 작품에 자부심이 있다. 하지만 신중해야 한다. 우리는 유니콘의 디자인, 이름, 번식 방법, 출시할 종류와 각 유니콘이 무엇을 할 수 있을지에 대해 정말 깊이 생각했다. 농사를 지을 수 있을까? 이런 것을 할 수 있을까? 저런 것도 할 수 있을까?"

웹3 게임에서 디지털 상품의 역할

◆

◆ 　　　　　디지털 상품은 다른 웹3 애플리케이션에서 다양한 역할을 수행했던 것처럼 웹3 게임에서도 다양한 역할을 수행한다. 디지털 상품은 수집품, 상품, 또는 검이나 방패와 같이 유용한 아이템이 될 수 있다. 가상의 땅이거나 게임 내에만 존재하는 다른 생산적 자산이 될 수도 있다. 또한 디지털 상품은 프로필 사진처럼 플레이어의 디지털 자아를 나타내는 지위의 상징이나 플레이어의 게임 내 평판을 쌓는 기반이 되기도 한다. 때로는 게임 내 특정 경험을 할 수 있는 인증 수단이 될 수도 있다. 아직 초기 단계지만 이러한 게임들은 현실 세계의 경제 모델을 반영할 수 있는 잠재력이 있다. 예를 들어, 게임은 사용자의 시간과 에너지에 대한 보상으로 디지털 상품을 사용한다. 이러한 인센티브는 게임 플레이를 향상시키고 새로운 사용자를 유치할 가능성이 있다. 하지만 이를 부주의하게 사용하면 게임이 제대로 출발하기도 전에 사람들을 실망시킬 수도 있다. 액시 인피니티는 필리핀에서 사용자들이 플레이를 통해 보상을 얻으려고 몰려들었던 P2E 게임이다. 제작사인 스카이 마비스의 알렉산더 라센에 따르면, "글로벌 사우스에는 배움에 대한 인센티브가 있으며, 그 인센티브가 충분히 크기 때문에 실제로 고생을 하며 배우려고 한다. 하지만 서구에서는 배우는 데 드는 비용과 시간, 그에 따른 리스크에 비해 인센티브가 작다."[26] 문제는 이 게임을 플레이하려면 사용자들이 돈을 내고 캐릭터를 구매해야 한다는 것이다.

이 게임만 하더라도 한 달에 800달러를 벌 수 있었기 때문에 게임 참가에 필요한 캐릭터 구매 비용이 큰 문제가 아니었다. 2021년 한

달 동안 250만 명이 이 게임을 했다.[27] 라센은 "액시 인피니티는 토큰화된 자원을 획득할 수 있는 게임이다. 이 자원들은 가치가 있을 수도 있고 없을 수도 있다. 자원의 시세는 플레이어 스스로가 만든 개방 시장에서 결정된다. 이 게임은 투기적인 성격이 있다"라며 이렇게 말했다. "나는 암호화폐에 관한 이야기가 이익만을 추구하는 사람에 의해 종종 왜곡되는 경우를 보았다. 이런 상황은 아주 걱정스럽다. 왜냐하면 우리는 재미있는 게임을 만들려고 노력하기 때문이다.[28] 라센에게 중요한 것은 목적지가 아니라 게임을 하면서 공유하는 여정이다. 많은 웹3 발명품과 마찬가지로, 일단 개발자가 자신이 만든 게임을 세상에 공개하고 나면 이를 중심으로 공동체가 형성되고 게임은 예상치 못한 방식으로 발전한다.

예를 들어, 최대 1,500달러인 참여 비용을 충당하기 위해 일부 플레이어는 게임 내 수입의 일부를 대가로 새로운 플레이어의 게임 진입을 후원하는 관리자 또는 '길드guilds'의 스폰서십을 추구한다. 비토리아 엘리오트Vittoria Elliott 기자에 따르면, "길드는 구성원을 수백 명으로 늘리고 다양한 계정을 관리하며 액시 캐릭터를 능숙하게 다루고 액시 인피니티 쉐어드Infinity Shard 토큰의 가치를 계속 높여간다."[29] 길드에 속하든 개인이든, 액시 플레이어들은 필리핀 정부가 액시 수입에 소득세를 부과하고 싶어 할 정도로 많은 돈을 벌었다.[30] 그러나 안타깝게도 1년 만에 수입이 10달러로 급락했다. 일부 사람은 돈을 잃고 다시 벌 수 없게 되었다. 많은 사람이 게임에 실망했다.

액시 인피니티는 다른 문제에도 시달렸다. 2022년 3월에는 플레이어들이 게임 자산을 이동하는 데 사용하던 액시와 연결된 브리지가 해킹당하는 사고가 일어났다.[31] 북한 해커들이 6억 달러 이상을 빼

돌렸으며 그중 3천만 달러만 회수할 수 있었다.[32] 이러한 좌절에도 불구하고 웹3 게임의 선구자인 액시 인피니티는 다시 추진력을 얻으려고 노력하고 있다.[33] 액시 길드를 조직하는 데 도움을 준 일드길드게임즈 Yield Guild Games의 베릴 리Beryl Li는 "액시 인피니티는 사용자들이 게임을 통해 보상을 얻고 싶어 한다는 것을 증명했다. 액시 인피니티는 여러 개발자와 게임 디자이너가 액시를 모방해 디자인하거나 액시에서 얻은 교훈을 토대로 조금 개선된 게임을 만들도록 영감을 주었다"라고 말했다.[34] 물론, 게임을 하면서 돈을 버는 것이 완전히 새로운 개념은 아니다. 월드 오브 워크래프트World of Warcraft 같은 게임에서는 플레이어가 게임 내 자산인 '골드'를 획득할 수 있다. 하지만 P2E 게임에서는 플레이어가 직접 소유하고 게임 밖에서 관리할 수 있는 훨씬 더 대체 가능한 자산을 획득할 수 있다.

여기서 배울 수 있는 교훈은, 투기와 이익만을 추구하는 사람은 게임을 플레이하되 토큰 보상만을 노리고, 게임 내 자산이 생기면 이를 처분한 후에 다른 게임으로 이동한다는 사실이다. 강조하자면 게임하는 목적이 단순히 토큰을 버는 데만 있으면 안 된다. 게임을 하는 데 자산이 중요할 수는 있지만 게임이 존재하는 유일한 이유가 되어서는 안 된다.

기존 기업들은 어떻게 대응해야 하는가?

◆

◆ 게임 스튜디오를 비롯한 업계 리더들은 무료 플레이 게임의 경우처럼 이러한 변화에 뒤늦게 대응하게 될까?

2022년 12월 기준으로, 웹3 게임 수는 1,873개이며 이는 1년 만에 34%가 증가한 수치다.[35]

지금까지 업계에서 NFT 게임에 대한 반응은 엇갈렸다. 에픽 게임스Epic Games의 설립자인 팀 스위니Tim Sweeney는 NFT 기반으로 하는 기술에 대해 긍정적인 입장이다. 그는 "블록체인이 조만간 프로그램을 실행하고, 데이터를 저장하며, 거래를 검증할 수 있는 일반적인 메커니즘으로 인식될 것이다. 블록체인은 컴퓨팅의 모든 기능을 포함하는 집합이다"라고 말했다. 이어서 그는 "결국 우리는 블록체인을 우리가 가진 컴퓨터보다 수십억 배 더 빠르게 실행되는 분산 컴퓨터로 생각하게 될 것이다. 모든 사람의 컴퓨터가 결합되어 있기 때문이다"라고 말했다.[36] 에픽 게임스는 자사의 게임 스토어에서 다른 회사들의 NFT 게임을 판매할 수 있도록 허용했다. 마이크로소프트가 마인크래프트에서 NFT를 차단하기로 한 결정에 대해 묻자 스위니는 "개발자는 게임을 어떻게 만들지 자유롭게 결정할 수 있어야 하고, 사람들은 그 게임을 플레이할지 말지 자유롭게 결정할 수 있어야 한다. 나는 스토어나 운영체제 제작사들이 다른 사람에게 자신의 견해를 강요하여 간섭하면 안 된다고 생각한다. 우리는 그렇게 하지 않을 것이다"라고 대답했다.[37]

스위니가 이끄는 에픽 게임스는 웹2 기업들이 흔히 하는 실수를 저질렀다. 2022년 12월 에픽 게임스는 미국 연방거래위원회FTC와 합의해 사용자에게 5억 2천만 달러의 벌금과 환불금을 지급하기로 약속했다. FTC는 포트나이트Fortnite의 "직관적이지 않고, 일관성이 없고, 혼란스러운 버튼 배치 때문에 플레이어들이 버튼 하나만 눌러도 원치 않는 금액을 지불해야 했다"고 밝혔다. FTC는 이러한 다크 패턴dark pattern, UI 디자인에서 사용자를 속이거나 오도하여 원하지 않는 행동을 유도하는 디자인 기법 디자인 전략이 "수억 달러의 불법 요금을 소비자에게 부과했다"고 덧붙였다. 에픽의 가장 인기 있는 게임인 포트나이트는 어린이 플레이어들도 많이 있었기에 그 점을 반영한 규제 조치였다. 캐나다 CBC와의 인터뷰에서 기술 분석가인 카미 레비Carmi Levy는 "이번 사건은 온라인 게임이 아이들을 대상으로 하는 경우 업계가 더욱더 높은 수준의 보호조치를 마련해야 한다는 매우 중요하고 역사적인 메시지를 업계에 전했다"라고 평가했다.[38]

FTC는 또한 게임 개발자가 개인정보 보호법을 위반했으며 "자녀의 개인정보 삭제를 요청하는 부모들에게 부당한 절차를 거치도록 강요하고, 경우에 따라서는 요청 자체를 무시하기도 했다"고 지적했다.[39] 이 합의에 대해 에픽은 "소비자 보호 분야에서 선두주자가 되고, 플레이어들에게 최상의 경험을 제공하기 위해 이번 합의를 수락했다. 지난 몇 년 동안 우리는 우리의 생태계가 플레이어와 규제 당국의 기대를 충족시킬 수 있도록 변화해 왔으며, 이러한 노력이 업계의 다른 기업들에도 유용한 지침이 되기를 바란다"라고 말했다.[40] 회사 측의 명백한 실수에도 불구하고 에픽은 게임 산업의 새로운 모델을 제시했고 진정한 혁신을 끌어내는 선구자다.

물론 웹3 게임 개발자도 온라인 세계나 게임에 '다크 패턴'이 있는 프런트 엔드 사용자 인터페이스Front-End User Interface, 사용자가 화면에서 볼 수 있는 버튼, 텍스트, 이미지, 메뉴, 애니메이션 등 모든 것를 쉽게 구축하여 사람들을 속이고 디지털 상품을 구매하게 할 수 있다. 하지만 웹3 게임에서 사용자는 일반적으로 식사 후 계산서에 서명하듯이 사용자의 선택에 따라 지갑에 있는 모든 거래에 서명하는 추가적인 절차를 마련함으로써 '우발적인 지출'을 막을 수 있다. 또한 가상의 웹3 환경에서 속았다고 해도 적어도 그 디지털 상품을 소유하고 이를 다시 매도할 수는 있다. 그렇다 하더라도 그것은 속거나 기만당한 사람에게는 별다른 위로가 되지 않는다. 그 대신 웹3 게임 사용자들은 지갑을 통해 익명으로 게임할 수 있으므로 처음부터 자신의 개인정보를 더 잘 보호할 가능성이 크다.

혁신적인 게임 제작사로서 에픽은 디지털 상품 시장의 성장 덕분에 수익을 얻을 수 있다. 훌륭한 게임은 게임 내 자산의 가치가 제작자에게 돌아가는 자산으로 성장하는 경제를 성공적으로 도모할 수 있기 때문이다. 여기에는 더 큰 그림이 있다. NFT와 같은 디지털 상품은 근본적으로 게임 내 구매에 대한 플랫폼의 독점을 위협한다. 매튜볼Matthew Ball은 《메타버스The Metaverse》에서 "콜 오브 듀티 모바일Call of Duty: Mobile에 암호화폐 지갑을 연결할 수 있다면 이는 사용자가 앱 스토어를 통해 결제하는 것이 아니라 게임을 은행 계좌에 직접 연결하는 것과 유사할 것이다"라고 했다.[41] 그는 어떻게 그러한 플랫폼이 모든 NFT 판매 및 재판매에서 30%의 수수료를 획득하는 것을 계속해서 정당화할 수 있을지 궁금해하며 이렇게 지적했다. "만약 그런 수수료가 적용된다면 NFT의 가치가 몇 번의 거래를 통해 완전히 소멸할 것이다."[42]

전통적인 게임 개발자와 플랫폼들은 현재의 모델에서 또 다른 위험에 직면해 있다. 예를 들어, 이들은 게임에서 구매한 자산의 판매를 막을 수 없다. 볼은 "거래가 공개 원장에 기록되지만 플랫폼은 자산의 거래가 이루어지는지조차 알 수 없다"고 썼다. 또한 "개발자들은 블록체인 기반 자산들을 가상 세계에 '가두어' 둘 수 없다. 만약 게임 A에서 NFT를 판매하는 경우, 소유자가 원하면 이것을 게임 B, C, D에서 통합할 수 있다." 일부 게임이 인기가 매우 높더라도 사람들이 다른 곳에서 구입한 디지털 상품을 가져올 수 있으므로 수익성은 좋지 않을 수 있다는 것을 의미한다.[43] 실제로 게임 B는 게임 A를 위해 설계된 자산의 유용성을 어떻게 알 수 있을까?

패러렐의 사샤 모즈타헤디는 이러한 조합 가능성이 폐쇄적인 환경으로부터 디지털 상품들을 자유롭게 만드는, 웹3 게임의 가장 큰 혁신 중 하나라고 말했다. 하지만 모즈타헤디는 또한 이것은 구현하기도 어렵다는 사실을 인정했다. "당신이 어느 중세 NFT의 3D 방패를 가지고 있고, 나는 패러렐의 3D 레이저 소총을 가지고 있다고 가정해 보자. 내가 레이저 소총으로 당신의 방패를 쏠 때 무슨 일이 벌어질까? 이것이 작동하려면 새로운 프레임워크가 필요하다. 우리는 이 모든 것들을 만들 수 있지만 이것들이 어떻게 상호작용할지는 전혀 모른다."[44]

NFT 게임은 게임 제작사 모델뿐만 아니라 애플이나 구글과 같은 플랫폼에 의한 중앙집중화된 전체 웹2 모델에도 도전한다. 웹3를 시도할 때 많은 사람들에게 게임은 시작점이 되며, 따라서 누군가의 온체인 정체성을 위한 중요한 구성 요소가 될 수 있다. 앞서 디파이 신용점수에 대해서 언급했지만 누군가는 게임하면서 형성되는 행동 방식을 통해 평판을 쉽게 쌓을 수 있다. 일부 프로젝트는 이러한 목표를 명시적으로 내세운다. 일드길드게임즈의 베릴 리는 일드길드게임즈가 사용자를 위한 평판 기반 신원 구축에 집중하고 있다고 밝혔다. 리는 일드길드게임즈의 평판 시스템이 소울바운드 토큰^{soulbound tokens, 블록체인 기술을 기반으로 사용자의 지갑 주소에 영구적으로 결합되는 토큰}을 활용한다며 이렇게 설명했다. "소울바운드 토큰을 통해 개인이나 참여자들은 DAO의 구성원이 되고, 전체 웹3 네트워크 내에서 무담보 대출, 보험, 기타 애플리케이션들에 접근하기 위해 자신의 신원을 강화할 수 있다."[45] 일드길드게임즈가 가장 빠르게 성장하고 있는 시장은 예상하던 곳이 아니었다. "우리는 필리핀에서 시작했으므로 그곳이 언제나 가장 큰 시장이었다. 그다음 인도네시아나 베트남으로도 빠르게 확산했다. 베네수엘라, 콜롬비아, 페루 등 라틴 아메리카 국가에서 방문하는 사람들의 수를 보면 정말 놀라웠다. 이후 브라질, 인도 등에서도 플레이어들이 꾸준히 증가하고 있다."[46]

개발도상국에서 웹3 게임이 성공하려면 애플과 구글의 양자 구도를 극복하는 것이 중요한 열쇠가 될 것이다. 라구나 게임즈의 리아 루는 "필리핀에는 사람보다 핸드폰이 더 많다. 대부분의 필리핀 국민은 핸드폰, 스마트폰에 접근할 수 있다. 기업이 필리핀 시장에 진출하려면 모바일을 통한 유통이 필수다"라고 말했다.[47] 문제는 구글과 애플의 앱 스토어가 웹3 게임 앱을 제외하는 경향이 있다는 것이다. "필리핀 인구의 대다수에게 게임을 제공하려면 모바일로 제공해야 한다. 모든 사람이 컴퓨터나 노트북을 가지고 있는 것이 아니기 때문이다."[48]

웹3 게임이 초기 어려움을 극복하는 과정을 살펴보면 우리는 한 가지 근본적인 진실을 발견할 수 있다. 만약 사람들이 게임 내 자산에 돈을 지불할 의향이 있다면 그 자산을 완전히 소유하는 것이 더 바람직하다는 것이다. 자산들을 직접 소유한다면 그들은 게임 내 경제 시스템에 더 많은 관심을 가질 것이다. 그들이 게임 내 경제에 더 많은 관심을 갖고 게임이 재미있으면 더 오랜 시간 게임할 것이다. 게임 내 경제가 더 복잡해질수록 웹3 개발자는 디자인의 지평을 넓히고 잠재적 플레이어들의 시장을 확대할 수 있게 된다.

이런 측면에서 기존 기업들은 주의해야 한다. 실제로 웹3는 이미 웹2 시장에서 경영 인재들을 영입하고 있다. 2022년 12월, 유가랩스Yuga Labs는 액티비전 블리자드Activision Blizzard의 최고 운영 책임자인 대니얼 알레그레Daniel Alegre를 유가의 CEO로 임명함으로써 게임과 메타버스 분야의 역량을 강화했다.[49] 알레그레의 이직은 웹3 게임 시장의 급격한 성장세를 보여주는 상징적인 사례. 액티비전은 콜오브듀티 Call of Duty, 토니 호크 프로 스케이터Tony Hawk's Pro Skater, 크래시 밴디쿳Crash Bandicoot과 같은 유명 게임을 보유한 업계 선두주자다. 또한 마이크로소프트의 인수합병 대상이기도 한 회사다. 미국 정부는 반독점을 이유로 이들의 합병을 강력히 반대했다.[50] 알레그레는 아더디즈Otherdeeds라 불리는 가상 상품의 지속적인 NFT 판매를 통해 조성된 자금으로 만들어지는 가상 세계, 아더사이드Otherside의 개발을 진두지휘할 예정이다.[51]

전통적인 게임 제작사도 분명히 이런 변화를 인지하고 있다. 하지만 그들은 어떤 형태로든 차세대 게임 시장을 준비하기 위해 현명하게 혁신할 수 있을까? 메사리Messari의 라이언 셀키스Ryan Selkis는 "이 상황은 대형 게임 제작사들이 직면한 혁신가의 딜레마와 비슷하다"라면서 이렇게 주장했다. "아마도 뒤처진 기업들이 웹3 기반 게임에 집중하고 노력함으로써 경쟁사들을 앞지를 기회가 될 수도 있다."[52] '모든 혁신에 단호히 반대'하는 업계 리더들은 미디어 철학자 마샬 맥루한이 했던 것처럼 행동하는 것이 현명할 것이다. 그는 이렇게 강조했다. "나는 무슨 일이 일어나고 있는지 이해하기로 했다. 나는 그저 가만히 앉아서 거대한 변화의 물결에 압도당하고 싶지 않다."[53]

비디오 게임을 넘어 게임화로

◆

◆ '플레이해서 돈을 버는' P2E ^Play-to-earn^ 경제 모델을 채택한 웹3 게임의 성공은 기업이 사용자들에게 가입을 유도할 수 있는 창의적인 방법들을 모색하도록 자극했다. 소위 '움직여서 돈을 버는' M2E ^move-to-earn^ 애플리케이션은 운동하려는 사람과 운동하면서 약간의 수익을 올리려는 사람을 대상으로 한다. M2E 애플리케이션이 잇달아 성공하자 개발자들은 래빗홀 ^RabbitHole^과 훅트 ^Hooked^와 같은 '배워서 돈을 버는' L2E ^learn-to-earn^ 애플리케이션 등 '무엇을 해서 돈을 버는' X2E 개념들을 시험했다. 래빗홀은 독창적인 개념이다. 이는 웹3에 관해 교육받은 사용자들에게 보상을 지급하고, 그에 따라 새로운 웹3 사용자들에게 온체인 이력서를 구축하도록 도와준다. 온체인 이력서는 사용자들이 고용주에게 자신이 잘 훈련되었음을 증명하는 데 활용할 수 있는 변경 불가능한 업적 기록이다.[54] 다양한 직업 분야에서 자격 증명을 부여하는 모델이 될 수 있다.

리서치 회사인 더블록 ^The Block^은 최근 다음과 같이 보고했다. "스테픈 ^StepN^의 성공은 피트니스 앱의 게임화와 M2E 메커니즘을 통한 게임 내 보상 시스템이 밑거름이 되었다. M2E 시장의 리더인 스테픈은 2022년 4월 피크 시점에 월간 활성 사용자 300만 명 이상을 유치했으며 NFT 운동화의 거래를 활성화함으로써 2022년 상반기에 1억 4,930만 달러의 수익을 올렸다." 하지만 "이렇게 인상적인 수익에도 불구하고, 충분한 수요가 없는 가운데 토큰 공급이 계속해서 발생해 순 인플레이션 상태가 지속되어 스테픈의 토크노믹스는 지속 가능하지 않다는 것이 입증되었다"라고 덧붙였다.[55] P2E 게임들과 마찬가지로 많은

X2E 개념들은 여전히 토큰 경제 구조와 관련된 성장 초기의 어려움을 해결해야 한다. M2E 앱은 제대로만 구현된다면 게임뿐만 아니라 건강 관리, 금융, 정부 예산에도 예상치 못한 영향을 미칠 수 있다. 스웨트코 인Sweatcoin의 창립자인 올렉 포멘코Oleg Fomenko는 '자연은 우리가 활동적 이기를 바라지 않는다'고 말했다. 왜냐하면 "칼로리를 소모하는 것은 생존에 해롭기 때문이다." 포멘코는 평생 재미로 산을 오르던 자신의 건강이 악화되고 있다는 것을 깨달았다. 그는 "간신히 5킬로미터를 뛸 수 있을 정도였다"고 말했다. 그에게 동기부여를 하려면 즉각적인 보 상으로 인센티브가 필요했다. 이것이 2017년에 설립된, '신체 활동의 가치에 의해 지탱되는 통화'인 스웨트코인의 영감이 되었다.[56] 오늘날 스웨트코인은 가장 인기 있는 웹3 애플리케이션이다. 스웨트코인 웹 사이트에 따르면, 60개 이상의 국가에서 1억 2,000만 명이 이를 사용 한다. 이 앱의 원리는 간단하다. 사용자들이 확실하게 움직였다는 것 을 증명하면 스웨트코인을 획득한다.

스웨트코인은 합의 메커니즘으로 비트코인의 작업 증명Proof of Work 대신 신체 활동 증명Proof of Physical Activity을 사용한다. 소위 '운동 경제'의 GDP는 시가총액이 5천만 달러에 불과해 매우 작지만, 스웨트코인의 현재 가치와 모든 미래 보상 가치를 합치면 10억 달러에 달한다.[57] 포 멘코는 이러한 전망이 자산의 가치에 반영되려면 시간이 필요하다고 생각한다. 예를 들어, 비만은 의료 기관과 개인에게 막대한 외부 비용 을 발생시키면서 보험료 상승으로 이어진다. 포멘코는 팬데믹 기간 앱 데이터를 분석해 본 결과, "스페인의 모든 신체 활동이 하룻밤 사이에 85% 감소했다는 것을 알 수 있었다. 이러한 신체 활동의 상실은 파급 효과를 일으킨다. 당신은 이를 칼로리로 환산할 수 있고 증가한 체중으로 환산할 수 있으며 추가된 보건의료 비용으로도 환산할 수 있다"라고 말했다.[58] 이 데이터는 정부, 민간 의료 서비스 제공업체, 보험사 등에 엄청나게 가치 있는 정보다. 분명히, 인센티브는 작용한다. 영국스포츠 의학 저널의 연구에 따르면 스웨트코인 사용자들의 신체 활동량은 20% 증가했다. 포멘코는 우리가 운동 경제의 출발선에 있다고생각한다. 그의 생각이 맞을까?

운동 경제는 언젠가 수십억 달러 규모의 가치를 지니게 될지도 모른다. 하지만 아직 보상은 미미하다. 아무리 열성적인 사용자라도 현재 가격으로 1년에 고작 25달러에서 50달러 정도를 벌 수 있다. 이는 삶을 바꿀만한 수준은 아니다. 또한, 스웨트코인은 사용자의 데이터를 소유한다. 따라서 완전히 웹3로 전환하지 못한 웹2.5 기업이다. 포멘코는 사용자가 자신의 데이터를 소유하기를 바란다고 밝혔지만, 그러한 기능을 지원하기에는 블록체인이 충분한 성능을 갖추지 못했다고 생각한다. 현재 스웨트코인은 EU 일반 데이터 보호 규정General Data Protection Regulation, GDPR을 준수하며 사용자 데이터를 수집하고 있다.[59] 이런 과제에도 불구하고 이 분야에는 상당한 기회가 존재한다. 스웨트코인 사용자가 토큰을 획득하고 자신의 건강 데이터를 소유하는 단계에 도달할 수 있다면 사용자들은 모든 가치를 얻게 된다. 사용자들은 임상 시험에 자신의 익명화된 데이터를 자발적으로 제공하고, 브랜드로부터 보상을 받고, 데이터에 대한 주권을 유지하면서 보험사로부터 사례비를 받을 수 있다.

결론 및 핵심 요약

모든 산업은 웹3에 의해 어떤 식으로든 영향을 받을 것이다. 이번 장에서는 웹3 기업가들이 소유권과 사용자 통제를 기반으로 비즈니스 모델을 재구상하고 있는 세 가지 영역을 논의했다. 이번 장의 주요 요점은 다음과 같다.

1. 우리는 게이머들에게 힘을 실어주는 비즈니스 모델의 격변기를 눈앞에 두고 있다. 이미 물건 구매에 익숙한 그들은 이제 물건을 소유하는 힘을 갖게 될 것이다.

2. 무료 게임이 새로운 게이머와 수익원을 발굴했던 것처럼, 소유권은 새로운 게임과 기능들을 도입함으로써 게임 산업을 성장시킬 것이다.

3. NFT 게임은 자금이 부족한 개발도상국의 스튜디오가 게임 개발 자금을 조달할 수 있는 새로운 방법을 만들어낸다. 따라서 웹3 게임은 토큰 모델을 올바르게 구축할 필요가 있다.

4. AI 분야는 말할 것도 없이 메타버스의 약속을 이행하려면 우리가 확보할 수 있는 모든 컴퓨팅 성능이 필요하다.

다음 장에서는 메타버스와 업계 혁신을 지원하는 물리적 인프라에 대해 살펴본다.

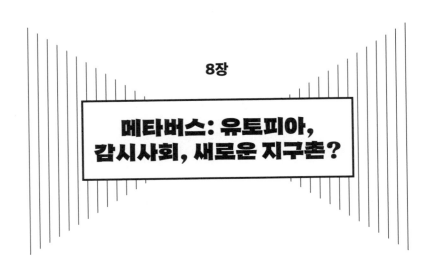

8장

메타버스: 유토피아, 감시사회, 새로운 지구촌?

약속과 위험

◆

◆ 　　　　　메타버스는 비즈니스에서 주목받는 주제 중 하나다. 높은 기대와 관심에도 불구하고 메타버스의 개념은 문학 속에서는 모호하게 표현된다. 닐 스티븐슨Neal Stephenson은 가까운 장래에 정부가 대기업과 다른 민간 단체들에 권력을 양도한다는 내용을 배경으로 한 1992년 소설 《스노우 크래시Snow Crash》에서 메타버스라는 용어를 만들어냈다. 어니스트 클라인Ernest Cline의 2011년 소설 《레디 플레이어 원Ready Player One》에서는 주인공 웨이드 와츠가 오염되고 인구 과잉인 지구의 고달픈 일상에서 탈출하기 위하여 오아시스OASIS라는

몰입형 가상 세계로 들어간다. 영화 《매트릭스^{The Matrix}》에서는 인간은 로봇이 생체전기를 수확하는 동안 20세기 말의 삶을 모방한 시뮬레이션에 연결된다. 사람들을 하나의 글로벌 네트워크나 중추 신경계에 연결하는 개념은 윌리엄 깁슨의 소설 《뉴로맨서^{Neuromancer}》(1984)에서는 덜 어두운 방향으로 전개된다. 이 책에서 사이버 공간은 "매일 수십억 명의 합법적인 사용자들이 모든 국가에서 경험하는 합의된 환각이며, 인간 시스템 안에 있는 모든 컴퓨터로부터 추출된 데이터의 그래픽 표현"으로 묘사된다.[1] 이런 묘사들은 20세기 말에 비디오 게임과 기술이 지닌 것으로 인식되었던 고립 효과에 대한 논평으로 해석될 수 있다.

현대 컴퓨터가 등장하기 오래전부터 작가들은 인류가 존재의 일반적인 경계를 초월하려면 기술을 어떻게 사용할 것인가라는 개념과 씨름해 왔다. 올더스 헉슬리^{Aldous Huxley}의 《멋진 신세계^{Brave New World}》(1932)에서는 인간이 실제 경험하는 것처럼 가상현실과 조화를 이루며 살아가는 삶에 접속하도록 인간을 조작한다. 이 소설에서 '예정부장'이라는 인물은 주인공 헨리에게 "필리스^{feelies, 오감을 느낄 수 있는 미래의 영화} 보러 갈까?"라고 묻는다. 예정부장은 "알함브라에서 상영하는 필리가 최고라고 들었어. 곰 가죽 깔개 위에서 벌어지는 사랑 장면이 정말 멋지다고들 해. 털 한 올 한 올이 그대로 재현되었대. 최첨단 촉각 효과라니까"라고 덧붙였다.[2] 이 책에서 권력자들은 유전자 조작을 통해 사람을 출생 때부터 '미리 지정된' 길로 나눈다. 다행히 헨리는 사회적 사다리의 최상위 계층에 속해 있다. 헨리의 동료들은 약물 복용, 성관계, 필리스 관람 등 현실이나 진정한 감정에서 벗어나는 데 많은 시간을 할애한다. 모든 기본적인 욕구가 충족되었음에도 헨리는 공허하고 비참하다. 이러한 이야기의 가상 세계는 《레디 플레이어 원》에서처럼 기껏해야 일상의 고달픔에서 탈출하는 수단이고, 심하면 《매트릭스》에서처럼 인간이 태어나고 살고 죽을 때까지 한 번도 실제로 살아보지 못하는 정신의 감옥이다. 게다가 종종 국가나 적, 또는 전지전능한 기업들은 등장인물들에 이러한 시스템에 접속하도록 강요한다.

플라톤의 동굴은 플라톤의 《국가론 The Republic》에 나오는 사고 실험이다. 이 실험에서, 플라톤은 동굴에서 평생을 보낸 사람을 상상한다. 이들은 동굴 벽에 비치는 지나가는 물체의 그림자만 볼 수 있도록 쇠사슬에 묶여 있다. 포로들에게는 이 그림자만이 유일한 현실이며 세상의 실체다. 어떤 의미에서는 플라톤의 동굴을 메타버스에 대한 비유로 볼 수 있다. 만약 우리가 이윤만을 추구하는 기업과 정치적 의도를 가진 정부가 제어하는 공유된 가상현실에 접속해 시간을 보낸다면 우리는 그들이 우리가 경험하길 원하는 것만을 헤드셋 안에서 경험하며 이 '경험'을 현실로 받아들일지도 모른다. 1938년 오선 웰스 Orson Welles 가 H.G. 웰스 H. G. Wells 의 소설 《우주 전쟁 The War of the Worlds》을 라디오로 생중계했던 사건을 생각해보라. 웰스는 소설을 '뉴저지의 화성인 침략을 묘사한 가짜 뉴스 속보' 시리즈로 각색했다.[3] 당시 많은 라디오 청취자가 공포에 사로잡혔다. 이제 메타버스를 팬옵티콘 panopticon, 1791년 영국의 철학자 제러미 벤담이 죄수를 효과적으로 감시할 목적으로 고안한 원형 감옥 으로 상상해보라. 중앙 권력이 사용자를 끊임없이 감시하고, 행동을 추적하며, 데이터(생체 정보 포함)를 수집해 인공 지능에 입력함으로써 사용자의 행동을 효과적으로 조작하는 방법을 개발한다면 어떨까. 그런 상황이라면 나는 차라리 화성인을 선택하겠다.

메타버스는 또한 미디어 이론가 마샬 맥루한이 '지구촌'이라고 부른 것을 가상현실로 확장할 수 있다. 맥루한은 지구촌을 참견하기 좋아하는 작은 마을로 축소시켰다. 그곳에선 모든 사람에게 사생활이란 존재하지 않는다. 맥루한은 이렇게 설명했다. "이는 모든 사람이 타인의 일에 깊이 관여한다는 것을 의미한다."[4] 소셜 미디어는 독립적인 개인의 영역을 침해하며, 메타버스는 기업과 정부의 감시와 더불어 이 문제를 악화시킬 수 있다.

희망적인 관점에서 보면 플라톤의 동굴을 사람이 자신의 감각과 편견을 통해 세계를 경험하는 방식에 대한 비유로 볼 수도 있다. 커뮤니티가 관리하는 DAO는 메타버스 경험을 구체화할 수 있고, 물리적 세계의 경계를 초월해 그 너머의 세계에 몰입할 수 있도록 초대함으로써 자신을 더 많이 배우고 그 과정에서 타인을 더 깊이 이해할 수 있다.

매튜 볼은 메타버스를 "무수히 많은 사용자가 동시에 '지속적이고 효과적으로' 개인적인 존재감과 함께 데이터의 연속성(즉, 신원, 이력, 권리, 사물, 커뮤니케이션, 지불 등)을 실시간으로 경험할 수 있는 대규모로 확장되고 상호 운용이 가능한 3D 가상 세계의 네트워크"라고 설명했다.[5] 볼은 인터넷의 근본적인 기반이 공공재였다면 메타버스의 중심은 '상업, 데이터 수집, 광고 및 가상 제품의 판매'를 위해 미리 설계된 사유재라고 말했다.[6] 에픽 게임즈의 팀 스위니는 "이 메타버스는 다른 어떤 것보다 훨씬 더 광범위하고 강력할 것이다. 만약 어느 한 중앙 집중 기업이 이에 대한 통제권을 얻게 되면, 그것은 어떤 정부보다 더 강력해지고 지구상에서 신이 될 것이다"라고 말했다.[7]

애니모카 브랜즈의 얏 시우는 메타버스를 더 간단하게 정의했다. "메타버스는 가상현실과는 반대로 '새로운 공유 현실'을 구축하는 것이다. 이러한 공유 현실은 우리가 믿는 가치에 대한 공통된 개념, 즉 사회가 구성되는 방식을 공유하기 때문에 생겨난다."[8]

메타버스는 인간이 만든 또 하나의 산물일 뿐이다. 우리 모두 참여하기로 동의한 공동의 망상이다. 시우는 인간으로서 "우리는 재산권에 대한 관점이 자본주의든 사회주의든 정치적 신념이든 관계없이 공유된 현실과 공유된 믿음을 중심으로 공동체 상태로 합쳐진다"라고 말했다. 인간은 "이러한 허구적 현실을 창조하고 그것을 우리의 현실로 만들 수 있는 독특한 능력"을 가지고 있다. "돈은 허구가 아닌가? 사회는 허구다. 정치 체제도 허구다. 이것은 우리 자신에게 말하는 이야기이며 공유된 현실이 된다."[9]

메타버스에 관해서는, "만약 우리에게 디지털 재산권이 없다면 그 어느 것도 중요하지 않다." 시우는 메타Meta와 다른 기업의 가상 세계에 대해 어떻게 생각할까? 그는 이런 세계를 진정한 경제나 사회라기보다 테마파크에 가깝다고 본다. "디즈니랜드는 재미있고 특별한 경험이지만, 당신은 이에 대한 소유권이 없다. 어떤 지분도 없다. 그러므로 디즈니랜드는 그것을 소유한 사람을 제외하면 의미가 없다." 그는 메타를 언급하며 "페이스북의 직원과 주주들에게는 의미가 있다. 하지만 사용자들에게는 아무 의미도 없다. 그들은 소비할 뿐이다. 그리고 사용자들이 소비할 동안 그들은 사용자의 데이터를 빼간다"라고 덧붙였다.[10]

메타버스의 경제는 공유되어야 한다. 즉, 모두가 여기에 참여해야 한다. 디지털 재산권이 가장 우선한다. "VR이나 AR 같은 것들은, 심지어 화면까지도 우리가 게임 내에서 가지고 있는 디지털 소유권, 공유된 현실을 경험할 수 있는 수단일 뿐이다." VR과 AR은 우리가 메타버스에 접근할 때 사용하는 도구다. 우리가 몰입형 디지털 공간으로 이동할 때 이것은 필수적이다. 하지만 1990년대에 웹에 접속하려면 PC가 꼭 필요했지만 PC를 소유한다는 사실만으로 온라인에 존재하는 것이 아니었던 것처럼 그 자체로는 불충분하다.

메타버스가 개인의 공감, 자율성, 자아실현을 증진하는 도구가 되려면 어떻게 해야 할까? 기관들이 메타버스를 통해 대중을 스스로 만든 감옥에 갇혀있는 디지털 노예로 만드는 상황을 막으려면 어떤 조치가 필요할까? 답은 바로 볼의 목록에서 빠진 것, 즉 '개인 재산권'에 있다. 현재 기업들은 메타버스에 대한 혼란을 악용해 자신들의 비전을 추구하고 있다. 에픽게임즈에게 메타버스는 더욱 몰입감 있는 게임 경험을 창조할 수 있는 강력한 도구다. 마이크로소프트의 사티아 나델라 CEO에게 메타버스는 고객이 마이크로소프트 소프트웨어 제품군과 소통할 수 있는 새로운 수단이다. 메타의 마크 저커버그에게 메타버스는 광고 기반 사업 모델을 영구화하기 위하여 사용자 데이터를 수집하고 센서라운드 Sensurround, 귀에는 들리지 않으나 몸으로 진동을 느끼게 하는 음향 효과를 이용해 광고를 올리기 위해 폐쇄형 시스템에 3차원을 추가함으로써 사용자 30억 명 이상과 시가총액 5,000억 달러 이상으로 확장할 수 있는 수단이다.

헉슬리의 책은 선견지명이 대단해서 약간만 수정하면 2030년 버전을 상상할 수 있다. 업데이트된 버전에서는 지구 온난화로 지구는 황폐해진다. 이제 많은 사람이 현실에서 벗어나려고 합법화된 환각제로 눈을 돌리는가 하면, 정부는 CBDC를 사용해 사람을 감시하고 통제한다. 소수의 거대 기업은 새로운 종류의 몰입형 가상현실을 제공함으로써 사람들을 현실에서 더욱 멀어지게 만든다. 사람들의 사회적 연결고리가 완전히 끊어지면 SNS상의 반향실은 편견을 강화하며 거짓 정보들이 끊임없이 제공되는 가상 세계가 될 것이다.

이와 비교하면 웹3 메타버스의 비전은 훨씬 더 희망적이고 야심 찬 것이다. 우리가 주변 세계와 상호작용하는 방식을 혁신적으로 변화시킬 수 있다. 웹3 메타버스는 AR이나 VR을 통해 접근할 수 있으며 가상공간이 분산되고 개방적이며 상호 연결되는 구조다. 이는 블록체인 기술과 기타 오픈소스 프로토콜을 기반으로 구동된다. 메타버스는 물리적인 세계와 상호 연결되는 새로운 디지털 경험 영역에 국한된 것은 아니다. 웹3 버전에서 사용자들은 그들의 데이터와 ID에 대한 완전한 통제가 가능하고, 가상 상품에 대한 소유권을 가지며, 서로 자유롭게 소통하며 플랫폼 위에서 애플리케이션을 구축할 수 있다. 메타버스에 대한 웹3의 비전은 현실 세계에서 우리가 가진 것과 동일한 자율성과 권리를 모방하는 것이며 새로운 차원의 인간 존재의 자유에 관한 것이다. 이 새로운 영역은 우리가 세상에서 경험하고, 사업하고, 배우고, 동료애를 찾고, 우리 자신과 다른 사람을 즐겁게 하는 방식을 변화시킬 수 있는 전례 없는 기회를 제공한다.

분명하게 말하면, 우리는 메타버스 없는 웹3를 가질 수 있다. 디파이, 예술, 게임, 수많은 분야의 웹3 응용 프로그램은 몰입형 VR 경험이 전혀 필요 없다. 우리는 웹3 없이도 몰입형 경험을 만들 수 있다. 하지만 메타버스 내에서 권력의 집중화에 대항해 우리의 권리와 특권을 확보하려면 웹3가 반드시 필요하다. 그렇지 않으면 기껏해야 VR 페이스북이 될 뿐이고, 최악의 경우는 VR 북한이 될 수도 있다. 볼은 "메타버스를 대기업들이 통제하여 모든 것의 비용이 30% 발생하고 서비스를 '묶음 상품'으로 제공함으로써 경쟁을 억누르고 있다"고 주장한다.[11] 이는 가상현실 경험을 위한 웹2 모델이지 인간 존재에 대한 새로운 차원의 서비스가 아니다.

웹3 도구로 메타버스를 구축해야 하는 이유

◆

◆　　　　　　한동안 세컨드 라이프Second Life는 메타버스 유형의 경험에 가장 가깝게 접근한 혁신이었다. 이 선구적인 가상 세계는 2003년에 출시되어 빠르게 많은 사용자를 확보했다. 사용자들이 다른 사람은 물론 가상의 사물, 경험과 상호작용할 수 있는 집단적인 가상 공유 공간을 제공했다. 세컨드 라이프는 가상 자산을 생성하고, 소유하고, 비즈니스 거래를 수행하고, 광범위한 활동과 커뮤니티에 참여하기 위한 자체 디지털 통화인 린든 달러Linden dollar와 같은 여러 기능을 제공했다.

세컨드 라이프가 인기를 얻으면서 작지만 탄탄한 경제가 발전했다. 정기 사용자가 백만 명이 넘었을 뿐만 아니라 BBC, 웰스 파고 등 세계적인 조직과 기업도 세컨드 라이프에 등장했다. 하버드 대학은 세컨드 라이프에서 강의를 제공했다. 세컨드 라이프를 시작한 린든 랩Linden Labs은 중개자가 아니라 촉진자였다. 린든 랩은 전통적인 의미에서의 게임 제작자라기보다는 제한적인 정부에 가까운 역할을 했다. 세컨드 라이프는 최고점에서 GDP는 5억 달러였으며 증권 거래소도 있었다. 사용자들은 여기에서 5,500만 린든 달러를 실제 통화로 현금화했다.[12]

웰스파고가 세컨드라이프에 존재한다는 것은 뉴스 헤드라인에서 인용한 기사처럼 들린다. 2022년 2월 JP모건은 웹3 메타버스 프로젝트 디센트라랜드 Decentraland에 '지점'을 개설한다고 발표했다.[13] 메타버스에 대한 관심과 기대가 급증하면서 대기업들이 이 시장에 뛰어들고 있다. 일부 기업은 메타버스를 홍보 수단 그 이상으로 인식하면서 자신들이 가상 상거래와 엔터테인먼트 분야의 선구자가 되겠다는 비전을 갖고 있다.

세컨드라이프는 초기의 성공에도 불구하고 지속력을 발휘하지 못했다. 디지털 재산권, 자아 정체성, 진정한 P2P 거래와 같은 웹3 기술이 부족했기 때문이다. 세컨드라이프가 시작된 지 얼마 있지 않아 저커버그는 페이스북을 소개했다. 세컨드라이프와 비교할 때 페이스북은 특별히 혁신적인 것은 아니었다. 마이스페이스 Myspace 및 프렌드스터 Friendster와 같은 소셜 미디어 사이트 중 가장 최신 버전이었을 뿐이었다. 그러나 페이스북은 세컨드라이프가 실패한 부분, 바로 사용자 채택률 제고에 성공했다. 간섭을 최소화하는 정책으로 운영했던 세컨드라이프의 린든 랩과 달리 페이스북은 커뮤니티와 관련된 문제에 대해 사용자들로부터 의견을 구하지 않았고 보다 통제적인 태도를 보였다.

오늘날 페이스북은 메타버스에 큰돈을 투자했지만 그들의 비전은 자유롭고 개방적인 웹3의 약속과 완전히 충돌한다. 예를 들어, 페이스북은 최근 메타버스 환경 내에서 이루어지는 디지털 상품 거래에 50%의 세금을 부과하고 모든 자산을 공개 블록체인이 아니라 내부적으로 제어한다고 발표했다. 다시 말해 페이스북은 자체 앱 스토어를 구축하기 위한 수단으로 메타버스를 이용하고 있으며, 모든 사용자가 회사에 공물을 바쳐야 하는 폐쇄적인 공간이 되어 버렸다. 이런 모델은 웹2에서 애플에게 효과가 있었다. 하지만 지금까지 투자자들은 확신하지 못하고 있다. 페이스북이 회사 이름을 메타^{Meta}로 변경한다는 발표 이후 주가가 급락했다. 이후 손실은 일부 만회했다. 이와 비교해 투자자들은 2021년 한 해에만 웹3 기업과 디지털 자산에 250억 달러를 투자했다. 웹3 리서치 회사인 더블록^{The Block}에 따르면, NFT와 게임 업계는 2022년에도 투자를 확대했다. "이 부문은 2022년에 83억 달러를 조달했는데, 이는 전년 대비 51% 증가한 수치다. 투자의 절반은 VR, 메타버스, 블록체인 기반 게임, 게임 스튜디오 하위 카테고리에 대한 투자였다. 대부분의 거래는 시드 투자 및 시리즈 A 이전 단계에서 이루어졌다."[14]

투자자들은 이제 웹3의 개방형 영역이 웹2의 폐쇄적인 공간보다 수익성이 더 높을 수 있다는 것을 알아차렸다. 기업 리더들은 현명한 투자자들이 가치가 있다고 판단하는 분야에 관심을 집중한다. 따라서 이런 현상은 계속 주목해야 한다.

디지털 재산권, 자기 주권 신원, P2P 거래와 같은 웹3의 고유한 기능은 공정하고, 번영하고, 지속 가능하며, 포용적인 메타버스를 구축하는 데 매우 중요하다. 이러한 특징은 사용자에게 자신의 디지털 상품과 신원을 실제로 소유하고 제어할 수 있는 능력을 제공함으로써 메타버스 내 거래가 안전하고 사적이며 효율적으로 이루어지게 한다. 즉, 체인 상에서 청산 및 결제가 일어나므로 안전하고, P2P 거래이므로 사적이며 수수료를 징수하는 웹2 플랫폼을 이용하지 않기 때문에 효율적이다.

사용자는 디지털 재산권을 통해 가상 자산에 대한 완전한 소유권과 통제권을 행사할 수 있어 메타버스에서 부를 창출하고 이를 다른 플랫폼에서도 활용할 수 있다. 또한 사용자가 디지털 자산에 투자하고 이를 특정 게임이나 대기업 소프트웨어의 업데이트 기간만이 아니라 영구적으로 소유할 수 있으므로 보다 지속 가능한 메타버스를 구현할 수 있다.

또한 웹3 메타버스를 사용하면 사용자는 자신의 개인 데이터 및 온라인 ID를 제어할 수 있다. 스스로 누가 메타버스에서 무엇을, 언제, 어디서 볼 수 있는지를 결정할 수 있다. 개인정보나 신용카드 번호, 자신의 위치 등을 공개하지 않고 접근이 제한된 커뮤니티에 참여하기 위하여 디지털 자산을 사용할 수도 있다. 이제 메타버스에 두 번째 생명을 불어넣을 때다. 웹3 도구로 이것을 완전하게 구현할 수 있다.

웹2 기업들은 메타버스를 통제하고, 웹3 혁신을 억제하고, 관련 산업에 영향을 미치기 위해 자신들의 힘을 과시하고 있다. 애플은 "배터리를 빠르게 소모하고 과도한 열을 발생시키거나 기기에 불필요한 부담을 준다"라는 이유로 아이폰에서 마이닝 앱mining app의 사용을 금지했다. 볼이 지적한 것처럼 사용자가 이를 결정할 수 있어야 하지 않을까? 냉장고 제조사가 건강에 해롭다는 이유로 가공 치즈와 아이스크림의 보관을 금지하지 않는 것처럼 말이다.[15] 일부 플랫폼은 웹3 게임들이 자기들의 비즈니스 모델과 "다르다"라는 이유로 이를 허용하지 않고 있다.[16]

아크 인베스트먼트Ark Investment Management의 브렛 윈턴Brett Winton은 게임 개발자들이 비즈니스 모델을 더욱 수익성 있게 만드는 방법을 메타버스에서 개발함으로써 앱 스토어를 우회하는 방법을 모색한다. 그는 "게임하는 소비자 경험을 시간당 비용 결정으로 좁히는 개념으로 생각해보라"라고 제안했다.[17] "게임 안에서 디지털 물품을 소유한다는 것은 그 경험에 대해 시간당 더 높은 가격을 지불하는 것을 의미한다."[18] 게임 제작사들은 "게임 개발자들이 디지털 소유권 시스템을 게임에 통합할 수 있도록 독려하는 인센티브를 제공"할 수 있으며, 이는 "경제적 가치를 높이는 것에서부터 당신이 디지털 나이키 신발을 갖고 있으면 게임에서 더 빠르게 움직일 수 있는 것과 같은 더욱 통합된 경험까지" 다양할 수 있다.[19] 창의적인 사람은 새로운 방식으로 디지털 상품을 게임과 메타버스 애플리케이션에 통합할 수 있는 방법을 찾아낼 것이다.

진정한 메타버스는 여러 면에서 웹2 비즈니스 모델과는 양립할 수 없다. 웹3는 소유권과 재판매 권리를 무제한으로 가능하게 하는 디지털 재산권을 보장한다. 즉, 합법적이라면 소유자는 자기 재산으로 하고 싶은 것은 무엇이든 할 수 있다. 볼의 설명에 따르면, "사용자가 특정 게임에서 NFT를 구매하면 블록체인의 신뢰가 필요 없고 허가가 필요 없는 특성으로 인해 해당 게임 제작자는 어떤 시점에서도 NFT의 판매를 차단할 수 없다."[20] 우리가 '반(反) 웹3 메타버스' 집단이라고 부르는 웹2 회사 및 다른 기술 대기업이 가상 세계에서 가장 큰 개발사들인 것은 그리 놀라운 일이 아니다. 왜냐하면 그들은 웹2의 수수료를 우회해 탈중앙화된 애플리케이션 내부에서 이루어지는 이들 간의 P2P 거래와 같은 웹3의 혁신에 적대적이기 때문이다. 블록체인 게임에서 기술 대기업들은 사용자들이 자산을 거래하기보다는 단순히 수집하는 쪽으로 유도하고, 훨씬 기본적인 게임 플레이 내에 머무르게 한다.

데이터가 이를 뒷받침한다. 더블록의 추정에 따르면 대부분의 웹3 게임(64%)은 "게임을 호스팅하기 위해 웹 브라우저를 선택하고, 그다음으로 안드로이드(37%)와 윈도우(33%)를 선택한다." 여러 기기에서 게임을 실행할 수 있기 때문에 이 수치는 100% 이상까지 증가한다. 더블록의 연구원들은 "사용자들이 플랫폼으로 웹 브라우저를 선호하는 이유는 사용자가 자신의 암호화폐 지갑을 연결해 거래, 발행, 스테이킹과 같은 게임의 실제 화폐 거래^{Real Money Trading, RMT} 서비스에 참여하면서 게임 자산을 자가보관하기가 더 쉽기 때문이다"라고 설명했다.[21] 애플은 인앱 구매와 NFT 판매를 사실상 금지했으므로 이 목록에서 완전히 빠져있다.

디지털 쌍둥이

◆

◆ 컨설팅 회사인 가트너에 따르면, "디지털 쌍둥이는 실제 세계의 개체나 시스템을 디지털로 표현한 것이다. 쌍둥이의 구현은 고유의 물리적 개체, 프로세스, 조직, 사람, 기타 추상적 개념을 반영하는 캡슐화된 소프트웨어 객체 또는 모델이다." 가트너는 혁신가들이 "발전소나 도시와 같은 현실 세계 객체들과 이와 관련된 프로세스들을 포괄적으로 보기 위하여 여러 쌍둥이의 데이터를 집계할 것"으로 예상한다.[22]

하지만 웹3 도구가 없다면 이러한 구현은 거의 불가능하다. 가장 확실한 사용 사례인 '당신'을 생각해보라. 현실 세계에는 '진짜 당신'이 있고 디지털 세계에는 '가상의 당신'이 존재한다. 하지만 웹2의 세계에서 가상의 당신은 하나로 통합된 '당신'이 아니다. 두 개의 거울 사이에 서면 무수히 많은 당신이 무수히 많은 거울 속에 나타나는 것처럼, 많은 앱과 플랫폼에 당신의 조각난 이미지들이 흩어져 있다. 가상 당신의 일부 버전은 불완전하거나 왜곡될 수 있다. 어떤 것도 진정한 디지털 쌍둥이라고 볼 수 없다. 게다가 가상 이미지들 가운데 어느 것도 당신의 소유가 아니다. 앱과 플랫폼의 소유다.

웹3는 장소, 자산, 정체성에 대해 자주적이고 완전히 고유한 디지털 쌍둥이를 허용함으로써 이런 패러다임을 바꾼다. 메타버스 사용자로서 당신은 여러 대기업이 아니라 직접 소유하고 관리하는 디지털 쌍둥이가 필요할 것이다.

그러나 메타버스 안의 가상 자아 구현에는 다양한 기술적 장애물이 있다. 이상적인 상황에서는 가상의 '나'는 현실 세계의 '나'만큼 강인하고, 풍부하고, 독특하며, 진정한 의미에서 '나'를 소유한다. 나는 개방적이고 허가가 필요 없는 메타버스 환경에서 나의 자산 지갑, 경험 기록, 평판을 소유하고 가상의 '나'를 걷게 하거나 날게 하거나 수영하게 할 수 있다. 나는 이 가상의 자아를 데리고 게임을 하거나 영화를 보거나 사교 활동을 하거나 메타버스가 지원하는 어떤 활동이든 할 수 있다. 이러한 경험들은 모두 고유한 나의 소유물이다. 마치 한 나라를 떠나 다른 나라로 들어가는 것처럼 디지털 자산을 가져오고 내보내는 표준이 마련된다면 나는 다음 환경으로 이동할 때 필요한 모든 것을 가져갈 수 있다. 패러렐 스튜디오Parallel Studios의 공동 창립자 사샤 모즈타헤디는 "메타버스 세상에는 사람이 무엇을 하고, 어떻게 커뮤니티에 기여할지를 결정하는 사회적 합의 메커니즘이 존재한다"고 말했다.[23] 분명히 우리가 가야 할 길은 많이 남아 있다. 우리가 도전해야 할 과제들을 살펴본다.

메타버스와 웹3의 구현 과제

◆

◆ 현재 메타버스에는 자산과 신원을 하나의 가상 세계에서 다른 가상 세계로 이동하는 표준이 부족하다. 게임의 사례를 다시 살펴보자. 어느 한 게임에서 구입한 포뮬러 원 자동차를 고대 로마를 배경으로 한 다른 게임에서 로마식 전차와 경주하게 할 수 있을까? NFT와 같은 디지털 상품에 대한 표준을 통해 우리는 호환 가능한 블록체인 환경에서 이러한 자산을 거래할 수 있다. 하지만 메타버스와 웹2 게임에서는 그렇지 않다. 포뮬러 원 자동차는 특정 환경에서는 훌륭하게 작동할 수 있지만, 그것이 고대 로마에서는 어떻게 보이고 느껴지고 작동할지 누가 알 수 있겠는가? 우리는 체인 간의 자산 호환성이 부족할 뿐만 아니라 자산과 다른 디지털 상품을 가상 환경 사이로 이동하는 데 있어 무수한 도전에 직면해 있다.

메타버스 구현에 있어서 또 다른 큰 과제는 기반 하드웨어다. 대부분의 사람은 메타버스의 하드웨어로 VR이나 AR을 떠올린다. 솔라나의 공동 설립자 아나톨리 야코벤코Anatoly Yakovenko는 2022년에 이렇게 말했다. "VR과 AR은 진정으로 멋진 것이라고 할 수 없다. 아직도 꽤 먼 길을 가야 한다. 아이폰 1단계인지 팜 파일럿Palm Pilot, 1990년대 후반에 출시된 개인정보 단말기(PDA) 단계인지 말할 수는 없지만 나는 팜 파일럿 단계에 더 가깝다고 생각한다."[24] 하지만 그는 여전히 웹3를 위한 전용 하드웨어 인터페이스가 필요하며 현재로서는 전용 휴대전화가 답이라고 생각한다. 여기에는 세 가지 이유가 있다.

첫째, 사용자 경험과 기능성이다. 암호자산은 디지털 무기명 자산이므로 이동 중에 사용하려면 이것을 안전하고 편리하게 보관할 방법이 있어야 한다. 솔라나는 솔라나 애플리케이션 생태계가 내장되어 있으며 자체 보안 개인 키를 관리하는 기능을 갖춘 전화기를 발표했다. "이것은 콜드 스토리지 cold storage, 개인 키와 같은 민감한 정보를 온라인 환경에서 분리하여 오프라인에 안전하게 보관하는 방법 분야에서 렛저 Ledger, 암호화폐 보안에 특화된 회사와 경쟁하는 것이 절대 아니다. 보안이 중요하다면 여전히 전용 장치를 사용해야 한다. 하지만 솔라나 폰은 일상생활에서 자주 사용하는 기기가 될 것이다"라고 야코벤코는 말했다.[25] 이 전화기에 웹3 기반 통합 기능을 사용하면 몇 가지 재미있는 가능성이 열린다. 전화기 운영시스템이 자산을 실제로 보호하는 까다로운 부분을 처리하기 때문에 "개발자는 보다 높은 수준의 애플리케이션을 제공할 수 있다. 이는 사용자 경험의 향상으로 이어진다."

둘째, 사용 경험이다. "개발자들이 모바일 기기에서는 원하는 것을 할 수 없고 지갑과 연동되는 이상한 웹 뷰를 구축해야 한다고 계속해서 주장할 때 나는 안절부절못하며 어떻게 하면 그들을 도와 줄 수 있을지 고민하기 시작했다."[26] 전용 플랫폼이 있으면 개발자들은 더 쉽게 작업할 수 있다.

셋째, 첫 번째와 두 번째와 관련이 있는데 애플과 구글의 앱 스토어를 뛰어넘어 혁신을 일으킬 수 있다는 점이다. 솔라나 전화기는 "NFT 구매와 판매에 대한 제한이 없다. NFT를 판매할 때마다 20~30%의 수수료를 부과하지 않는다. 이것은 사용자 생성 콘텐츠에는 적합한 것이 아니다. 진정으로 디지털 소유권을 소유한다면 그런 비즈니스 모델은 전혀 말이 되지 않는다."[27] 야코벤코는 전용 웹3 사용자가 5만 명에 불과하더라도 이 휴대폰은 성공할 수 있으며 규모가 너무 작아 오히려 애플과 구글의 경계심을 불러일으키지 않을 것이라고 장담했다.

또 다른 도전은 현재 블록체인 자체가 지닌 한계다. 10년 후에도 이 산업은 빠르게 성장하겠지만 많은 의문점이 남아 있다. 디지털 재산권, 탈중앙화, 토큰 인센티브는 더욱 개방적인 메타버스를 탄생시키는 데 도움이 될 강력한 도구다. 하지만 일부 회의론자들이 주장하는 것처럼 블록체인 기술이 실시간 렌더링, 연산 등과 같은 메타버스의 다른 측면을 운영할 정도로 충분히 준비되어 있는지가 관건이다.

진정으로 혁신적인 메타버스를 구현하는 것은 아마존 웹 서비스 AWS와 같은 중앙집중식 클라우드에서는 불가능하며 탈중앙화 클라우드에서도 오랫동안 불가능할 수 있다. 나는 이러한 비판을 우리가 극복할 수 있는 '구현 단계의 도전'이라고 생각한다. 디지털 자산과 자기주권 신원과 같은 웹3 도구들은 개방형 메타버스를 구축하는 기초가될 것이며, 데이터 저장 및 연산을 위한 탈중앙화 네트워크의 도입을 촉진하도록 토큰 인센티브를 사용할 수 있다. 웹3가 장기적으로 잠재력을 발휘하려면 중앙집중식 클라우드에 의존할 수 없다. 메타버스 역시 이러한 속박에서 벗어나야 한다. 현재는 많은 웹3 애플리케이션이 AWS에서 실행된다. NFT 메타데이터는 오픈씨의 중앙화된 서버에 있다. 하지만 혁신자들은 이 도전을 극복할 수 있으며 웹3 스스로가 이를 위한 도구 세트와 경제적 인센티브를 제공한다. 비평가들은 탈중앙화 클라우드가 중앙화된 클라우드만큼 성능이 좋지 않을 것이라고 주장한다. AWS와 아주르가 실제와 같은 가상 세계를 지속적으로 렌더링하지 못하므로 웹3 버전은 결코 메타버스를 지원할 수 없다. 렌더네트워크Render Network, 탈중앙화 3D 렌더링 솔루션 업체는 이런 가정에 대해 비판자들이 다시 생각하도록 해야 한다.

웹3 도구를 이용한 메타버스 렌더링: 렌더 네트워크 사례 연구

◆

◆　　　　　　　　클라우드 그래픽 회사인 오토이 OTOY의 CEO인 줄스 어바흐 Jules Urbach에게 있어 웹3는 마침내 제 시절을 만난 아이디어다. 어바흐는 20년 전 자신의 논문 주제가 "언젠가는 상당한 잠재적 연산 능력을 갖게 될 것"이었다고 말했다.[28] 어바흐는 연산 능력에 대해 잘 알고 있다. 오토이는 클라우드 그래픽 분야의 선구자다. 이 회사의 주력 제품인 옥테인렌더 OctaneRender는 '공정하고 공간적으로 정확한 GPU 생성 엔진'으로 알려져 있으며 사실에 가까운 이미지와 비디오를 생성할 수 있는 강력한 소프트웨어다. 어바흐는 이 소프트웨어가 "어도비 포토샵처럼 월 20달러에 빌려 쓸 수 있다"고 말했다.[29] 어바흐에 따르면 마블 스튜디오는 영화 〈앤트맨과 와스프〉의 오프닝 장면에서 옥테인렌더를 사용했으며 HBO, 아마존, 넷플릭스의 TV 프로그램도 이 기술을 시험해 보았다고 한다.

　더욱 중요한 것은 오토이는 렌더링을 대중화했다는 점이다. 몇 시간이 걸리던 렌더링 작업을 이제 몇 분 안에 마칠 수 있다. 어떻게 가능할까? 수십 개, 수백 개의 그래픽 연산 장치를 동시에 활용해 프로젝트를 더 작은 부분으로 분할함으로써 가능해졌다. "우리는 GPU 100개를 사용해 과거 몇 시간씩 걸리던 〈트랜스포머〉 영화의 렌더링 작업을 몇 초 만에 완성할 수 있다는 것을 보여주었다. GPU를 사용하면 CPU와 달리 100개의 GPU를 하나의 프레임에 사용하여 100배 더 빠른 렌더링을 되돌려 받을 수 있다는 사실을 증명한 셈이다." 어바흐의 고객 중에는 할리우드 스튜디오와 신생 예술가들이 포함되어 있으며, 그는 구글 전 CEO 에릭 슈미트^{Eric Schmidt}와 할리우드 파워브로커인 아리 에마누엘^{Ari Emanuel}을 투자자이자 고문으로 영입했다. 그러나 클라우드 렌더링의 인기는 그들을 한계 상황으로 밀어 넣고 있다. 그 이유 중 하나는 비용이다. "데이터센터 렌더링용 GPU를 구입하려면 엄청난 비용이 든다. 하지만 가격의 10분의 1에 불과한 로컬 GPU보다 빠르게 렌더링되지 않는다." 데이터센터는 몇 년에 한 번씩 GPU를 업데이트할 수 있지만 열정적인 게이머나 다른 GPU 사용자(특히 이더리움 마이너들)는 최신 기술을 보유하고 있다. 따라서 하드코어 게이머가 가진 그래픽 카드는 데이터센터의 카드보다 더 강력하다. 평범한 사람이 다른 평범한 수천 명의 사람과 뭉칠 때 적어도 아마존보다 더 강력한 힘을 발휘한다. 전 세계의 최신 GPU를 활용할 수 있다면 어떻게 될까?

최근까지 이더리움의 작업증명^{PoW} 합의 알고리즘은 최첨단 엔비디아^{NVIDIA} 그래픽 카드에서 실행되었다. 어바흐는 다음과 같이 말했다. "나는 이렇게 생각한다. 아마존에서 이 작업을 실행하는 데 1달러의 비용이 발생하고, 누군가의 이더리움 마이닝 장비에 드는 전기 비용이 0.1달러라면, 이더리움 채굴자들에게 0.25달러 또는 0.50달러를 지불하면 어떨까?" 그는 GPU 소유자에게 더 유리한 거래를 제공한다면 자신들의 자산을 공유할 것으로 추측했다. 이렇게 해서 렌더 네트워크가 탄생했다. 사용자들은 자신의 GPU를 공유하고 자신의 시간과 에너지에 대한 보상으로 네이티브 토큰인 RNDR을 받는다. 2017년 출시 이후 렌더 네트워크 사용자는 네트워크에서 1,600만 개 이상의 프레임과 50만 개의 장면을 렌더링했다.[30] 회사에 따르면 네트워크를 사용하는 예술가들은 1차 및 2차 시장에서 총 5억 달러의 매출을 올린 크립토 아트와 NFT를 제작했다.[31] 무라트 박^{Murat Pak} 및 픽렌더^{FVCKRENDER}

와 같은 선도적인 3D 크립토 아티스트 중 상당수가 렌더를 사용한다. 어바흐는 아티스트 블레이크 캐서린Blake Kathryn이 뮤지션 릴 나스 엑스의 몬테로 투어의 비주얼을 제작하는 데 렌더를 사용했으며, 렌더는 2021년 유럽축구연맹UEFA 챔피언스리그 하프타임 쇼에도 사용되었다고 말했다.[32]

어바흐는 GPU를 기반으로 하는 웹3 분산 클라우드가 단일 기업이 만들어 낼 수 있는 어떤 것보다도 더 뛰어난 성능을 발휘할 것으로 기대한다. 이는 탈중앙화 메타버스에 동력을 제공하는 열쇠를 쥐고 있다. 어바흐는 메타버스를 공간 인식이 가능한 브라우저라고 불렀다. 온라인에서 URL을 사용하여 웹사이트에서 웹사이트로 이동할 수 있듯이, 인터넷의 다음 시대를 위한 새로운 무언가를 구축하려면 실시간 렌더링 이상의 것이 필요하다. 특히 HTML이나 JPEG와 동등한 3D 표준인 메타버스를 위한 새로운 공개 아키텍처가 필요하다. 어바흐는 이 과정에 수년간 참여해왔으며 현재 2,000명이 넘는 회원을 보유하고 있는 메타버스 표준 포럼Metaverse Standards Forum 그룹의 창립 멤버다.[33] 또한 어바흐는 디지털 자산의 출처 정보 문제도 해결해야 한다고 주장했다. 그는 웹3 솔루션에 답이 있다고 본다. 렌더 네트워크에서 렌더링된 모든 결과물은 블록체인에 해시값을 생성한다. 이는 디지털 상품이 여러 세계 사이에 이동되고 창작자의 지적 재산권을 관리하는 데 필수적인 검증 가능한 출처 정보를 제공한다.

대화 중에 그는 어린 시절 친구가 자신의 아버지인 〈스타트렉〉 제작자 진 로덴베리Gene Roddenberry의 유산을 보존하고 싶어했다고 말했다. 오토이의 라이트스테이지LightStage 기술은 스타트렉 제작자의 디지털 쌍둥이를 만들 수 있었지만 대중의 기대치는 엄청나게 높았다.[34] 오토이는 어떻게 하면 이를 엄청나게 빠른 속도로 진행할 수 있는지를 찾아내야 했다.

어바흐는 렌더를 사용해 스타트렉의 모든 역사를 시각적으로 재구성하기 위해 팀을 고용했다. 여기에는 원본 지적 재산권을 기반으로 출처 정보를 추적할 수 있는 우주연합함선 USS 엔터프라이즈의 디지털 쌍둥이도 포함되어 있다. "이것이 메타버스에서 우주함선 엔터프라이즈가 작동하는 방식이다. 그건 단순한 경험도, 비디오 게임도, 하나의 세계도 아니다. 모든 것을 통합한 것이다."[35] 지금까지 오토이의 팀은 렌더를 사용하여 로덴베리의 자료실에 있는 백만 개의 문서를 스캔했으며, 어바흐는 "이것은 〈스타트렉〉 TV 프로그램에 실제로 사용됐던 11피트짜리 모형을 스미소니언 박물관에 보관한 것과 동일하다"라고 말했다.[36] 최종 관문은 엔터프라이즈를 실시간으로 렌더링하는 것인데 확률이 아무리 낮을지라도 불가능을 극복해야 한다.

탈중앙화 물리적 인프라

◆

◆   탈중앙화 문제 해결 모델은 탈중앙화 물리적 인프라를 의미하는 디핀^{DePIN} 같은 다양한 영역에 등장한다. 디핀에서 네트워크는 토큰을 인센티브로 활용해 여러 개인의 물리적 자원을 통합하고 조정함으로써 분산되고 탄력적인 시스템으로 전환한다.

웹3 연구원인 메사리^{Messari}의 사미 카삽^{Sami Kassab}은 디핀을 클라우드 네트워크, 무선 네트워크, 센서 네트워크, 에너지 네트워크의 4가지 범주로 나눈다. 그는 디핀의 총 시장 규모가 2조 2천억 달러 이상이며 2028년까지 3조 5천억 달러로 성장할 것으로 추정했다.[37] 파일코인[Filecoin], 스토리지[Storj], 시아[Sia], 스카이넷[Skynet], 알위브[Arweave], 아카시 네트워크[Akash Network] 등 스타트업이 아마존의 클라우드 서비스인 AWS와 같은 거대 기업들과 경쟁하는 탈중앙화 스토리지 및 컴퓨팅을 상상해 보라. 헬리움[Helium]은 이미 182개국에 핫스팟을 보유하고 있는 탈중앙화 무선 네트워크다.

챗GPT는 2주 만에 사용자가 2억 명을 넘어서면서 회사의 제한된 컴퓨팅 리소스와 자금에 부담을 주었다. 이는 메타버스 및 사물 인터넷과 AI가 중앙화된 클라우드 컴퓨팅 리소스에 대한 수요를 얼마나 증가시킬 것인가에 대한 문제를 부각했다. 기업 사용자에게는 새로운 솔루션이 필요할 수 있다. 탈중앙화 네트워크는 미활용 컴퓨팅 하드웨어의 방대한 풀을 활용하여 수요와 공급의 격차를 해소할 수 있다. 메사리의 카삽은 "하루 중 대부분 사용되지 않는 강력한 GPU를 갖춘 수많은 게임용 컴퓨터가 있다"고 말하면서 이렇게 덧붙였다. 탈중앙화 컴퓨팅 네트워크를 통해 "컴퓨터를 사용하지 않을 때 GPU와 CPU를 수익화한다면 클라우드 네트워크에서 사용할 수 있는 총 컴퓨팅 용량에 상당한 영향을 미칠 수 있다."[38]

디파이와 마찬가지로 디핀은 여러 이유로 개발도상국에서 상당한 영향을 미칠 것이다. 개발도상국의 은행, 통신, 전기 등의 물리적 인프라는 종종 불안정하고 저개발 상태이며 특히 취약 계층에 충분한 서비스를 제공하지 못한다. 수백만 명에 이르는 사용자들의 유휴 자원을 모으면 이런 인프라를 이용하도록 할 수 있다. "이러한 상향식 접근 방식은 더 큰 탈중앙화를 촉진하고 지역 사회가 스스로 인프라 요구를 충족할 수 있는 역량을 강화할 잠재력이 있다"라고 카삽은 말했다.[39] 다음 장에서 이런 기회에 대해 자세히 살펴보겠다.

탈중앙화 스토리지와 컴퓨팅

◆

◆ 파일코인 Filecoin 은 "인류의 가장 중요한 정보를 저장"하도록 설계된 탈중앙화 클라우드 스토리지 시장에 사용자들이 참여하도록 인센티브를 제공하는 프로토콜이다.[40] 이 모델의 잠재적 이점은 무엇일까. 파일코인과 같은 프로토콜은 사용자가 스토리지 공간과 컴퓨팅 성능을 통합하고 '물리적 작업증명 proof of physical work'을 수행하는 것에 대해 보상한다. 즉, 네트워크 지원에 자원을 할당하고 있음을 증명하면 인센티브를 받는다. 이 글을 쓰는 시점 기준으로 데이터 스토리지와 검색 수수료 등의 내장 인센티브 덕분에 파일코인은 1,100여 개의 특별한 제공업체와 18,000건의 스토리지 거래를 유치해 지속적으로 성장하는 커뮤니티를 확보했다.[41]

둘째, 분산 시스템에서는 데이터와 컴퓨팅 성능이 여러 장치에 분산되어 있으므로 하나의 장치에서 오류가 발생하거나 오프라인이 되어도 시스템은 여전히 작동하고 데이터에 접근할 수 있다. 이와 대조적으로 전통적인 스토리지 솔루션은 중앙 서버나 클라우드가 다운되면 고장난다.

셋째, 데이터와 컴퓨팅 성능이 분산되어 있으므로 공격자는 단일 개체가 제어하는 중앙집중식 허니팟 honeypot, 비정상적인 접근을 탐지하려고 일부러 설치해 둔 시스템에 비해 데이터에 쉽게 접근하거나 조작하거나 하드웨어를 중단시킬 수 없다. 독재자라고 해도 사람들이 온라인에서 말하고 저장하는 내용이 마음에 들지 않는다고 웹3를 차단할 수 없다.

넷째, 사용하지 않는 자원을 활용하면 고가의 특수 하드웨어에 대한 수요가 줄어든다. 역사적으로 대기업은 무선 네트워크 또는 클라우드 시설과 같은 물리적 인프라를 구축하는 자본 집약적인 작업을 수행했다. 그러나 조정 및 인센티브 메커니즘을 통해 많은 개인 또는 소규모 기업을 함께 묶는 것이 모든 것을 단독으로 구축하는 것보다 저렴하며 자원 제공 동참자들은 이러한 절약 효과를 최종 사용자에게 전달할지를 결정할 수 있다.[42]

마지막으로, 탈중앙화 스토리지는 중앙화된 클라우드보다 더 오래 지속될 수 있다. 클라우드 제공업체가 파산하거나 인수되거나 정부에 의해 압류되면 우리의 데이터는 어떻게 될까? 대조적으로 탈중앙화 클라우드 서비스 제공업체는 네트워크 컴퓨팅 성능에 기여하는 대가로 보상받으므로 하드웨어를 영구적으로 계속 운영하려는 경제적 인센티브가 있다. 우리는 공유된 기억을 영구적으로 보존할 방법이 필요하다. USC 쇼아 재단USC Shoah Foundation과 스탠퍼드 대학의 연구를 보라. 이들은 파일코인과 제휴하여 홀로코스트 생존자들의 증언을 디지털 방식으로 보존해 영원히 저장할 수 있도록 만들었다.

이러한 탈중앙화 클라우드의 이점 덕분에 다양한 종류의 기업가와 개발자들은 제품과 시장 적합성을 찾아낼 수 있다. 아카시 네트워크의 설립자인 그렉 오수리는 아카시에 다음 세 가지 유형의 사용자가 있다고 말했다. "첫째는 디파이, NFT, 게임 등 혁신가 범주다. 오스모시스가 대표적인 사례다. 옴니플렉스Omniflex, 다양한 블록체인 네트워크 간의 상호 운용성을 제공하는 솔루션와 같은 여러 미디어 프로젝트가 아카시에서 실행되고 있으며, 스트레인지 클랜Strange Clan과 같은 여러 게임도 운영되고 있다."[43] 그는 또한 아카시가 DAO에도 효과가 있다고 주장했다. 왜냐하면 아카시는 배포 과정에서의 '핵심 인물 위험^{key person risk}'을 제거해주기 때문이다. "키를 가진 사람이라면 누구나 배포를 제어할 수 있다. 이 키는 여러 개일 수 있다. 멀티시그^{거래 승인에 여러 개의 개인 키가 필요한 암호화폐 지갑} 기반의 클라우드 인프라를 원한다면 아카시가 유일한 솔루션이다."[44] 두 번째는 중앙화된 클라우드와 아카시 간의 가격 불일치를 이용하려는 이른바 '차익 거래자'다. "현재 아카시의 가격은 아마존보다 3분의 1에서 5분의 1 정도 저렴하다. 이러한 차익 거래 기회가 발생하면 시장에서 구매하는 것보다 서비스 사용에 필요한 네이티브 토큰을 마이닝하는 것이 이익을 실현하는 데 가장 좋다"라고 오수리는 설명했다. 세 번째 그룹은 오수리가 아카시리틱스^{Akashlytics}와 아르고^{ArGo}로 이름붙인 '생태계 구축자'다.

월마트나 골드만삭스처럼 클라우드 서비스가 필요한 회사들이 과연 AWS 대신 아카시를 사용할까? 오수리는 "그렇다. 하지만 당장은 아니다"라면서 이렇게 설명했다. "당신은 골드만삭스나 월마트의 사용자처럼 클릭만 하고 수없이 불평을 털어놓고 지원만을 기대하는 사용자들을 원하지 않을 것이다. 대신 무슨 문제가 발생하면 스스로 파고들어 해결책을 찾고 아이디어를 내는 사용자들을 원할 것이다. 그것이 바로 아카시가 제공하는 혜택의 대가로 확장하는 방법이다." 새로운 기술의 초기 버전이 가장 수익성 높은 고객의 요구를 충족시키지 못하면 대기업들은 그런 기술을 장난감 정도로 무시하는 경향이 있다. 오수리는 당분간은 괜찮다고 말했다. "우리는 사용 편의성이 아니라 호환성에 중점을 둠으로써 고급 개발자들을 유치하는 전략을 의식적으로 채택했다. 5~6년 후에는 이들 기업 중 일부가 아카시를 채택할 것이다."[45]

　웹3와 물리적 인프라의 또 다른 예는 탈중앙화 인터넷 제공업체 인 헬륨Helium이다. 헬륨은 사물 인터넷과 같은 저전력 무선기기를 위한 네트워킹 인프라를 부트스트래핑bootstrap, 여러 번의 복원 추출을 허용하여 표본을 구성한 후 통곗값을 계산하고 통계적 판단을 내리는 방법하기 위해 인센티브 시스템을 사용한 다. 해당 네트워크는 소위 '적용 범위 작업증명proof-of-coverage'이라는 합 의 메커니즘을 사용한다. 네트워크에 참여하는 노드는 암호화 문제를 해결함으로써 다른 장치들에 무료 핫스팟 와이파이를 제공하고 있다 는 사실을 증명해야 네이티브 토큰인 HNT를 획득할 수 있다. 문제의 난이도는 특정 지역 내의 노드(핫스팟) 개수에 따라 조정되므로 네트워 크가 원하는 수준의 적용 범위를 유지하게 된다. 티모바일T-Mobile은 탈 중앙화 무선기기와 관련하여 헬륨이 설립한 노바랩스Nova Labs와 파트 너 관계를 구축할 정도로 관심을 보였다. 헬륨은 사업 확장 과정에서 티모바일의 네트워크를 활용할 수 있다. 만약 성공한다면 헬륨의 네트 워크는 티모바일이 외딴 지역의 고객들에게 서비스를 제공하는 데 도 움이 될 것이다.[46] 플레이어가 참여에 대한 보상으로 토큰을 얻을 수 있는 웹3 게임처럼 헬륨은 다른 웹3 지원 애플리케이션과 동일한 문 제에 직면해 있다. 헬륨의 경우, 사용자는 실제 무선 커버리지 없이 무 선 노드를 '시뮬레이션'하므로 정직한 노드는 보상을 얻기 위해 속임 수를 쓰는 가짜 노드를 차단하기 위해 끊임없이 노력한다. 여전히 적 용 범위 작업증명을 입증하기가 너무 어렵다.

　또 다른 문제는 기존 네트워크와 경쟁하거나 이를 능가하기 위해 통합해야 할 자원이 너무 많다는 사실이다. 파일코인의 스토리지 용 량은 약 13.8 엑비바이트exbibyte로, 인터넷 아카이브를 200번 이상 저

장하기에 충분하다.[47] 메사리의 카샵의 연구에 따르면 헬륨의 사물 인
터넷 네트워크는 182개국 이상에 98만 개의 핫스팟을 보유하고 있다.
그들이 의미 있는 영향력을 행사하려면 이보다 훨씬 더 많이 성장해
야 한다.

디핀 및 매핑 데이터

◆

◆   디핀은 클라우드 컴퓨팅을 넘어 다른 영역
에서도 웹2의 질서를 흔들 수 있을까? 하이브매퍼[Hivemapper]의 설립자
인 아리엘 사이드먼[Ariel Seidman]은 그렇게 생각한다. 그는 구글의 매핑 및
지도 데이터 독점 현상을 타파하려고 한다. 사이드먼은 "암호화폐보
다는 매핑에 더 관심이 있다"라고 말했다. 그는 야후가 주요 검색 엔
진이었고 구글이 시장 점유율을 높이던 신생 스타트업이었을 당시 야
후 맵의 고위 임원이었다. 당시 야후와 다른 지도 제공업체는 라이선
스를 통해 제삼자로부터 데이터를 제공받았다. 구글은 막대한 비용을
들여 세계의 모든 도로를 매핑하여 데이터를 직접 생성했다. 이와 똑
같은 일을 하겠다는 그의 계획을 상사가 거절하자 그는 회사를 그만
두었다.[48]

오늘날 구글맵은 가장 지배적인 매핑 앱일 뿐만 아니라, 더 중요
한 것은 수백 개의 회사와 심지어 정부에 API를 유료로 제공하고 있
다. 우버, 리프트, 에어비앤비는 구글맵을 사용한다. 지역 주(州) 청사
및 보험 회사도 마찬가지일 것이다. 옛날부터 지도는 권력의 원천이었
다. 정확하고 상세한 최신 지리 정보가 적군에 대항할 수 있는 수단임

을 이해했던 제1차 세계대전 당시의 한 군인은 '지도는 무기'라고 말했다.[49] 매핑 사업에서 구글은 투석기와 화살로 대항하는 경쟁자에 맞서 곡사포를 내뿜는다.

인기 있는 매핑 애플리케이션인 웨이즈 **Waze, 사용자 참여형 내비게이션 앱**는 '대중의 지혜'를 활용해 한동안 구글과 경쟁했다. 먼저 웨이즈는 사용자들을 생산소비자로 만들어 정지된 차를 발견하면 핀을 꽂고 스티커를 받는 방식으로 앱을 게임화했다. 더 중요한 것은, 웨이즈가 일주일에 30~40시간을 자발적으로 지도 수정 및 다른 편집자 교육에 투자하는 수천 명의 지도 애호가들로 구성된 커뮤니티를 활용했다는 것이다.[50]

"2만 명에서 3만 명 정도 되는 사람이 데스크톱 애플리케이션에 들어가서 지도를 지루하게 편집했다. 솔직히 그들이 지도를 만든 것이다. 그들이 없었다면 웨이즈는 없었을 것이다." 구글은 2013년에 이 회사를 12억 달러에 인수했다. 사이드먼은 이렇게 평가했다. "투자자들은 당연히 대박을 터뜨렸고 직원들도 당연히 그랬다. 하지만 정작 3만 명에 이르는 편집자들은 아무것도 얻지 못했다. 정말 말도 안 되는 소리다." 웹3 솔루션에 대한 가치 제안은 사이드먼에게 명백하다. "여러분이 지도를 만드는 것을 돕고 데이터를 수집해 주면 여러분이 수집하는 데이터와 네이티브 허니 **HONEY** 토큰에서 얼마나 많은 수입을 얻을 것인지에 대해 아주 개방적이고 투명하게 정보를 제공할 것이다."[51] 어떻게 하는 것일까? 하이브매퍼에서는 누구나 몇 분 안에 자동차에 설치할 수 있는 최첨단 AI와 매핑 소프트웨어가 내장된 블랙박스를 판매한다. 이 장치는 스마트폰 앱을 통해 클라우드로 업로드되는 많은 데이터를 캡처한다. 스웨트코인과 마찬가지로 하이브매퍼는 사용자들이 출퇴근, 심부름 등 어차피 해야 할 일을 하면서 수입을 올리도록 한다. 대도시에 살거나 통근 거리가 긴 운전자는 더 많은 수익을 올릴 수 있다. 우버 운전사나 페덱스 배달원이라면 더욱 가치가 있다.

여기에서 명백한 기회가 생긴다. UPS나 페덱스 같은 운송 회사는 하이브매퍼와 파트너십을 맺을 수 있다. 구글이 사진을 찍기 위해 아무리 많은 차량을 배치한다고 해도 우버와 리프트가 더 많은 운전자를 확보할 수 있다. 페덱스, 우버 같은 회사들은 구글맵 데이터에 대한 의존도를 낮추기를 원할 수도 있으므로 이는 윈윈 전략이 될 수 있다. 자동차 제조업체도 구글의 API를 사용한다. 자동차 제조사들은 운영체제나 기타 데이터를 소유하지 못한다. 하이브매퍼 기술은 이들을 구글이나 다른 사람에게 의존하지 않고도 데이터에 접근할 수 있는 매핑 네트워크의 이해관계자로 변환시킬 것이다.

하이브매퍼 블랙박스에 500달러를 지출한 사람은 언젠가는 투자 수익을 기대할 것이다. 토큰 모델은 영리하다. 하이브매퍼에서 사용자는 자신이 생성하는 데이터에 대해 공평하게 네이티브 토큰을 받는다. 기업들이 데이터에 대한 라이선스를 원하면 구글맵 API를 사용할 때 돈을 쓰는 것처럼 토큰을 구매하고 소각한다. 소각된 토큰 수가 발행된 토큰 수보다 많으면 보유자에게 더 많은 가치가 돌아간다. 사이드먼은 웨이즈의 구축을 도왔던 지도 애호가들처럼 금전적인 이유 그 이상으로 커뮤니티 구성원들을 이 프로젝트에 참여시키고 싶어 한다. 사이드먼은 적어도 현재로서는 토큰에 별로 관심이 없는 것 같다. 그는 이렇게 말했다. "초기 단계에 중요한 것은 다른 사람과 업계에 유용한 무언가를 만들 수 있는지다. 만약 그 기준을 넘지 못한다면, '누가 신경이나 쓰겠는가?'라는 말만 듣게 된다." 위대한 모험을 위해서 우리는 돈을 위해 싸우는 용병이 아니라 신념을 전파하기 위해 위험을 무릅쓰는 선교사가 필요하다.

트라이버전스

◆

◆   스마트폰과 무선 네트워크의 융합으로 모바일 앱, 위치 기반 서비스 및 모바일 중심 비즈니스 모델이 등장했으며 이는 인간의 행동을 변화시켰다. 혁신가들은 야금술과 제조 공정의 발전을 결합하여 증기기관을 만들었고, 이는 운송, 농업, 생산에 혁명을 일으켰다. 철도를 따라 전선을 설치하여 화물과 정보를 동시에 전달하는 기술을 발전시켰다.

이러한 예에서 알 수 있듯이 종종 여러 기술의 조합 또는 융합이 가장 큰 경제적·사회적·문화적 영향을 미친다.

오늘날 우리는 웹3 기술이 AI와 사물 인터넷과 융합되는 새로운 시대의 문턱에 서 있다. 이것을 트라이버전스TRIVERGENCE라고 부른다.

먼저 개론부터 설명하겠다. 사물 인터넷은 일상적인 물건과 물리적 환경을 인터넷에 연결하는 것을 의미한다. 오늘날의 사물 인터넷 애플리케이션은 냉장고가 재고를 파악해 아마존에서 우유를 주문하거나 블랙박스가 교통 데이터를 기록하는 것 같은 평범한 것에서부터 파킨슨병 환자의 원격 건강 모니터링과 같은 일까지 다양하다. 의사는 환자의 증상을 원격으로 관찰하고 약물을 조절하여 환자의 삶을 개선하는 데 도움이 될 수 있는 데이터를 수집 및 분석하고 치료법의 발전과 질병의 조기 발견에 기여할 수 있다.[52] AI는 컴퓨터 코드 작성, 투자 메모, 시 쓰기에서부터 예술과 음악 생성에 이르기까지 한때 인간 지능이 필요했던 작업을 수행할 수 있는 능력을 보여준다. 물론 블록체인은 웹3를 가능하게 만들었다. 웹3를 사용하면 익명화된 의료 데이터와 같은 가치 있는 정보를 안전하고 사적이며 P2P 방식으로 저장, 관리, 교환할 수 있다. 샘 알트먼Sam Altman은 챗GPT의 제작사인 오픈AI의 CEO로 잘 알려졌지만 2019년에 설립된 월드코인Worldcoin이라는 또 다른 프로젝트를 통해 기술의 트라이버전스에도 초점을 맞추고 있다. 그는 인공지능이 인간의 일에 미치는 영향력을 이해하고 있다. 즉, 생산성의 엄청난 향상이 노동자를 혼란에 빠뜨리고 쫓아낼 수도 있다는 사실에 대한 그의 통찰은 보편적 기본 소득UBI의 형태로 모든 사람이 글로벌 번영을 공유할 수 있는 글로벌 공공 금융 유틸리티로서의 월드코인에 대한 관심으로 이어졌다.[53]

월드코인에 접속하려면, 사용자는 먼저 HAL 9000 영화 2001: 스페이스 오디세이에 등장하는 인공지능 슈퍼컴퓨터이나 농구공처럼 보이는 홍채 스캐닝 장치를 통해 자신이 '인간'임을 증명해야 한다. 이에 대한 보상으로 월드코인 사용자는 무료 토큰과 활용 가능한 거버넌스 권한을 포함한 지갑을 받는다. 이 프로젝트는 170만 명 이상의 가입자를 확보하며 계속해서 탄력을 받고 있다.[54]

월드코인은 실제 사용되는 트라이버전스의 모습을 보여준다. 홍채 스캐닝 오브orb는 저렴하고 내구성 있고 유용한 사물 인터넷 기술의 한 예이며, 월드코인 토큰과 지갑은 전 세계 수십억 명에게 웹3를 제공할 것을 약속한다. 월드코인은 영지식증명을 사용하므로 개인은 자신에 대한 정보를 공개하지 않고도 인간임을 '증명'할 수 있다. 또한 월드코인의 ID 시스템은 자신을 디지털 방식으로 쉽게 확인할 방법이 없는 수십억 명의 사람에게 유용하다. AI를 통해 부가 증가함에 따라 더 많은 토큰 보유자가 이익을 얻을 수 있다.

오픈AI가 논란을 일으키고 있는 상황에서 일부 비평가들은 홍채스캔은 생체 인식 데이터의 소유권이 불분명하므로 개인정보를 침해한다고 주장한다. 그러나 월드코인의 대담한 계획은 트라이버전스의 실험 사례로서 주의 깊게 지켜볼 가치가 있다.

결론 및 핵심 요약

웹3 메타버스의 잠재력은 엄청나다. 그리고 우리는 개인과 기업이 상호작용하는 방식에서부터 정부와 사회의 각기 다른 이해관계자가 조직화하는 방식에 이르기까지 삶의 모든 측면에서 그 영향력을 느낄 것이다. 이번 장의 시사점은 다음과 같다.

1. 메타버스의 기회는 엄청나다. 이를 통해 우리는 인류로서 서로 더 가까워지고 기업가, 창작자, 인터넷 사용자에게 엄청난 기회를 창출할 수 있는 새로운 공유 현실을 온라인으로 구축할 수 있다.

2. 이러한 유형의 기술을 만들고 사용함에 따라 발생하는 기술적, 사회적, 경제적 도전을 무시할 수 없다.

3. 가장 큰 위험은 사용자가 데이터 또는 디지털 자아에 대한 권리나 소유권이 없는 기존 웹2 모델을 그대로 계속하는 것이다. 그렇게 되면 '개방형 메타버스'가 아니라 '폐쇄형 가상 세계'일 뿐이다. 이것은 디즈니 월드와 같다. 재미있을지는 몰라도 '새로운 삶'은 아니다.

4. 메타버스는 개방적이어야 하며 가능하다면 웹3 도구로 구축되어야 한다. 현

재 AR과 VR 같은 핵심 기술 및 콘텐츠에 대한 가장 큰 투자는 웹2의 기존 플랫폼에 의해 이루어지고 있다. 데스크톱이 웹1과 상호 작용하는 방식이고 스마트폰이 웹2와 상호작용하는 방식이라면 VR과 AR, 넓게는 '메타버스'야말로 웹3를 경험하는 방식이다. 이는 개방적인 세상, 공통의 표준, 사용자 권리가 필요하다는 것을 의미한다.

5. 웹3 도구, 특히 탈중앙화 컴퓨팅 및 그래픽 렌더링은 메타버스를 실현하는 데 필요한 도구를 제공함과 동시에 백엔드 기술 자체가 단일 기업에 의해 소유되거나 통제되지 않도록 보장할 수 있다.

6. 웹3는 집안의 컴퓨터 혹은 도로 위의 운전자처럼 경제 체제 안의 잉여 자원을 조직화된 시스템으로 활용하는 방법에 대한 로드맵을 제공한다. 이러한 시스템은 기존 인프라를 보완하고 강화하며 언젠가는 대체할 수도 있다. 이미 디핀 DePIN은 그래픽 렌더링, 분산 스토리지, 매핑에서 초기 성공 사례를 보여주고 있다. 웹3는 AI, 사물 인터넷과 같은 다른 혁명적인 기술과 융합되고 있다. 이런 트라이버전스는 사회에 새로운 비즈니스 기회와 도전을 몰고 올 것이다.

메타버스는 전 세계 사람을 더 가깝게 만들어줄 수 있다. 이는 오늘날 웹3에서 우리가 확인하고 있다. 9장에서 보겠지만 세계는 점점 더 평평해지고 웹3가 그 길을 열어가고 있다.

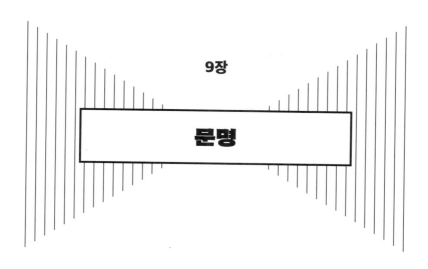

9장

문명

웹3의 세계는 더욱 평평해지고 있다

◆

◆　　　　　　　우리는 지금까지 전례가 없는 세계적인 번
영의 시기에 살고 있지만 동시에 미래에 대한 불확실성이 크게 존재
하는 시기이기도 하다. 우리의 시스템은 엄청난 부를 창출하지만 그
대가가 지구의 희생을 통해서라는 느낌을 지울 수 없다. 찰스 디킨스
는 이렇게 썼다. "그것은 가장 좋은 시대였고, 가장 나쁜 시대였고, 지
혜의 시대였고, 어리석음의 시대였고, 믿음의 시대였고, 회의의 시대
였고, 빛의 계절이었고, 어둠의 계절이었다." 한편으로 우리는 상품,
자본, 기술 기술 및 기술의 세계적인 확산 덕분에 건강과 물질적 풍요

에서 엄청난 진전을 이뤘다. 불과 60년 전에 비해 인간의 평균 수명은 20년이나 늘어났다. 개발도상국에서는 상황이 훨씬 더 극적이다. 아프리카 사람은 1960년보다 60% 더 오래 산다.[1] 같은 기간 영아 사망률도 80% 이상 감소했다.[2] 그러나 모든 것이 좋지만은 않으며 세계에는 많은 문제가 있다. 우선, 사람들은 우리 세계 경제의 번영을 공평하게 공유하지 못했다. 토머스 프리드먼은 '세계는 평평하다'라고 썼으나 현실에서는 세계 대다수의 사람이 여전히 힘든 도전에 직면해 있다. 세계은행에 따르면 2022년 기준 은행 서비스를 한 번도 받지 못한 성인이 14억 명에 달한다.[3] 1997년에 저술된 《주권적 개인》에서 저자 제임스 데일 데이비슨과 윌리엄 리스-모그는 정보화 시대의 발흥으로 국경이 해체되고 개인이 '거주한 지역을 초월할 수 있게' 될 것이라고 설명했다. 이 책은 여권과 노트북을 가지고 어디서나 일할 수 있는 젊고 부유한 지식 노동자인 오늘날의 디지털 노마드를 묘사했다. 하지만 대다수의 사람에게는 이것이 현실적인 선택지는 아니다.[4] 웹3나 다른 도구만으로는 개발도상국과 선진국 간의 경제 격차를 해소할 수 없다. 왜냐하면 이 사람에게는 인터넷 연결을 비롯해 다른 금융 도구와 지식이 필요하기 때문이다. 오늘날 세계 인구의 64.4%인 51억 6천만 명만이 인터넷에 연결되어 있다.[5]

개발도상국의 창작자와 기업가들에게는 비즈니스 프로젝트나 창의적인 사업에 자금을 조달하기 위해 지역 시장과 경제를 넘어설 수 있는 도구가 부족했다. 인터넷은 의심할 여지 없이 세계를 더욱 '평평하게' 만들었고 웹3는 이를 더욱더 가속화할 것이다. 다음 세 가지 사례를 고려해보자.

사례 연구 1:
창작자는 글로벌 팬을 통해 수익을 창출할 수 있다

◆

◆　　　　　　　　에이프릴 아그리가도 April Agregado는 남편과
네 자녀와 함께 필리핀에서 살고 있다. 그녀는 금융 자문 회사의 관리
자이며 남편은 헤드헌터로 일한다. 그들은 필리핀의 전형적인 전문직
계층이다. 그들의 막내아들 세비Sevi는 자폐증을 가지고 태어났다. 많은
다른 나라에서와 마찬가지로 그들은 정부로부터 지원을 받지 못했다.

에이프릴과 남편은 세비가 어릴 때부터 미술 치료, 체조, 축구와
같은 프로그램에 등록시켰다. 세비는 하루 5시간 동안 사회적 상호작
용을 익히고 기술을 배우기 위해 노력했다. 아그리가도 가족은 세비에
게 인생의 모든 기회를 주기 위해 저축한 돈을 썼다. 하지만 결국 비용
이 너무 많이 들어 한 가지 프로그램을 제외하고 모두 중단해야 했다.
그들은 여덟 살 세비에게 프로그램을 하나만 선택하도록 요청했다. 그
는 미술을 선택했다.

에이프릴은 미술이 세비에게 얼마나 중요한지와 그가 말로 표현
할 수 없을 때 그림으로 어떻게 대화했는지에 대해 나에게 들려주었
다. 그의 작품은 종종 엄마를 놀라게 했다. 그림은 세비의 내면과 그가
한 인간으로 성장하는 모습을 볼 수 있는 창을 제공했다. 세비는 다양
한 소재를 그리지만 동물, 풍경, 에이프릴과 가족들의 초상화 그리는
것을 좋아했다. 그는 자신을 밝은색으로 표현할 수 있도록 도와주는
치료사와 함께 작업했다.

에이프릴은 대견한 아들의 작품 사진들을 페이스북에 게시하기
시작했고, 친구들의 눈길을 사로잡았다. 몇몇 사람은 그의 그림을 사

고 싶다고 했다. 에이프릴은 가까운 가족에게 그림 몇 점을 파는 것에 관해 상담했다. 그러던 중 2021년 3월, 친구가 에이프릴에게 NFT에 대해 알려주었다. 필리핀은 크립토 혁신의 온상으로 떠오르고 있었다.

이전의 시대와 달리 신흥 국가들은 웹3 채택과 실험을 주도하고 있다. 이는 동남아시아가 수십 년간의 아웃소싱으로 인해 활기찬 기술 생태계가 된 덕분이었다. 필리핀은 비디오 게임 스튜디오들로 유명한데, 이들은 기어스 오브 워Gears of War, 레드 데드 리뎀션Red Dead Redemption, 더 라스트 오브 어스The Last of Us와 같은 미국의 대형 게임을 제작하면서 자신들의 게임도 개발했다.

웹의 이전 시대들과는 달리, 웹3는 자산을 생산하는 것뿐만 아니라 소유권을 주장할 수 있는 매체다. 사람들은 웹3에서 자신의 시간과 창의적인 에너지를 수익화하는 새로운 방법을 찾고 있다. 많은 신흥 국가에서는 여러 개의 직업을 갖고 부수입을 위한 임시 직업이 필수적이다. 웹3 도구를 통해 글로벌 시장과 연결되고 자신의 노력을 통해 더 많은 돈을 벌 수 있다. 이런 새로운 역량은 아마도 신흥 국가 국민에게 공감을 더 많이 불러일으키는 것 같다. 이것이 베트남, 필리핀 등 동남아시아 국가들이 웹3 채택에 있어 모든 서유럽 국가를 앞지르는 이유다.[6]

친구의 도움으로 에이프릴은 세비의 작품마다 NFT를 민팅하는 방법(작품의 고유한 디지털 버전을 만드는 방법)을 배웠다. 그녀는 세비에 대한 약간의 정보와 함께 작품 중 몇 점을 NFT 마켓플레이스인 오픈씨에 올렸다. 세비의 이야기는 성장하는 웹3 커뮤니티 사람에게 큰 감동을 주었고, 작품 몇 점을 판매하는 기록을 세웠다. 얼마 지나지 않아 선도적인 NFT 아트 페어인 NFT·NYC가 페이스북과 인스타그램에서 세비를 팔로우하기 시작했다.[7] 에이프릴의 친구들은 주최측이 세비를 주요 아티스트로 선정하기를 바라며 페어에 지원하도록 권유했다. 에이프릴은 이렇게 말했다. "처음에 우린 그의 이야기와 작품을 공유하는 것을 매우 주저했다. 왜냐하면 NFT 분야에는 놀라운 기성 아티스트들이 많이 있는데 여기에 자폐증이 있는 8살 어린이가 치료의 일환으로 그린 그림을 공유한다는 건 말이 안 되는 일이었기 때문이다."[8] 하지만 별다른 부작용이 없어 보여서 도전해 보기로 했다.

세비의 세계 미술계 첫 진출은 아주 운이 좋은 시점에 이루어졌다. NFT가 온라인에서 창의적인 표현의 수단으로 부상했을 뿐만 아니라 수집가들은 '아동 예술'이라는 범주에도 주목하고 있었다. '꼬마 피카소'로 불리는 뉴욕의 10세 소년 안드레스 발렌시아 Andres Valencia는 NFT가 아닌 그림을 10만 달러 이상에 팔면서 화제가 되었다.[9] 2021년 여름, NFT·NYC는 타임스퀘어에 있는 100피트 크기의 광고판에 세비와 다른 어린 예술가들의 작품을 전시했다. 세비의 작품은 큰 인기를 얻었고, 다양한 작품들을 판매할 수 있었다. 현재 그는 트위터에 약 4천 명의 팔로워를 보유하고 있으며 최근에는 CNN이 그의 이야기를 방송했다. 에이프릴은 세비의 작품을 NFT로 판매하기 시작하여 약 8ETH를 벌었고 이는 2023년 4월 17일 기준으로 약 16,000달러에 해당한다. 이것은 일반적인 필리핀 사람의 연봉보다 큰 금액이다. 세비의 삶을 변화시킨 수익금은 2021년 총 230억 달러 규모의 거래액이 오간 NFT 시장에서 보면 극히 일부에 불과한 금액이다.[10]

에이프릴은 세비의 그림이 어떻게 "세비의 미래를 보호하고 지원할 방법이 되었는지"에 대해 설명했다. 그녀는 "아마도 오랫동안 세비는 지속적으로 치료해야 할 것이다. NFT를 통해 그의 작품을 판매하는 것은 우리가 그의 미래를 준비하는 것이다"라고 덧붙였다.[11] 세비의 가족은 중산층이지만 더 나은 삶을 위해 고군분투하는 많은 가정과 마찬가지로 언제든지 경제적으로 어려움에 빠질 위험을 안고 있다. "지금은 괜찮지만 앞으로 어떻게 될지 모른다. 모든 게 순식간에 뒤집힐 수 있다"라고 에이프릴은 말했다.[12] 세비의 NFT 수익은 가족의 경제 상황에 많은 도움이 된다.

세비의 이야기는 웹2에서는 불가능했을 것이다. 물론 세비는 웹2 도구의 혜택을 받았다. 에이프릴은 페이스북과 트위터를 통해 세비의 작품 복사본을 게시하고 그의 팬층을 구축했다. 하지만 오픈씨와 같은 NFT와 웹3 플랫폼이 세비의 창의성을 통해 수익을 창출할 수 있도록 온라인 소유권을 부여했다. 웹3를 통해 평범한 필리핀 가정의 자폐아가 세계적인 미술 수집가들의 시장에 진출한 것이다. 에이프릴은 이렇게 말했다. "그의 작품은 싱가포르와 시카고의 NFT 갤러리에 전시되었다. 세비가 나이가 더 들 때까지는 불가능할 것으로 생각했던 많은 곳, 많은 사람, 심지어 여러 국가에까지 다가가고 있다."[13] 이 모든 과정에도 세비는 자신과 가족이 매우 소중히 여기며 치료에도 중요한 역할을 한 작품의 실물을 보유하고 있다. 세비는 자신의 NFT를 통해 수집가들이 자기 작품을 재판매할 때 공정한 분배금을 받게 된다. 이는 대부분의 시각 예술가가 결코 누리지 못했던 혜택이다. 평균적으로 NFT 아트 및 수집품 판매의 절반 이상이 재판매되며 자산 제작자는 원래 지갑 주소로 로열티를 영구적으로 수취할 수 있도록 NFT를 프로그래밍할 수 있다. 물론 그림을 그리는 모든 아이가 세비와 같은 성공을 거둘 수 있는 것은 아니다. 예술가로서의 그의 이야기는 재현 가능한 것은 아니지만 성공을 가능하게 하는 기술 도구는 복제할 수 있다.

이러한 도구는 개인에게 디지털 상품에 대한 소유권을 부여하기 때문이다. 이번 경우는 재능 있는 자폐 소년의 예술에 관한 이야기다. 에이프릴에 따르면 세비의 수익은 그의 미래를 보장하는 데 도움이 된다.

현재 세비는 행복하게 잘 지내고 있다. 에이프릴은 "추가적인 치료가 필요하지 않을 정도로 그의 상태가 많이 좋아졌다"라고 말했다. 그는 여전히 그림 그리는 것을 매우 좋아하고, 집중하는 데 도움이 되기 때문에 그림 그리기를 계속한다. 그가 그림을 그리는 것을 좋아하는 일이 계속되리라는 보장은 없다. 에이프릴은 "세비가 계속해서 그림을 즐길 수 있기를 바라지만 아직 열 살밖에 되지 않아서 그의 관심사는 언제든지 바뀔 수 있다"라고 말했다. 세비의 NFT 덕분에 가족은 세비에게 필요한 모든 도움을 줄 수 있다.

사례 연구 2:
기업가들은 글로벌 시장에 진출할 수 있다

◆

◆   세비의 이야기는 디지털 가치 매체 즉, NFT와 결합한 커뮤니케이션 도구로서의 인터넷이 세계 곳곳의 창작자들이 글로벌 시장에 연결되어 구매자들에게 다가가 생계를 유지할 수 있는 방식을 잘 보여준다. 이러한 혁신이 없었다면 마닐라의 어린 자폐 예술가가 구매자와 연결하거나 작품을 판매할 방법은 없었을 것이다. 필리핀에는 웹3가 자신에게 더 나은 삶을 만들어줄 수 있는 잠재력이 있다고 보는 사람이 많이 있다. 웹3 혁신은 디지털 경험과 디지털 자산의 영역까지 세계화를 확장한다. 이전의 세계화 물결과 마찬가

지로 웹3에도 위험과 기회가 있다. 항상 긍정적인 것만은 아니다. 웹3는 새로운 경제적 기회를 창출하는 동시에 불평등을 심화시킬 수 있다. 이는 웹3 게임 분야에서 더욱 두드러진다.

웹3가 게임 산업을 변화시키는 방식에 대한 앞선 분석에서, 우리는 소위 P2E 게임이 필리핀과 같은 개발도상국에서 사람의 상상력을 어떻게 사로잡았는지에 관해 이야기했다. 많은 웹3 게임에서 플레이어는 우선 게임 가능한 캐릭터, 즉 디지털 자산을 확보해야 한다. 필리핀의 젊은이들은 돈을 벌고 싶어 하지만 대부분은 처음부터 시작해야 했다. 하지만 NFT 기반 게임이 등장했을 때 사람들은 근본적으로 다르다는 느낌을 받았다. 미국 라구나 게임즈에서 프로덕트 임원으로 일하는 카트리나 울프는 "다른 지역 플레이어들의 커뮤니티에서 쏟아져 나오는 순수한 낙관주의에 놀랐다"라고 말했다. 사람들은 이렇게 생각하고 있었다. "우리는 세상을 근본적으로 바꿀 것이다. 어쩌면 그럴 수도 있을 것이다. 하지만 기술이 항상 그런 변화를 끌어내는 건 아니다. 문화, 정책 등 아직도 변화가 필요한 부분들이 많다."[14] 그럼에도 불구하고 그녀는 기존의 모든 방법이 무시되는 곳에 있는 건 재미있다고 말했다.[15]

이에 대한 응답으로 일부 기업가들은 소위 '웹3 게임 길드'라는 새로운 산업을 만들었다. 이는 월드 오브 워크래프트와 같은 대규모 다중 사용자 온라인 게임MMORPG 내에서 모험이나 퀘스트를 함께 수행하기 위해 결성하는 '길드'와는 다르다. 물론 중세 길드와도 확실히 다르다. 중세 길드는 직업별 조합으로서 조합원들이 생산하는 상품의 품질에 대한 기준을 설정하고 유리한 처우와 권리를 위해 영주와 협상하며, 장인들이 자원과 지식을 공유하여 새로운 구성원을 훈련할 수 있는 수단을 제공했다. 어떤 면에서 이러한 웹3 게임 길드에 가장 근접한 중세 시대의 비교 대상은 길드라기보다는 지주와 소작농 사이의 관계라고 볼 수 있다. 웹3 게임 길드에 가입하는 플레이어는 '장학생'이 된다. 그들은 자신들이 구매할 여유가 없는 자산을 빌려서 게임을 하고 수익금 일부를 길드 조직자에게 되돌려준다. 때때로 그들은 참가비를 위해 돈을 빌리고 게임으로 생계를 유지한다. 게임을 사랑하는 젊은 실업자에게 이보다 더 좋은 직업이 있을까?

이런 혁신에도 위험과 의도하지 않은 결과가 따른다. 많은 사람이 일자리를 잃고 지루했던 팬데믹 동안 액시 인피니티는 필리핀에서 인기 게임이 되었다. 미국에 기반을 둔 웹3 게임 프로젝트인 라구나 게임즈의 필리핀 지사장인 리아 루는 이렇게 말했다. "장학생이라는 개념 자체가 필리핀에서 인기를 얻었다. 팬데믹 때 모두가 집에 있거나 일자리를 잃었을 때 액시 인피니티 NFT 게임은 필리핀에서 돈을 버는 수단이 되었다.[16] 동남아시아의 여러 나라들은 여전히 개발도상국 상태다. 그래서 돈을 버는 것이 가장 큰 문제다. 블록체인, 암호화폐, NFT는 대부분의 동남아시아 사람에게 돈을 벌 수 있는 주요 수단이다." 한동안은 현금으로 전환할 수 있는 보상을 위해 게임을 하면 쉽게 돈을 벌 수 있었다. 하지만 루는 이렇게 덧붙였다. "플레이어들이 게임을 돈 버는 직업으로 삼는 것은 지속 가능하지 않다는 사실을 이해해야 한다. 왜냐하면 NFT는 가격이 오르락내리락하기 때문이다. 주요 소득원으로 삼을 수는 없다."

루는 NFT 기반 게임이 "특히 저축이 많지 않은 빈곤 상태에 있는 필리핀 사람에게는 진정한 직업이 아니다"라고 생각한다. 그들이 한 가지 소득원에만 의존할 때 갑자기 중단되거나 없어지면 해결책이 없기 때문이다. "그래서 NFT 게임을 하는 동기가 돈을 버는 것에 집중되는 것을 바람직하지 않다고 생각한다. 필리핀에서는 사람들이 액시용 NFT를 구매하려고 돈을 빌렸다. 그런 식으로 NFT를 다루면 안 된다. 다르게 생각해야 한다."[17]

사람들은 자신이 원하는 방식으로 게임을 하지만 루에게는 "경험이 아닌 다른 이유로 게임을 한다는 것이 다소 슬프다. 게임하는 경험이야말로 게임의 핵심이기 때문이다. 이런 일은 필리핀에서 많이 일어난다. '스콜라'들을 NFT 게임에 참가시켜 돈을 벌고 그 이윤을 나누는 길드도 있다."[18] 루는 필리핀에서 15년 동안 게임 산업에 종사했다. 그동안 그녀는 글로벌 기업이 어떻게 비즈니스를 변화시켰는지 보았다. 필리핀의 게임 산업이 중요한 역할을 담당하면서 여성 임원인 그녀의 경력은 꽃을 피웠다. 세계화는 아웃소싱의 물결을 이끌었으며 게임 개발도 예외는 아니었다고 루는 말했다. "우리는 계약상 해당 기업들을 위한 게임을 제작하고 있다고 대외적으로 말할 수 없었다." 그래서 그 사실을 인정받기 위해 투쟁해야 했다. "우리는 수년에 걸쳐 그들과 맞섰다. 이것은 우리의 지적 재산권이다. 우리가 당신들을 위해 제작한 것이니 적어도 그 사실을 명시해 달라." 결국 그들은 우리를 제작자 명단에 올리기 시작했다. 이제 여러분은 제작자 명단에서 필리핀 게임 회사들을 찾아볼 수 있을 것이다."[19]

해외 게임 하청 공장으로 시작했던 산업이 번창하는 산업으로 꽃을 피웠으며 많지는 않지만 소수의 독립 스튜디오도 등장했다. "필리핀에는 자신들만의 게임을 만드는 독립 게임 회사들이 아직 충분하지 않다." 독립 스튜디오들이 고전하는 이유는 게임 개발에는 막대한 비용이 들기 때문이다. 루는 "많은 스튜디오가 그만한 자본금을 갖고 있

지 않다"고 말했다.[20]

이런 문제를 극복하기 위해 다수의 기업은 두 가지 일을 동시에 하고 있다. 즉, "회사의 한쪽에서는 아웃소싱을 하고 다른 한쪽에서는 자체 게임을 개발하고 있다." 대부분의 투자자는 여전히 국외 투자자들이다. 웹3는 개발도상국의 개발자들에게 공정한 경쟁의 장을 제공하는 데 이바지한다. 필리핀은 이미 웹3 채택을 주도하는 역할로 인정받고 있다. 일드길드게임즈 Yield Guild Games는 앤드리슨 호로위츠를 비롯한 최고 벤처투자사들로부터 2천만 달러 이상을 조달했다.

이러한 프로젝트는 게임이 재미있기만 하면 소유권을 커뮤니티와 공유함으로써 초기 자금을 조달할 수 있다. 사용자로부터 얻는 초기 후원은 게임의 가치를 더 높이는 데 도움이 되며 모두가 그 혜택을 누린다. 루는 이렇게 설명했다. "게임 개발에는 시간이 걸린다. 제작 중인 게임을 완성하기도 전에 자금이 떨어지는 게임 회사가 많다. NFT 게임에서는 사람들이 게임이 출시되기도 전에 NFT를 구매하므로 회사가 운영 자금을 마련할 수 있다. 전통적인 게임 회사보다 게임을 완성할 가능성이 더 커진다. 게임을 개발하는 중에는 수익이 없다. 아직 출시되지 않았기 때문이다. 이는 필리핀에서 소규모 게임 개발이 안고 있는 위험이다. 사업적인 관점에서 볼 때 작은 규모의 게임 회사들은 NFT 게임을 개발하는 것이 더 지속 가능할 수 있다." P2E 게임이 직업으로서 큰 돈벌이 수단이 되지 못할 수도 있다. 자금은 부족하지만 창의력이 있는 개발도상국의 게임 제작사들에 웹3 모델은 잠재력을 발휘하도록 도울 수 있다. 이것이야말로 웹3 모델이 성공하기를 바라는 진정한 이유다.

사례 연구 3:
달러화, 불안정화 및 생존

◆

◆　　　　　　　"나이지리아에서 가나로 돈을 보내는 것이 전신송금을 하는 것보다 더 빠르다. 왜냐하면 전신송금은 돈이 아프리카에서 뉴욕으로 갔다가 런던으로 갔다가 아프리카에 다시 도착하기 때문이다"라고 코라페이^{Korapay}의 CEO인 딕슨 엔소포^{Dickson Nsofor}가 말했다. 그는 글로벌 금융 시스템이 아프리카 국가, 기업이나 개인들을 어떻게 실망시키는지를 설명했다. 엔소포는 4년 전 범아프리카 결제 인프라 회사인 코라페이를 출범하면서 이들을 지원하기 시작했다.

"나는 비트코인을 투기자산으로 본 적이 없고 비트코인을 가치 저장 수단으로 본 적도 없다. 하지만 항상 암호화폐와 블록체인을 교환의 수단이라고 믿어 왔다"라고 엔소포는 말했다. 그는 이 기술을 전기에 비유한다. 마치 전기가 토스터나 냉장고에 전력을 공급하듯 금융 솔루션에 동력을 공급하는 것이다.[21]

코라페이는 캐나다, 나이지리아 및 다른 아프리카 지역에서 100명 이상의 직원을 고용하고 있으며 나이지리아에서 가장 큰 국제 기업 간 B2B 송금 업체가 되었다. 출시 이후 기본 지불 수단으로 비트코인 및 USDC와 같은 암호화폐를 사용하지만, 거래는 전통적인 법정 통화로 결제함으로써 수십억 달러의 국경 간 결제를 처리했다. 엔소포는 나이지리아에서 사업을 하는 세계 최대 기업 중 다수가 종종 사용자가 전혀 인지하지 못하는 상태에서 나이지리아 나이라^{NGN}를 미화로 교환하기 위해 코라페이를 사용한다고 말했다. 다시 말해 많은 기업이 결제에 암호화폐를 사용하고 있지만 이 사실을 모르고 있다는 뜻이다.

엔소포는 "우리는 블록체인과 같은 글로벌 금융 도구를 사용하여 아프리카를 세계에 연결함으로써 그 격차를 해소하고 있다"라고 했다. 그는 웹3 도구를 전통적인 비즈니스 프로세스에 통합하고 있으며 코라페이는 트래드파이^TradFi^에서 디파이^DeFi^로 전환하는 모델이다. 엔소포에게 비트코인과 다른 암호화폐는 P2P 기술을 통한 교환 수단이다. 하지만 그는 사용자가 은행 서비스를 받지 못하는 상황이나 지역 통화가 과도한 인플레이션에 시달리고 정부가 부패한 국가에서 이러한 도구들이 힘을 실어준다는 것을 인정했다.

알렉스 글래드스타인^Alex Gladstein^은 식민지 역사와 최근의 신식민주의로 인해 유럽과 미국에 대해 회의적이고 심지어 적대적인 태도를 보이는 글로벌 사우스 사람을 만났다면서 이렇게 말했다. "독재자나 정부에 의해 통제당하는 것을 원하지 않는 글로벌 사우스 사람이 점점 더 많아지고 있다. 그들은 워싱턴이나 브뤼셀에 의해서도 지배당하기를 원치 않는다."[22] 아프리카 같은 지역은 "돈과 결제에 관해서는 다른 것을 갈망한다. 나는 비트코인과 스테이블코인이 그 틈을 채우고 있다고 생각한다." 데이터가 이 말을 뒷받침한다. 조사 회사 트리플에이^Triple-A^에 따르면 암호화폐를 소유하고 있는 사람은 나이지리아 전체 인구의 10%에 해당하는 2,200만 명으로써 다른 어떤 국가보다도 많다.[23] 나이지리아는 '비트코인'과 '암호화폐'에 대한 구글 키워드 검색 순위에서 세계 1위다.[24]

2023년, 나는 웹3가 남아프리카와 아프리카 대륙 전역에서 어떤 형태를 취하고 있는지 더 잘 이해하기 위해 스탠다드 은행의 초청으로 남아프리카를 방문했다. 아프리카는 디지털에 익숙한 젊은 인구가 많고 기술 도구가 널리 보급되어 있다. 하지만 대부분의 사람들은 기존 금융 인프라를 이용하지 못하고 있었으며 많은 사람들이 불완전 고용 상태인 대륙이다. 이러한 취약점들이 오히려 아프리카가 기존 금융 인프라를 뛰어넘어 소유권 웹인 웹3를 수용하고 활용하는 잠재력을 갖는 계기가 되었으며, 웹3에 적응하고 이를 채택하는 과정에서 오히려 강점으로 작용했다. 아프리카인들은 이를 통해 그들이 물리적인 세계에서 갖지 못한 디지털 자산에 대한 소유권과 결제 수단을 확보할 수 있었다. 스탠다드 은행의 임원인 이안 퍼터^{Ian Putter}는 "아프리카인들은 필요 때문에 혁신한다"라고 말했다. 실제로 남아프리카인은 '생존'이라는 단어를 "우버를 운전하지만 생존을 위해 동생의 사업도 돕는다"는 식으로 생계를 설명하는 데 자주 사용했다. 아프리카와 같이 고용이 저조한 국가 국민의 도전 정신은 필요 때문에 발생한 것이며 이는 웹3를 실험하는 원동력이 되었다. 장기적으로 이것이 그들의 큰 장점이 될 수 있다.

초기에 많은 암호화폐 신봉자는 이것이 은행 서비스를 받지 못하는 사람을 수용하고 통화 가치 하락으로부터 그들을 보호할 수 있다고 큰 기대를 걸고 있었다. 2013년 앤드리슨 호로위츠의 아리아나 심슨은 남부 아프리카 전역을 여행했다. 그녀는 짐바브웨에서 실제로 심각한 하이퍼인플레이션의 영향을 목격했고 가슴 아픈 손실에 관한 이야기들을 들었다. 한 가족은 병원에 페니실린이 없어서 아이를 잃었다. 다른 사람은 직장을 잃고 재정적으로 어려움을 겪었다. 그녀가 미국으로 돌아왔을 때 블록스택^{Blockstack, 블록체인 기반의 탈중앙화 컴퓨팅 네트워크}의 공동 창립자인 그녀의 친구는 비트코인이 어떻게 디플레이션 특징을 가지고 있으며 짐바브웨의 시스템에 대한 대안이 될 수 있는지 설명했다. 그녀는 "비트코인이 성공할 거라는 확신은 없지만 만약에 성공한

다면 정말 획기적인 변화가 될 것 같다"고 생각했다.[25]

아쉽게도 그 아이디어를 실현하기에는 시기상조였다. 하지만 심 슨은 좌절하지 않았고 오늘날 앤드리슨 호로위츠는 신흥 시장의 프로 젝트들에 적극적으로 자금을 지원하고 있다. "우리는 웹3가 전 세계 로 퍼져나가는 것을 목격하고 있으며 이것은 시간이 조금 걸리는 일 이다. 웹3를 통해 전 세계 여러 지역을 우리의 금융 시스템에 편입하 자는 금융 포용에 관한 논의가 오랫동안 있었다. 나는 이제 효과가 나 타나기 시작한다고 생각한다. 이들 프로젝트 중 일부는 그 지역에 직 접 진출해 사람들에게 실질적인 영향을 미치고 있다."[26]

심슨은 소비자를 목표로 하는 웹3 애플리케이션을 지원한다. "이 러한 애플리케이션은 실제로 웹3 제품과 서비스를 출시하는 생산자 와 개발자 모두에게 긍정적인 영향을 미친다." 그녀는 인프라가 크게 개선되어 "더 쉽게 접근할 수 있는 소비자 인터페이스와 경험"을 창출 하고 있다고 생각한다.[27] 코라페이의 경우, 엔소포는 한 걸음 더 나아 가 제품에서 암호화폐의 흔적을 완전히 감췄다.

2022년 2월, 나는 웹3 회의론자인 저명한 경제학자 누리엘 루비 니Nouriel Roubini와 당시 파키스탄 중앙은행 총재인 레자 바키르Reza Baqir와 함께 패널에 참석했다. 패널이 열리기 며칠 전 파키스탄 중앙은행은 모든 암호화폐를 금지할 것을 권고했는데, 이에 대해 은행 관계자들은 여전히 논의 중이었다.[28] 이러한 법은 의도하지 않은 결과로 NFT, 증 권 토큰, 스테이블코인 등 모든 디지털 상품을 금지하는 결과를 초래 할 수 있다. 금지 조치는 이제 막 시작하는 파키스탄의 혁신 경제에 악 영향을 미칠 것이다. 그러나 바키르 총재에게는 그럴 만한 이유가 있 었다. 디지털 자산이 유입되면 지역 통화를 미국 달러나 다른 자산으로 교환하는 과정에서 이미 취약한 경제와 통화 가치를 더욱 불안정하게 만들 수 있었기 때문이다.

엔소포는 나이지리아 사람들도 비슷한 생각을 하고 있다고 말했다. "나이지리아 라고스나 아프리카 전역의 모든 젊은이에게 가서 'USDC로 받는 게 나을까, 나이라로 받는 게 나을까?'라고 물어보라. 그러면 그들은 모두 'USDC'라고 대답할 것이다. 아프리카 국가들은 달러화에 대한 압력을 엄청나게 받고 있다." 그는 이렇게 덧붙였다. "기업들이 청구서를 달러로 변경하고, 프리랜서들은 청구서를 달러로 바꾸는 현상을 쉽게 볼 수 있다. 심지어 나이지리아 인재들도 외국 통화로 급여를 받으려고 일자리를 찾아 해외로 나간다."[29]

엔소포의 100명 이상의 직원 중 대부분은 엔소포의 표현에 따르면 '암호화폐 네이티브'인 Z세대 나이지리아인이다. 이는 그들이 모든 금융 거래를 법정 통화보다 암호화폐로 하는 것을 선호한다는 것을 의미한다. "내 생각에는 직원들 모두 나이라보다는 USDC나 비트코인으로 급여를 받는 것을 선호할 것이다. 사용하기 쉽고 인플레이션으로 가치가 절하되지 않기 때문이다." 하지만 정부 규정 때문에 그렇게 할수 없다. 실제로 나이지리아 중앙은행은 파키스탄에서 제안된 것과 유사한 금지 조치를 지지했다. 이러한 금지령은 중앙은행들이 하는 헛된 싸움에 불과할까? 아프리카인의 40%는 15세 미만이다.[30] 나이지리아에서 현재 모바일 인터넷 보급률은 34%이며 향후 5년 안에 50%에 도달할 것으로 추정된다. 미국 기업이나 DAO 및 인터넷 네이티브 조직에서 일하는 프리랜서들이 점점 더 미국 달러 스테이블코인을 사용할수 있는 상황에서 지역 통화를 '선택하지 않는' 현상이 벌어지지는 않을까? 현지 상인들이 USDC나 그에 상응하는 결제 수단을 받기 시작한다면 현지 통화에 마지막으로 남은 수요는 세금 징수일 것이다. 정부는 국민에게 세금을 해당 통화로 납부하도록 요구함으로써 통화에 대한 수요를 만들어낼 수 있다. 하지만 나이지리아에서는 전체 경제의 57%가 '비공식' 경제로 간주되므로 대부분의 사람이 세금을 피해 가고 있다.[31]

이러한 경제의 달러화가 세계에 순전히 긍정적인 영향을 미칠지는 불분명하다. 한편 현지인들은 비교적 안정적으로 가치를 이동하고 저장할 방법을 알고 있다. 그들은 금융 시스템을 이용해 외국 또는 인터넷 네이티브 조직에서 일하고 스스로 부를 쌓을 수 있다. 이를 통해 세계가 평준화되어 보다 큰 번영을 가져올 수 있다. 문제는 이미 재정적으로 취약한 정부가 통화의 붕괴로 말미암아 붕괴할 수 있다는 것이다. 이는 매우 좋지 않은 상황이다. 그 때문에 나이지리아 중앙은행은 암호화 자산에 적대적이었고 심지어 전면 금지를 제안하기도 했다. 그러던 중 2023년 1월, 스테이블코인과 다른 토큰에 대한 규제 프레임워크를 만들 때가 왔다고 말하며 방향의 변화 또는 적어도 완화를 암시하는 연구 보고서를 발표했다. 이런 움직임이 나이지리아 경제의 달러화를 촉진할지 둔화시킬지는 현재로서는 불분명하다.[32]

디지털 자산이 보다 전통적인 형태의 화폐를 대체하게 된다는 또 다른 신호로, 2022년 12월 유엔 난민 고등판무관은 "국내 실향민 및 우크라이나의 전쟁 피해자"에게 디지털 현금을 배포하기 위해 스텔라Stellar 블록체인 네트워크를 사용한다고 발표했다.[33] 사용자는 바이브런트Vibrant 지갑 앱을 스마트폰에 다운로드할 수 있으며, 유엔 난민 고등판무관 사무소UNHCR, United Nations High Commissioner for Refugees는 수혜자의 자격을 확인하고 서클의 스테이블코인을 수령자의 디지털 지갑에 직접 배포한다. 유엔 난민고등판무관은 "세계 실향민들이 현금을 가지고 다니는 것은 분실하거나 도난당할 수 있으므로 위험하다"고 말했다.[34] 이러한 실향민들은 머니그램^{MoneyGram} 지점에서 돈을 지역 통화, 유로화 또는 달러화로 받을 수 있다. 머니그램은 우크라이나에 4,500개의 대리점을 보유하고 있다. 디지털 자산은 이제 은행 서비스를 받지 못하는 사람, 전쟁 지역에 거주하는 사람, 억압과 싸우는 집단, 또는 단순히 인플레이션의 부정적인 영향과 싸우는 사람처럼 다양한 인구 집단에 널리 호소력을 발휘하고 있다.

결론 및 핵심 요약

웹3는 오염되고 더 뜨겁고 더 불안정한 지구에 새로운 외부효과를 일으키지 않으면서 세계화에 숨어있는 잠재력을 발휘할 것을 약속한다. 철도나 컨테이너선이 아니라 프로토콜과 네이티브 자산이 웹3 경제의 국경을 넘는 새로운 무역로를 개척할 것이다. 이 장의 주요 사항은 다음과 같다.

1. 웹2를 통해 출판이 민주화함에 따라 아티스트와 다른 전문 창작자들은 세계의 대중에게 다가갈 수 있었다. 이것은 큰 돌파구였지만 충분하지 않았다. 웹3는 창작자들에게 자산 수익을 포착할 수 있는 도구를 제공함으로써 한 단계 더 발전했다. 이는 열망이 있는 어린이 예술가도 적절한 생활을 할 수 있는 기회가 있다는 것을 의미한다.

2. 인류 역사상 처음으로 모든 지식 노동자, 창작자, 기업가, 일반인이 사업을 시작하기 위해 동일한 자본, 업무에 대한 보수, 창작물에 대한 보상을 얻기 위해 경쟁할 수 있게 되었다. 우리가 이를 올바르게 수행한다면 당신이 누

구인지, 출신이 어디인지, 당신의 이름이 무엇인지는 중요하지 않을 것이다. 이런 개념은 전통적인 일과 장소의 개념을 뒤엎고 지구를 더욱 '평준화' 할 것을 약속한다.

3. 과거에 실리콘밸리나 기타 자본 풀에서 단절되었던 기업가들과 다른 비즈니스 창업자들도 글로벌 투자자들에게 접근할 수 있는 새로운 방법을 찾았다. 또한, 주요 IP와 기타 자산을 NFT와 진행 중인 아이디어에 대한 권리를 나타내는 토큰 형태로 분할함으로써 프로젝트 자금을 사전에 조달할 수 있게 되었다.

4. 스테이블코인은 기존의 결제 네트워크를 대체할 것이며 미국 달러화는 가장 큰 수혜자가 될 것이다. 웹3의 아이러니 중 하나는 토큰 최초의 킬러 앱 중 하나가 도리어 미국 달러화를 수출한다는 것이다.

5. 스테이블코인에 의해 촉진되는 달러화 수요는 경제의 주요 항목들을 통제하려는 중앙은행의 힘을 약화시킴으로써 글로벌 사우스의 정부를 불안정하게 만들 것이다. 세금을 통해 현지 통화에 대한 수요를 창출할 수 있는 선진국과 달리 행정 집행력이 약하고 대부분의 경제 활동이 비공식 시장에서 일어나는 국가에서는 세금 징수가 효과적이지 않을 것이다.

웹3가 막을 수 없는 강력한 힘을 발휘하는 것처럼 보일 수 있지만, 사실 웹3가 잠재력을 충분히 발휘하지 못하는 데는 많은 이유가 있으며 극복해야 할 도전 과제도 많다. 이것은 다음 장의 주제가 된다. 또한, 이 기술의 강력한 힘으로 발생한 불안정화의 위험 때문에 정부가 더 작은 역할을 하게 될지도 모른다. 하지만 웹3가 성공하기 위한 조건을 마련하려면 정부의 역할이 그 어느 때보다 절실하다.

3부

리더십

10장

웹3의 구현 과제

웹3는 빠르게 부상하고 있지만 회의론자들 또한 많다. 그들은 이러한 기능들이 유망하긴 하지만 아직 초기 단계이므로 해결해야 할 과제들이 많다고 주장한다. 분권화, 디지털 자산을 통한 달러화, 자동화, 스마트 계약 등으로 인한 화이트칼라 직종의 상실로 인한 부작용을 해결할 방법이 있을까? 웹3는 새로운 인터넷의 기본 프로토콜을 소유한 강력한 엘리트 계층을 새로 만들것인가? 혹시 기존의 과점 체제가 또 다른 과점 체제로 대체되기만 하는 것은 아닌가? 웹3 도구가 순진무구한 사람을 속여 저축한 돈을 빼앗는 폰지 사기나 불법 행위를 더 쉽게 만드는 것은 아닐까? 웹3의 발전 여부는 이러한 질문들에 답하고 현재의 문제 상황을 극복할 수 있는지 여부에 달려 있다. 우리는 《블록체인 혁명》에서 이런 요소들을 '발전을 가로막는 장애물'이라고 명명했는데, 이 장에서 신중하게 고려하고 해결해야 할 여덟 가지 과제들을 다시 간추렸다.

여덟 가지 과제

◆

◆ ### 1. 웹3는 자신이 파괴하려는 자들에게 제압당할 것이다.

한 가지 의문은 웹2의 거대 기업들이 웹3 혁신을 공격할 것인지 그리고 전통적인 금융 중개인들이 탈중앙화와 금융 서비스의 디지털화에 저항할 것인지 여부다. 기존 패러다임의 일부 기득권자들은 암호화 자산을 채택하고 있으며 웹3 및 기타 응용 애플리케이션을 진지하게 검토하고 있다. 페이스북처럼 NFT와 메타버스에 적극적으로 진출하여 스타트업의 혁신을 무디게 하려는 경우도 있다. 그러나 기득권자들이 혁신을 수용해야 할 가능성이 더 크다. 전체 혁신의 작은 부분인 스테이블코인을 생각해보자. 스테이블코인은 금융 시스템과 갈수록 통합되고 있다. 벤처캐피털 투자의 선도적인 플랫폼인 엔젤리스트^AngelList는 스테이블코인을 적격 투자 대상으로 인정했다.[1] 마스터카드도 스테이블코인을 네트워크에 통합할 계획을 발표했다. 또한 CBDC가 출현하면 역시 통합할 계획이다.[2] 비자는 USDC 스테이블코인을 이용한 거래 결제를 지원한다.[3] 오랫동안 암호화 자산 혁신을 주도해 온 페이팔은 자체 스테이블코인을 검토했다.[4] 결제 전문 대기업은 프로그램 가능한 법정화폐의 세계에 확고한 발판을 마런하려고 한다. 이들이 제때 적응할 수 있을지는 논란의 여지가 있다. 2021년, 비자는 스테이블코인으로 또다시 도약한다고 발표했다. 고객들이 전 세계적으로 결제에 다양한 스테이블코인과 CBDC를 사용할 수 있는 자체 레이어 2 '범용 결제 채널'을 출시한다는 발표였다.[5]

은행은 웹3와 디파이보다 CBDC를 더 두려워해야 한다. 최소한 디파이에는 보관자나 시장 참여자로서 은행의 역할이 있을 수 있다. 누가 담당할지는 시장이 결정할 것이다. 반면 CBDC는 정부의 결정에 따라 은행의 중개 기능을 없앨 수도 있다. 이코노미스트지의 CBDC 표지 기사에서 언급했듯이, 만약 모든 사람이 정부와 직접 거래를 시작하게 되면 "소매 은행은 자금이 고갈될 것이고 기업 설립을 촉진하는 대출 제공은 다른 누군가가 해야 할 것이다. 신용 배분에 관료가 영향을 미칠 수 있다는 불안한 전망이 제기되고 있다. 위기 상황에서 저축자들이 중앙은행으로 몰려들 경우 뱅크런을 유발할 수 있다."[6]

웹3에 대한 더 큰 위험은 바이낸스와 FTX 같은 거대 중앙집중형 암호화폐 기업이 성장하고 있다는 사실이다. 특히 2022년 FTX는 부실 경영과 사기로 붕괴되어 업계 전반에 충격을 주었다. 바이낸스나 FTX 같은 온램프on-ramp, 암호화폐 세계로 진입하는 입구 역할을 하는 채널가 반드시 업계를 지배할 필요는 없다. 결국 웹3가 매력적인 이유는 당사자 간에 신뢰나 허가가 필요 없는 거래가 가능하기 때문이다. 새로운 중개기관을 도입하는 대신 기존의 중개기관을 제거하면 된다. 미국 증권거래위원회의 헤스터 피어스는 FTX 붕괴 이후 이렇게 말했다. "암호화폐 문제의 핵심은 신뢰 문제를 해결하는 것이다. 모르는 사람과 어떻게 안전하게 상호작용하고 거래할 수 있을까? 전통적으로 사람들은 이 문제를 해결하기 위해 중앙집중형 중개기관이나 정부에 의존해왔지만 암호화, 블록체인, 영지식증명과 같은 기술은 새로운 해결책을 제공한다.[7] 이 단순한 전제와 핵심 기본 기능으로부터 피어스가 말한 것처럼 "스마트 계약, 결제, 출처, 신원, 기록 보관, 데이터 저장, 예측 시장, 자산 토큰화, 국경 없는 인간 협업 등 무수히 많은 용도"가 흘러나온다.[8] 비트코인은 이것을 최초로 가능하게 했고 이더리움과 디파이 애플리케이션은 이를 더욱 강화했다. FTX의 매끄러운 사용자 인터페이스와 기능은 사용자들을 나방처럼 끌어들여 불태워 버렸다. FTX와 같은 회사들은 암호화 자산과 넓은 웹3 세계로 진입할 수 있는 중요한 진입로서의 역할을 했으며 앞으로도 계속할 것이다. 그러나 한 산업으로 진입하는 진입로만으로 업계 전체를 정의해서는 안 된다. 현재 바이낸스는 전체 암호화 자산 거래량의 절반 이상을 차지하고 있다. 이러한 집중화는 모두의 우려를 불러일으킨다.

2. 대중의 사용을 위한 기술이 아직 준비되지 않았다.

현재 기술이 대중적 활용에 적합한 단계인가? 사용하기에 충분히 쉬울까? 웹3는 개척지다. 예전 서부시대의 미국 개척지처럼 땅만 차지하면 큰돈을 벌 수 있다. 하지만 함정과 위험도 있으므로 이 분야에 대한 약간의 지식이 있으면 많은 도움이 된다. 웹3에 접근하려면 인터넷 연결과 일정 수준의 컴퓨터 활용능력이 필요한데, 모든 사람이 이를 갖추고 있지는 않다. 이것은 웹3 지도자들이 반드시 극복해야 할 실현상의 도전 과제다.

우리가 2016년에 이런 우려를 처음 제기했을 때 비트코인 네트워크는 수십억 달러의 가치가 있었고 이더리움은 아직 출시되지 않았다. 스마트 계약, NFT, 디파이, DAO는 아직 실현되지 않았다. 비트코인을 사용하는 인터넷 애호가들은 그 미래를 놓고 다투고 있었다. 단일 블록이 얼마나 많은 거래를 기록해야 하는지에 대한 논쟁, 즉 비트코인 블록 크기 전쟁이다.[9] 대부분의 기업은 디지털 자산을 보유하지 않았고, 각 정부는 이 산업을 거의 눈치채지 못했다. 우리는 큰 잠재력을 보았지만 이 기술이 주류 시장으로 도약할 수 있을지는 의문이었다.

기업들은 중앙집중화에 익숙하며 일반적으로 이를 선호한다. 즉, 전체 웹3 스택 없이도 새로운 제품과 서비스를 구축할 수 있는 '웹3 도구함'을 수용할 가능성이 높다는 뜻이다. 신세틱스 설립자 케인 워릭은 "지금은 우리의 초기 상태를 대표하는 중앙집중화된 플레이어가 있다. 아직 최종 상태는 아니다. 도구가 개선되면 탈중앙화된 솔루션이 중앙집중화된 솔루션보다 경쟁력을 가질 것이다. 결국 대부분의 인터넷 서비스는 탈중앙화될 것이다. 오늘날 약간의 중앙집중화는 필요한 임시방편이다"라고 말했다.[10]

우리에겐 여전히 지갑과 같은 웹3 기본 사항에 대해 더 우수한 사용자 인터페이스가 필요하다. 초기에는 '적당히 쓸만한' 최소 실행 가능 제품MVP, Minimum Viable Product을 출시하는 것이 사용자 경험에 대한 피드백을 수집하는 가장 좋은 방법이었다. 예를 들어 최초의 인터넷 브라우저인 모자이크Mosaic는 바이너리가 아닌 읽을 수 있는 텍스트 형식으로 출시되었다. 단기적으로는 이미 느린 모뎀 속도를 더 느리게 만들었기 때문에 사용자 경험을 악화시켰다. 하지만 장기적으로는 혁신의 폭발을 촉발시켰다. 또한 대부분의 사용자는 개인정보 보호와 소유권에 관심이 없을 수 있으므로 독립적으로 실행되는 더 많은 기능을 구축해야 한다. 선진국의 대다수 구성원이 개인정보 보호와 개인 데이터 사용에 관심을 갖고 있을까? 대부분의 사람은 이용 약관과 서비스 약관을 아예 읽지 않는다. 많은 부모가 소셜 미디어 사용을 위해 자녀를 준비시키는 방법을 모르거나 자녀가 어떻게 소셜미디어를 사용하는지 모르고 있다. 계속해서 비밀번호를 잊어버리고, 일부는 계정을 폐쇄하고 새 계정을 만든다.

부분적으로 이는 정부가 웹3를 정말로 좋아하지 않기 때문이다. 유니온스퀘어벤처스Union Square Ventures의 알버트 벵거Albert Wenger는 "유럽 중앙은행 총재인 크리스틴 라가르드가 비트코인은 작동하지 않을 것이라고 말한 것은 그녀가 그렇게 믿어서가 아니라 비트코인이 실제로 작동할까봐 걱정했기 때문이었다"라고 했다.[11] 기술은 규제라는 큰 장애물에 봉착하지만 사람들이 사기꾼과 해커로 인해 어려움을 겪는다면 혁신가들은 광범위한 시장 채택을 위해 극복해야 할 사항이 많다.

불변성과 영속성은 장점이지만 단점일 수도 있다. 블록체인은 유연성을 잃을 것이다. 탈중앙화는 무질서를 의미하지는 않지만 컴퓨터 과학의 역사를 보면 중앙집중화된 기관들이 더 빠르게 확장될 수 있음을 알 수 있다. 보다 탈중앙화되고 개방적이며 탄력적인 웹이라는 약속에도 불구하고 여정의 끝에 도달하기에는 아직 멀었다. 일부 비평가들은 웹3를 설명하기 위해 명목상으로만 분산되었다는 의미의 DINO Decentralized In Name Only라는 약어를 사용한다. 널리 사용되는 메시징 앱 시그널Signal의 설립자인 목시 말린스파이크Moxie Marlinspike는 2022년에 '웹3에 대한 나의 첫인상'이라는 제목의 영향력 있는 블로그 게시물을 작성했다. 이 글에서 그는 웹3의 전제에 이의를 제기한 다음 웹3가 실제로 어떻게 작동하는지 분석하여 웹3의 현실과 그 약속 사이의 큰 차이를 발견했다. 그는 "만약 무언가가 정말로 탈중앙화된다면 변화하기가 매우 어려워지고 종종 시간에 갇히게 된다. 이는 웹3 기술에 있어서 문제다. 왜냐하면 생태계의 나머지 부분은 매우 빠르게 움직이고 있으므로 따라잡지 못하면 실패할 것이기 때문이다"라고 썼다.[12] 그는 개방형 프로토콜인 이메일이 30년 동안 암호화되지 않았지만 페이스북 소유의 왓츠앱WhatsApp은 1년 만에 이를 달성할 수 있었다는 점을 지적했다.

이더리움과 같은 다양한 웹3 도구를 사용해 본 그는 웹3에는 많은 중앙집중식 취약점이 있으며, 경우에 따라서는 웹2보다 사생활 보호가 덜 되고, 확실히 더 원시적이라는 결론을 내렸다.[13] 말린스파이크는 웹3가 신뢰가 필요없는 방식으로 작동하지 않는다는 점에서 옳다. 오라클은 스마트 계약에 실제 데이터를 제공하는 신뢰받는 개체들이다. 검증자validator는 이더리움과 같은 블록체인의 거래를 검증하는 역할을 하며, 비트코인의 경우에도 채굴자들이 거래를 검증하고 새로운 블록을 생성함으로써 블록체인의 보안 유지에 기여한다. 말린스파이크는 이 분야의 신참자로 위장하고 있지만 그의 비판은 매우 이성적이고 진지하며 가장 열렬한 웹3 지지자라도 반드시 읽어야 할 내용이었다.

시가총액 기준 상위 10대 웹3 프로토콜 중 하나인 카르다노의 창시자인 찰스 호스킨슨Charles Hoskinson은 말린스파이크가 여러 측면에서 옳다고 생각한다. 웹3가 추구할 가치가 없다고 결론짓기보다는 그의 우려가 혁신가들이 극복해야할 실행 과제라고 믿는다. 카르다노는 2017년에 출시되었지만 스마트 계약은 2021년에 도입되었다. 웹3의 성장에 따른 어려움을 비추어 볼 때 이러한 신중함은 사려 깊어 보인다. 호스킨슨은 많은 기술자들이 웹3의 기본 구성 요소 중 일부를 해결하기 전에 서둘러 뛰어들었다고 믿는다. 그는 "신원, 메타데이터, 표준 및 인증, 거버넌스, 규제가 필요하다. 그리고 검열 저항성, 탈중앙화, 접근성을 손상시키지 않으면서 이 다섯 가지를 수행해야 한다"고 주장했다. 일부 프로젝트는 실행하기 전에 걷기를 시도했고 지름길을 찾아 갔다. 그는 "모든 프로젝트는 웹3가 되려면 탈중앙화가 되어야 한다"고 주장했다.[14]

완전한 탈중앙화는 달성하기 어렵다. 전통적인 비즈니스 관점에서 보면 분명 몇 가지 단점이 있다. 거래를 실행할 때 중앙 조직에 의존하지 않는다면 분쟁을 중재하거나 사기성 거래를 취소하기 위해 이들에게 의존할 수 없다. 책임질 중앙 조직이 없기 때문에 손해 배상을 청구할 수도 없다. 분쟁 해결을 위한 메커니즘을 더 많이 구축해야 할 필요가 있을까? 실제로 일부 기술자는 이것이 매우 중요한 우려사항이라고 판단해 의회 의원들에게 서신을 보내 "대중에게 서비스를 제공하는 금융 기술은 항상 사기 방지 메커니즘을 갖추고 있어야 하며 거래를 되돌리기 위해 인간이 개입할 수 있어야 한다. 블록체인은 둘 다 허용하지 않는다"고 주장했다.[15]

일부에서는 블록체인이 기존 결제 네트워크보다 사용 비용이 더 많이 들고 속도가 더 느리다고 주장한다. 이더리움의 거래 수수료는 비자와 같은 결제 네트워크의 수수료보다 더 높기 때문에 웹3의 경제 활동에 마찰을 더한다. 하지만 1990년대 웹사이트 개설 비용이 수만 달러에 달하던 것이 오늘날 새로운 소프트웨어 도구를 사용하면 거의 무료로 떨어진 것처럼, 새로운 확장 솔루션과 기타 목적에 맞게 구축된 네트워크를 통해 수수료는 급격히 떨어지고 있다.

이러한 기술이 완전히 확장되고 탈중앙화될 때까지 모두 일시 정지 버튼을 눌러야 할까? 과거에 나는 좀 더 실용적인 방식을 주장했다. 대부분의 창업자들은 자신의 회사에 열정을 불어넣지만 일부는 다른 사람보다 더 실용적이다. 2022년 10월 포춘지 기고문에서 나는 북미의 예수회 선교사들이 엄격하게 교리를 따랐지만 필요할 때는 유연하게 기존의 원주민 관습, 언어, 이야기에 교리를 적용시켰는지에 대해 썼다. 예수회 선교사들은 성경과 주기도문을 현지어로 번역했다. 웹3 선교사들 역시 상황에 맞게 탈중앙화의 교리를 해석하는 것을 고려해야 한다.

마지막으로 자가보관은 일부 사용자에게는 유용한 기능이지만, 다른 사람에게는 웹3 채택에 있어 상당한 장애물이라는 것을 인정해야 한다. 이는 여전히 이 분야에서 신뢰할 수 있는 서비스 제공자가 필요하다는 것을 의미한다. 웹3 도구는 모든 사람이 직관적으로 이해할 수 있는 것이 아니며 많은 사용자는 자신의 자산을 보유하는 것에 대해 우려한다. 웹3 음악 플랫폼 오디우스의 설립자인 로네일 럼버그는 FTX 이슈 때문에 "디지털 자산 관리를 위한 완전한 자주적인 탈중앙화된 도구의 사용성을 향상시키는데 더 많은 시간과 자원을 투자해야 한다"고 말했다. 그러나 "오늘날 자주적인 암호화폐 사용자가 될 수는 있지만 이를 위한 사용성 기준은 여전히 너무 높아서 많은 주류 사용자들이 도달할 수 없는 수준"이라는 점도 인정했다.[16] 케인 워릭의 관점은 다르다. 그는 "시간이 지남에 따라 인프라가 더욱 탈중앙화될 것이며 중앙집중화된 요소가 있다고 하더라도 이는 보관과 통제에 관한 것이라기보다는 사용성, 사용자 경험 등에 더 초점이 맞추어질 것"이라고 주장했다.[17] 확실히 웹3 혁신가들은 보다 접근성이 좋은 도구를 만들고 있지만, 개인과 기업은 타일러 윙클보스Tyler Winklevoss, 가상자산 거래소 제미니의 공동설립자가 지갑 내용물로 인해 강도를 당하는 상황을 방지하기

위해서도 여전히 신뢰할 수 있는 대리인과 파트너가 필요할 것이다.[18]

3. 에너지 사용이 지속 불가능하다.

웹3과 분산 애플리케이션은 비트코인보다 에너지 집약도가 훨씬 낮은 이더리움, 코스모스, 카르다노, 솔라나와 같은 지분증명시스템을 기반으로 구축될 것이다. 비트코인은 많은 에너지를 사용하기 때문에 반대론자들은 이것을 낭비라고 부르지만, 에너지가 유용한 기능을 하지 못할 때에야 비로소 에너지는 '낭비'되는 것이다. 비트코인 네트워크는 수천억 달러를 보호하고 전통적인 결제 시스템에 접근하지 못하는 많은 사람을 포함해 수백만 명에게 서비스를 제공한다.

비트코인은 심지어 전기 공급원 바로 근처에서 전기의 잠재적인 구매자 역할을 함으로써 재생 가능 에너지 프로젝트에 보조금을 지급하는 데 도움을 준다. 즉, 프로젝트의 타당성을 입증하기 위해 비싼 전력선을 건설할 필요가 없다는 뜻이다. 엑손모빌은 탄소 배출량을 줄이기 위해 노스다코타에서 비트코인을 채굴하고 있다. 이 시범 프로젝트는 상당한 성공을 거두었고, 회사는 훨씬 더 넓은 기반으로 이를 전개할 계획이다. 코노코필립스도 유사한 프로젝트를 진행하고 있는 것으로 알려졌다. 작동 방식은 다음과 같다. 일반적인 바켄 유정^{미국 노스다코타주와 몬태나주에 위치한 유전지대}은 석유를 생산하지만 천연 가스도 생산하며 이는 연소되거나 대기 중으로 방출된다. 대기 중으로 탄소가 유입되는 중요한 원천이다. 천연 가스 연소로 인해 바켄 유정은 우주에서 사진을 찍으면 대도시처럼 보인다. 엑손모빌은 가스를 연소시키는 대신 덴버에 본사를 둔 크루소 에너지^{Crusoe Energy}와 협력하여 가스를 포획하여 비트코인을 채굴하는 발전기를 돌린다. 크루소에 따르면 비트코인 채굴은

탄소 발자국을 최대 63%까지 줄인다.[19]

그럼에도 불구하고 비트코인은 다른 산업과 마찬가지로 온실가스 순배출량 제로Net-Zero 목표를 위해 노력해야 한다. 세계 경제 포럼, 에너지 웹 재단, 로키 마운틴 인스티튜트, 콘센시스 등 40여 개국 이상의 지지자들과 함께 출범한 암호화폐 기후 협약Crypto Climate Accord, CCA은 2025년까지 전 세계 블록체인을 100% 재생 가능하게 만드는 것을 목표로 한다. 비트코인을 본래의 기능에서 벗어나도록 강요하지 않는 한 이는 칭찬할 만한 목표다. 일부는 비트코인의 기본 코드를 변경하여 에너지 집약도가 낮은 지분증명 합의 메커니즘을 사용하도록 변경할 것을 제안했다. 그러나 이것은 실수가 될 것이다. 작업증명은 네트워크 복원력과 강도를 제공하는 기능이지 버그가 아니다. 모든 웹3 사안과 마찬가지로 간단한 질문에 대해서 듣는 대답은 종종 "그것은 복잡합니다"이다. 장기적인 계획을 세우는 동시에 웹3의 단점을 해결하기 위해 노력하는 문제 해결자들의 진전을 인정해야 한다.

플로우카본Flowcarbon, 리젠 네트워크Regen Network 등의 DAO는 기후 변화 같은 글로벌 문제를 해결하기 위한 대규모 행동을 조정하려고 한다. 기후 변화를 해결하기 위해 핵심적인 웹3 개념인 DAO를 사용할 수 있다는 생각은 비트코인 블록체인의 대중적 이미지, 즉 모든 웹3는 오염원이라는 이미지와 상충되는 것처럼 보인다. 하지만 종종 대중매체는 전체 이야기를 말하지 않으며 때로는 진실에서 벗어난다.

4. 범죄자들이 웹3를 이용할 것이다.

이 주제를 이야기하려면 신중해야 한다. 첫째, 범죄자들은 암호화폐보다 현금을 더 자주 사용한다. 지폐 현금은 추적하기 어렵지만 블록체인은 웬만큼 유능한 FBI 요원이라면 잠재적 범죄자를 체포하는 데 사용할 수 있는 조작 방지 디지털 흔적을 남기기 때문이다. 체이널리시스^{Chainalysis}는 비트코인 거래의 1%만이 불법 활동과 연결되어 있다고 추정하며 블록체인을 사용하여 범죄자를 체포하고 기관을 안전하게 보호할 수 있는 약 30억 달러 규모의 비즈니스를 구축했다.[20]

헤드라인을 본 사람이라면 누구나 이 대답만으로는 불만족스럽다는 것을 알고 있다. 버니 매도프^{Bernie Madoff} 이후 가장 큰 금융 사기범은 파산한 암호화폐 거래소 FTX의 전 CEO 샘 뱅크만-프리드^{Sam Bankman-Fried}일 수 있다. FTX의 붕괴는 대중의 신뢰를 떨어뜨렸다. FTX에서 우리는 비트코인의 창시자 사토시 나카모토^{Satoshi Nakamoto}가 회피하기 위해 노력했던 바로 그 결과를 얻었다. 소수의 권력을 가진 자들이 무모한 위험을 감수하여 FTX의 파산과 몰락을 초래한 '폐업하기에는 너무 큰^{too big to fail}' 조직이 바로 그것이다.

역사를 통틀어 경제적 혼란이나 기술 혁신의 시기에 악의 있는 행위자들은 자신도 모르는 사이에 무지한 투자자들을 이용해왔다. 니얼 퍼거슨^{Niall Ferguson}은 이 과정을 네 단계로 구분했다. 첫째, '경제 환경의 변화가 새롭고 수익성 있는 기회를 창출할 때', 기존의 행동이 새로운 행동으로 바뀌는 변위 단계가 발생한다. 다음은 기대치가 높아져 자산 가격을 더욱 높이는 피드백 과정인 흥분 또는 과도한 거래 단계가 온다. 세 번째는 최초의 투자자들이 이제는 북적거리는 거래에 몰리고 사기꾼들이 그들을 뜯어내려고 하는 광기 또는 버블 단계다. 거품이 발생하면 내부 정보를 가진 사람이 보유 자산을 매각하기 시작하는 고통의 시절이 시작된다. 마지막으로 나머지 투자자들이 '출구를 향해 우르르 몰려나가는' 혐오 또는 신용 실추의 단계가 온다.[21]

퍼거슨은 저명한 웹3 비평가들이 사우스시 버블 사건 이후 '주식에 종말을 고했다'고 지적했다. 물론 공모 주식과 주식을 통한 자금 조달은 자본주의의 시초가 되었다. 웹3 도구는 FTX와 같은 중개자에 대한 과도한 의존에서 벗어날 수 있는 출구를 제공한다. 이 책에서 설명했듯이 전 세계의 창의적인 사람들은 개방형 프로토콜 상에서 유용하고, 강력하고, 안전하고, 간단하고, 탈중앙화된 도구를 구축하기 위한 노력을 하고 있다.

우리는 그들 중 몇 명에게 FTX의 붕괴가 웹3에 대한 그들의 견해를 바꾸었는지 물었다. 라구나 게임즈의 리아 루는 "아니요"라고 대답했다. 그녀는 "이 분야에서 활동하려면 웹3가 무엇인지 알아야 하며, 거기에는 좋은 점과 나쁜 점 모두가 포함된다"고 설명했다.[22] 그녀는 웹2와 웹3 참여자 간의 차이점에 대해 다음과 같이 말했다. "나는 15년 동안 게임 업계에 종사했지만 라구나 게임즈에서 NFT 게임을 시작할 때만큼 악의적으로 게임을 악용하려는 사람을 많이 본 적이 없다." 그녀는 "'탈중앙화, 소유권, 커뮤니티, 분산된 의사결정'이라는 긍정적인 측면과 함께 '사기, 탐욕, 책임감의 부족'이라는 부정적인 측면이 웹3에 쉽게 자리 잡았다"고 말했다. 그녀의 관점에서 FTX의 붕괴는 '슬프고 분노할' 일이지만 놀라운 일은 아니다. "웹3는 판도라 상자와 같다." 이는 "웹3 분야에서 더욱 신뢰할 수 있는 사람을 지지하겠다"는 그녀의 결의를 강화했다. 웹3 분야에 '부적절한 행위자'가 너무 많다는 것은 역사적으로 큰 문제였으며 지금까지 아무도 해결하지 못했다.[23]

따라서 우리는 기술을 훌륭하게 만드는 요소들을 보존하는 한편 잘못된 행위를 하는 자들에게 책임을 물어야 한다. 다행히 정부의 많은 사람들이 개인의 범죄를 넘어 이 업계에 내재된 가치를 인식하고 있다. 바하마 경찰이 뱅크만-프리드를 체포한 다음 날인 2022년 12월 12일에 열린 FTX 관련 의회 청문회에서 공화당 의원인 패트릭 맥헨리는 이렇게 말했다. "뱅크만-프리드의 행위는 새로운 것이 아니다. 우리는 예전에도 이런 일을 본 적이 있었다. 1800년대 후반에 유니온 퍼시픽이 고의로 철도 건설 가격을 부풀려 임원들의 주머니를 채웠을 때 1900년대에 사기꾼 조지 C. 파커가 브루클린 다리, 매디슨 스퀘어 가든, 자유의 여신상을 불법적으로 '판매'했다가 체포되었을 때, 2000년대 엔론이 대규모 기업 사기와 부패에 연루돼 충격을 주었을 때도 그랬다." 맥헨리는 이러한 사기꾼과 뱅크만-프리드 사이에 많은 공통점을 찾아냈다. 본질적으로 '구식 사기'에 신기술을 결합한 것이다.[24] 그는 "우리는 여전히 철도를 사용하고, 부동산을 사고팔며, 기업이 제공하는 서비스에 의존한다"고 덧붙였다. 그는 동료 의원들에게 "개인의 잘못된 행위와 업계와 혁신이 만들어 낸 긍정적인 요소를 분리하라"고 조언했다. 왜냐하면 그는 "디지털 자산의 가능성과 블록체인 기술을 기반으로 하는 전 세계의 개발자들을 믿기 때문이다."[25]

톰 에머Tom Emmer 하원의원 역시 동료들에게 "샘 뱅크만-프리드의 사기를 있는 그대로 이해하라. 이는 중앙집중화의 실패, 기업 윤리의 실패,. 범죄다. 기술의 실패가 아니다"라고 강조했다. 그는 2019년 취임한 이래 "미래의 암호화폐가 오늘날의 인터넷과 마찬가지로 미국의 가치를 반영할 수 있도록" 초당적인 노력을 해왔다고 말했다. 그는 이렇게 주장했다. "암호화폐 정책에 가장 적극적으로 참여하는 의원들에게 FTX의 붕괴는 왜 우리가 이 기술에 대해 이토록 깊은 관심을 갖는지를 상기시켜주는 사건이다. 핵심은 바로 탈중앙화에 있다."[26]

이러한 정치인들의 발언은 웹3의 특성 중 하나가 P2P 유틸리티라는 사실을 일깨워준다. 즉, 누구나 어디서나 중개인 없이 자산을 이동하는 데 웹3를 활용할 수 있다는 사실이다. 아이러니하게도 웹3의 악의적인 행위자들은 대부분 이 기술의 사용자가 아니라 중앙집중화된 비즈니스의 관리자와 소유자들이었다.

5. 정부가 웹3의 발목을 잡거나 완전히 짓밟을 것이다.

웹3 혁신가들은 정부 관리, 정치인, 그들의 선거자금을 지원하는 특수 이해집단이 웹3가 자신들의 이해관계를 보호하거나 이해하지 못하는 것을 두려워해 웹3를 말살하려고 할까봐 여전히 우려하고 있다. 예를 들어 민주당 엘리자베스 워런 상원의원은 암호화폐에 대해 강력한 비판을 해왔다. 그녀의 관점에서는 암호화폐는 악의적인 행위자들만 사용하는 것이다. 이는 사실과 전혀 맞지 않는 주장이다.[27] 나는 진보주의자를 자처하는 워런이 암호화 자산에 대해 좀 더 열린 사고를 가질 것이라고 기대했다. 왜냐하면 암호화 자산이 대형 은행의 경제적 힘을 약화시킬 수 있기 때문이다. 워런은 자신이 '뼛속까지 자본주의자'라고 주장함으로써 자신이 사회주의자라는 비판을 하려고 노력해왔다. 그녀의 가장 큰 불만은 정치적 권력과 가깝다는 사실을 이용하여 이익을 추구하는 월스트리트 은행 같은 강력한 기득권에 집중되어 있었다.

그러나 암호화 자산에 대한 정책 이슈를 다루는 선도적인 비영리 단체인 코인센터 Coin Center 는 워런 의원의 '디지털 자산 자금세탁 방지법 Digital Asset Anti-Money Laundering Act '에 대한 분석에서 이 법안을 "암호화폐 사용자와 개발자의 개인 자유와 프라이버시에 대한 가장 직접적인 공격"이라고 불렀다. 왜냐하면 이 법안은 "소프트웨어 개발 또는 네트워크상의 거래 검증을 통해 공개 블록체인 인프라를 유지하는 데 도움을 주는 모든 사람을 금융기관으로 등록하도록 강제하기 때문이다."[28] 이러한 개인 자원봉사자들은 금융기관으로서 "첫째, 소프트웨어를 사용하거나 인터넷에 연결된 컴퓨터를 통해 거래를 전송하는 모든 사람의 개인정보를 확인하고 기록하고, 둘째, 범죄와 관련된 자금을 이동하고 있다고 의심되는 사람이 소프트웨어 또는 네트워크를 사용하지 못하도록 위험 기반 자금 세탁 방지 프로그램을 개발하고, 셋째, 영장이나 정부의 요청 또는 타당한 이유 없이도 사용자에 대한 보고서를 제출"할 의무가 있다.[29]

게다가 토네이도 캐시[Tornado Cash], 지캐시[Zcash], 모네로[Monero]와 같은 개인정보 보호 기술이 정밀 조사를 받고 있다. 2022년 8월, "미국 재무부는 일방적이고 초법적으로 미국인이 비공개 및 익명의 암호화폐 거래를 수행하기 위한 인기 있는 개인정보 보호 도구이자 '믹서[mixer, 여러 사용자의 암호화폐를 혼합하여 추적하기 어렵게 만든 후 다시 사용자에게 분배하는 서비스]'인 토네이도 캐시의 사용을 범죄로 취급한다."[30] 이것은 아무도 소유하지 않는 오픈소스 코드에 불과하다. 그러나 재무부는 웹사이트와 관련 지갑을 해외자산통제국[Foreign Asset Control Office, OFAC] 제재 대상 목록에 추가했다. 이목록은 일반적으로 "테러에 관여한 개인, 적국 또는 기타 국가가 제재한 활동에 종사하는 당사자를 확인하고, 이러한 개인이 미국의 금융 시스템으로부터 혜택을 받지 못하도록 보장하기 위해" 사용된다.[31] 미국 정부는 자금세탁범들이 이를 통해 70억 달러를 세탁했다고 주장했다. 블록체인 분석 회사인 엘립틱[Elliptic]은 이 수치를 15억 달러 가까이 추정했다.[32] 체이널리시스는 2023년 보고서에서 이는 플랫폼 전체 거래량의 34%에 해당한다고 결론지었다.

하지만 이러한 제재가 효과가 있기는 한 것일까? 체이널리시스가 지적했듯이, "토네이도 캐시는 중앙집중화된 서비스처럼 오프라인 상태로 만들 수 없는 스마트 계약에서 실행되므로 제재 위반의 법적 결과를 제외하고는 누구도 사용을 막을 수 없다."[33] 하지만 토네이도 캐시의 '프런트 엔드'를 폐쇄한 것은 큰 영향을 미쳤다. 2022년 12월 기준으로 토네이도 캐시는 플랫폼의 총 가치가 약 1억 1,100만 달러였으며, 이는 1년 만에 78% 감소한 수치다.[34]

오늘날 디지털 경제에서 대규모 디지털 플랫폼과 금융 중개기관, 그리고 그들의 주주들이 비대칭적으로 부를 축적하면서 사회적 불평등이 커지고 있다. 플랫폼과 사용자 사이의 구조적인 권력 불균형은 전통적인 개인정보 보호 및 자율성 개념을 침식해왔다. 우리는 워런 의원 같은 사람이 정부가 해결하지 못하는 문제들을 웹3가 해결하는 데 도움을 줄 수 있다는 것을 이해하도록 도와야 한다. 그러나 웹3는 정부의 참여와 규제 없이는 그 약속을 이행할 수 없다. 암호화폐 혁신 위원회의 쉴라 워런Sheila Warren은 규제가 암호화폐의 채택을 이끌어 주는 유용한 도구라고 본다. 규제를 무시하는 것은 잘못된 규제만큼이나 나쁜 결과를 낳는다. "암호화폐 분야의 일부 사람처럼 규제를 무시하는 행위는 실제로는 문제를 해결하지 못하고 오히려 더 큰 문제를 야기할 수 있다. '규제가 존재하지 않고 규제자가 존재하지 않는다고 가정하면 우리에 대해 무관심할 것이다'라고 생각한 초기 옹호자들은 틀렸다."[35] 그녀는 세계경제포럼에 이해 관계자들을 정기적으로 소집해 그들이 해결책을 마련하도록 독려했다.

즉, 현재 규제 및 정책 인프라는 디지털 시대에 부적절하다. 웹3는 소셜, 금융 또는 기타 네트워크에서 가치를 창출하는 개인이 그 가치를 거둘 수 있도록 개인정보 보호, 포용 및 참여를 위해 인터넷을 재구성한다. 워런 상원의원의 잘못된 법안이 웹3를 죽이지는 못할 것이다. 왜냐하면 이 기술은 세계적으로 탈중앙화되어 있고 전 세계에서 널리 사용되고 있기 때문이다. 하지만 이 법안 때문에 사람, 자본, 기타 자원들이 해외로 빠져나갈 수 있다.

이것이 디지털 자산, 웹3, 블록체인의 발전 과정에서 결정적인 순간이다. 정부는 전통적인 금융 중개 기관의 예금 보관 행위를 이해하지만 웹3는 비보관 방식이다. 규제 당국이 이해하는 것은 영리한 코드와 수학이 아니라 기업과 개인을 감독하는 것이다. 모든 디지털 자산을 증권이라고 인식하는 것도 문제다. 미국 의회의 블록체인 의원단의 일원인 엠머Emmer 하원의원은 SEC 의장 게리 겐슬러Gary Gensler의 접근 방식에 우려를 표명했다. "겐슬러가 시가총액이 10억 달러이고 수만 명의 투자자가 있는 코인을 증권으로 간주한다면, 이 투자자들에게 어떤 일이 일어날까? 토큰의 가치는 폭락할 것이고, 소매 투자자들은 그것을 거래할 수 없을 것이다."[36] 이 시점에서 정부는 이 산업을 막을 수는 없지만, 규제에 대한 그들의 접근 방식이 산업의 미래를 결정할 수는 있다.

이 분야에 안전하고 지속 가능한 혁신을 가져오려면 명확한 규칙이 필요하다. 많은 신기술은 초기 단계에 기존 업계가 유용성에 의문을 제기하는 험난한 길을 통과해야만 한다. 인터넷은 이러한 편견의 희생양이었고 자동차도 마찬가지였다. 초기 자동차는 느리고 신뢰성이 떨어졌으며 운전자와 보행자 모두에게 위험했다. 이후 자동차 제조업체들을 위한 새로운 규칙을 만들고, 도로를 건설하고, 도로 표지판과 신호등을 세웠으며, 운전자에게 면허증 취득을 의무화했다. 이러한 조치들은 말이 끄는 수레에서 자동차로의 전환을 보다 원활하게 해주었다. 여기서도 마찬가지다. 정부는 이 문제를 올바르게 해결하기 위해 이 분야에서 활동하는 기업과 개인들, 기업에 자금을 지원하는 벤처 투자자들, 그리고 정책 입안자들과 함께 책임을 공유해야 한다.

6. 인센티브가 채택하기 적절한 수준이 아니다.

《블록체인 혁명》에서 이 문제를 제기할 때 우리의 우려는 잘못된 것이었다. 대부분의 경우 그 반대였다. 토큰은 초기 채택자와 사용자를 네트워크의 경제적 참여자로 전환함으로써 대규모 협업과 채택에 매우 강력한 인센티브 역할을 한다. 크리스 딕슨은 "웹2 시대에 부트스트래핑 문제를 극복하려면 영웅적인 기업가적 노력뿐만 아니라 많은 경우 판매와 마케팅에 많은 돈을 써야 했다"고 말했다.[37] 이처럼 어렵고 비용이 많이 드는 과정으로 인해 극소수의 네트워크만이 글로벌 규모에 도달할 수 있었다. 페이스북과 같은 웹2 거대 기업이 자리를 확고하게 잡으면 유사한 사용자를 대상으로 하는 새로운 네트워크는 그들과 경쟁하는 데 어려움을 겪었다. 딕슨은 이렇게 설명했다. "웹3는 네트워크 부트스트래핑을 위한 강력한 새로운 도구인 토큰 인센티브를 도입했다. 기본 아이디어는 네트워크 효과가 시작되지 않은 부트스트래핑 단계의 초기에 네이티브 유틸리티의 부족을 보완하기 위해 토큰 보상을 통해 사용자에게 재정적 유틸리티를 제공하는 것이다."[38]

그러나 이 책에서 살펴본 토큰경제학에는 또 다른 어두운 면이 있다. 돈을 버는 경제적 동기가 웹3 애플리케이션의 다른 모든 기능을 압도할 것이라는 사실이다. 투기꾼과 차익거래자들은 웹3 앱에 침범하여 애플리케이션을 의도한 대로 사용하지 않고 가능한 한 많은 가치를 추출할 것이다. 이를 극복하려면 애플리케이션을 독립된 개체로서 유용하고 재미있게 만들어야 한다. 앤드리슨 호로위츠의 아리아나 심슨은 "인센티브는 매우 중요하다"며 "인센티브 메커니즘을 사람이 사용하기를 원하는 제품이나 서비스 또는 네트워크와 결합할 수 있다면 정말 강력한 조합이 된다. 예를 들어, 사람들에게 설득력 있고 흥미로운 제품이나 서비스 없이는 토큰을 가질 수는 없다. 그러나 이미 많은 관심을 불러일으키고 기여하고 싶어 하는 무언가가 있다면 블록체인 요소와 토큰 인센티브를 계층화하는 것은 그러한 생태계를 강화하는 데 정말 유용할 수 있다. 사람들을 참여시키고, 그들의 기여에 대해 보상하고, 보다 지속 가능한 메커니즘을 구축하는 것이다"라고 말했다.[39] 소유권과 이윤 창출 동기는 사람들이 애플리케이션 중 하나와 상호 작용하는 여러 이유 중 하나여야 한다.

7. 블록체인이 일자리를 없앤다.

《블록체인 혁명》에서 우리는 블록체인이 회계사, 변호사, 관리직을 대체할 것인지에 대해 의문을 제기했다. 그렇다. 웹3는 노동 시장의 본질을 변화시키고 있지만 일자리를 없애기보다 더 많은 일자리를 창출하고 있다. 우리는 디지털 아티스트, 프로 비디오게이머, 유동성 채굴자, NFT 딜러와 같은 새로운 종류의 일자리가 등장하는 것을 보고 있다. 소프트웨어 개발자들은 DAO를 위해 일하고 있다.[40]

웹2 시대에는 영민한 젊은이가 실리콘밸리나 월스트리트에서 일하는 것을 목표로 했다. 하지만 대형 중개업체들은 명문 대학 졸업생만을 고려했다. 그들은 젊은이에게 사무실에 출근해 집중 훈련을 받고 상사에게 보고하도록 요구했을 것이다.

DAO와 같은 혁신을 통한 웹3는 최소한의 공식적인 계층, 경영진, 본사 사무실 등을 가지고 있다. 페이스북과 골드만 삭스는 여전히 최고의 인재를 유치하고 있지만 그들의 독점은 위협 받고 있다. 이는 우수한 엔지니어들이 웹3, AI, 사물인터넷 분야의 스타트업으로 진출하는 사실로 입증되고 있다.

일드길드게임즈^{YGG}는 웹3를 수익을 창출할 기회로 삼으려는 사람들을 유치하는 커뮤니티 중 하나이다. YGG의 공동 설립자인 베릴리는 이렇게 말했다. "메타버스 안에서 프리랜서들이 소득을 얻기 위한 작업을 찾는 파이버^{Fiverr}처럼 YGG가 사람들이 웹3 앱으로 돈을 벌고 싶을 때 즐겨 찾는 플랫폼이 되기를 바란다. 또한 엑스투언^{X-to-earn}도 고려하고 있다. 이는 런투언이나 무브투언이 될 수도 있다. 마치 메타크래프터스^{Metacrafters}처럼 특정 모듈을 완성하면 보상을 받고 채용될 수 있다. 예를 들어 코딩이든 이더리움과 스마트 계약에 대한 학습이든 혹은 솔라나와 스마트 계약에 대한 학습이든 상관없다. 모듈을 완성할 때마다 보상을 받고 채용될 수 있다. 채용될 가능성은 더 커진다."[41] 리는 스텝엔, 스웨트코인, 지노페츠와 같은 엑스투언 앱의 인기가 높아지고 있다는 사실을 언급한 것이다.

이는 글로벌 사우스의 진취적인 웹3 사용자들에게 잠재적으로 새로운 수익 창출 기회의 가능성을 열어줄 것이다. 라구나게임즈의 카트리나 울프는 DAO가 기존의 임시직 시장의 진화일 수 있다고 생각한다. "나는 15개의 서로 다른 DAO에 지분을 가지고 있고 이 팀이 실제로 무엇을 하고 있는지 알 수 있다. 만약 시간이 있다면 내가 그 일을 신청해서 일할 수 있다."[42] 충분한 기술을 갖고 있다면 재미있고 금전적으로 보람 있는 기회를 선택할 수 있다. 게다가 프로젝트의 성공에 참여할 수 있게 하는 지분이나 거버넌스 토큰 또는 기타 재정적 보상도 받을 수 있다. 또한 웹3 자체가 새로운 일자리를 창출하고 있다. 더블록에 따르면, 2019년 이후 '디지털 자산' 산업의 고용은 351%나 증가했으며 2019년 158개 기업이 18,200명을 고용했던 것과는 대조적으로 421개 기업에서 82,248명을 고용하고 있다.[43]

확장된 경제적 기회는 채택을 촉진할 것이고, 이는 결국 많은 초기 사용자가 미국 달러 은행 계좌와 동등한 것을 시작하는데 도움을 줄 것이다. 어쨌든 유용한 작업을 완료한 뒤 보상을 네이티브 토큰으로 받는다면 그 토큰을 인기 있는 스테이블코인인 USDC로 변환하기 위해선 한 단계가 더 필요하다. 은행 계좌가 없는 사람이 갑자기 미국 달러를 송금, 저축, 심지어 투자할 수 있는 새로운 도구를 갖게 된 것이다. 이러한 의미에서 길드는 더 큰 경제적 번영으로 가는 진입로의 역할을 할 수 있다.

8. 거버넌스는 매우 어려운 문제다.

블록체인과 DAO 거버넌스는 실시간으로 진화하고 있다. DAO의 가능성에도 불구하고 현실적으로 DAO는 투표자의 무관심 같은 여러 가지 한계를 지니고 있다.[44] 토큰 소유자들은 종종 동의가 필요한 거버넌스 승인을 무시하여 결정 권한을 소수의 거대하고 조정된 이해관계자에게 맡기곤 한다.[45] 이는 전통적인 거버넌스 체제 아래 있는 기업들의 대리인 투표와 유사하다. 더욱이 급진적인 탈중앙화는 특정 산업에서는 효과적일 수 있지만 의약품 제조 같은 산업에는 수직적 통합 및 전통적인 조직 구조가 더 적합할 수 있다.

이러한 거버넌스 과제는 상장기업의 주주나 민주주의 국가의 시민이라면 누구나 잘 알고 있는 문제다. 《블록체인 혁명》을 썼을 때 우리는 PoS 네트워크가 소프트웨어 업데이트를 진행할 수 있는 능력뿐만 아니라 블록체인을 구성하고 보호하는 시스템으로서의 지분증명의 실제 실행 가능성에 대해서도 의문을 제기했다. 오늘날의 문제는 수십 개의 레이어 1 스마트 계약 플랫폼이 출시되는 것과 같은 이전의 거버넌스 성공에서 비롯된 것이다. DAO는 여전히 이러한 과제를 극복할 필요가 있다.

결론 및 핵심 요약

기술 혁신은 결과가 사전에 결정되어 있는 과정이 아니다. 무작위적인 사건이나 외부 충격이 결과를 바꿀 수 있다. 많은 사례에서 볼 수 있듯이 초기의 실패나 활용 사례는 기술의 발전을 저해한다. 원자력 발전 지지자들에게 물어보면 알 수 있을 것이다. 웹3는 여전히 개선되어야 할 부분이 많고 잘못될 수 있는 것도 많다. 하지만 이것이 웹3를 추구하거나 지지하지 말아야 하는 이유인지, 아니면 극복해야 할 과제인지 스스로에게 물어봐야 한다. 이 장에서 얻을 수 있는 교훈은 다음과 같다.

1. 기술을 초기 구현 사례만으로 판단해서는 안 된다. 웹3는 단순히 암호화폐, 즉 자금 및 결제 애플리케이션에 국한되지 않는다. 이는 범용 기술이다. 이 기술은 사용자들이 필요로 할 요구사항을 충족시키기 위해 빠르게 성장하고 있다.

2. 웹3가 에너지를 낭비한다는 비판은 신빙성이 없다. 왜냐하면 대부분의 혁신

은 이더리움 같은 지분증명 시스템 위에서 일어나고 있기 때문이다. 비트코 인은 탄소발자국이 있음에도 불구하고 전 세계적으로 세탁기보다 적은 에 너지를 사용하며 전력 중 절반은 재생 가능 에너지원에서 얻는다. 비트코인 은 업계의 글로벌 리더로 자리매김하고 있다.[46] 또한 웹3를 생명줄로 활용 하는 전 세계의 가난한 사람이 이에 대해 죄책감을 느껴야 한다는 시각에는 서구 엘리트주의가 다분히 내재해 있다.

3. 구시대의 강력한 세력들은 이러한 도구들에 맞서 싸울 수도 있고, 이를 받 아들일 수도 있지만 이것을 공동으로 선택할 가능성은 낮다. 웹3의 네이티 브 커뮤니티들의 견인력은 매우 강력해 이미 많은 기업이 웹3를 활발하게 채택하고 있다.

4. 웹3는 일자리를 없애지 않는다. 오히려 전 세계 사람들이 새롭고 참신한 방 법으로 돈을 벌 수 있게 하는 원동력이다. 그러나 인도의 개발자가 텍사스 오스틴의 개발자와 동일한 업무를 수행하고 토큰 보상의 형태로 '주식 기반 보상'을 받을 수 있다는 웹3의 가정을 받아들인다면 텍사스 개발자는 더 크 고 더 좋은 무언가를 제시할 수 있어야 한다.

5. 정부는 웹3의 경로를 바꿀 수도 있고 가능하게 할 수도 있다.

마지막으로, 우리에게는 사용자를 보호하고 혁신을 촉진하는 현명한 프레임 워크와 규제가 필요하다. 지금처럼 단속에 의한 규제는 끝나야 한다. 쉴라 워 런은 "혁신가들은 움직이는 모래 위에 아무것도 건축할 수 없다"라고 말했다. "규제 당국은 무엇을 할지 모르면 움직이지 못한다."[47] 이 책의 결론에서 우리 는 마지막 질문에 대한 답을 하고, 독자들에게 앞으로 나아갈 방법에 대해 권 고하려고 한다.

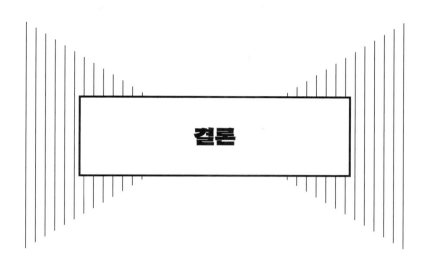

결론

웹3 S-곡선: 예측 이상의 전망

◆

◆ "수십 년 동안 아무 일도 일어나지 않는 때도 있고, 수십 년의 변화가 일어나는 몇 주가 있을 때도 있다." 볼셰비키 혁명의 주역 블라디미르 일리치 울리야노프의 말이다.[1] 그는 레닌이라는 이름으로도 알려져 있다. 이것이 변화를 선동할 때 가명이 갖는 매력이다. 디지털 기술은 기하급수적인 속도로 발전한다. 무어의 법칙은 컴퓨팅 성능이 거의 18개월마다 두 배로 증가한다고 가정한다. 수십 년 동안 그것은 예언적임이 입증되었지만, 많은 사람은 혁신가들이 양자 컴퓨팅을 상용화할 때까지 성장률이 둔화될 것이라고 생각한

다. 그럼에도 불구하고, 오늘날의 세계는 고든 무어가 반도체 기술을 개발하던 시절과는 비교할 수 없을 정도로 변화했다. 2020년 코로나 바이러스 팬데믹은 디지털 생활을 가속화했고, 각국이 국민의 건강을 보호하고 지역 제조업을 재개하기 위해 국경을 폐쇄함에 따라 글로벌 공급망의 중요한 고리가 끊어졌다. 원격 근무는 새로운 표준이 되었다.

웹3의 기본 구성 요소인 블록체인은 2009년 비트코인 출시 이후에 대중에게 알려졌다. 지금도 웹3는 아직 초기 단계에 머무르고 있는 것처럼 느껴지지만 이는 과거의 기술들과 유사한 흐름이다. 크리스텐슨 교수는 "기술의 초기 단계에서 성능의 발전 속도는 상대적으로 느리다"고 언급했다. 기술이 채택되고 대중의 이해도가 높아짐에 따라 기술은 가속도로 개선되고 규모가 확장된다. 결국 이 기술은 포화점에 도달하고 성장 속도는 둔화된다. 이 단계에서는 "성능을 개선하기 위해 더 많은 시간과 더 많은 엔지니어링 노력이 필요하다"[2] 이런 프로세스, 즉 처음에는 느리고 중간에는 가속화되어 빠르게 증가하고 끝으로 가면서 감속하여 평평해지는 궤적을 'S-곡선'이라고 부른다.

찰스 호스킨슨은 웹3가 아직 S-곡선의 변곡점에 도달하지 못했다고 본다. 그는 2022년에 출시된 오픈AI의 AI 챗봇을 언급하며 이처럼 변화가 일어나는 시기를 '챗GPT 순간'이라고 부른다. "챗GPT는 그 기술이 대중에 공개된 이상 사람들은 그것이 파괴적인 혁신임을 인정한다. 그렇기 때문에 대규모 채택이 일어나고 있다. 5일 만에 100만 명의 사용자를 확보하게 됐다." 그는 이어서 "모두가 챗GPT를 두려워한다"고 말했다. 그것이 바로 블록체인이 필요로 하는 것, 즉 "이것이 시장이 가는 방향이라는 것이 명백하게 드러나는 '챗GPT 순간'"이다. 그의 관점에서 보면 솔라나, 바이낸스, 카르다노, 비트코인 등은 각자의 특색을 가지고 있지만 아무도 그것을 보며 "이것이 수십억 명의 사용자를 확보할 모델이고, 우리가 해야 할 일은 약간 보완만 하면 된다"라고 말하지 않는다.[3]

보완만으로 해결되는 문제에 대해 말해보면 대부분의 사람이 수렵과 채집으로 이루어진 유목 생활을 포기하고 농업과 축산이라는 정착 생활을 하기까지 수만 년간 시행착오를 거친 다음에야 농업 혁명이 일어났다는 것을 기억해야 한다. 산업 혁명은 증기기관이 발명되기 훨씬 전인 15세기와 16세기부터 시작되었다. 화학 무기와 총기의 발전으로 식민지 정복이 가능해졌고, 인쇄기는 대중 소통을 가능케 했으며, 봉건제 붕괴는 자본(영주)과 노동(소작농) 간의 권력 균형을 바꾸었으며, 세계 무역의 부상은 상품, 아이디어, 병원균들의 교류를 가속화했다. 하지만 실질적인 산업화는 수세기가 지나서야 시작되었다. 증기기관은 토마스 뉴커먼이 1710년대에 영국 탄광에 자신의 버전을 적용하기 전까지 수십 년간 별다른 활용처가 없는 물건으로 취급받았다.[4] 20세기에 들어와서도 유럽의 많은 시골 사람은 수세기 전 조상들처럼 농부로 지내고 있었다.[5] 제2차 세계대전 이후도, 벨기에의 시골 생활을 화가 밀레Millet가 그렸다면 "나무 갈퀴로 모은 건초, 도리깨로 두드린 밀짚, 손으로 따서 말이 끄는 수레로 운반되는 과일과 채소들"로 묘사되었을 것이다.[6]

정보 혁명은 1930년대 컴퓨팅 과학의 발전과 1949년 트랜지스터의 발명으로 시작되었지만, 컴퓨터가 가전제품이 되기까지는 거의 반세기가 걸렸다. 로스앤젤레스 캘리포니아 대학교의 레너드 클라인록 Leonard Kleinrock과 그의 학생들은 1969년에 최초의 인터넷 메시지를 보냈지만 미국 정부가 웹을 상업적 용도로 허용하는 데 거의 25년이 더 걸렸고, 기업과 NGO들이 웹을 51.8억 명의 사람들에게 전달하는 데에는 30년이 더 걸렸다.[7] 산업화는 수백 년이 걸렸고 컴퓨터는 수십 년이 걸렸던 것과 비교해 보면 웹3가 급성장하기 직전인 S-곡선의 변곡점에 도달하는 것은 불과 10년이었다.

개인과 기업이 웹의 첫 번째 시대나 두 번째 시대 또는 개인용 컴퓨터와 같은 다른 기술 혁신보다 더 빠른 시간 내에 웹3를 채택할까? 확신하지 마라. 알버트 벵거가 처음 인터넷을 사용했을 때 그는 매사추세츠 공과대학교의 컴퓨터 실험실에 있었다. 그는 자신이 쓰던 기계에서 초기 웹브라우저인 모자이크를 발견하고 통계학 숙제는 제쳐두고 4시간 동안 웹 서핑을 했다. "나는 '오 이런! 내일이면 사라질 거야!'라고 생각했다. 하지만 그러기까지 20년이 더 걸렸다."[8] 특히 웹3는 기존의 법률에서 인정하지 않는 자산 유형이므로 변화가 더 오래 걸릴 수 있다. 벵거는 "인터넷은 훨씬 더 단순한 기술이다"라고 말했다. "웹3 기술은 훨씬 더 복잡하고 반대 의견도 존재한다. 인터넷이 그러는데 20년이 걸렸다면 이번에는 30년이나 40년이 걸릴 수도 있다는 점을 감안해 우리의 기대치를 조정해야 할 것 같다."[9] 호스킨슨도 그의 의견에 동의하며 이렇게 말을 이었다. "웹이 수십 년이 걸렸던 것처럼 장기적으로 보면 웹3는 수십 년 더 걸릴 수도 있다. 우리는 1990년대에 자바스크립트, 브라우저, 웹 인증서, 쿠키 등을 발명했다. 과연 지금 우리는 완벽한 웹을 완성했는가?"[10]

또한 벵거는 기술의 효용성과 관계없이 기술에 대한 대중의 인식이 기술의 성장과 채택을 결정한다고 생각한다. 그는 원자력 발전을 예로 들었다. "우리는 1960년대 이후로 원자력 발전소를 건설할 수 있었지만, 그것은 엄청나게 느리고 더딘 과정이었다"라면서 답답한 심정을 털어 놓았다. "원자력 발전소는 탄소 발자국이 없는 전력을 만들고 현실적으로 그런 발전소들이 필요하지만, 사람들은 '내 마당에, 우리 주에, 우리 도시 근처에 원자력 발전소 건설은 안 된다'라는 태도로 반대한다."[11] 기술의 채택과 확산은 기본 기술의 특성에만 의존하지 않고 다양한 경로를 따라 이루어진다. 그에 따르면, 기술의 초기 활용 사례, 복잡성, 그리고 물론 규제 환경에 의해서도 영향을 받는다. 대형 스캔들이 기술을 탈선시킬 수는 없다. 어쨌든 사우스시 버블이 주식회사의 종말을 가져오지는 않았지 않은가. 그러나 기술의 발전을 지연시킬 수는 있다. 업계는 FTX의 붕괴를 직시해야 한다. 그렇지 않으면 이 사건이 스리마일 아일랜드 사고Three Mile Island, 미국 펜실베이니아주에 있는 섬에서 1979년 3월 28일 발생한 미국 역사상 최악의 원전 사고가 될 수 있다.

정책 입안자들을 위한 또 한 번의 중대한 기회

◆

◆   정부는 인류 역사상 다시 한 번 주도권을 행사할 수 있는 기회를 맞이했다. 일부 정부는 이에 대한 행동 요구에 응하고 있다. 2022년 백악관은 오랫동안 기다려온 디지털 자산과 웹 3에 관한 대통령의 행정 명령을 발표했다. 윈스턴 처칠은 "다른 모든 것을 시도해 본 후에야 미국인은 올바른 일을 할 거라고 믿는다"고 말했다.[12] 그리고 실제로 보고서는 당시 진전을 가로막았던 장애물을 돌파한 것처럼 느껴졌다. 하지만 FTX 붕괴의 여파로 바이든 행정부는 초기에 보였던 열의를 거두어 들이기 시작했다. 백악관은 2023년 경제 보고서에서 암호화폐의 위험에 많은 지면을 할애하며 이미 오래

전에 반박된 비판을 되풀이했다. 그렇다면 우리는 지금 어디쯤 와 있을까? 웹3와 디지털 자산은 차세대 경제 발전의 기초가 되므로 국가적 이익에 관한 문제다. 미국 기업과 기업가들은 상업용 인터넷 시대의 첫 25년을 지배했다. 이제 시대가 변했다. 위대한 사업과 조직을 구축하는 데 필요한 기술, 인재, 기업가적 열정, 개발 도구에 대한 접근은 어디에서나 가능하다. 싱가포르와 두바이와 같은 국가는 규제 차익 거래regulatory arbitrage, 서로 다른 국가나 지역에서 시행되는 규제의 차이를 이용하여 이익을 얻는 행위를 적극 활용하여 최고의 조직들을 유치함으로써 웹3 비즈니스를 환영했다. 미국은 웹3 경쟁에서 선두에 있지 않다.

블록체인 협회의 전무이사인 크리스틴 스미스Kristin Smith의 임무는 웹3가 중요한 이유와 권력자들이 관심을 가져야 하는 이유를 제시하는 것이다. 그녀는 워싱턴 DC에서 일을 해결하는 방식을 잘 알고 있다. 워싱턴 정치권에 정통한 그녀는 20년 동안 정부 내에서 밀고 당기고 설득하며, 그 과정에서 실질적이고 의미 있는 변화를 이루어 왔다. 스미스에게 웹3는 보기 드문 초당적인 주제다. 의원들이 더 많이 배울수록, 그들은 웹3를 모든 사람의 삶을 향상시킬 수 있는 범용 기술로 이해하게 된다. FTX의 붕괴가 상황을 복잡하게 만들었지만 스미스는 양당 의원들이 웹3가 어떻게 유권자들에게 이익을 줄 수 있는지 판단하게끔 돕고 있다.

예를 들어, 금융 포용성은 민주당의 주목을 받고 있다. 스미스는 "암호화폐 소유자의 인구통계를 살펴보면 아프리카계 미국인과 히스패닉이 상당한 수를 차지한다. 이들은 암호화폐가 투자 수단으로 접근성이 좋고 특히 해외 송금에 더 편리하다고 생각한다"라고 말했다.[13] 반대론자들은 종종 토큰을 권위 있는 그룹을 위한 사변적 투자나 디지털 놀이감으로 잘못 설명한다. 실제로 금융서비스를 받지 못하는 개인의 37%가 디지털 자산을 소유하고 이를 활용하여 지불하고, 가치를 저장하며, 신흥 기술에 투자하고, 전통 금융 서비스와의 차이를 메워주는 다양한 다른 디파이 서비스에 접근한다.[14] 또한, 시카고 대학의 전국 여론 조사 센터가 실시한 설문 조사에 따르면 미국의 디지털 자산 보유자 중 44%가 유색인종이다.[15] 이와 대조적으로 미국에서 기존 은행 서비스를 이용하는 인구의 10%만이 디지털 자산을 소유하고 있다.[16]

미국 밖에서는 상황이 더욱 심각하다. 글로벌 사우스의 많은 사람들이 금융 서비스를 아예 받지 못하거나 부분적으로 받고 있으며, 현지 통화는 종종 과도한 인플레이션으로 심각한 가치 하락을 겪고, 정부의 엄격한 자본 통제로 고통 받고 있다. 국민의 거의 30%가 비트코인을 법정 화폐의 대안으로 사용하는 나이지리아를 생각해보라. 엘살바도르에는 은행 계좌보다 비트코인 지갑을 보유한 사람이 더 많다.[17] 개인이 암호화폐와 NFT 같은 자산을 사고팔고 저장하는 디지털 자산 지갑인 메타마스크MetaMask는 필리핀과 베트남에서 가장 인기가 높다. 이곳에서는 젊은이들이 디파이와 액시 인피니티와 같은 P2E 비디오 게임으로 돈을 벌고 있다.[18] 튀르키예에는 최근 급격한 환율 변동 이후 디지털 자산의 거래량이 18억 달러로 늘어났다. 이는 지난 다섯 분기 중 가장 많은 거래량이며, 2021년 가을에 튀르키예 리라화는 '테더를 가장 많이 거래하는 정부 발행 화폐'가 되었다.[19] 테더가 미국 달러 기반의 스테이블코인이기 때문에 쉽게 달러화로 가치를 저장할 수 있는 방법을 찾고 있던 튀르키예 국민에게 선호되었기 때문이다.[20]

스미스는 이렇게 말했다. "웹3는 양당 모두를 위해 작동한다. 왜냐하면 모두가 웹2 회사들을 싫어하고 웹 인프라 혹은 애플리케이션 등 웹 서비스의 민주화를 원하기 때문이다.[21] 이 분야에 열정적인 사람들이 모두 자유지상주의 무정부주의자는 아니다."[22] 사실 "그들은 민주당 지지자들이며 기후 문제, 빈곤 문제에 관심이 매우 많다. 이들은 대부분 민주당의 가치와 일치한다"라고 스미스는 말했다. 그녀의 노력은 효과가 있었다. 의회에 웹3를 중점적으로 다루는 양당 동맹이 형성되었다. 신시아 루미스Cynthia Lummis, 민주당 상원의원과 커스틴 질리브란드Kirsten Gillibrand, 민주당 상원의원이 웹3 법안에 협력했고, 데비 스타브노우Debbie Stabenow, 민주당 상원의원과 존 부즈만John Boozman, 공화당 상원의원도 포함되어 있다. 스미스는 "이와 같이 양당이 함께 결정하면 가장 안정적인 정책이 된다. 그런 정책들은 정부나 의회가 바뀌어도 변하지 않는다. 우리는 이러한 상황 그대로 유지하길 바란다"라고 강조했다.[23]

스미스는 미국 정부가 1990년대에 인터넷 기술을 민간 부문에 개방했던 시절을 떠올렸다.[24] 그녀는 1995년에 상원의 100개에 이르는 사무실 가운데 단 한 곳, 테드 케네디Ted Kennedy, 민주당 의원의 사무실에서만 인터넷을 사용할 수 있었다고 기억했다. "누군가가 상원의원 J. 제임스 엑손J. James Exon, 민주당에게 인터넷을 보여준 적이 있었는데 그는 온갖 음란물을 출력해서 작은 바인더에 담아 동료들에게 인터넷이 무엇인지 보여주었다."[25] 의회는 초기 인터넷에 대해 어떻게 생각했을까? 그들에게는 단순히 음란물을 공개하기 위한 도구에 불과했다. 공화당 의원들은 이 점을 특히 불쾌하게 여겼다.

조 바이든 대통령의 행정명령은 웹3에 대한 영속적인 틀을 구축하기 위한 첫걸음으로, 초기 인터넷 시대의 혁신을 촉진하는 데 결정적인 역할을 한 기념비적인 통신법을 현대적 관점에서 재해석한 것이었다.[26] 정책 입안자들과 산업 지도자들은 1996년 통신법과 어느 정도 유사한 법을 함께 만들 수 있다. 무엇보다 기술과 그 위에 서비스를 제공하는 회사를 구분하는 새로운 규칙이 필요하다. 인터넷에서 배울 점이 있다. 우리는 네트워크 시간이나 하이퍼텍스트 전송 프로토콜(웹)을 규제하지 않지만 페이팔과 같은 플랫폼, 콤캐스트와 같은 인터넷 서비스 제공자, 그리고 이러한 프로토콜을 사용하는 아마존과 같은 기업체들을 규제하려고 한다. 이와 비슷한 접근법을 여기서도 시도해 볼 수 있다. 문제가 되는 것은 암호화폐의 지나친 중앙집중화가 아니라 이러한 암호화폐 중개업체들의 지나친 중앙집중화와 더불어 그들의 내부 작동 방식과 재정 상태가 비공개라는 사실이다.

스미스는 이렇게 설명했다. "이는 론 와이든Ron Wyden, 민주당, 앨 고어Al Gore, 민주당, 제이 록펠러Jay Rockefeller, 민주당 등 민주당 의원들이 인터넷을 강력한 도구로 인식하는 계기가 되었다. 1996년 통신법은 수차례 개정되었다. 올림피아 스노우Olympia Snowe, 공화당 의원이 주도한 이-레이트 프로그램E-Rate Program, 미국 내의 학교와 도서관에 저렴한 통신 서비스를 제공하기 위한 지원 프로그램이 한몫했다.[27] 콘래드 번즈Conrad Burns, 공화당 의원이 통신법 제706조의 제정을 주도했으며 이 조항은 인터넷 사용량 추적에 관한 내용을 담고 있다.[28] 이는 당시에 포르노 방지를 제외하고 양당 간의 협력이 이루어진 사례다." 통신법은 인터넷 서비스 제공업체를 전화 네트워크와 같이 규제가 심한 '공중 통신 사업자common carriers'로 분류하지 않고, 규제가 상대적으로 약한 '정보 서비스 제공업체information service providers'로 분류했다. 또한, 인터넷 서비스 제공업체는 자사 인프라를 통해 공유되는 콘텐츠에 대한 법적 책임이 없도록 했다. 이러한 규제 완화는 인터넷 가치의 폭발적인 성장에 긍정적인 영향을 미쳤으며 동시에 인터넷 서비스 제공업체는 불법 자료를 삭제하거나 차단할 책임이 있었다.[29]

의회 입법자들은 무엇을 명심해야 할까? 스미스는 다음과 같이 말했다. "정책 입안자들은 동일한 활동과 동일한 위험이 있으면 동일한 규제가 필요하다고 이야기한다. 하지만 디지털 자산의 소유권이라는 요소로 인해 위험 자체가 완전히 달라진다. 우리는 처음으로 디지털 희소성을 가질 수 있게 되었고 이로 인해 제삼자의 관리 없이 거래를 진행할 수 있게 되었다. 이는 전통적인 금융 서비스의 운영 방식과 근본적으로 다르다."[30] 감독 당국은 고객 신원 확인KYC, Know Your Customer, 자금세탁방지 AML, Anti-Money Laundering, 테러자금조달방지 CTF, Countering the Financing of Terrorism 검사 등과 같은 업무를 외주하고 있다.

스미스는 정책 입안자, 기관, 소비자 등 모두가 스테이블코인에 대해 이야기하고 있다고 언급했다. "그것이 달러 기반의 스테이블코인이라면 사람들은 은행 계좌에 달러가 예치되어 있는지 확인하고 싶어 한다. 지극히 당연한 요구다. 하지만 은행들이 지불 대상금액의 일부만을 준비하는 상황과는 매우 다르기 때문에 이를 확인할 수 있는 새로운 체계가 필요하다. 또한 디지털 세계의 자산 보관 방식은 전통적인 금융 서비스 세계와는 완전히 다르다. 더불어 시장의 무결성을 보장하고 조작의 위험이 없다는 점도 모두가 알고 싶어 한다."[31]

"소비자를 대신해 그런 것들을 감독하는 사람이 필요하다. 그러나 상품 현물 시장을 규제하는 기관은 없다. 미국 증권거래위원회는 그런 권한이 없으며, 상품선물거래위원회CFTC도 마찬가지다. 의회는 새로운 규제를 만들어야 한다. 입법자들은 이 시장의 다양한 행위자들을 살펴보고 적절한 규제 방법을 찾아야 한다. 인터넷을 통해 음성 통화가 가능한 VoIP Voice over Internet Protocol 기술이 등장했지만 당시 인터넷 서비스 제공업체를 통신 회사로 취급하지 않고 다르게 규정한 1996년 통신법의 사례와 유사한 측면이 있다."[32]

스미스는 계속해서 이렇게 말했다. "마찬가지로, 디지털 자산은 다른 특성을 갖고 있다. 우리는 실제 위험이 무엇인지 파악하고 이에 대처할 수 있는 법적 체계를 마련할 필요가 있다. 미래를 내다보는 일부 규제 기관들, 특히 금융범죄단속국FinCEN, Financial Crimes Enforcement Network 이나 국세청Internal Revenue Service이 좋은 지침을 제시하기도 했다."[33]

스미스는 연방 기관들이 권한 범위 내에서 암호화폐를 해석하려고 최선을 다했다는 사실을 인정했다. 현재 모든 기관이 명확한 규제의 틀과 새로운 행동 권한을 부여할 의회를 주시하고 있다. 스미스는 "시장의 규모가 충분히 크고, 정책 입안자들의 이해도가 높으며, 양측 모두에 지지자들이 있고, 시장의 위기감을 증폭시킨 몇 가지 좋지 않은 사건들도 있었기 때문에" 의회가 2023년이나 2024년에는 관련 법안을 내놓을 수 있을 것이라고 말했다.[34] "하지만 법률을 제정하는 데는 몇 년이 걸린다. 하룻밤 사이에 이루어질 수 있는 일이 아니다."[35] 그녀는 이렇게 강조했다. "의회가 나서지 않는다면 결국 행정 규제로 마무리될 것이다. 이것은 효과가 매우 적다. 왜냐하면 '나쁜 사실은 나쁜 법을 만든다'는 말처럼 판사나 배심원은 주어진 사건에만 국한할 수밖에 없기 때문이다."[36] 웹3 거버넌스와 규제 방식의 대대적인 변화를 원하는 이해 관계자 목록에 규제 당국도 추가되어야 한다. SEC의 헤스터 피어스Hester Peirce는 "우리가 의존해온 임의적이고 느린 규제 조치를 통한 규제 방식은 합리적인 규제 체계의 정반대"라고 단호하게 말했다. 2023년 1월 연설에서 그녀는 SEC의 조치들이 부정확하고 모순적이며 일관성이 없고 제멋대로이며 혁신을 해치고 기관의 시간과 자원을 낭비한다며 비판했다.[37] 국가들의 규제 기관들도 마찬가지로 명확성 없이 우왕좌왕하고 있다.

공공의 이익과 개인의 권리 사이에서 적절한 균형 찾기

◆

◆ FTX의 붕괴 이후 정책 입안자들이 합리적이고 책임감 있는 웹3 성장을 위한 체계를 마련해야 한다는 데는 이견이 없을 것이다. 하지만 이 과정에서 개인의 다른 권리, 특히 사생활 보호라는 가장 중요한 권리를 침해해서는 안 된다. 사생활 보호는 자유 사회의 기초이며 사회 구성원들은 거래 내역을 비공개로 유지해야 할 충분한 이유가 있다. 예를 들어, 이더리움 창시자 비탈릭 부테린처럼 우크라이나 인도주의 단체에 기부했다는 사실을 노출하고 싶지 않을 수 있다. 하지만 부테린은 2022년 8월 미국 재무부의 토네이도 캐시 제재에 대한 대응으로 자신이 기부했다는 사실을 스스로 공개했다.[38]

OFAC은 점점 더 개인 암호화폐 지갑 주소를 제재 대상 목표로 삼고 있다. 2018년에 제재 리스트에 있는 주소는 100개 미만이었으나 2022년에는 400개로 늘어났다. 2021년에는 암호화폐 서비스 제공 업체들도 제재 대상에 포함시키기 시작했다.[39] 많은 사람의 눈에는 이것은 전형적인 정부의 권한 남용 사례다. 코인 센터Coin Center의 제리 브리토Jerry Brito와 피터 반 발켄버그Peter Van Valkenburgh는 "OFAC이 범죄 행위를 저지른 특정 악의적 행위자를 제재하는 게 아니라, 온라인 거래 시 개인정보를 보호하기 위해 자동화된 도구인 암호화폐 기술을 사용하려는 모든 미국인을 제재하고 있는 것으로 보인다"며 "다른 기술과 마찬가지로 선과 악의 용도로 모두 사용될 수 있는 중립적인 특성의 도구에 제재를 가하는 것 같다"고 주장했다.[40] 간단히 말해서 정부는 정당한 절차 없이 시민의 자유를 제한하고 있으며, 이는 가장 반(反) 미국적인 행위다.

안타깝게도, OFAC의 이러한 조치는 상원의원 엘리자베스 워런이 제안한 법안이 통과될 경우 초래될 수 있는 상황과 유사한 결과를 가져왔다. 이는 금융 감시의 범위를 위헌의 수준까지 지나치게 확장함으로써 미국인의 사생활을 침해하는 것이다. 상품선물거래위원회CFTC 전 의장 크리스토퍼 지안카를로는 금융 감시는 오직 불법 행위의 개연성이 있고 사법 당국의 영장을 발부 받았을 때만 정당하다고 생각한다. 하지만 그는 미국의 법체계가 이미 지나친 수준에 이르렀다고 생각한다. 그는 2022년 12월 인터뷰에서 "정부가 현재 '개연성에 근거해' 정보를 수집하는 것이 아니라 '혹시라도 문제가 발생할 경우를 대비해' 정보를 수집하고 있다"고 말했다.[41] 이런 변화는 물속에 있는 개구리가 물이 끓어간다는 사실을 깨닫지 못한 채 죽음에 이른다는 우화처럼 눈에 띄지 않고 서서히 우리 주변에서 진행되고 있다.

웹3는 강력해진 은행 비밀 보호법과 끊임없이 개인정보를 침해하는 거대 기술 기업들로 인해 상실된 개인의 자율성을 일정 수준 회복시켜준다. 거의 대부분의 결제가 중개자를 통해 이루어지고, 문제가 발생할 경우 정부가 누구에 대해서도 정보를 수집할 수 있는 환경에서는 개인의 사생활이 침해된다. 지안카를로는 "자유 사회의 시민들은 경제적 자유를 누릴 자격이 있다"고 말했다. 그는 중국이 현재 '정치적 순응과 경제적 선택을 연관시키는' 감시 도구로 사용하는 CBDC 중앙은행 디지털화폐와 같은 혁신을 받아들이거나 새로운 법을 시행하기 전에 세심하게 고려해야 한다며 이렇게 덧붙였다. "정치적 불복종은 경제적으로 보면 생계 수단의 상실이나 심지어 빈곤으로 이어질 수 있다."[42]

FTX의 붕괴는 기업 통제의 실패였다. 입법자들은 사용자 자산을 보관하는 암호화폐 거래소에 대한 연방 규제를 지지하여 연방 규제기관의 감독을 받도록 할 수 있다. 총기 소유자가 범죄에 무기를 사용할 수 있는 것처럼 일부 암호화폐 사용자들은 불법 거래를 위해 자산을 자가보관할 수도 있다. 하지만 지안카를로의 주장대로 "합법적이고 익명의 거래에 사용되는 기술"을 금지할 이유는 없다. 그는 수 세기 동안 미국인이 사생활 보호의 권리, 부당한 수색과 압수 금지의 권리를 누려왔다고 지적했다.[43] 그는 또한 대부분의 자유 사회가 "일정 수준의 개인 자유와 무죄 추정의 원칙을 위해 사법 당국의 역량을 어느 정도 감소시키는 쪽을 선택한다"고 말했다.[44] 우리는 적절한 균형점을 찾아야 한다. SEC의 헤스터 피어스는 지안카를로의 말에 동의하며 "합법적인 법 집행 목표를 위해 정부는 때때로 개인 활동에 대한 정보를 수집해야 하지만, 정부가 모든 개인 활동을 감시하는 것은 미국의 근본적인 원칙에 반하는 것이다"라고 말했다.[45] 개인이 자신의 자산을 관리하고 합법적이고 자유롭게 사용할 수 있도록 하는 것이 논란의 대상이 되어서는 안 된다.

코드 작성에 따른 법적 책임은 무엇인가? 암호화폐 혁신 위원회의 쉴라 워런에 따르면, 이 질문에 대한 정부의 대응을 둘러싼 불확실성이 웹3 분야에서 미국의 선도적 지위를 해치고 있다고 주장한다. 그녀는 "개발자들은 미국에서 일하기를 원치 않는다. 단순히 기업들이 업무를 해외로 이전하는 것이 아니라 개발자들이 거주지를 다시 생각하는 상황이다. 정부 내 몇몇 사람은 웹3가 미국이 주도할 수 있는 혁신의 영역으로 인식하고 있지만 모두가 그런 것은 아니다"라고 말했다.[46] 신세틱스의 케인 워릭은 "국가는 매우 근본적인 차원에서 비효율적인 조정 메커니즘"이라고 믿는 사람 가운데 한 명이다. 그는 워런의 의견에 동의하며 "시스템을 바꾸려면 내부에서 노력해야 한다. 외부에 서서 구호만 외치는 것으로는 아무것도 변하지 않는다. 토네이도 캐시와 같은 사태가 발생하고 국가와 사생활이 정면으로 충돌할 때, 이 둘이 양립할 수 없다는 사실이 극명하게 드러난다"고 말했다.[47]

SEC의 위원인 헤스터 피어스는 법 집행 기관과 규제 당국뿐만 아니라 어려움에 직면한 개발자들에게도 공감을 표시했다. 그녀는 "코드를 작성한 사람을 규제하는 것은 실무적·법적 관점에서 보면 더욱 어려운 문제다. 이는 표현의 자유를 침해하고, 오픈소스 코드 작성자가 자신의 코드가 어떻게 사용되는지 통제할 수 없기 때문에 공정성 문제가 제기될 수 있다"라고 말했다.[48]

민주주의 사회에서 표현의 자유는 그것이 코드의 형태로 표현되더라도 논란의 대상이 되어서는 안 된다. 마찬가지로, 소프트웨어를 통해 거래가 이루어지더라도 거래에 대한 사생활은 논란의 여지가 없어야 한다. 사생활 보호는 지폐, 동전, 선불카드 등을 사용하는 '실물경제'의 기본 사항이다. 당신이 술을 구매하는 경우가 아니라면 식료품을 현금으로 구입할 때 계산원은 운전면허증을 요구하지 않으며 구매 동기를 따지지도 않는다. 물론 표현의 자유와 사생활은 절대적인 권리는 아니다. 법원은 폭력을 조장하거나 국가 안보를 저해하는 경우와 같은 상황에서 정부가 이를 제한할 수 있거나 해야 한다고 판단했다. 하지만 표현의 자유와 사생활, 그리고 우리가 돈을 쓰는 방식은 보호되어야 한다. 코인 센터 블로그 게시물은 이를 명확하게 설명했다.

"급여를 받는 직원, 자선 활동가, 심지어 유명인에게도 사생활은 당연한 권리다. 하지만 토네이도 캐시를 사용하지 않는 이상 이더리움 상의 활동에서는 사생활이 보장되지 않는다."[49]

이런 정부의 입장을 바람직하다고 생각하는 사람은 거의 없을 것이다. 단기적으로 많은 기업들이 먼저 행동하고 나중에 따지는 방식의 결정을 내리는 것은 그들 입장에서는 아마도 합리적인 선택이었을 것이다. 그들은 사건에 연루되어 비난받는 상황을 피하려고 했던 것이다. 하지만 중장기적으로 업계는 정부가 소프트웨어를 보호받아야 하는 표현의 자유의 한 형태로 인정하고, 개발자들이 가치중립적인 기술 도구를 자유롭게 만들 수 있도록 가능한 모든 방법을 동원해 보장해 주기를 바란다.

정부가 할 수 있는 일

◆

◆ 　　　　　　　　　　유니언 스퀘어 벤처스의 파트너인 알버트 벵거는 "일부 암호화폐 관계자들은 너무 오랫동안 웹3가 당연한 것이 될 것이며 1990년대의 웹1과 같은 궤적을 따를 것이라고 생각했다"고 말했다.[50] 하지만 그는 "웹은 실질적인 규제의 지원을 받았다. 인터넷에는 소비세가 없었고, 디지털 밀레니엄 저작권법Digital Millennium Copyright Act과 통신품위법Communications Decency Act의 230조에 의해 안전하게 보호받았다. 이처럼 규제 측면에서 많은 지원이 있었다"라고 강조했다. 벵거가 언급한 통신품위법 230조는 플랫폼에 대한 중요한 법적 보호를 명문화시킨 것으로, 플랫폼은 사용자가 게시한 콘텐츠나 사용자 행동

에 대한 책임을 지지 않고 호스팅하고 관리할 수 있다. 이와 대조적으로 웹3는 특히 미국을 포함해 전 세계 도처에서 규제의 역풍을 맞고 있다.

벵거가 제안하는 웹3 확장 방안은 기술보다는 규제와 더 관련되어 있다. 우선 어떤 것이 증권이고 어떤 것이 아닌지에 대한 규제의 명확성이 필요하다. "나는 토큰들 중 상당수는 증권이 아니라고 생각한다"라고 벵거는 말했다. 점점 더 많은 학자, 경제학자, 기업인들이 이에 동의한다.[51] 벵거가 보기에 토큰의 분류 방법에 대한 불확실성으로 인해 해외로 혁신이 유출되고 있다. 일부 규제 당국도 여기에 동의한다. 피어스는 2023년 연설에서 '모든 토큰이 증권'이라는 어처구니없는 주장에 대해 비판했다. "규칙을 통해 일관된 법적 체계를 마련하는 것은 어떨까?"라고 그녀는 질문했다. "만약 우리가 현재의 속도로 규제 접근 방식을 계속한다면 증권으로 의심되는 모든 토큰을 검토하는 데 무려 400년의 시간이 걸릴 것이다. 반면, SEC 규정은 발효되는 즉시 보편적인 범위를 갖게 될 것이다. 물론 소급 적용은 되지 않는다."[52]

피어스는 SEC가 구식 방식을 폐기하고 "건전한 규제 시스템 개발에 있어 광범위한 대중 및 내부 참여"를 허용하는 공고 및 의견수렴 절차를 채택할 것을 제안했다. 특히 그녀는 연방 및 주 규제 당국, 개발자, 사용자, 기업가, 소비자 보호 옹호자, 비평가 등을 모두 포함할 것을 권장했다. 피어스는 효과적인 주(州)간 협력 사례로 미국 통일상법전Uniform Commercial Code, UCC의 제정과 거버넌스를 지적했다. 첫 번째 인터넷 시대가 자신만의 통신법을 가졌던 것처럼 웹의 다음 시대는 엄청난 잠재력에 걸맞는 정책 프레임워크가 필요하다.

둘째, 미국은 달러 기반의 스테이블코인을 육성해야 한다. 왜냐하면 이는 미국인에게 큰 혜택을 준 '달러화dollarization'를 강화할 것이기 때문이다. 벵거는 "만약 미국이 체인에 잘 규제된 달러 기반 스테이블 코인이 많이 존재할 수 있도록 적극적으로 앞장서지 않는다면 그것은 달러화에 해를 끼칠 것"이라고 말했다.

마지막으로 모든 플랫폼이나 시스템이 API를 의무화하는 등의 구형 웹에 대한 규제는 신형 웹의 채택에 도움이 될 것이다. 벵거는 "고객에게 API에 대한 의무적인 접근권을 부여한다면 웹3는 실제로 큰 성장을 이룰 것"이라고 말했다.[53] 사용자들은 단일 프로그램이나 '클라이언트'를 통해 여러 소셜 미팅 사이트와 상호작용할 수 있을 것이다. 그의 소망은 이루어질 가능성이 있다. 2022년 12월, 블룸버그는 애플이 iOS에 대체 앱 스토어 설치를 허용할 계획이라고 보도했다.[54] 하지만 이는 전적으로 자발적인 결정은 아니다. 유럽연합EU은 2022년 디지털 시장법Digital Markets Act으로 알려진 일련의 새로운 인터넷 게이트키퍼Gatekeeper에 대한 규제 표준을 채택함으로써 애플의 행동을 제한했다.[55] 유럽 위원회EC에 따르면, 이 새로운 규제는 "온라인 플랫폼 경제에서 게이트키퍼 역할을 하는 기업들의 불공정한 관행을 종식시킬 것"이다.[56] EU 위원회는 혁신과 경쟁의 장애물을 제거하려고 한다.[57] 이 규정은 2023년 1월에 발효되었다. 이 책의 출간 시기인 2023년 6월까지 게이트키퍼를 지정할 계획이었다. 독자들이 이 글을 읽는 시점에는 애플을 비롯한 대형 기술 회사들이 새로운 법을 준수하기 위해 전략을 변경하고, 경쟁하는 웹2 플랫폼과 웹3 개발자들을 위한 길을 열어 줄 것이다(2023년 9월 6일, 알파벳, 아마존, 애플, 바이트댄스, 메타, MS 등 6개사가 게이트키퍼로 지정되었음).

사실상, 경제적 자유주의의 선봉이라고 할 수 없는 유럽 위원회가 웹3 기업가들에게 힘을 실어주었다. 웹3가 정부와 다른 기관에 미치는 영향은 막대할 것이다. 예를 들어, DAO나 스테이블코인과 같은 웹3 도구를 사용하면, 기업들은 직원의 현지 통화가 너무 불안정할 경우 전 세계 어디에 있는 사람이든 고용하고 안정적인 디지털 화폐로 급여를 지급할 수 있다. 따라서 앞으로 인재와 전문성에 대한 경쟁이 더욱 치열해질 것이며, 모든 입법자와 규제 당국이 열린 마음을 갖지 않는다면 일자리가 다른 곳으로 이동할 수도 있다.

소위 '규제 차익거래'라고 불리는 정부 간 경쟁에 대한 개념은 수십 년 동안 실리콘밸리의 자유주의 성향 지식인에게 있어 특징적인 것이었다. 제임스 데일 데이비드슨과 윌리엄 리스-모그는 1997년《주권적 개인》에서 "관할권의 확산은 계약을 집행하고 개인과 재산의 안전을 보장하는 새로운 방식에 대한 실험의 확산을 의미할 것이다. 세계 경제의 많은 부분이 정치적 통제로부터 해방되면, 우리가 알고 있던 정부 기능의 많은 부분이 시장 원리에 따라 운영될 수밖에 없을 것이다"라고 주장했다.[58] 인재와 자본에 대한 국가 간의 경쟁은 치열해지겠지만, 정부가 힘이 없어 시장의 뜻에 굴복할 것이라는 생각은 여전히 과장된 표현이다. 이 책이 출간된 이후 우리가 2008년 세계 금융 위기에서 드러난 중앙은행의 과도한 역할을 다시 생각해 본다면 정부는 사회와 경제에서 더욱 적극적인 역할을 해온 것이 사실이다. 국민국가의 정부 기관은 사라지지 않으며, 앞으로도 사회와 경제에서 중요한 힘으로 남아 있을 것이다. 하지만 정부는 반드시 진화해야 한다.

이에 대한 반론은 국가가 기업이 아니라는 것이다. 시민을 고객처럼 취급하는 것은 민주주의에 해로울 수 있다. 왜냐하면 기업은 고객을 동등하게 대우하지 않으며, 이미 대규모 정치 헌금자들이 미국의 입법자들에게 과도한 영향력을 행사하고 있기 때문이다. 이러한 대가성 정책 결정은 모든 사람이 법 아래 평등하다는 민주적 원칙과 정부는 가장 부유한 사람이 아닌 모든 시민의 가치와 원칙을 반영해야 한다는 단순한 원칙을 침해한다. 데이비드슨과 리스-모그가 지적했듯이, 디지털 기술은 현재 관할권에 근거해 이루어지는 이점들을 빠르게 침식하고 있다. 예를 들어 "통신비용의 하락으로 업무 수행의 필수 조건이었던 집합 근무에 대한 필요가 이미 줄어들었다."[59] 이런 현상은 확실히 팬데믹 이후 더욱 두드러졌다.

웹3는 DAO와 같은 새로운 거버넌스 방식에 대한 실험을 통해 민주주의 제도를 되살리는 데 도움을 줄 수 있다. 요차이 벤클러는《네트워크의 부》에서 인터넷 사용자들이 "민주주의, 정의, 발전에 대한 경험, 비판적인 문화와 공동체를 향상시키는 방식으로 다른 사람과 행동하고 협력할 수 있는 새롭게 확장된 실질적 자유"를 행사하고 있다고 주장했다. 그는 또한 "개인은 다른 사람의 허락이나 협조와 상관없이 스스로를 위해 더 많은 것을 할 수 있다"고 언급했다.[60] 우리는 이러한 현상을 웹3에서 확인할 수 있다.

자유 기업과 시장 경제는 경제 번영의 주요 동력이다. 그러나 정부는 계속해서 그러한 번영을 보장하고 기업이 성공할 수 있는 조건을 조성하는 데 때때로 중요하고 결정적인 역할을 해왔다. 영국 정부는 초기 해상 탐험가들에게 특허를 부여하여 무역을 보장하고 위험한 모험을 추구할 수 있도록 자본을 조달할 수 있게 했다. 미국 정부는 초기 증기선 기업들을 지원했으며 나중에는 철도의 성장을 지원했다. 특허법과 상표법은 혁신을 장려했고, 재산권법은 적어도 백인 가운데 읽고 쓸 줄 알며, 교육받은 자산가 남성들에게 공정한 경쟁의 장을 마련하는 데 도움이 되었다. 하지만 대다수의 사람은 이러한 권리를 박탈당했으며, 권력자들의 수치스러운 행위로 인해 수백만 명의 개인이 그들의 재산으로 취급받았다.

환경 규제는 업체가 수로에 유독 물질을 버리는 것을 금지하고 스스로 오염을 정화하도록 강제했다. 수십 년 동안 NASA는 실리콘밸리의 마이크로프로세서를 대부분 구매함으로써 샌프란시스코만 남부 지역의 산업이 발판을 마련하는 데 도움을 주었다. 인터넷 자체도 공공 부문의 투자와 공공-민간 협력의 결과물이었다. 따라서 민간과 공공 부문의 협력이 지속될 수 있도록 정부가 시대 변화에 발맞춰 나아갈 필요가 있다.

아담 스미스는 《국부론》에서 개인의 이기심 추구가 사회 전체의 이익으로 이어질 수 있는 시장의 '보이지 않는 손invisible hand'이라는 개념을 제시했다. 이 강력하고 지속적인 비유는 1776년 출간 이후 자유 방임주의와 자유 시장 경제를 뒷받침해 왔으며, 대체로 효과가 있었다. 하지만 스미스는 과연 시장이 항상 옳다고 믿었을까? 아니다. 사실 그는 《국부론》에서 이기심의 추구가 시장 독점과 같은 시장 실패로 이어질 수 있으며, 때로는 그러한 실패를 방지하거나 최소화하기 위해 정부의 개입이 필요하다고 주장했다. 시장이 '대부분' 잘 기능한다고 해서, '항상' 잘 기능할 것이라는 의미는 아니다. 이는 18세기 후반의 스코틀랜드에서와 마찬가지로 오늘날에도 여전히 유효한 사실이다. 자유 시장 자본주의가 대부분의 경우 최고의 해결책이듯이 웹3와 P2P 기술 또한 대부분의 경우 최상의 해결책이다. 그러나 때로는 기술이 발전하려면 중앙집중화, 조정, 거버넌스, 규제가 필요한 경우도 있다. 탈중앙화가 곧 무질서를 의미하는 것은 아니다.[61] 스미스는 경제와 사회의 이익을 위해 정부가 개입할 수 있다고 주장했다. 아이러니하게도 오늘날 웹3와 AI 등 혁신적인 기술의 기술의 부상은 정부의 대담하고 선견지명 있고 혁신적인 리더십을 필요로 하고 있다. 우리는 그런 지도력이 발휘되기를 바란다.

웹3 어디서 만들어질 것인가?
젊은이들이여, 동쪽으로 가서 업계와 함께 성장하라

◆

◆　　　　　　　웹3의 진화는 기회와 우려를 동시에 불러일으킨다. 인터넷의 초창기와는 달리, 우리는 개방되고 탈중앙화된 다양한 실리콘밸리 네트워크를 가지게 될 것이다. 사람은 그 네트워크 안에서 부와 일자리, 번영을 창출하는 사업을 구축할 수 있다. 암호화폐 혁신위원회의 쉴라 워런에 따르면, 미국이 독보적인 시대는 끝났다. "미국은 이 산업의 도입을 주도하지 않는다. 그것은 지극히 분명하지만 놀랄 일도 아니다. 당연히 염려되는 부분이다. 하지만 미국은 정책 및 정책의 발전 방향 측면에서 확실히 지대한 역할을 할 것이다."[62] 실제로 두바이와 같은 국가들이 웹3 기업가들을 유치하고 있다.

얏 시우는 아시아가 웹3를 선도할 것이라고 생각한다. "주요 한국 게임 회사는 이미 웹3 계획이나 웹2.5 계획에 대해 공개적으로 언급했다. 그들의 아이디어가 결함이 있을 수 있고 완전한 탈중앙화를 수용하지 않을 수도 있지만, 그들은 웹3에 대해 공개적으로 이야기하고 있으며 그들의 고객들은 웹3를 거부하거나 반대하지 않는다." 그는 이를 서구와 비교했다. "일렉트로닉 아츠 Electronic Arts, 액티비전 Activision

등 어떤 회사든 NFT라는 단어를 언급하기만 해도 공격적인 반발을 받아 철회하고 있다. 왜냐하면 게이머들이 그것을 거부하고 있기 때문이다."[63]

일부 미국 게이머들이 웹3 게임을 거부하는 이유는 무엇일까? 시우는 "그건 소유권에 대한 거부라기보다는 넓게 보면 자본주의에 대한 거부에 가깝다"라고 말했다.[64] 이런 거부는 "'이것을 소유해야만 하나?'라는 질문과 크게 관련이 없다. 그보다는 디지털 형태의 자본주의에 대한 거부에 더 가깝다." 일본 정부는 규제를 조정하고 있으며 기시다 후미오 총리는 메타버스와 웹3를 일본의 국가 성장 의제로 올렸다. "일본은 아마도 세계에서 유일하게 NFT 백서를 발표한 정부일 것이다"라고 시우는 말했다.[65]

앞으로의 길

◆

◆   코로나 팬데믹은 현대 인류 역사에 큰 획을 그었다. 이는 일상생활을 다시 생각하게 만들었다. '동료들과 생산적으로 일하기 위해 반드시 매일 사무실에 출근해야 하는가? 비즈니스 관계를 구축하기 위해 여행을 많이 해야만 하는가?' 또한 팬데믹은 우리에게 더 큰 질문을 던졌다. 적어도 물리적 자산을 전 세계적으로 이동시키는 측면에서 세계화와 같은 개념을 다시 생각하게 만들었다. 정보의 흐름이 꾸준히 증가하고 디지털 상품이 등장하며, 20세기의 산업 시대가 소재 과학 및 적층 제조 분야의 혁신으로 소형화와 현지화가 가속화함에 따라, 우리는 이제 글로벌 공급망의 정점에 도달했을지

도 모른다.[66] 앞으로 우리는 점점 더 상품이 아니라 정보를 컨테이너화할 것이다.

웹3가 1960년대의 반(反)문화와 유사한 새로운 인터넷 기반의 반문화를 정의하고 있는 것일까? 베이비부머 세대가 자신들의 세대의 제도와 문화 관습에 반기를 들었던 것과 마찬가지로, 오늘날의 암호화폐 네이티브 세대는 엄격하고 허가가 필요한 기존 금융 시스템, 예술과 문화 기관의 경직된 위계질서, 그리고 폐쇄적이고 답답한 웹2 시스템에 반기를 들고 있다. 1960년대 반문화의 아이콘인 티모시 리어리 Timothy Leary는 그의 추종자들에게 "깨어나, 조율하고, 탈출하라!"고 독려했다.[67] 오늘날의 젊은이들은 이 주문을 기술에 적용하고 있다. 토큰에 대해 배우고, 웹3와 다양한 응용 프로그램에 정통해지고, 기존 금융 시스템에서 탈출(또는 최소한 선택적으로 거부)하고 있다. 머지않아 그들은 가상현실에서 아바타를 조종하며, 물리적 세계에서의 경험, 자산, 정체성, 커뮤니티, 그리고 인간관계보다 더 풍성하거나 동등한 가상현실 속 두 개의 존재 평면에서 동시에 살아가는 자신들을 발견할 수도 있다. 그들은 온라인에서 살아가는 방법을 모색하는 과정에서 모든 산업을 변화시킬 것이다.

웹3는 국제적이다. 사용자, 개발자, 제작자, 그리고 인플루언서들이 마닐라에서 라고스, 토론토에서 보고타에 이르기까지 전 세계에서 활동한다. 웹3는 분산되어 있다. 인터넷을 기반으로 하는 조직들은 어디에도 기반을 두지 않고 있으며 모든 사람이 기여할 수 있다. 웹3는 허가가 필요 없다. 은행 계좌, ID, 영주권 등 다른 자격증이 없어도 인터넷과 연결된 기기만 있으면 접근할 수 있다. 웹3는 상업적이다. 가치의 매개체로서, 블록체인은 세계의 모든 산업에 혁신을 일으킬 것이다. 웹1과 웹2를 포함하는 인터넷의 첫 번째 시대는 뉴스, 광고, 음악, 소매, 정보 통신 산업에 혁신을 일으켰다. 온라인에 접속할 수 있는 사람에게 정보 접근성의 민주화가 일어났으며, 주요 플랫폼의 규칙에 따라 글을 쓰는 사람에게는 출간 접근성의 민주화를 안겨 주었다. 이제 새로운 시대는 아무리 중요했던 과거의 혁신들조차도 아주 옛날 이야기처럼 느껴질 것이다. 예를 들어, 모든 산업, 기업, 그리고 인간의 경제 활동의 기초가 되는 금융 서비스는 토큰, 스마트 계약, 기타 핵심 디파이 기본 요소들의 웹3 혁신 덕분에 길을 막는 모든 것을 삼켜버리는 느릿느릿한 애벌레에서 훨씬 높이 날아오르는 나비로 변신하고 있다. 하지만 세상에 태어난 모든 새로운 생명체들처럼 우리의 웹3 애벌레는 연약하므로 더 높은 곳으로 날아오르기 위해 보살핌, 관심, 양육이 필요하다. 당신은 무엇을 할 수 있을까? 웹3의 깃발을 거머쥘 수 사람은 암호화폐 네이티브인 Z세대뿐만이 아니다. 모든 사람에게 각자의 역할이 있다.

모든 산업의 비즈니스 리더들에게 웹3는 엄청난 가능성과 잠재적 위험이 동시에 존재하는 기술이다. 웹3 도구들을 이용하면 투명성, 신뢰, 효율성을 향상시키고 비용을 절감할 수 있다. NFT 로열티 프로그램, 토큰 기반 커뮤니티 활동 등을 통해 고객과 더욱 긴밀하게 교류하거나, 스테이블코인을 사용해 국제 무역의 속도를 높이고, 온라인과 오프라인 세계에서 새로운 시장을 개척할 수 있다. 하지만 이는 기술에 대한 상당한 투자가 필요하고 기존 비즈니스 모델을 교란시킬 수 있다. 또한 기존 기업들이 변혁을 관리하려면 크리스텐슨이 주장한 '혁신가의 딜레마'를 잘 극복해야 한다. 먼저 웹3 기술과 업계에서 해당 기술을 사용할 수 있는 방법에 대해 자세히 알아보는 것부터 시작하라. 웹3 기술의 잠재적 이점과 문제점을 확인하기 위한 시범 프로젝트나 파트너십을 모색하라. 웹3에 대한 규제를 확실하게 파악하기 위해 규제 기관 및 정책 입안자들과 소통하라. 여러분이 변화를 만들 수 있다.

전 세계의 창업가들에게 웹3는 영향력을 행사하며 가치를 창출하고 세계를 변화시킬 수 있는 무한한 가능성이 존재하는 미개척지다. 이 책에서 알 수 있듯이, 웹3에서는 지리적 여건, 성별, 신조, 인종 등은 그 어느 때보다도 중요하지 않다. 우리는 5대륙에서 이런 도구들을 활용해 지구를 평평하게 만들고, 즉 경쟁의 장을 공평하게 만들고 있는 기업가들을 소개했다. 여러분은 무엇을 할 수 있을까? 지금 시작하라. 같은 생각을 가진 사람과 공통의 목표를 중심으로 DAO를 시작하여 이것이 여러분을 어디로 이끌고 무엇을 배우게 하는지 지켜보라, 어쩌면 '배우면서 돈을 벌' 수도 있다. 지역 모임에 참석하라. 웹3는 국제적이므로 모임은 어디서나 열린다. 장기적인 관점을 가져야 한다. 오늘날 웹3가 인터넷과는 다른 영역인 것처럼 느껴질 수도 있지만, 웹3 도구세트에는 초창기 웹 시대와 유사하거나 더 강력한 방식으로 세계를 변화시킬 수 있는 범용 기술들이 포함되어 있다.

금융 서비스 기관의 임원들에게 웹3는 은행의 창문을 뒤흔들고 은행의 벽을 무너뜨릴 수 있는 기술이다. 소음을 차단하기 위해 귀마개를 하지 말고 은행 밖으로 나가보라. 기존 전통 기업으로서 여러분은 다양한 위험과 기회에 직면해 있다. 쇠퇴하는 사업을 다시 일으켜 세우려고 종전에 하던 방식으로 적극적으로 노력하지도 말고 그렇다고 너무 빠르게 스스로의 영역을 파괴하지도 마라. 기존 제품과 서비스를 이용해 다른 분야의 실험과 성장을 추구할 수 있는 자금을 확보하라. 디지털 자산 관리 비즈니스를 구축하라. 여러분이 혁신해야만 고객들은 계속해서 여러분과 거래할 것이다. 업계 동료들과 협력해 스테이블코인을 출시하라. 자격이 있는 사람이면 누구나 접근할 수 있는 '규정을 준수하는 디파이' 경로를 만드는 것도 고려하라. 사용자가 다른 은행 및 금융기관에서 사용할 수 있는 자체 브랜드 온체인 자격증을 출시하라. 더 나아가 고객과 업계 파트너가 앞으로 더 많은 경제 활동이 일어나는 기술을 이해할 수 있도록 그들을 도와주는 온체인 진단팀도 구성하라. 무엇 보다 담대하게 행동하라.

정부 지도자들에게 웹3는 어려운 과제다. 웹3는 그들에게 오랫동안 시대에 뒤떨어진 법과 개념을 벗어나 미래를 위한 새로운 틀을 제시해 줄 것을 요구한다. 정부 지도자들이 행동해야 한다. 토큰은 무엇이고, 법적으로 그것을 어떻게 분류해야 할까? 신생 기업에 과도한 부담을 주지 않으면서 DAO를 법적 체계에 포함할 수 있는 방법은 무엇일까? 과연 '스마트 계약'은 진정한 계약인가? 그렇지 않다면 어떻게 일반법과 코드의 법을 조화롭게 만들 수 있을까? NFT 아트워크, 게임 내 자산, 또는 메타버스 플랫폼인 시부야나 차세대 메타버스와 같은 스토리텔링 자산에 어떻게 지적 재산권을 부여할 수 있을까? 간단한 답은 없다. 하지만 여러분이 할 수 있는 것은 다음과 같다. 웹3 업계의 기업가들을 환영하라. 명확하고 간단한 메시지를 개발하고 그것을 고수하라. 여러분이 이전 어느 때보다도 장애물이 적은 글로벌 경기장에서 인재와 자본을 확보하기 위해 치열하게 경쟁하고 있다는 사실을 인식하라. 기술의 모범적인 사용자가 되라. 시민을 범죄자로부터 보호하되 성인들은 자신의 돈에 관해 합리적인 판단을 내릴 수 있다고 신뢰하라. 지금 시작하라.

학생들에게, 여러분은 가장 운이 좋은 사람이다. 미래는 새로운 기술을 이해하고 이를 선(善)을 위해 책임감 있게 사용하는 사람의 것이다. '배우면서 벌기'와 같은 웹3 도구들은 새로운 통찰력과 자격을 획득할 수 있는 새롭고 창의적인 방법을 만들어 낸다. 이같이 새로운 환경을 탐색할 때 여러분을 안내할 수 있는 웹3 경험을 갖춘 멘토나 조언자를 찾아보라. 웹3 제작자들이 이용하는 트위터, 디스코드 등과 같은 모임에 참여하라. 밀레니얼 세대가 처음으로 '비트에 흠뻑 젖은' 세대라면 Z세대와 그 후속 세대는 비트에서 태어난 최초의 세대, 즉 가장 진정한 의미의 디지털 원주민이다. 그것이 여러분의 초능력이다. 지금 당장 웹3를 사용하라.

일반 인터넷 사용자들은 자신의 온라인 경험이 긍정적인 방향으로 광범위하게 변화하는 것을 보게 될 것이다. 웹1과 웹2는 엄청나게 강력한 힘이었지만, 또한 웹3가 바로잡을 수 있는 단점들을 지니고 있다. 미래는 예측의 대상이 아니라 성취해야 할 그 무엇이다. 미국 포춘 500 기업의 CEO이건 인도의 학생이건 바르셀로나의 예술가이건 필리핀의 어린이건 여러분은 세상에 자신의 흔적을 남길 기회를 맞이했다. 웹3가 바로 그 일을 할 수 있도록 도와줄 것이다.

감사의 글

네 살이 안 된 두 아이를 키우면서 사업을 운영하고 책을 쓰는 것은 기발하고 불가능한 제안처럼 느껴졌다. 한 아이를 키우는 데 마을 전체가 필요하다면 이 책을 현실로 만들려면 내게는 작은 동네가 필요했다. 그래서 나는 수백 명은 아니더라도 수십 명의 친구, 가족, 동료, 고객, 교사, 그리고 이 주제에 대한 내 생각을 정리하는 데 자신의 지혜와 통찰력을 아낌없이 나누어 준 모든 분들께 감사를 표한다.

"만약 당신이 방에 있는 가장 똑똑한 사람이라면 다른 방을 찾으라"라는 속담이 있다. 다행히도 이것은 내가 겪은 문제가 아니었다. 내가 들어갔던 모든 방에서 나는 이 업계의 많은 개발자들과 옹호자들의 지식과 열정, 그리고 다양한 이해의 폭에 압도당했다.

조사 과정에서 나는 가브리엘 아베드 Gabriel Abed, 서니 아가왈 Sunny Aggarwal, 에이프릴 아그리가도 April Agregado, 세비 아그리가도 Sevi Agregado, 제레미 알레어 Jeremy Allaire, 팀 베이코 Tim Beiko, 마크 쳉 Mark Cheng, 제나로 제리 쿠오모 Gennaro "Jerry" Cuomo, 크리스 딕스 Chris Dixon, 옐레나 듀릭 Jelena Djuric,

마이크 두다스 Mike Dudas, 올렉 포멘코 Oleg Fomenko, 스테판 게르슈니 Stepan Gershuni, 크리스토퍼 지안카를로 Christopher Giancarlo, 알렉스 글래드스타인 Alex Gladstein, 브레트 해리슨 Brett Harrison, 찰스 호스킨슨 Charles Hoskinson, 사미 카삽 Sami Kassab, 토리 코하라 Torey Kohara, 그레고리 란두아 Gregory Landua, 알렉산더 라센 Aleksander Larsen, 베릴 리 Beryl Li, 리아 루 Ria Lu, 사라 그레이스 만스키 Sarah Grace Manski, 단 메입스 Dan Mapes, 찰리 모리스 Charlie Morris, 샤샤 다리우스 모즈타헤디 Sascha Darius Mojtahedi, 스콧 무어 Scott Moore, 제시 닉슨-로페즈 Jessie Nickson-Lopez, 케빈 오워키 Kevin Owocki, 시드니 파월 Sidney Powell, 피플플리저 pplpleasr, 요크 로즈 III Yorke E. Rhodes III, 로네일 럼버그 Roneil Rumburg, 아리엘 사이드먼 Ariel Seidman, 라이언 셀키스 Ryan Selkis, 아리아나 심슨 Arianna Simpson, 얏 시우 Yat Siu, 크리스틴 스미스 Kristin Smith, 새디 세인트 로렌스 Sadie St. Lawrence, 줄스 어바흐 Jules Urbach, 시셔 바기즈 Sishir Varghese, 제시 월든 Jesse Walden, 지미 웨일즈 Jimmy Wales, 쉴라 워런 Sheila Warren, 케인 워릭 Kain Warwick, 알버트 벵거 Albert Wenger, 알렉스 윌슨 Alex Wilson, 타일러 윙클보스 Tyler Winklevoss, 브렛 윈턴 Brett Winton, 카르티나 울프 Katrina Wolfe, 존 우 John Wu, 알리 야히야 Ali Yahya 등 수많은 선구자들과 대화했다. 나의 팟캐스트 〈디파이 디코디드 DeFi Decoded〉에서 공동 진행을 맡고 있는 앤드류 영 Andrew Young과 나는 샘 앤드류 Sam Andrew, 빌 바라히트 Bill Barhydt, 아드리안 브링크 Adrian Brink, 샤론 번 코터 Sharon Byrne-Cotter, 마이크 벨쉬 Mike Belshe, 갈리아 베나치 Galia Benartzi, 에단 버크먼 Ethan Buchman, 루이기 데마오 Luigi DeMeo, 앤서니 디 이오리오 Anthony Di Iorio, 제이크 한나 Jake Hannah, 벤 리 Ben Lee, 존 리스터 Jon Lister, 자키 매니안 Zaki Manian, 스캇 멜커 Scott Melker, 딕슨 엔소포 Dickson Nsofor, 그렉 오수리 Greg Osuri, 렉스 소콜린 Lex Sokolin, 에릭 터너 Eric Turner, 아나톨리 야코벤코 Anatoly Yakovenko, 로드니 요셉 Rodney Yesep, 펑 종 Peng Zhong 등

을 포함한 수십 명을 인터뷰했다. 자신의 관점과 경험을 우리에게 소개해준 모든 전문가 들께 감사한다.

나는 이 프로젝트에서 아주 큰 역할을 해주신 몇 분께 큰 감사의 뜻을 전하고, 그분들의 공을 인정하고 싶다.

그들 중 가장 먼저 언급해야 할 사람은 이 책의 편집자인 커스틴 샌드버그Kirsten Sandberg다. 블록체인 연구소Blockchain Research Institute, BRI의 편집장 및 대학 교수인 그녀는 바쁜 일정에도 불구하고 시간을 할애하여 이 책에 거의 1년을 전념했다. 커스틴은 단순한 편집자 그 이상이다. 이 책의 핵심 개념들을 확립하는 데에 많은 도움을 주었다. 당신은 초안 수정은 물론 미완성된 나의 생각을 들어주고, 전화를 받아주었으며, 배경 자료 조사, 인터뷰 질문 준비, 인터뷰 진행, 대본 분석 등 다양한 일을 도맡아 수행했다. 게다가 당신만의 통찰력을 전하기 위해 엄청나게 노력했으며 그것은 매우 중요한 일이었다.

나는 또한 이 책을 쓰도록 독려해준 오랜 친구이자 에이전트인 웨스 네프Wes Neff에게도 감사한다. 웨스, 당신의 현명한 조언과 확고한 지원은 엄청난 도움이 되었다. 훌륭한 출간사를 만난 것도 나에게는 행운이었다. 하퍼콜린스HarperCollins의 홀리스 하임바우치Hollis Heimbouch는 이 책을 출간하기로 동의한 순간부터 출간될 때까지 나의 편에 서서 코치, 편집자, 사려 깊은 비평가, 훌륭한 파트너의 역할을 해 주었다. 제임스 나이트하르트James Neidhardt, 아만다 프리츠커Amanda Pritzker, 헤더 드러커Heather Drucker를 비롯한 하퍼콜린스의 다른 분들도 이 과정에서 중요한 역할을 했으며 앞으로도 계속할 것이다. 여러분 모두에게 진심으로 감사드린다.

블록체인 연구소BRI에서 연구 및 교육 담당 이사인 앨리사 아코스타^{Alisa Acosta} 박사는 매우 중요한 정보와 지식의 보고였다. 그녀는 웹 3에 대한 우리의 연구를 가져가 코세라^{Coursera} 플랫폼에서 여러 블록 버스터 강의를 개발했다. 그녀의 작업 덕분에 BRI의 영향력은 전 세계 10만 명 이상의 개별 학습자들에게까지 확대되었다. BRI의 로야 후사이니^{Roya Hussaini}와 조디 스티븐스^{Jody Stevens}는 그들이 하는 모든 일에 전문성, 에너지, 전문성을 발휘하고 있으며, 이 책 프로젝트에서도 예외가 아니었다. BRI 팀의 다른 멤버인 국제 담당 임원 조안 빅함^{Joan Bigham}, 고객 경험 담당 임원 앤드류 팩시올로^{Andrew Facciolo}, 변화 관리 최고 책임자 더글러스 하인츠만^{Douglas Heintzman}, 성장 담당 임원 마이클 글래비치^{Michael Glavich} 등도 다양한 방식으로 기여했다. 또한 이러한 아이디어를 적극적으로 수용하는 글로벌 청중에게 전달한 BRI의 지역 책임자들인 중동의 어라인 다오드^{Aline Daoud}, 브라질의 칼 아모린^{Carl Amorin}, 아프리카의 이안 퍼터^{Ian Putter}, 한국의 김 인환^{Inhwan Kim}, 유럽의 사이먼 트라이벨혼^{Simon Tribelhorn}에게도 감사드린다. MCI 캐나다의 전무 이사이자 웹3 블록체인 월드 웹3^{& Blockchain World} 컨퍼런스의 공동 프로듀서인 줄리아노 리소니^{Juliano Lissoni}에게도 감사한다. 그와 그의 팀은 훌륭한 파트너였다. 마지막으로, 뛰어난 웹 디자인 기술을 가진 메건 오하라^{Meagan O'Hara}에게도 감사를 전한다.

나는 또한 나인포인프 파트너스^{Ninepoint Partners}의 동료들과 친구들, 특히 공동 CEO인 제임스 폭스^{James Fox}, 존 윌슨, 최고 준법 감시 책임자인 커스틴 맥타가트^{Kirstin McTaggart}에게 감사의 뜻을 표하고 싶다. 나는 매일 여러분으로부터 새로운 것을 배우고 있다. 여러분은 웹3의 엄청난 잠재력을 이해하고 내가 이 책을 쓰는 것을 비롯해 우리가 함께 한 모든 일을 지원해준 훌륭한 파트너이자 장기적인 전략적 사고가들이다.

이 책은 나의 부모님 없이는 불가능했을 것이다. 어머니 애나 로페즈 Ana Lopes는 항상 나를 가장 확고하게 지지해 주셨고, 초안을 면밀히 살펴보며 많은 의견, 제안, 심지어 날카로운 비판까지 해주면서 이 책을 쓰는데 큰 도움을 주었다. (하지만 그 모든 일들은 항상 오직 엄마만이 할 수 있는 사랑의 찬사로 가득 차 있었다). 아버지 돈 텝스코트 Don Tapscott에 대해서는 어디서부터 시작해야 하나? 거의 10년 전, 퀘벡의 몽트랑블랑 Mont Tremblant에 위치한 산기슭에서, 안심 스테이크와 레드 와인을 마시던 중 우리는 첫 번째 연구 보고서를 공동으로 작성하기로 결정했다. 그때는 그 한 번의 대화가 나의 인생을 이렇게 심오하게 변화시킬 줄은 상상도 못 했다. 아버지, 당신은 저의 멘토이자 비즈니스 파트너이며 친구입니다.

무엇보다 곁에서 인생의 많은 굴곡과 부침을 함께 해준 아내, 에이미 웰스만 Amy Welsman에게 감사의 말을 전하고 싶다. 그녀는 항상 나를 편한 영역에 안주하지 않고 위험에 과감히 도전하도록 용기를 주었다. 이 책을 쓰도록 격려해 준 것은 물론 때로는 어렵고 머나먼 과정을 변함없는 지지로 함께 해준 것에 감사한다.

당신은 나에게 더욱 강해질 수 있는 방법을 가르쳐주고, 내가 처음 가졌던 창의성을 잃지 않도록 도와주었으며 매일 감사하는 마음으로 살 수 있는 인생의 모범을 보여주었다. 당신이 없으면 오늘의 나도 없을 것이다. 또한 당신은 인생에서 가장 큰 선물인 우리 두 딸, 엘리노어 Eleanor와 조세핀 Josephine을 안겨 주었다. 아이들이 당신을 엄마로서, 롤 모델로서 함께 생활할 수 있어 정말 행운이다. 이 책을 당신과 두 딸에게 바친다.

참고문헌

한국어판 서문

1. L. Yoon, "Cryptocurrency in South Korea: Statistics and Facts," Statista, June 19, 2024, https://www.statista.com/topics/8488/cryptocurrency-in-south-korea/#editorsPicks.
2. Liz Mills, "How Crypto Became an Election Issue for South Korea," Crypto in Action Blog, Crypto Council for Innovation, April 12, 2024, https://cryptoforinnovation.org/why-crypto-has-become-an-election-issue-for-south-korea/.
3. Liz Mills, "How Crypto Became an Election Issue for South Korea," Crypto in Action Blog, Crypto Council for Innovation, April 12, 2024, https://cryptoforinnovation.org/why-crypto-has-become-an-election-issue-for-south-korea/.
4. "2023 Game Industry White Paper," Korea Creative Content Agency and the Ministry of Culture, Sports, and Tourism of South Korea, March 2024, https://www.kocca.kr/shortUrl/Tn8p.
5. "Introducing the first PFP NFT project on Intella X, Cats & Soup," Intella X Blog, Medium, Sept. 25, 2022, https://medium.com/intellax/introducing-the-first-pfp-nft-project-on-intella-x-cats-soup-d2e0a5c31f35.
6. NEOWIZ Corp., "Web3 Gaming Platform Intella X, developed by NEOWIZ, raises $12 million in anticipation of its upcoming launch on Polygon," Press Release, PR Newswire, Jan. 17, 2023, https://www.prnewswire.com/news-releases/web3-gaming-platform-intella-x-developed-by-neowiz-raises-12m-in-anticipation-of-its-upcoming-launch-on-polygon-301724061.html.
7. AppMagic, "Number of downloads of the MetaMask wallet app in 59 different countries and territories in the world from Sept. 2020 to May 2024," Statista, June 21, 2024, https://www.statista.com/statistics/1324849/metamask-app-downloads-by-country/.
8. "Korea Blockchain Week 2024 Announces Esteemed Headline Speakers, Claiming Its Crown as the World's Pre-Eminent Web3 Conference," Press Release, PR Newswire US, May 9, 2024, https://www.prnewswire.com/apac/news-releases/korea-blockchain-week-2024-announces-esteemed-headline-speakers-claiming-its-crown-as-the-worlds-pre-eminent-web3-

conference-302141071.html.

9. Danny Park, "South Korea's Hashed raises $200 million for Web3," Forkast News, Dec. 2, 2021, https://forkast.news/south-korea-vc-hashed-200m-web3/.

10. NEOWIZ Corp., "Intella X Launches 'Adventure': Rewarding Traditional Gameplay with Web3 Rewards," Press Release, PR Newswire, April 4, 2024, https://www.prnewswire.com/news-releases/intella-x-launches-adventure-rewarding-traditional-gameplay-with-web3-rewards-302105741.html.

11. "Find out more about Intella X Adventure Airdrop 1: Intella X Adventure and the Crew System! Launching on April 3rd," Intella X Blog, Medium, April 2, 2024, https://medium.com/intellax/find-out-more-about-intella-x-adventure-airdrop-1-intella-x-adventure-and-the-crew-system-804491b8e74a.

12. "2023 Game Industry White Paper," Korea Creative Content Agency and the Ministry of Culture, Sports, and Tourism of South Korea, March 2024, https://www.kocca.kr/shortUrl/Tn8p.

13. Assad Jafri, "Ava Labs Eyes Web3 Integration in South Korea's Booming K-Pop Industry," CryptoSlate, June 25, 2024, https://cryptoslate.com/ava-labs-eyes-web3-integration-in-south-koreas-booming-k-pop-industry/.

14. Ga-eul, "SK Telecom Teams Up with Aptos and Atomrigs Lab for Secure Web3 Experience," Korea Tech Today, Nov. 7, 2023, https://www.koreatechtoday.com/sk-telecom-teams-up-with-aptos-and-atomrigs-lab-for-secure-web3-experience/.

15. "Solve.Care Partners with Blockchain Research Institute Korea to Expand Ecosystem of Partnerships in the Country," Press Release, MENAFN, Oct. 19, 2023, https://solve.care/press-release/solve-care-partners-with-blockchain-research-institute-korea-to-expand-ecosystem-of-partnerships-in-the-country/.

서문

1. Margaret O'Mara, *The Code: Silicon Valley and the Remaking of America* (New York: Penguin Books, 2019).

2. Federica Laricchia, "Smartphone Penetration Worldwide as Share of Global Population 2016–2021," Statista, Jan. 17, 2023, https://www.statista.com/statistics/203734/global-smartphone-penetration-per-capita-since-2005/#.

3. https://a16zcrypto.com/posts/announcement/expanding-uk-andreessen-horowitz/.

4. Penny Crosman, "What Does the Future Look Like for Crypto Lenders?" *American Banker*, Jan. 23, 2023, https://www.americanbanker.com/news/what-does-the-future-look-like-for-crypto-lenders.

5. Irene Vallejo, *Papyrus: The Invention of Books in the Ancient World*, trans.

Charlotte Whittle (New York: Knopf, 2022).

6. "State of the USDC Economy," *Circle*, Circle Internet Financial Limited, March 10, 2023, https://www.circle.com/hubfs/PDFs/2301StateofUSDCEconomy_Web.pdf, accessed April 12, 2023.

1장_ 인터넷은 새로운 시대를 열고 있다

1. "skeuomorph, n.," *Oxford Advanced Learner's Dictionary*, Oxford University Press, accessed Sept. 2022, https://www.oxfordlearnersdictionaries.com/us/definition/english/skeuomorph.

2. Laurence Iliff, "EV Designers Are Seeing Grilles in a Whole New Way," *Automotive News*, July 3, 2021, https://www.autonews.com/design/ev-designers-are-seeing-grilles-whole-new-way.

3. Chris Dixon, interview by Alex Tapscott via Zoom, Sept. 2, 2022.

4. More than anyone else, Tim O'Reilly helped to popularize the term *Web2*. Technologist Gavin Wood was the first to use the term *Web3* when describing the evolution of blockchain and cryptoassets into a new web. See Tim O'Reilly, "What Is Web 2.0: Design Patterns and Business Models for the Next Generation of Software," O'Reilly Media, Sept. 30, 2005, https://www.oreilly.com/pub/a/web2/archive/what-is-web-20.html; and Gavin Wood, "Why We Need Web 3.0," *Gav of York Blog*, Medium, Sept. 12, 2018, https://gavofyork.medium.com/why-we-need-web-3-0-5da4f2bf95ab.

5. Jimmy Wales and Larry Sanger of Wikipedia; Julian Assange of WikiLeaks.

6. "The Ownership Economy 2022," Variant Fund, April 28, 2022, https://variant.fund/articles/the-ownership-economy-2022/.

7. Chris Dixon, "Five Mental Models for the Web," interviewed by Ryan Sean Adams and David Hoffman, *Bankless Podcast*, ep. 90, Nov. 1, 2021, https://www.youtube.com/watch?v=jezH_7qEk50.

8. "Tim Berners-Lee on 30 Years of the Web," *Guardian*, March 12, 2019, https://www.theguardian.com/technology/2019/mar/12/tim-berners-lee-on-30-years-of-the-web-if-we-dream-a-little-we-can-get-the-web-we-want.

9. According to Wall Street Zen, institutional shareholders hold 71.80 percent of Uber, and Uber insiders hold 30.20 percent, with zero percent retail investors. "Uber Technologies Inc. Stock Ownership: Who Owns Uber?" *WallStreetZen* (Hong Kong), as of Nov. 25, 2022, https://www.wallstreetzen.com/stocks/us/nyse/uber/ownership.

10. "Tim Berners-Lee Wants Us to Ignore Web3," CNBC.com, Nov. 4, 2022, https://www.cnbc.com/2022/11/04/web-inventor-tim-berners-lee-wants-us-to-ignore-web3.html.

11. Tim Berners-Lee, James Hendler, and Ora Lassila, "The Semantic Web," *Scientific American*, May 1, 2001, https://www.scientificamerican.com/article/the-semantic-web/.

12. Max Fisher, *The Chaos Machine: The Inside Story of How Social Media Rewired Our Minds and Our World* (New York: Little, Brown, 2022), 332–33, https://www.news.com.au/technology/online/social/shock-casualties-of-facebooks-news-block-bom-betoota-advocate-wa-fire-australian-government-pages-wiped/news-story/.

13. Fisher, *The Chaos Machine*, 8–9.

14. Fisher, 9–10.

15. "World's Biggest Data Breaches," Information Is Beautiful, as of April 14, 2022, https://informationisbeautiful.net/visualizations/worlds-biggest-data-breaches-hacks/.

16. Steve Lohr, "Calls Mount to Ease Big Tech's Grip on Our Data," *New York Times,* July 25, 2019, https://www.nytimes.com/2019/07/25/business/calls-mount-to-ease-big-techs-grip-on-your-data.html.

17. Carly Hallman, "Everything Facebook Owns: Mergers and Acquisitions from the Past 15 Years," TitleMax, Sept. 2019, https://www.titlemax.com/discovery-center/lifestyle/everything-facebook-owns-mergers-and-acquisitions-from-the-past-15-years/.

18. Satoshi Nakamoto, "Bitcoin: A Peer-to-Peer Electronic Cash System," Bitcoin, Oct. 31, 2008, https://bitcoin.org/bitcoin.pdf.

19. Arianna Simpson, interview by Alex Tapscott via Zoom, Sept. 13, 2022.

20. Matthew L. Ball, *The Metaverse: And How It Will Revolutionize Everything* (New York: Liveright, 2022), 59.

21. Kevin Owocki, interview by Alex Tapscott via Google Meet, Aug. 17, 2022.

22. Beryl Li, interview by Alex Tapscott via Zoom, Oct. 3, 2022.

23. Owocki interview by Alex Tapscott.

24. Tim Beiko, interview by Alex Tapscott via Zoom, Aug. 9, 2022.

25. Paraphrasing a quote from Tracy Kidder, *The Soul of a New Machine* (New York: Avon, 1981), 33.

26. Thomas Hobbes, *Leviathan or the Matter, Forme, and Power of a Common-Wealth Ecclesiastical and Civill* (printed for Andrew Crooke, at the Green Dragon in St.Paul's Churchyard, 1651), https://www.gutenberg.org/cache/epub/3207/pg3207-images.html.

27. John Locke, *Two Treatises of Government and A Letter Concerning Toleration*, 1690, https://www.gutenberg.org/files/7370/old/trgov10h.htm.

28. Don Tapscott and Alex Tapscott, *Blockchain Revolution: How the Technology Behind Bitcoin and Other Cryptocurrencies Is Changing the World* (New York:

Penguin Portfolio, 2016).

29. Adrian Shahbaz, "Rise of Digital Authoritarianism," Freedom House, 2018, https://freedomhouse.org/report/freedom-net/2018/rise-digital-authoritarianism.

30. Sunny Aggarwal, interview by Alex Tapscott via Zoom, Aug. 8, 2022.

31. James Dale Davidson and Lord William Rees-Mogg, *The Sovereign Individual: Mastering the Transition to the Information Age* (New York: Simon & Schuster, 1997), 189.

32. "token, n.," *Oxford Advanced Learner's Dictionary*, Oxford University Press, accessed Jan. 15, 2023, https://www.oxfordlearnersdictionaries.com/us/definition/english/token_1.

33. Chris Dixon (@cdixon), Twitter posts, Sept. 20, 2021 (2:56 p.m.), https://twitter.com/cdixon/status/1440026974903230464 and https://twitter.com/cdixon/status/1440026978048958467, accessed Oct. 16, 2021.

34. Brett Winton, interview by Alex Tapscott via Zoom, Aug. 25, 2022.

35. This quote first appeared in Thomas Draxe, *Bibliotecha Scholastica Instructissima: A Treasury of Ancient Adages and Sententious Proverbs* (London: John Billius, 1616).

36. Andrew L. Russell, " 'Rough Consensus and Running Code' and the Internet-OSI Standards War," *IEEE Annals of the History of Computing* 28, no. 3(July–Sept. 2006): 48–61, https://ieeexplore.ieee.org/document/1677461.

37. "The History of Email: Major Milestones from 50 Years," email on Acid LLC, Jan. 28, 2021, https://www.emailonacid.com/blog/article/email-marketing/history-of-email/;and Sean Michael Kerner and John Burke, "What Is FTP(File Transfer Protocol)?" TechTarget, n.d., https://www.techtarget.com/searchnetworking/definition/File-Transfer-Protocol-FTP#, accessed April 23, 2023.

38. Matto Mildenberger, "The Tragedy of the Tragedy of the Commons," *Scientific American*, April 23, 2019, https://blogs.scientificamerican.com/voices/the-tragedy-of-the-tragedy-of-the-commons/.

39. Michael J. Casey, "The Token Economy, When Money Becomes Programmable," Blockchain Research Institute, 6–.

40. Peter Cihon, "Open Source Creates Value, But How Do You Measure It?" *GitHub Blog*, Jan. 20, 2022, https://github.blog/2022-01-20-open-source-creates-value-but-how-do-you-measure-it/#footnote2.

41. Owocki interview by Alex Tapscott.

42. Michael J. Casey, "The Token Economy: When Money Becomes Programmable," foreword by Don Tapscott, Blockchain Research Institute, Sept. 28, 2017, rev. March 28, 2018, https://www.blockchainresearchinstitute.

org/project/the-token-economy-when-money-becomes-programmable/.

43. Jay Walljasper, "Elinor Ostrom's Eight Principles for Managing a Commons," *On the Commons*, Oct. 2, 2011, https://www.onthecommons.org/magazine/elinor-ostroms-8-principles-managing-commmons.

44. "Digital Asset Outlook 2023," The Block, Dec. 20, 2022, https://www.tbstat.com/wp/uploads/2022/12/Digital-Asset-2023-Outlook.pdf.

45. Girri Palaniyapan, "NFT Marketplaces Are Centralized, and It's a Real Problem," NFT Now, April 21, 2022, https://nftnow.com/features/nft-marketplaces-are-centralized-and-its-a-real-problem/, accessed Nov. 25, 2022.

46. Ashley Pascual, "What Are Ancillary Rights and Why Are They Important?" *Beverly Boy Blog*, Aug. 10, 2021, https://beverlyboy.com/filmmaking/what-are-ancillary-rights-in-film-why-are-they-important/

47. Jesse Nickson-Lopez and Torey Kohara, interview by Alex Tapscott via Zoom, Sept. 26, 2022.

48. Yat Siu, interview by Alex Tapscott via Zoom, Jan. 10, 2023.

49. The idea of "digital crumbs" and the "virtual you" were popularized by Ann Cavoukian and Don Tapscott in *Who Knows: Safeguarding Your Privacy in a Networked World* (New York: McGraw-Hill, 1996).

50. For more information on how public key infrastructure (PKI) establishes identity, see "Introduction to PKI," National Cyber Security Centre, Nov. 6,2020, www.ncsc.gov.uk/collection/in-house-public-key-infrastructure/introduction-to-public-key-infrastructure, accessed Oct. 15, 2021. See also Phillip J. Windley, "Self-Sovereign Identity: The Architecture of Personal Autonomy and Generativity on the Internet," foreword by Don Tapscott, Blockchain Research Institute, March 10, 2022, https://www.blockchainresearchinstitute.org/project/self-sovereign-identity/.

51. OpenOrgs.info, https://openorgs.info/, accessed April 12, 2023.

52. Clayton M. Christensen, *The Innovator's Dilemma: When New Technologies Cause Great Firms to Fail* (Boston: Harvard Business School Press, 1997).

53. Christensen, 172.

54. Morgan Chittum, "Morgan Stanley Sees $8 Trillion Metaverse Market—n China Alone," Blockworks, Feb. 1, 2022, https://blockworks.co/morgan-stanley-sees-8-trillion-metaverse-market-eventually/.

55. Will Canny, "Metaverse-Related Economy Could Be as Much as $13T: Citi," *CoinDesk*, June 7, 2022, https://www.coindesk.com/business/2022/06/07/metaverse-related-economy-could-be-as-much-as-13-trillion-citi/.

56. Aleksander Larsen, interview by Alex Tapscott via Zoom, Aug. 9, 2022.

57. https://aibc.world/people/dan-mapes/?from=europe.

58. Larsen interview by Alex Tapscott.

59. Ball, *The Metaverse*, 16.

60. Sami Kassab, "The DePIN Sector Map," Messari, Jan. 19, 2023, https://messari.io/report/the-depin-sector-map.

61. Aoyon Ashraf and Danny Nelson, "Canada Sanctions 34 Crypto Wallets Tied to Trucker 'Freedom Convoy,'" *CoinDesk*, Feb. 17, 2022, https://www.coindesk.com/policy/2022/02/16/canada-sanctions-34-crypto-wallets-tied-to-trucker-freedom-convoy/.

62. "Frequently Asked Questions," Silicon Valley Bridge Bank NA, Federal Deposit Insurance Corporation, March 30, 2023, https://www.fdic.gov/resources/resolutions/bank-failures/failed-bank-list/silicon-valley-faq.html.

63. Roneil Rumburg, email to Alex Tapscott, Nov. 18, 2022.

64. Rumburg email to Alex Tapscott.

65. Niall Ferguson, "FTX Kept Your Crypto in a Crypt Not a Vault," *Bloomberg Opinion*, Bloomberg LP, Nov. 20, 2022, https://www.bloomberg.com/opinion/articles/2022-11-20/niall-ferguson-ftx-kept-your-crypto-in-a-crypt-not-a-vault.

66. Chainalysis, "2022 Crypto Crime Report," Chainalysis Inc., Feb. 2022, https://go.chainalysis.com/2022-Crypto-Crime-Report.html. See also Chainalysis, "2023 Crypto Crime Report," Chainalysis Inc., Feb. 2023, https://go.chainalysis.com/2023-crypto-crime-report.html.

67. Owocki interview by Alex Tapscott.

68. Hester Peirce, "Remarks before the Digital Assets," Duke Conference, Washington DC, US Securities and Exchange Commission, Jan. 20, 2023, https://www.sec.gov/news/speech/peirce-remarks-duke-conference-012023#_ftnref15.

69. Niall Ferguson, "FTX Kept Your Crypto in a Crypt Not a Vault," *Bloomberg Opinion*, Bloomberg LP, Nov. 20, 2022, https://www.bloomberg.com/opinion/articles/2022-11-20/niall-ferguson-ftx-kept-your-crypto-in-a-crypt-not-a-vault.

70. Dixon interview by Alex Tapscott.

71. David Kushner, "A Brief History of Porn on the Internet, *Wired*, April 9, 2019, https://www.wired.com/story/brief-history-porn-Internet/.

72. Kidder, *The Soul of a New Machine*, 19.

73. Jack Schofield, "Ken Olsen Obituary," *Guardian*, Feb. 9, 2011, https://www.theguardian.com/technology/2011/feb/09/ken-olsen-obituary.

74. James Burnham, *The Managerial Revolution* (London: Lume Books, 1941), 84.

75. Maya Jaggi, "A Question of Faith," *Guardian*, Sept. 14, 2002, https://www.theguardian.com/books/2002/sep/14/biography.history.

2장_ 소유권 웹의 청사진

1. Walter Isaacson, *The Innovators: How a Group of Hackers, Geniuses, and Geeks Created the Digital Revolution* (New York: Simon & Schuster, 2014), x, https://www.amazon.com/Innovators-Hackers-Geniuses-Created-Revolution/dp/1476708703/, accessed Nov. 20, 2022.

2. Alan M. Turing, "Intelligent Machinery," Report 67/228, National Physical Laboratory, July 1948, https://www.npl.co.uk/getattachment/about-us/History/Famous-faces/Alan-Turing/80916595-Intelligent-Machinery. pdf, accessed Nov. 20, 2022.

3. Isaacson, *The Innovators*, 91, quoting Kurt Beyer, *Grace Hopper and the Invention of the Information Age* (Cambridge, MA: MIT Press, 2009).

4. Isaacson, 39.

5. Jesse Walden, interview by Alex Tapscott via Zoom, Oct. 25, 2022.

6. Isaacson, *The Innovators*, 35.

7. Isaacson, 181–83.

8. Charles Fishman, "How NASA Gave Birth to Modern Computing—nd Gets No Credit for It," *Fast Company*, June 13, 2019, https://www.fastcompany.com/90362753/how-nasa-gave-birth-to-modern-computing-and-gets-no-credit-for-it.

9. *Gibbons v. Ogden* (1824), https://www.archives.gov/milestone-documents/gibbons-v-ogden.

10. Bhu Srinivasan, *Americana: A 400-Year History of American Capitalism* (New York: Penguin Press, 2017), 80–82 (railroads), 59–60 (steamships).

11. Ali Yahya, interview by Alex Tapscott via Zoom, Oct. 14, 2022.

12. Hallam Stevens, "Hans Peter Luhn and the Birth of the Hashing Algorithm," in *Spectrum*, IEEE, Jan. 30, 2018, https://spectrum.ieee.org/hans-peter-luhn-and-the-birth-of-the-hashing-algorithm; and W. Diffie and M. E. Hellman, "New Directions in Cryptography," *IEEE Transactions on Information Theory*, IT-22(1976), 644–54, https://www.signix.com/blog/bid/108804/infographic-the-history-of-digital-signature-technology.

13. Annex 1, "Front-End Prototype Providers Technical Onboarding Package," ECB-PUBLIC, European Central Bank, Dec. 7, 2022, https://www.ecb.europa.eu/paym/digital_euro/investigation/profuse/shared/files/dedocs/ecb.dedocs221207_annex1_front_end_prototype_providers_technical_onboarding_package.en.pdf; and Metaco, "Quantum Resistance," March 23, 2021, https://www.metaco.com/digital-assets-glossary/quantum-resistance/.

14. M. Benda, "Turing's Legacy for the Internet," *IEEE Internet Computing* 1, no. 6(Nov.–Dec. 1997): 75–77, https://ieeexplore.ieee.org/document/643940.

15. "IBM Virtual Machine Fiftieth Anniversary," IBM, last updated Aug. 3, 2022, https://www.vm.ibm.com/history/50th/index.html; and "Control Program," IBM, last updated Sept. 29, 2022, https://www.ibm.com/docs/en/zvm/7.2?topic=product-control-program-cp, accessed Dec. 9, 2022.

16. Kaveh Waddell, "The Long and Winding History of Encryption," *Atlantic*, Jan. 13, 2016, https://www.theatlantic.com/technology/archive/2016/01/the-long-and-winding-history-of-encryption/423726/.

17. Yahya interview by Alex Tapscott.

18. Albert Wenger, "Crypto Tokens and the Coming Age of Protocol Innovation," *Continuations Blog*, July 28, 2016, https://continuations.com/post/148098927445/crypto-tokens-and-the-age-of-protocol-innovation; and Brad Burnham, Protocol Labs," Union Square Ventures, May 18, 2017, https://www.usv.com/writing/2017/05/protocol-labs/, accessed Nov. 27, 2022.

19. Wenger, "Crypto Tokens and the Coming Age of Protocol Innovation."

20. "fungible things, n.," *Wex Online*, Legal Information Institute, Cornell Law School, updated July 2021, https://www.law.cornell.edu/wex/fungible_things#, accessed Nov. 27, 2022.

21. Campbell R. Harvey, Ashwin Ramachandran, and Joey Santoro, *DeFi and the Future of Finance* (Hoboken, NJ: Wiley, 2021), 23, 37, https://www.wiley.com/en-us/DeFi+and+the+Future+of+Finance-p-9781119836025.

22. "Double-Spending," Corporate Finance Institute, Oct. 9, 2022, https://corporatefinanceinstitute.com/resources/cryptocurrency/double-spending/.

23. Leslie Lamport, Robert Shostak, and Marshall Pease, "The Byzantine Generals Problem," SRI International, June 11, 2000, https://lamport.azurewebsites.net/pubs/byz.pdf.

24. Red Sheehan, "Cardano: Slow and Steady Scales the Chain," Messari, Dec. 27, 2022, https://messari.io/report/cardano-slow-and-steady.

25. Nick Szabo, "Winning Strategies for Smart Contracts," foreword by Don Tapscott, Blockchain Research Institute, Dec. 4, 2017, https://www.blockchainresearchinstitute.org/project/smart-contracts.

26. Szabo.

27. Campbell R. Harvey, "DeFi Infrastructure," in *DeFi and the Future of Finance*, Duke University and NBER, 2022, https://people.duke.edu/~charvey/Teaching/697_2021/Public_Presentations_697/DeFi_2021_2_Infrastructure_697.pdf.

28. "About Gitcoin," n.d., https://gitcoin.co/about, accessed Feb. 2, 2023.

29. Scott Moore, interview by Alex Tapscott via Zoom, Sept. 8, 2022. See also Nathania Gilson, "What Is Conway's Law?" *Atlassian Teamwork Blog*, Dec. 28,

2021, https://www.atlassian.com/blog/teamwork/what-is-conways-law-acmi.

30. Moore interview by Alex Tapscott.

31. Moore interview by Alex Tapscott.

32. Licheng Wang, Xiaoying Shen, Jing Li, Jun Shao, and Yixian Yang, "Cryptographic Primitives in Blockchains," *Journal of Network and Computer Applications* 127 (2019): 43–58, https://www.sciencedirect.com/science/article/pii/S108480451830362X.

33. Yahya interview by Alex Tapscott.

34. Yahya interview by Alex Tapscott.

35. Yahya interview by Alex Tapscott.

36. Jake Hannah, interview by Alex Tapscott via Zoom for the *DeFi Decoded* podcast, Dec. 1, 2021.

37. Yahya interview by Alex Tapscott.

38. John Algeo and Adele Algeo, "Among the New Words," *American Speech* 63, no. 4 (1988): 345–52, https://www.jstor.org/stable/i219247, accessed Aug. 11, 2020. Authors referenced an article in *PC Week*, Jan. 5, 1988.

39. David Chaum, "Achieving Electronic Privacy," *Scientific American* 267, no. 2(1992): 96–101, https://www.jstor.org/stable/24939181, accessed Aug. 11, 2020.

40. For BRI team's in-depth research on wallets, see Don Tapscott, "Toward a Universal Digital Wallet: A Means of Managing Payments, Data, and Identity," Blockchain Research Institute, Nov. 18, 2020, https://www.blockchainresearchinstitute.org/project/toward-a-universal-digital-wallet/.

41. Paul Andrews, "PC in Your Pocket: Bill Gates Previews Wallet That Knows You Well," *Seattle Times*, Feb. 2, 1993; Chris Tilley, "A Look Back to the Beginnings of the Microsoft PDA Project," HPC Factor, Jan. 2005, https://www.hpcfactor.com/reviews/editorial/walletpc; and Sean Gallagher, "Back to the Future: Dusting off Bill Gates' *The Road Ahead*," *Ars Technica*, Feb. 4, 2014, https://www.arstechnica.com/information-technology/2014/02/back-to-the-future-dusting-off-bill-gates-the-road-ahead, accessed Aug. 25, 2020.

42. Bill Gates with Nathan Myhrvold and Peter Rinearson, *The Road Ahead* (New York: Viking Penguin, 1995), 74–75.

43. Marc Andreessen, "From the Internet's Past to the Future of Crypto," interviewed by Katie Haun, *a16z Podcast*, Aug. 29, 2019, https://a16z.com/2019/08/29/Internet-past-crypto-future-crypto-regulatory-summit/.

44. Kai Sedgwick, "Bitcoin History, Part 18: The First Bitcoin Wallet," Bitcoin.com, Oct. 6, 2019, https://news.bitcoin.com/bitcoin-history-part-18-the-first-bitcoin-wallet, accessed Aug. 25, 2020.

45. Gates, *The Road Ahead*, 76.

46. Don Tapscott and Alex Tapscott, *Blockchain Revolution: How the Technology Behind Bitcoin and Other Cryptocurrencies Is Changing the World* (New York: Penguin Portfolio, 2018), 14–16.

47. Olusegun Ogundeji, "[Andreas] Antonopoulos: Your Keys, Your Bitcoin. Not Your Keys, Not Your Bitcoin," *Cointelegraph*, Aug. 10, 2016, https:// cointelegraph.com/news/antonopoulos-your-keys-your-bitcoin-not-your-keys-not-your-bitcoin.

48. James Burnham, *The Managerial Revolution* (London: Lume Books, 1941), 84

49. Sidney Powell, email to Alex Tapscott, Nov. 25, 2022.

50. Powell email to Alex Tapscott.

51. Hester Peirce, "Remarks before the Digital Assets," Duke Conference, Washington DC, US Securities and Exchange Commission, Jan. 20, 2023, https://www.sec.gov/news/speech/peirce-remarks-duke-conference-012023#_ftnref15.

52. Safe, "Unlock Digital Asset Ownership," Safe Ecosystem Foundation, as of April 12, 2023, https://safe.global/.53. Franck Barbier, "Composability for Software Components: An Approach Based on the Whole-Part Theory," in *Proceedings of Eighth IEEE International Conference on Engineering of Complex Computer Systems*, 2002, 101–6, DOI:10.1109/ICECCS.2002.1181502.

54. Andrew Young, interview with Alex Tapscott via Zoom for the *DeFi Decoded* podcast, Dec. 1, 2021.

55. Young interview with Alex Tapscott.

56. "Time Required to Start a Business (Days)," *Doing Business*, World Bank, 2019, https://data.worldbank.org/indicator/IC.REG.DURS?end=2019&most_recent_value_desc=true&start=2003.

57. "Time Required to Start a Business (Days)."

58. Oliver E. Williamson, "Public and Private Bureaucracies: A Transaction Cost Economics Perspective," *Journal of Law, Economics & Organization* 15, no. 1(1999): 306–42, https://www.jstor.org/stable/3554953.

59. Brian Ladd, *Autophobia: Love and Hate in the Automotive Age* (Chicago: University of Chicago Press, 2008), https://press.uchicago.edu/Misc/Chicago/467412.html.

60. *Pride of the West & Mars,* Jet Propulsion Laboratory, California Institute of Technology, Jan. 15, 2020, https://www.jpl.nasa.gov/images/pia24438-pride-of-the-west-mdash-and-mars.

61. Best Owie, "Solana's Network Blackout Puts It in Dire Straits Among Competitors," *Bitcoinist.com*, April 12, 2022, https://bitcoinist.com/solanas-network-blackout-puts-it-in-dire-straits-among-competitors/.

62. Walden interview by Alex Tapscott.

63. "The History of Car Technology," Jardine Motors Group, n.d., https://news.
jardinemotors.co.uk/lifestyle/the-history-of-car-technology, accessed April 12,
2023.

64. Prashant Jha, "The Aftermath of Axie Infinity's $650M Ronin Bridge Hack,"
Cointelegraph, April 12, 2022, https://cointelegraph.com/news/the-aftermath-
of-axie-infinity-s-650m-ronin-bridge-hack.

65. Ethan Buchman, interview by Alex Tapscott and Andrew Young via Zoom for
the *DeFi Decoded* podcast, Nov. 17, 2021.

66. Buchman interview by Alex Tapscott and Andrew Young.

67. Sunny Aggarwal, interview by Alex Tapscott via Zoom, Aug. 8, 2022.

68. Aggarwal interview by Alex Tapscott.

69. Greg Osuri, interview by Alex Tapscott and Andrew Young, *DeFi Decoded*
podcast, ep. 73, Dec. 15, 2021, https://podcasts-francais.fr/podcast/defi-
decoded/defi-decoded-why-defi-needs-a-truly-decentralized-.

70. Jelena Djuric, interview by Alex Tapscott via Zoom, Jan. 12, 2022.

71. Djuric interview by Alex Tapscott.

72. Aggarwal interview by Alex Tapscott.

73. OpenAI, as of Dec. 6, 2022, https://openai.com/api/.

74. Stephanie Dunbar and Stephen Basile, "The Decentralized Science Ecosystem:
Building a Better Research Economy," Messari, March 7, 2023, https://messari.
io/report/the-decentralized-science-ecosystem-building-a-better-research-
economy.

75. "Ocean Protocol: Tools for the Web3 Data Economy," technical white paper,
Ocean Protocol Foundation Ltd. with BigchainDB GmbH, Sept. 1, 2022,
https://oceanprotocol.com/technology/roadmap#papers.

76. Trent McConaghy, "How Does Ocean Compute-to-Data Related to Other
Privacy-Preserving Approaches?" *Ocean Protocol Blog*, Ocean Protocol
Foundation, May 28, 2020, https://blog.oceanprotocol.com/how-ocean-
compute-to-data-relates-to-other-privacy-preserving-technology-b4e1c330483.

3장_ 자산

1. "Great Domesday," Catalogue Reference: E 31/2, National Archives, United
Kingdom, n.d., https://www.nationalarchives.gov.uk/domesday/discover-
domesday/.

2. Robert Tombs, *The English and Their History* (New York: Vintage, 2015): 50.

3. Richard Mattessich, "The Oldest Writings, and Inventory Tags of Egypt,"
The Accounting Historians Journal 29, No. 1 (June 2002): 195–208, https://
www.jstor.org/stable/40698264; Daniel C. Snell, *Ledgers and Prices:*

Early Mesopotamian Merchant Accounts (New Haven: Yale University Press, 1982), https://babylonian-collection.yale.edu/sites/default/files/files/YNER%208%20Snell%2C%20Ledgers%20and%20Prices%20-%20Early%20Mesopotamian%20Merchant%20Accounts%2C%201982.PDF; Roger Atwood, "The Ugarit Archives," *Archaeology Magazine*, July/Aug. 2021, https://www.archaeology.org/issues/430-2107/features/9752-ugarit-bronze-age-archive; and Sun Jiahui, "How Ancient Chinese Buried the Living Along with the Dead," *The World Of Chinese*, Nov. 12, 2021, https://www.theworldofchinese.com/2021/11/how-ancient-chinese-buried-the-living-along-with-the-dead/.

4. Jiahui, "How Ancient Chinese Buried the Living Along with the Dead"; and John Noble Wilford, "With Escorts to the Afterlife Pharaohs Proved Their Power," *New York Times*, March 16, 2004, https://www.nytimes.com/2004/03/16/science/with-escorts-to-the-afterlife-pharaohs-proved-their-power.html.

5. T. J. Stiles, *The First Tycoon* (New York: Vintage Books, 2010), 569.

6. Stiles, 569.

7. Jason Furman, "Financial Inclusion in the United States," *Obama White House Blog*, June 10, 2016, https://obamawhitehouse.archives.gov/blog/2016/06/10/financial-inclusion-united-states; Lydia Saad and Jeffrey M. Jones, "What Percentage of Americans Own Stock?" *The Short Answer*, Gallup, May 12, 2022, https://news.gallup.com/poll/266807/percentage-americans-owns-stock.aspx.

8. "Traditional Sources of Economic Security," *Historical Background and Development of Social Security,* Social Security Administration, n.d., https://www.ssa.gov/history/briefhistory3.html, accessed April 12, 2023.

9. Leander Heldring, James A. Robinson, and Sebastian Vollmer, "The Long-Run Impact of the Dissolution of the English Monasteries," Working Paper 21450, National Bureau of Economic Research, Aug. 2015, revised April 2021, https://www.nber.org/system/files/working_papers/w21450/w21450.pdf.

10. "A Brief History of Mining," Earth Systems, 2006, https://www.earthsystems.com/history-mining/.

11. Stiles, 568.

12. Stiles, 568.

13. Mike Dudas, interview by Alex Tapscott via Zoom, Sept. 16, 2022.

14. Print and digital combined. "The New York Times Company Reports Second-Quarter 2022 Results," press release, *New York Times*, Aug. 3, 2022, https://nytco-assets.nytimes.com/2022/08/Press-Release-6.26.2022-Final-X69kQ5m3-2-1.pdf.

15. "Market Capitalization of Coinbase (COIN)," Companies Market Cap, as of April 12, 2023, https://companiesmarketcap.com/coinbase/marketcap/.16. For current market capitalization of tokens, see CoinGecko, https://www.coingecko.com/. For example, Ethereum, the second largest cryptoasset platform by value, has a market capitalization of $217 billion compared to Coinbase, the largest publicly traded Web3 company, which has a market capitalization of $15.5 billion. "Market Capitalization of Coinbase," Companies Market Cap, as of May 17, 2023, https://companiesmarketcap.com/coinbase/marketcap/.

17. Nathanial Popper, "Lost Passwords Lock Millionaires out of Their Bitcoin Fortunes," *New York Times*, Jan. 14, 2021, https://www.nytimes.com/2021/01/12/technology/bitcoin-passwords-wallets-fortunes.html.

18. Rick Delafont, "Chainalysis: Up to 3.79 Million Bitcoins May Be Lost Forever," *NewsBTC*, April 12, 2018, https://www.newsbtc.com/news/bitcoin/chainalysis-up-to/.

19. James Royal, "Are Your Lost Bitcoins Gone Forever? Here's How You Might Be Able to Recover Them," Bankrate, Feb. 11, 2022, https://www.bankrate.com/investing/how-to-recover-lost-bitcoins-and-other-crypto/; and Brian Nibley, "Tracking Down Lost Bitcoins and Other Cryptos," SoFi, Sept. 13, 2022, https://www.sofi.com/learn/content/how-to-find-lost-bitcoin/.

20. "Cryptocurrency Ownership Data," Triple A, April 5, 2023, https://triple-a.io/crypto-ownership-data/.

21. "Automobile Anecdotes," Stuttgart-Marketing GmbH, n.d., https://www.stuttgart-tourist.de/en/automobile/automotive-anecdotes-1, accessed April 12, 2023.

22. Lars Bosteen "Early Mis-Prediction of the Demand for Automobiles," History Stack Exchange, Aug. 18, 2021, https://history.stackexchange.com/questions/65780/early-mis-prediction-of-the-demand-for-automobiles.

23. L. Ceci, "Time Spent per Day on Smartphone," Statista, June 14, 2022, https://www.statista.com/statistics/1224510/time-spent-per-day-on-smartphone-us/.

24. "Synthetixio," GitHub, accessed Dec. 18, 2022, https://github.com/Synthetixio.

25. Kain Warwick, interview by Alex Tapscott via Zoom, Aug. 15, 2022.

26. Kate Duguid and Nikou Asgari, "Central Banks Look to China's Renminbi to Diversify Foreign Currency Reserves," *Financial Times*, June 30, 2022, https://www.ft.com/content/ce09687f-f7e5-499a-9521-d98cbd4c5ac1.

27. James Dale Davidson and Lord William Rees-Mogg, *The Sovereign Individual: Mastering the Transition to the Information Age* (New York: Simon & Schuster, 1997), 216.

28. Friedrich A. von Hayek, *Denationalization of Money* (London: Institute of Economic Affairs, 1976), 56.

29. Adrian Brink, interviewed by Alex Tapscott via Zoom for the *DeFi Decoded* podcast, March 31, 2022.

30. "Ukraine Government Turns to Crypto to Crowdfund Millions of Dollars," *Elliptic Blog*, March 11, 2022, https://www.elliptic.co/blog/live-updates-millions-in-crypto-crowdfunded-for-the-ukrainian-military, accessed March 31, 2022.

31. PartyBid App, PartyDAO, as of March 31, 2022, https://www.partybid.app/party/0x4508401BaDe71aE75fE70c97fe585D734f975502.

32. Andrew J. Hawkins, "The Anti-vaxx Canadian Truckers Want to Talk to You About Bitcoin," *The Verge*, Feb. 9, 2022 https://www.theverge.com/2022/2/9/22925823/canadian-trucker-convoy-anti-vaxx-bitcoin-press-conference, accessed March 31, 2022.

33. Alex Wilson, interview by Alex Tapscott via Zoom, Aug. 9, 2022.

34. Amitoj Singh, "Ukraine Is Buying Bulletproof Vests and Night-Vision Goggles Using Crypto," *CoinDesk*, March 7, 2022, https://www.coindesk.com/policy/2022/03/07/ukraine-is-buying-bulletproof-vests-and-night-vision-goggles-using-crypto/, accessed March 31, 2022.

35. Sharon Braithwaite, "Zelensky Refuses US Offer to Evacuate, Saying 'I Need Ammunition, not a Ride,' " *CNN*, Cable News Network, Feb. 26, 2022, https://www.cnn.com/2022/02/26/europe/ukraine-zelensky-evacuation-intl/index.html.

36. Chris Dixon, interview by Alex Tapscott via Zoom, Sept. 2, 2022.

37. "The Humble Hero: Containers Have Been More Important for Globalisation Than Freer Trade," *Economist*, May 18, 2013, https://www.economist.com/finance-and-economics/2013/05/18/the-humble-hero.

38. Dixon interview by Alex Tapscott.

39. Dixon interview by Alex Tapscott.

40. Dixon interview by Alex Tapscott.

41. Irene Vallejo, *Papyrus: The Invention of Books in the Ancient World*, trans. Charlotte Whittle (New York: Knopf, 2022), 22.

42. Design Services, Sigma Technology Group, n.d., https://sigmatechnology.com/service/design-services/, accessed Sept. 16, 2022.

43. Vallejo, *Papyrus*, 22.

44. Dixon interview by Alex Tapscott

45. Sunny Aggarwal, interview by Alex Tapscott via Zoom, Aug. 8, 2022.

46. Tim Beiko, interview by Alex Tapscott via Zoom, Aug. 9, 2022.

47. John Wu, interview by Alex Tapscott via Zoom, Aug. 2, 2022.

48. "The Uniswap Protocol Is a Public Good Owned and Governed by UNI Token Holders," Uniswap Governance, n.d., https://uniswap.org/governance.

49. "Stablecoins by Market Capitalization," CoinGecko, as of May 17, 2023, https://www.coingecko.com/en/categories/stablecoins.

50. "State of the USDC Economy," *Circle*, Circle Internet Financial Ltd., March 10, 2023, https://www.circle.com/hubfs/PDFs/2301StateofUSDCEconomy_Web.pdf.

51. "Dai Price Chart (DAI)," CoinGecko, as of May 17, 2023, https://www.coingecko.com/en/coins/dai.

52. AngelList (@angellist), Twitter post, Sept. 28, 2021 (1:17 p.m.), https://twitter.com/AngelList/status/1442901252552101888, accessed Oct. 15, 2021.

53. Cryptorigami, "Introducing ERC 420—he Dank Standard," *PepeDapp Blog*, Medium, May 27, 2018, https://medium.com/pepedapp/erc-420%C2%B9-the-dank-standard-83d7bb5fe18e; Eugene Mishura and Seb Mondet, "FA2—ulti-Asset Interface, 012," Software Freedom Conservancy, Jan. 24, 2020, https://gitlab.com/tezos/tzip/-/blob/master/proposals/tzip-12/tzip-12.md; "Onflow/flow-nft," GitHub, n.d., https://github.com/onflow/flow-nft; and Metaplex NFT, Metaplex Foundation, Sept. 19, 2022, https://z6uiuihwujnm mqy6obdswfnfoe4rcbavovcljbg4ki3vjfovftpa.arweave.net/z6iKIPaiWsZDHnB HKxWlcTkRBBV1RLSE3FI3VJXVLN4/index.html.

54. Campbell R. Harvey, Ashwin Ramachandran, and Joey Santoro, *DeFi and the Future of Finance* (Hoboken, NJ: Wiley, 2021), 27.

55. "The Digital Currencies That Matter: Get Ready for Fedcoin and the e-euro," *Economist*, May 8, 2021, https://www.economist.com/leaders/2021/05/08/the-digital-currencies-that-matter.

56. "The Digital Currencies That Matter."

57. Chris Giancarlo, interviewed by Alex Tapscott via Zoom, Dec. 13, 2022.

58. E. Glen Weyl, Puja Ohlhaver, and Vitalik Buterin, "Decentralized Society: Finding Web3's Soul," Social Science Research Network, May 10, 2022, https://dx.doi.org/10.2139/ssrn.4105763.

59. Dixon interview by Alex Tapscott.

60. "The Key to Industrial Capitalism: Limited Liability," *Economist*, Dec. 23, 1999, https://www.economist.com/finance-and-economics/1999/12/23/the-key-to-industrial-capitalism-limited-liability.

61. Frederick G. Kempin, Jr., "Limited Liability in Historical Perspective," *American Business Law Association Bulletin*, n.d., https://www.bus.umich.edu/KresgeLibrary/resources/abla/abld_4.1.11-33.pdf.

62. Julia Kagan, "C Corporation," *Investopedia*, July 22, 2022, https://www.investopedia.com/terms/c/c-corporation. asp, accessed Sept. 16, 2022.

63. Dixon interview by Alex Tapscott.

64. Dixon interview by Alex Tapscott.

65. "Matthew Effect," ScienceDirect, accessed Nov. 25, 2022, https://www.sciencedirect.com/topics/psychology/matthew-effect.

4장_ 사람

1. Kelly Grovier, "The Most Terrifying Images in History?" BBC, Feb. 19, 2020, https://www.bbc.com/culture/article/20200214-the-art-of-terror-how-visions-of-fear-can-help-us-live.

2. Hua Hsu, "The End of White America?" *Atlantic*, Jan.–Feb. 2009, https://www.theatlantic.com/magazine/archive/2009/01/the-end-of-white-america/307208/.

3. Ben Sisario, "The Music Industry Is Wrestling with Race. Here's What It Has Promised," *New York Times*, July 1, 2020, https://www.nytimes.com/2020/07/01/arts/music/music-industry-black-lives-matter.html.

4. Elias Leight, "The Music Industry Was Built on Racism. Changing It Will Take More Than Donations," *Rolling Stone*, June 5, 2020, https://www.rollingstone.com/music/music-features/music-industry-racism-1010001/.

5. Tyler Winklevoss, interview by Alex Tapscott via Zoom, Sept. 12, 2022.

6. pplpleasr, interview by Alex Tapscott via Zoom, Nov. 1, 2022.

7. Ekin Genc, "An Ad for Uniswap Just Sold for $525,000 as an NFT," *DeCrypt*, March 27, 2021, https://decrypt.co/63080/an-ad-for-uniswap-just-sold-for-525000-as-an-nft-heres-why; pplpleasr interview by Alex Tapscott.

8. pplpleasr interview by Alex Tapscott.

9. pplpleasr interview by Alex Tapscott.

10. pplpleasr interview by Alex Tapscott.

11. Jessie Nickson-Lopez and Torey Kohara, interview by Alex Tapscott via Zoom, Sept. 26, 2022.

12. Dean Takahashi, "Bored Ape Company Yuga Labs Appoints Activision Blizzard's Daniel Alegre as CEO," *VentureBeat*, Dec. 19, 2022, https://venturebeat.com/games/bored-ape-company-yuga-labs-appoints-activision-blizzards-daniel-alegre-as-ceo/.

13. Sarah Emerson, "Seth Green Bored Ape NFT Returned," *BuzzFeed News*, June 9, 2022, https://www.buzzfeednews.com/article/sarahemerson/seth-green-bored-ape-nft-returned.

14. Nickson-Lopez and Kohara interview by Alex Tapscott.

15. Story, MV3: The Battle for Eluna, as of April 12, 2023, https://mv3hq.notion.site/Story-ecdaaa3a8a71447598726d8f8a2504fe.

16. Story, MV3: The Battle for Eluna.

17. Nickson-Lopez and Kohara interview by Alex Tapscott.

18. Nickson-Lopez,and Kohara interview by Alex Tapscott.

19. Andres Guadamuz, "Non-fungible,Tokens (NFTs) and Copyright," *WIPO*, Dec. 2021, https://www.wipo.int/wipo_magazine/en/2021/04/article_0007.html.

20. Creative Commons, "FAQ: CC and NFTs," Sept. 9, 2022, https://creativecommons.org/cc-and-nfts/.

21. Scott Kominers (@skominers), Twitter post, Aug. 3, 2022 (6:46 a.m.), https://twitter.com/skominers/status/1554780692067794945.

22. Lawrence Lessig, *Free Culture: How Big Media Uses Technology and the Law to Lock Down Culture and Control Creativity* (New York: Penguin Books, 2004), https://lessig.org/product/free-culture/.

23. Lessig, "About the Book," *Free Culture* website, n.d., https://lessig.org/product/free-culture/.

24. Flashrekt and Scott Duke Kominers, "Why NFT Creators Are Going cc0," *a16z Crypto Blog*, Aug. 3, 2022, https://a16zcrypto.com/cc0-nft-creative-commons-zero-license-rights/.

25. Ria Lu, interview by Alex Tapscott via Zoom, Oct. 12, 2022.

26. Pplpleasr, "Shibuya & White Rabbit Pilot," *Shibuya.xyz*, Feb. 28, 2022, https://medium.com/@shibuya.xyz/shibuya-white-rabbit-pilot-c901e8bb76a4.27. pplpleasr interview by Alex Tapscott.

28. pplpleasr interview by Alex Tapscott.

29. pplpleasr interview by Alex Tapscott.

30. pplpleasr interview by Alex Tapscott.

31. Andrew Hayward, "Pplpleasr's Shibuya NFT Video Platform Raises $6.9M to Build the A24 of Web3," *Decrypt*, Dec. 8, 2022, https://decrypt.co/116749/pplpleasrs-shibuya-nft-video-platform-raises-6-9m-to-build-the-a24-of-web3.

32. Roneil Rumburg, interview by Alex Tapscott via Zoom, Aug. 11, 2022.

33. Rumburg interview by Alex Tapscott.

34. Roneil Rumburg, Sid Sethi, and Hareesh Nagaraj, "Audius: A Decentralized Protocol for Audio Content," white paper, Audius Inc., Oct. 8, 2020, https://whitepaper.audius.co/AudiusWhitepaper.pdf, accessed Nov. 27, 2022.

35. Rumburg interview by Alex Tapscott.

36. Aleksander Larsen, interview by Alex Tapscott via Zoom, Aug. 9, 2022.

37. "Digital Asset Outlook 2023," The Block, Dec. 20, 2022, https://www.tbstat.com/wp/uploads/2022/12/Digital-Asset-2023-Outlook.pdf.

38. Right Click Save, ClubNFT, n.d., https://www.rightclicksave.com/.

39. pplpleasr interview by Alex Tapscott.

40. Jesse Walden, interview by Alex Tapscott via Zoom, Oct. 25, 2022.

41. "Token-Gated Communities: $80,000+ Community, Soulbound NFTs and Web 2.5," Trends.vc, n.d., https://trends.vc/trends-0082-token-gated-communities/.

42. Walden interview by Alex Tapscott. For more on Twitch TV, see https://www.twitch.tv/p/en/about/.

43. Marshall McLuhan, *Understanding Media: The Extensions of Man*, introduction by Lewis H. Lapham (Cambridge, MA: MIT Press, 1994), mitpress.mit.edu/books/understanding-media.

44. Bill Gates, "Content Is King," Microsoft, Jan. 3, 1996, Wayback Machine, https://web.archive.org/web/20010126005200/http://www.microsoft.com/billgates/columns/1996essay/essay960103.asp, accessed Jan. 21, 2023. Syndicated by the New York Times Syndication Sales Corp. and archived in Nexis UNI as Bill Gates, "On the Internet, Content Is King. On the Internet, Cyberspace Content Is King," *Evening Post* (Wellington, New Zealand), Jan. 16, 1996.

45. Lex Sokolin, interview by Alex Tapscott via Zoom for the *DeFi Decoded* podcast, Feb. 1, 2022.

46. Yat Siu, interview by Alex Tapscott via Zoom, Jan. 10, 2023.

47. Some of this material first appeared in Alex Tapscott, "With NFTs, the Digital Medium Is the Message," *Fortune*, Oct. 4, 2021, https://fortune.com/2021/10/04/nfts-art-collectibles-medium-is-the-message/.

48. Siu interview by Alex Tapscott.

49. Enid Tsui, "Internet Whizz Yat Siu on Programming at 13 and Landing a Job at Atari as a Schoolboy," *South China Morning Post*, July 6, 2017, Wayback Machine, https://web.archive.org/web/20170706084545/https://www.scmp.com/magazines/post-magazine/long-reads/article/2101469/Internet-whizz-yat-siu-programming-13-and-landing.

50. Walter Isaacson, *The Innovators: How a Group of Hackers, Geniuses, and Geeks Created the Digital Revolution* (New York: Simon & Schuster, 2014), 214.

51. Siu interview by Alex Tapscott.

52. Siu interview by Alex Tapscott.

53. Siu interview by Alex Tapscott.

54. Siu interview by Alex Tapscott.

55. "Refunds are now available, you have two choices," ConstitutionDAO (2021), n.d., https://www.constitutiondao.com/.

56. Walden interview by Alex Tapscott.

57. Jesse Walden, "Tokens Are Products," Variant Fund, Aug. 24, 2022, https://variant.fund/articles/tokens-are-products/.

58. Ida Auken, "Welcome to 2030. I Own Nothing, Have No Privacy, and Life Has Never Been Better," World Economic Forum, Nov. 11, 2016, https://web.archive.org/web/20161125135500/https://www.weforum.org/agenda/2016/11/shopping-i-can-t-really-remember-what-that-is. The WEF originally indexed the piece under "Values" of Fourth Industrial Revolution on the Global Agenda but removed it from its website on May 6, 2021, https://web.archive.org/web/20210505052848/https://www.weforum.org/agenda/2016/11/how-life-could-change-2030/, accessed Nov. 27, 2022.

59. Walden interview by Alex Tapscott.

60. Auken, "Welcome to 2030."

61. Spencer High, "NAR Report Shows Share of Millennial Home Buyers Continues to Rise," National Association of Realtors, March 23, 2022, https://www.nar.realtor/newsroom/nar-report-shows-share-of-millennial-home-buyers-continues-to-rise.

62. John Locke, *Two Treatises of Government and A Letter Concerning Toleration*, 1690, 112.

63. Chris Dixon (@cdixon), Twitter post, Oct. 1, 2021 (6:50 p.m.), https://twitter.com/cdixon/status/1444072368859533316, accessed Oct. 15, 2021.

64. Chris Dixon (@cdixon), Twitter posts, Oct. 1, 2021 (6:50 p.m.), https://twitter.com/cdixon/status/1444072370788978691 and https://twitter.com/cdixon/status/1444072374798675970, accessed Oct. 15, 2021.

65. Jimmy Wales, interview by Alex Tapscott via Zoom, Feb. 24, 2023.

66. Wales interview by Alex Tapscott.

67. Muyao Shen, "Wikipedia Ends Crypto Donations as Environmental Concerns Swirl," *Bloomberg News*, Bloomberg LP, May 2, 2022, https://www.bloomberg.com/news/articles/2022-05-02/wikipedia-ends-crypto-donations-amid-environmental-concern, accessed April 12, 2023.

68. Wales interview by Alex Tapscott.

69. Wales interview by Alex Tapscott.

70. Larsen interview by Alex Tapscott.

71. James Burnham, *The Managerial Revolution* (London: Lume Books, 1941), 84.

72. Stepan Gershuni, interview by Alex Tapscott via Zoom, Jan. 26, 2023.

73. Ronald H. Coase, "The Nature of the Firm," *Economica* 4, no. 16 (Nov. 1937): 386–405, https://doi.org/10.2307/2626876.

74. Gershuni interview by Alex Tapscott.

75. Phillip J. Windley, "Framing and Self-Sovereignty in Web3," *Technometria Blog*, Feb. 15, 2022, https://www.windley.com/archives/2022/02/framing_and_self-sovereignty_in_web3.shtml, accessed March 31, 2022.

76. Ryan Selkis, interview by Alex Tapscott via Zoom, Aug. 24, 2022.

77. ENS Documentation, April 2022, https://docs.ens.domains/.
78. Gershuni interview by Alex Tapscott. See also https://kycdao.xyz/, https://www.violet.co/, and https://www.spectral.finance/, accessed April 12, 2023.
79. Gershuni interview by Alex Tapscott; and "ZK Badges," Sismo Docs, last updated May 12, 2023, https://docs.sismo.io/sismo-docs/readme/sismo-badges, accessed May 17, 2023.
80. Gitcoin Passport, n.d., https://passport.gitcoin.co/.

5장_ 조직

1. Jesse Walden, interview by Alex Tapscott via Zoom, Oct. 25, 2022.
2. Walden interview by Alex Tapscott.
3. Walden interview by Alex Tapscott.
4. Walden interview by Alex Tapscott.
5. Walden interview by Alex Tapscott.
6. GameKyuubi, "I AM HODLING," Bitcoin Forum, Simple Machines NPO, Dec. 18, 2013, https://bitcointalk.org/index.php?topic=375643.msg4022997#msg4022997, accessed Nov. 29, 2022.
7. Walden interview by Alex Tapscott.
8. Walden interview by Alex Tapscott.
9. Jimmy Wales, interview by Alex Tapscott via Zoom, Feb. 24, 2023.
10. Walden interview by Alex Tapscott.
11. Yochai Benkler, *The Wealth of Networks: How Social Production Transformsn Markets and Freedom* (New Haven, CT: Yale University Press, 2006), 9.
12. Matthew Campbell and Kit Chellel, *Dead in the Water: A True Story of Hijacking, Murder, and a Global Maritime Conspiracy* (New York: Penguin Portfolio, 2022), 38.
13. "Royal Charters," Privy Council Office, UK Government, n.d., https://privycouncil.independent.gov.uk/royal-charters/; "The 1621 Charter of the Dutch West India Company," Historical Society of the New York Courts, n.d., https://history.nycourts.gov/about_period/charter-1621/, accessed April 13, 2023.
14. Charles Wright and C. Ernest Fayle, "A History of Lloyd's: From the Founding of Lloyd's Coffee-house to the Present Day," *Nature* 122 (Aug. 25, 1928): 267–268, https://doi.org/10.1038/122267a0.
15. Julia Kagan, "C Corporation," *Investopedia*, July 22, 2022, https://www.investopedia.com/terms/c/c-corporation. asp, accessed Sept. 16, 2022.
16. "The Key to Industrial Capitalism: Limited Liability," *Economist*, Dec. 23, 1999, https://www.economist.com/finance-and-economics/1999/12/23/the-

key-to-industrial-capitalism-limited-liability.

17. Dixon interview by Alex Tapscott.

18. James Dale Davidson and Lord William Rees-Mogg, *The Sovereign Individual: Mastering the Transition to the Information Age* (New York: Simon & Schuster, 1997), 70.

19. Albert Wenger, *The World After Capital: Economic Freedom, Information Freedom, and Psychological Freedom*, Aug. 9, 2022, https://worldaftercapital. org/; Albert Wenger, interview by Alex Tapscott via Zoom, Dec. 16, 2022.

20. Wenger interview by Alex Tapscott.

21. Wenger interview by Alex Tapscott.

22. Hester Peirce, "Remarks before the Digital Assets," Duke Conference, Washington DC, US Securities and Exchange Commission, Jan. 20, 2023, https://www.sec.gov/news/speech/peirce-remarks-duke-conference-012023#_ ftnref15.

23. Clayton M. Christensen, *The Innovator's Dilemma When New Technologies Cause Great Firms to Fail* (Boston: Harvard Business School Press, 1997), xv.

24. "Top 10 legal battles: Bell Telephone v Western Union (1879)," *Guardian*, Aug. 6 2007, https://www.theguardian.com/technology/2007/aug/06/ bellvwestern; and Peter Baida, "Hindsight, Foresight, and No Sight," *American Heritage* 36, no. 4(June–July 1985), https://web.archive.org/ web/20200906141427/https://www.americanheritage.com/hindsight- foresight-and-no-sight. 25. Christensen, *The Innovator's Dilemma*, 147.

26. Christensen, *The Innovator's Dilemma*, 147.

27. Dixon interview by Alex Tapscott.

28. Dixon interview by Alex Tapscott.

29. Dixon interview by Alex Tapscott.

30. Donald Sull, "Why Good Companies Go Bad," *Harvard Business Review*, July– Aug. 1999, https://hbr.org/1999/07/why-good-companies-go-bad.

31. David Furlonger and Christophe Uzureau, *The Real Business of Blockchain: How Leaders Can Create Value in a New Digital Age* (Cambridge, MA: Harvard Business Review Press, 2019), 54–58.

32. Furlonger and Uzureau, 62–64.

33. Furlonger and Uzureau, 66.

34. Yat Siu, interview by Alex Tapscott via Zoom, Jan. 11, 2023.

35. Siu interview by Alex Tapscott.

36. Siu interview by Alex Tapscott.

37. Yorke E. Rhodes III, interview by Alex Tapscott via Zoom, Oct. 6, 2022.

38. Rhodes interview by Alex Tapscott.

39. Dixon interview by Alex Tapscott.

40. "How DigiCash Blew Everything," translated by Ian Grigg's colleagues, edited by Grigg, and emailed to Robert Hettinga mailing list, Feb. 10, 1999, https://cryptome.org/jya/digicrash.htm. See also "Hoe DigiCash Alles Verknalde," *Next!*, Jan. 1999, https://web.archive.org/web/19990427142412/http://www.nextmagazine.nl/ecash.htm.41. Rhodes interview by Alex Tapscott.

42. "IBM Announces Blockchain Collaboration with GSF and Other Supply Chain Leaders to Address Food Safety," press release, Golden State Foods, Aug. 22, 2017, https://goldenstatefoods.com/news/ibm-announces-blockchain-collaboration-gsf-supply-chain-leaders-address-food-safety/; "IBM Food Trust Expands Blockchain Network to Foster a Safer, More Transparent and Efficient Global Food System," press release, IBM, Oct. 8, 2018, https://newsroom.ibm.com/2018-10-08-IBM-Food-Trust-Expands-Blockchain-Network-to-Foster-a-Safer-More-Transparent-and-Efficient-Global-Food-System-1; "US Food and Drug Administration Drug Supply Chain Security Act Blockchain nteroperability Pilot Project Report," IBM, Feb. 2020, https://www.ibm.com/downloads/cas/9V2LRYG5; and "About TradeLens," n.d., https://www.tradelens.com/about, all accessed Nov. 11, 2022.

43. Gennaro "Jerry" Cuomo, interview by Alex Tapscott via Zoom, Aug. 29, 2022.

44. "International Business Machines Corporation," Computer History Museum, n.d., https://www.computerhistory.org/brochures/g-i/international-business-machines-corporation-ibm/; and "Chronological History of IBM," IBM, accessed Nov. 11, 2022, https://www.ibm.com/ibm/history/history/history_intro.html.

45. Cuomo interview by Alex Tapscott.

46. Patrick Lowry, "When Algorithms Fail: How an Algorithmic Stablecoin's Collapse Fuelled a Crypto Bear Market," *Iconic Holding Blog*, Aug. 24, 2022, https://iconicholding.com/when-algorithmic-stablecoins-fail/.

47. Rhodes interview by Alex Tapscott.

48. Alex Hughes, "ChatGPT: Everything You Need to Know About OpenAI's GPT-4 tool," BBC Science Focus, April 3, 2023, https://www.sciencefocus.com/future-technology/gpt-3/.

49. Greg Brockman "Microsoft Invests in and Partners with OpenAI to Support US Building Beneficial AGI," OpenAI, July 22, 2019, https://openai.com/blog/microsoft/.

50. David Becker, "Microsoft Got Game: Xbox Unveiled," CNET, Jan. 2, 2002, https://www.cnet.com/culture/microsoft-got-game-xbox-unveiled/.

51. Matthew L. Ball, *The Metaverse: And How It Will Revolutionize Everything* (New York: Liveright, 2022), 10–11.

52. "Minecraft Live Player Count and Statistic," ActivePlayer.io Game Statistics

Authority, as of April 13, 2023, https://activeplayer.io/minecraft/.

53. "United States of America Before the Federal Trade Commission in the Matter of Microsoft Corp. and Activision Blizzard, Inc.," Docket No. 9412, Redacted Public Version, Dec. 8, 2022, https://www.ftc.gov/system/files/ftc_gov/pdf/D09412MicrosoftActivisionAdministrativeComplaintPublicVersionFinal.pdf.

54. "FTC Seeks to Block Microsoft Corp.'s Acquisition of Activision Blizzard Inc.," press release, Federal Trade Commission, Dec. 8, 2022, https://www.ftc.gov/news-events/news/press-releases/2022/12/ftc-seeks-block-microsoft-corps-acquisition-activision-blizzard-inc.

55. Duncan Riley, "Microsoft Bans Cryptocurrency Mining on Azure Without Pre-approval," SiliconANGLE Media Inc., Dec. 15, 2022, https://siliconangle.com/2022/12/15/microsoft-bans-cryptocurrency-mining-azure-without-pre-approval/#.

56. Gurjot Dhanda, "How Nike won with NFTs," Covalent, Feb. 3, 2023, https://www.covalenthq.com/blog/how-nike-won-with-nfts/#.

57. Christensen, *The Innovator's Dilemma*, xv.

58. Yorke E. Rhodes III, Faculty Directory, School of Professional Studies, New York University, 2022, https://www.sps.nyu.edu/homepage/academics/faculty-directory/14416-yorke-e-rhodes-iii.html#courses14416.

59. Klint Finley, "What Exactly Is GitHub Anyway?" *TechCrunch*, July 14, 2012, https://techcrunch.com/2012/07/14/what-exactly-is-github-anyway/; and Paul V. Weinstein, "Why Microsoft Is Willing to Pay So Much for GitHub," *Harvard Business Review*, June 6, 2018, https://hbr.org/2018/06/why-microsoft-is-willing-to-pay-so-much-for-github.

60. Benkler, *The Wealth of Networks*, 62.

61. Walden interview by Alex Tapscott.

62. Alvin Toffler, *Future Shock* (New York: Random House, 1970), 144.

63. Benkler, *The Wealth of Networks*, 50.

64. Vitalik Buterin "DAOs Are Not Corporations: Where Decentralization in Autonomous Organizations Matters," Vitalik Buterin's Website, Sept. 20, 2022, https://vitalik.ca/general/2022/09/20/daos.html.

65. Vitalik Buterin, "DAOs Are Not Corporations."

66. "About Aragon," Aragon Association, as of March 2023, https://aragon.org/about-aragon; Cryptopedia Staff, "Aragon (ANT): DAOs for Communities and Businesses," Gemini Trust Co. LLC, Oct. 21, 2021, https://www.gemini.com/cryptopedia/aragon-crypto-dao-ethereum-decentralized-government; and "Aragon," CoinMarketCap, n.d., https://coinmarketcap.com/currencies/aragon/,all accessed April 13, 2023.

67. "Security," *Tour TradeLens*, IBM Corp. and GTD Solution Inc., 2018,

Wayback Machine, https://web.archive.org/web/20211028022622/https://tour.tradelens.com/security; and "TradeLens Data Sharing Specification," *TradeLens Documentation*, IBM Corp. and GTD Solution Inc., 2018, Wayback Machine, https://web.archive.org/web/20220608080928/https://docs.tradelens.com/reference/data_sharing_specification/, accessed April 13, 2023.

68. Cam Thompson, George Kaloudis, and Sam Reynolds, "The Final Word on Decentraland's Numbers," *CoinDesk*, Dec. 22, 2022, updated Jan. 3, 2023, https://www.coindesk.com/web3/2022/12/22/the-final-word-on-decentralands-numbers/.

69. Thompson, Kaloudis, and Reynolds.

70. "Decentraland," CoinMarketCap, n.d., https://coinmarketcap.com/currencies/decentraland/.

71. "Friends With Benefits," n.d., https://www.fwb.help/; "Friends With BenefitsPro," CoinMarketCap, n.d., https://coinmarketcap.com/currencies/friends-with-benefits-pro/; "Friends With Benefits," *Inside Venture Capital*, Inside.com Inc., Nov. 1, 2021, https://inside.com/campaigns/inside-venture-capital-30009/sections/fwb-raise-10m-from-a16z-257214; and "Friends With Benefits Treasury," Boardroom, n.d., https://boardroom.io/friendswithbenefits.eth/treasuryOverview, all accessed April 12, 2023.

72. "Join Friends With Benefits," FWB.com, n.d., https://www.fwb.help/join, accessed Dec. 19, 2022.

73. "Friends With Benefits," n.d., https://www.fwb.help/; "Friends With Benefits Pro," CoinMarketCap, n.d., https://coinmarketcap.com/currencies/friends-with-benefits-pro/; "Friends With Benefits," *Inside Venture Capital*, Inside.com Inc., Nov. 1, 2021, https://inside.com/campaigns/inside-venture-capital-30009/sections/fwb-raises-10m-from-a16z-257214; and "Friends With Benefits Treasury," Boardroom, n.d., https://boardroom.io/friendswithbenefits.eth/treasuryOverview, all accessed April 12, 2023.

74. Gregory Landua, interview by Alex Tapscott via Zoom, Aug. 24, 2022.

75. Landua interview by Alex Tapscott.

76. Balaji Srinivasan, "The Network State in One Essay," *The Network State: How to Start a New Country*, July 4, 2022, https://thenetworkstate.com/the-network-state-in-one-essay.

77. Alex Tapscott, "A Bitcoin Governance Network: The Multi-stakeholder Solution to the Challenges of Cryptocurrency," Global Solution Networks, 2014, https://gsnetworks.org/wp-content/uploads/DigitalCurrencies.pdf.

78. "We're Building a Web3 City of the Future," CityDAO, n.d., https://www.citydao.io/.

79. Srinivasan, "The Network State in One Essay."

80. "Ocean Protocol," CoinMarketCap, n.d., https://coinmarketcap.com/currencies/ocean-protocol/, as of April 10, 2023.

81. Cryptopedia Staff, "Ocean Protocol (OCEAN): Decentralized Data as an Asset," Gemini Trust Co. LLC, Feb. 23, 2022, https://www.gemini.com/cryptopedia/ocean-protocol-web-3-0-ocean-market-ocean-token; and "Ocean Protocol Foundation Announces $140 Million USD in Grants for the Community-curatedm Ocean DAO to Fund the Web3 Data Economy," Ocean Protocol Foundation Ltd., Oct. 7, 2021, https://oceanprotocol.com/press/2021-10-07-ocean-protocol-foundation-announces-140M-USD.

82. "About SingularityNET," n.d., https://singularitynet.io/aboutus/, accessed April 12, 2023.

6장_ 금융의 탈중앙화와 디지털화

1. David Emery, "Did Paul Krugman Say the Internet's Effect on the World Economy Would Be 'No Greater Than the Fax Machine's'?" *Snopes*, Snopes Media Group Inc., June 7, 2018, https://www.snopes.com/fact-check/paul-krugman-Internets-effect-economy/.

2. Yochai Benkler, *The Wealth of Networks: How Social Production Transforms Markets and Freedom* (New Haven, CT: Yale University Press, 2006), 215.

3. Benkler, 216.

4. Benkler, 216.

5. Benkler, 8.

6. James Burnham, *The Managerial Revolution* (London: Lume Books, 1941), 84.

7. Chris Dixon, interview by Alex Tapscott via Zoom, Sept. 2, 2022.

8. Dixon interview by Alex Tapscott.

9. Dixon interview by Alex Tapscott.

10. Marco Quiroz-Gutierrez, "Coinbase Says Apple Is Demanding 30% Cut of NFT Gas Fees Before Allowing Digital Wallet Update," *Fortune*, Dec. 1, 2022, https://fortune.com/crypto/2022/12/01/coinbase-apple-30-percent-fee-digital-wallet/.

11. CoinbaseWallet, Twitter post, Dec. 1, 2022 (11:34 a.m.), https://twitter.com/CoinbaseWallet/status/1598354820905197576.

12. CoinbaseWallet, Twitter post, Dec. 1, 2022 (11:34 a.m.), https://twitter.com/CoinbaseWallet/status/1598354823501447168.

13. Jon Swartz, "Facebook Parent Meta Set to Take Nearly 50% Cut from Virtual Salesand Apple Is Calling It Out," *MarketWatch*, April 13, 2022, https://www.marketwatch.com/story/facebook-parent-meta-set-to-take-nearly-50-cut-

from-virtual-sales-within-its-metaverse-11649885375.

14. Max Fisher, *The Chaos Machine: The Inside Story of How Social Media Rewired Our Minds and Our World* (New York: Little, Brown, 2022), 10.

15. "Innovative or Ancient? Is Cash Going the Way of the Dodo?" mod. Ellen Roseman, Royal Ontario Museum, Nov. 22, 2022, https://rom.akaraisin.com/ui/InnovativeOrAncient.

16. "Innovative or Ancient?"

17. "Remittances Grow 5% in 2022, Despite Global Headwinds," press release, World Bank, Nov. 30, 2022, https://www.worldbank.org/en/news/press-release/2022/11/30/remittances-grow-5-percent-2022.

18. "COVID-19 Boosted the Adoption of Digital Financial Services," World Bank, July 21, 2022, https://www.worldbank.org/en/news/feature/2022/07/21/covid-19-boosted-the-adoption-of-digital-financial-services.

19. "Know Your Money," US Secret Service, April 2016, rev. Dec. 2020, https://www.secretservice.gov/sites/default/files/reports/2020-12/KnowYourMoney.pdf; and "Learn How to Authenticate Your Money," US Currency Education Program, 2022, https://www.uscurrency.gov/.

20. John Locke, *Two Treatises of Government and A Letter Concerning Toleration*, 1690.

21. Louis Jordan, "Spanish Silver: General Introduction," *The Coins of Colonial and Early America*, Dept. of Special Collections, University of Notre Dame, last rev. Aug. 20, 2001, https://coins.nd.edu/colcoin/colcoinintros/sp-silver.intro.html.

22. Charles R. Bawden, "Kublai Khan," *Britannica*, updated Nov. 1, 2022, https://www.britannica.com/biography/Kublai-Khan; and "The First Paper Money," in "Top 10 Things You Didn't Know About Money," *Time*, April 2010, https://content.time.com/time/specials/packages/article/0,28804,1914560_1914558_1914593,00.html.

23. "Bitcoin," CoinMarketCap, as of Dec. 11, 2022, https://coinmarketcap.com/currencies/bitcoin/; and MasterCard, Companies Market Cap, as of Dec. 11, 2022, https://companiesmarketcap.com/.

24. Scott Alexander Siskind, "Why I'm Less Than Infinitely Hostile to Cryptocurrency," *Astral Codex Ten Blog*, Dec. 8, 2022, https://astralcodexten.substack.com/p/why-im-less-than-infinitely-hostile.

25. Alex Gladstein, interview by Alex Tapscott via Zoom, Jan. 12, 2023.

26. Gabriel Abed, interview by Alex Tapscott via Zoom, March 15, 2023.

27. Gladstein interview by Alex Tapscott.

28. Ari Paul (@Ari DavidPaul), Twitter post, Feb. 13, 2019 (9:18 a.m.), https://twitter.com/AriDavidPaul/status/1095688683280351233.

29. "Tether," CoinMarketCap, as of Dec. 11, 2022, https://coinmarketcap.com/currencies/usd-coin/and https://coinmarketcap.com/currencies/tether/.

30. Zachary Warmbrodt, "Jerome Powell: Facebook's Libra Poses Potential Risk to Financial System," *Politico*, July 10, 2019, https://www.politico.com/story/2019/07/10/jerome-powell-facebook-libra-1578306; and Alan Rappeport and Nathaniel Popper, "Cryptocurrencies Pose National Security Threat, Mnuchin Says," *New York Times*, July 15, 2019, https://www.nytimes.com/2019/07/15/us/politics/mnuchin-facebook-libra-risk.html, accessed Dec. 11, 2022.

31. Gladstein interview by Alex Tapscott.

32. James Dale Davidson and Lord William Rees-Mogg, *The Sovereign Individual: Mastering the Transition to the Information Age* (New York: Simon & Schuster, 1997), 216.

33. Davidson and Rees-Mogg, 216.

34. Adrian Brink, interviewed by Alex Tapscott, *DeFi Decoded* podcast, March 31, 2022, https://www.youtube.com/watch?v=528EV-y2VKQ.

35. Jeremy Allaire, interview by Alex Tapscott via Zoom, Feb. 6, 2023.

36. Allaire interview by Alex Tapscott.

37. Don Tapscott and Alex Tapscott, *Blockchain Revolution: How the Technology Behind Bitcoin and Other Cryptocurrencies Is Changing the World* (New York: Penguin Portfolio, 2018), 71–72.

38. "State of the USDC Economy," *Circle*, Circle Internet Financial Limited, Mar. 10, 2023, https://www.circle.com/hubfs/PDFs/2301StateofUSDCEconomy_Web.pdf, accessed April 12, 2023, 8.

39. "State of the USDC Economy," 8.

40. "State of the USDC Economy," 8.

41. "State of the USDC Economy," 12.

42. "State of the USDC Economy," 14.

43. Allaire interview by Alex Tapscott.

44. Allaire interview by Alex Tapscott.

45. Allaire interview by Alex Tapscott.

46. Allaire interview by Alex Tapscott.

47. Christopher J. Waller, "Reflections on Stablecoins and Payments Innovations," at *Planning for Surprises, Learning from Crises*, 2021 Financial Stability Conference, cohosted by the Federal Reserve Bank of Cleveland and the Office of Financial Research, Cleveland, Ohio, Nov. 17, 2021, https://www.federalreserve.gov/newsevents/speech/waller20211117a.htm.

48. For a full survey of the Golden Nine and the impact of DeFi on every facet of financial services, I recommend checking out my book *Digital Asset Revolution*.

49. Rune Christensen, interviewed by Alex Tapscott, July 24, 2019.

50. Matt Huang (@matthuang), Twitter post, Feb. 27, 2021 (6:44 p.m.), https:// twitter.com/matthuang/status/1365809948417007617.

51. Hayden Adams, "A Crypto-exchange Founder Makes His Case for Decentralised Finance," *Economist*, Dec. 6, 2022, https://www.economist. com/by-invitation/2022/12/06/a-crypto-exchange-founder-makes-his-case-for-decentralised-finance.

52. Adams, "A Crypto-exchange Founder Makes His Case for Decentralised Finance."

53. Campbell R. Harvey, Ashwin Ramachandran, and Joey Santoro, *DeFi and the Future of Finance* (Hoboken, NJ: Wiley, 2021), 51.

54. The "bancor" was economist John Maynard Keynes's name for a multinational currency issued by a global bank and used to measure a country's trade deficit or trade surplus. Sandra Kollen Ghizoni, "Creation of the Bretton Woods System, July 1944," *Federal Reserve History*, Federal Reserve Bank of Atlanta, Nov. 22, 2013, https://www.federalreservehistory.org/essays/bretton-woods-created; and E. F. Schumacher, "Multilateral Clearing," *Economica* 10, no. 38 (1943): 150–65, https://doi.org/10.2307/2549461.

55. Galia Benartzi, interview by Alex Tapscott and Andrew Young via Zoom for the *DeFi Decoded* podcast, Nov. 2, 2021.

56. Benartzi interview by Alex Tapscott and Andrew Young.

57. Harvey, Ramachandran, and Santoro, *DeFi and the Future of Finance*, 57.

58. Harvey, Ramachandran, and Santoro, 57.

59. Harvey, Ramachandran, and Santoro, 60. 60. Anonymous, *The Book Buyer: A Monthly Review of American and Foreign Literature*, vol. 6, p. 57, https://www. google.com/books/edition/The_Book_Buyer/rV5bxQEACAAJ?hl=en.

61. Sidney Powell, interview by Alex Tapscott via Zoom, Aug. 19, 2022.

62. Powell interview by Alex Tapscott.

63. Powell interview by Alex Tapscott.

64. Samuel Haig, "Vitalik Urges DeFi to Embrace Real World Assets," *The Defiant*, Dec. 7, 2022, https://thedefiant.io/vitalik-urges-defi-to-embrace-real-world-assets.

65. Linda Hardesty, "T-Mobile Allows the Helium Mobile 'Crypto Carrier' to Ride on Its 5G Network Fierce Wireless," Sept. 20, 2022, https://www. fiercewireless.com/5g/t-mobile-allows-helium-mobile-crypto-carrier-ride-its-5g-network.

66. Sishir Varghese, interview by Alex Tapscott via Zoom, Aug. 31, 2022.

67. Varghese interview by Alex Tapscott.

68. Alex Johnson, "Steal from the Rich and Live Off the Interest," *Fintech*

Newsletter, Aug. 28, 2022, https://workweek.com/2022/08/28/steal-from-the-rich-and-live-off-the-interest/.

69. Stepan Gershuni, interview by Alex Tapscott via Zoom, Jan. 26, 2023.

70. Gershuni interview by Alex Tapscott.

71. Harvey, Ramachandran, and Santoro, *DeFi and the Future of Finance*, 24.

72. Habtamu Fuje, Saad Quayyum, and Tebo Molosiwa, "Africa's Growing Crypto Market Needs Better Regulations," *IMF Blog*, International Monetary Fund, Nov. 22, 2022, https://www.imf.org/en/Blogs/Articles/2022/11/22/africas-growing-crypto-market-needs-better-regulations; and Aditya Narain and Marina Moretti, "Regulating Crypto," *Finance and Development*, International Monetary Fund, Sept. 2022, https://www.imf.org/en/Publications/fandd/issues/2022/09/Regulating-crypto-Narain-Moretti.

73. Ethan Buchman, interview by Alex Tapscott for the *DeFi Decoded* podcast, Nov. 17, 2021.

74. Irene Vallejo, *Papyrus: The Invention of Books in the Ancient World*, trans. Charlotte Whittle (New York: Knopf, 2022), 23.

75. Lex Sokolin, interview by Alex Tapscott, *DeFi Decoded* podcast, Feb. 1, 2022.

76. Ronald H. Coase, "The Nature of the Firm," *Economica* 4, no. 16 (Nov. 1937): 386–405, https://doi.org/10.1111/j.1468-0335.1937.tb00002.x.

77. Sirio Aramonte, Wenqian Huang, and Andreas Schrimpf, "DeFi Risks and the Decentralisation Illusion," *BIS Quarterly Review*, Dec. 6, 2021, https://www.bis.org/publ/qtrpdf/r_qt2112b.htm.78. Matt Levine, "Making Crypto Hacking Less Lucrative," *Bloomberg News*, Bloomberg LP, Oct. 20, 2022, https://www.bloomberg.com/opinion/articles/2022-10-20/making-crypto-hacking-less-lucrative.

78. Matt Levine, "Making Crypto Hacking Less Lucrative," Bloomberg News, Bloomberg LP, Oct. 20, 2022, https://www.bloomberg.com/opinion/articles/2022-10-20/making-crypto-hacking-less-lucrative.

79. Levine, "Making Crypto Hacking Less Lucrative."

80. CertiK, "Facebook's 'Move' Programming Language: How Does It Compare to Solidity and DeepSEA?" *Certik Blog*, June 21, 2019, https://medium.com/certik/facebooks-move-programming-language-how-does-it-compare-to-solidity-and-deepsea-42cff1ba4c10.

81. Ali Yahya, interview by Alex Tapscott via Zoom, Oct. 14, 2022.

82. Yahya interview by Alex Tapscott.

83. John Robison, Aryan Sheikhalian, and Alex Tapscott, "Decentralized Finance Analysis: How to Identify Value Within the Crypto Ecosystem," Blockchain Research Institute, Feb. 9, 2023, https://www.blockchainresearchinstitute.org/project/decentralized-finance-analysis/.

84. James Beck and Mattison Asher, "What Is EIP-1559? How Will It Change Ethereum?" Consensus Systems, June 22, 2021, https://consensys.net/blog/quorum/what-is-eip-1559-how-will-it-change-ethereum/;and Vitalik Buterin et al., "EIP-1559: Fee Market Change for ETH 1.0 Chain," Ethereum Improvement Proposals, April 13, 2019, https://eips.ethereum.org/EIPS/eip-1559.

85. timbeiko.eth (@TimBeiko), Twitter post, Jan. 16, 2023 (3:40 p.m.), https://twitter.com/TimBeiko/status/1615086494317973504.

86. "Tether," CoinMarketCap, as of April 14, 2022, https://coinmarketcap.com/currencies/tether/; and Raynor de Best, "Quarterly TPV (Total PaymentVolume) of Venmo in USD 2017–2022," Statista, Feb. 10, 2023, https://www.statista.com/statistics/763617/venmo-total-payment-volume/.

87. "State of the USDC Economy."

7장_ 게임

1. David Curry, "Roblox Revenue and Usage Statistics (2023)," *Business of Apps*, Soko Media Ltd., last updated Feb. 28, 2023, https://www.businessofapps.com/data/roblox-statistics/, accessed May 17, 2023.

2. Yat Siu, interview by Alex Tapscott via Zoom, Jan. 11, 2023.

3. Siu interview by Alex Tapscott.

4. J. Clement, "Mobile Gaming Market in the United States: Statistics and Facts," Statista, Oct. 18, 2022, https://www.statista.com/topics/1906/mobile-gaming/#topicOverview.

5. Siu interview by Alex Tapscott.

6. Siu interview by Alex Tapscott.

7. Siu interview by Alex Tapscott.

8. Siu interview by Alex Tapscott.

9. Ria Lu, interview by Alex Tapscott via Zoom, Oct. 12, 2022.

10. Lu interview by Alex Tapscott.

11. Aleksander Larsen, interview by Alex Tapacott and Andrew Young for the *DeFi Decoded* podcast, April 18, 2023.

12. "A Digital Pet Collecting and Farming Game, Built on Blockchain," Crypto Unicorns, as of April 12, 2023, https://www.cryptounicorns.fun/.

13. Lu interview by Alex Tapscott.

14. Lu interview by Alex Tapscott.

15. Siu interview by Alex Tapscott.

16. Lu interview by Alex Tapscott.

17. Lu interview by Alex Tapscott.

18. Aleksander Larsen, interview by Alex Tapscott via Zoom, Aug. 9, 2022.

19. Katrina Wolfe, interview by Alex Tapscott via Zoom, Oct. 14, 2022.

20. Sascha Darius Mojtahedi, interview by Alex Tapscott via Zoom, Aug. 9, 2022.

21. Mojtahedi interview by Alex Tapscott.

22. Ben Lee, interview by Alex Tapscott and Andrew Young for the *DeFi Decoded* podcast, March 8, 2022.

23. Lee interview by Alex Tapscott and Andrew Young.

24. Lee interview by Alex Tapscott and Andrew Young.

25. Lee interview by Alex Tapscott and Andrew Young.

26. Larsen interview by Alex Tapscott.

27. "Axie Infinity Live Player Count and Statistics," ActivePlayer.io Game Statistics Authority, https://activeplayer.io/axie-infinity/, accessed April 14, 2022.

28. Larsen interview by Alex Tapscott.

29. Vittoria Elliott, "Workers in the Global South Are Making a Living Playing the Blockchain Game Axie Infinity," *Rest of World*, Aug. 19, 2021, https://restofworld.org/2021/axie-players-are-facing-taxes/, accessed Oct. 15, 2021.

30. Vittoria Elliott, "Some Axie Infinity Players Amassed Fortunes—ow thePhilippine Government Wants Its Cut," *Rest of World*, Sept. 30, 2021, https://restofworld.org/2021/axie-players-are-facing-taxes/, accessed Oct. 15, 2021.

31. Erin Plante, "$30 Million Seized: How the Cryptocurrency Community Is Making It Difficult for North Korean Hackers to Profit," *Chainalysis Blog*, Sept. 8, 2022, https://blog.chainalysis.com/reports/axie-infinity-ronin-bridge-dprk-hack-seizure/.

32. Andrew Thurman, "Axie Infinity's Ronin Network Suffers $625M Exploit," *CoinDesk*, March 29, 2022, https://www.coindesk.com/tech/2022/03/29/axie-infinitys-ronin-network-suffers-625m-exploit/; and Plante, "$30 Million Seized."

33. Axie Infinity, "Axie Passed Google Play Store Review!" *The Lunacian*, Dec. 22, 2022, https://axie.substack.com/p/googleplaystore.

34. Beryl Li, interview by Alex Tapscott via Zoom, Oct. 4, 2022.

35. "Digital Asset Outlook 2023," The Block, Dec. 20, 2022, https://www.tbstat.com/wp/uploads/2022/12/Digital-Asset-2023-Outlook.pdf.

36. Dean Takahashi, "Game Boss Interview: Epic's Tim Sweeney on Blockchain, Digital Humans, and Fortnite," *VentureBeat*, Aug. 30, 2017, https://venturebeat.com/games/game-boss-interview-epics-tim-sweeney-on-blockchain-digital-humans-and-fortnite/, accessed Nov. 18, 2022.

37. Sean Murray, "Epic CEO Tim Sweeney Says 'Developers Should Be Free to

Decide' If They Want NFTs in Their Games," *The Gamer*, July 22, 2022, https://www.thegamer.com/epic-ceo-tim-sweeney-free-to-decide-nft-games/.

38. Pete Evans, "Fortnite Maker Epic Games to Pay $520M in Fines and Rebates for Duping Users into Downloading Paid Content," *CBC News*, CBC/Radio-Canada, Dec. 19, 2022, https://www.cbc.ca/news/business/fornite-ftc-fines-1.6690777.

39. Evans, "Fortnite Maker Epic Games."

40. "Epic FTC Settlement and Moving Beyond Long-Standing Industry Practices," press release, Epic Games, Dec. 19, 2022, https://www.epicgames.com/site/en-US/news/epic-ftc-settlement-and-moving-beyond-long-standing-industry-practices.

41. Matthew L. Ball, *The Metaverse: And How It Will Revolutionize Everything* (New York: Liveright, 2022), 234.

42. Ball, 201.

43. Ball, 218.

44. Mojtahedi interview by Alex Tapscott.

45. Li interview by Alex Tapscott.

46. Li interview by Alex Tapscott.

47. Lu interview by Alex Tapscott.

48. Lu interview by Alex Tapscott.

49. Dean Takahashi, "Bored Ape Company Yuga Labs Appoints Activision Blizzard's Daniel Alegre as CEO," *VentureBeat*, Dec. 19, 2022, https://venturebeat.com/games/bored-ape-company-yuga-labs-appoints-activision-blizzards-daniel-alegre-as-ceo/.

50. Jordan Novet and Lauren Feiner, "FTC Sues to Block Microsoft's Acquisition of Activision Blizzard," CNBC Universal, Dec. 8, 2022, https://www.cnbc.com/2022/12/08/ftc-sues-to-block-microsofts-acquisition-of-game-giant-activision-blizzard.html.

51. Elizabeth Howcroft, "Bored Ape NFT Company Raises around $285 Million of Crypto in Virtual Land Sale," Reuters, May 1, 2022, https://www.reuters.com/technology/bored-ape-nft-company-raises-around-285-million-crypto-virtual-land-sale-2022-05-01/.

52. Ryan Selkis, interview by Alex Tapscott via Zoom, Aug. 24, 2022.

53. Marshall McLuhan, "Oracle of the Electric Age," interviewed by Robert Fulford, CBC/Radio-Canada, 1966, https://www.cbc.ca/player/play/1809367561.

54. "Earn Tokens by Using Crypto Applications," RabbitHole Studios Inc., n.d., https://rabbithole.gg/, accessed April 12, 2023.

55. "Digital Asset Outlook 2023," The Block.

56. Oleg Fomenko, interview by Alex Tapscott, Jan. 20, 2023.

57. Fomenko interview by Alex Tapscott.

58. Fomenko interview by Alex Tapscott.

59. Fomenko interview by Alex Tapscott.

8장_ 메타버스

1. William Gibson, *Neuromancer* (New York: Ace Books, 1984), https://www.goodreads.com/quotes/14638-cyberspace-a-consensual-hallucination-experienced-daily-by-billions-of-legitimate.

2. Aldous Huxley, *Brave New World* (London: Chatto and Windus, 1932), chapter 3.

3. A. Brad Schwartz, "The Infamous *War of the Worlds* Radio Broadcast Was a Magnificent Fluke," *Smithsonian Magazine*, May 6, 2015, https://www.smithsonianmag.com/history/infamous-war-worlds-radio-broadcast-was-magnificent-fluke-180955180/.

4. Marshall McLuhan, "The World Is a Global Village," *The Future of Health Technology*, HealthcareFuture, March 24, 2009, https://www.youtube.com/watch?v=HeDnPP6ntic.

5. Matthew L. Ball, *The Metaverse: And How It Will Revolutionize Everything* (New York: Liveright, 2022), 57.

6. Ball, 16.

7. Dean Takahashi, "Epic Graphics Guru Tim Sweeney Foretells How We Can Create the Open Metaverse," *Venture Beat*, Dec. 9, 2016, https://venturebeat.com/games/the-deanbeat-epic-boss-tim-sweeney-makes-the-case-for-the-open-metaverse/.

8. Yat Siu, interview by Alex Tapscott via Zoom, Jan. 11, 2023.

9. Siu interview by Alex Tapscott.

10. Siu interview by Alex Tapscott.

11. Ball, *The Metaverse*, 188.

12. Ball, 10.

13. Kate Birch, "JP Morgan Is First Leading Bank to Launch in the Metaverse," *FinTech Magazine*, BizClik, Feb. 17, 2022, https://fintechmagazine.com/banking/jp-morgan-becomes-the-first-bank-to-launch-in-the-metaverse.

14. "Digital Asset Outlook 2023," The Block, Dec. 20, 2022, https://www.tbstat.com/wp/uploads/2022/12/Digital-Asset-2023-Outlook.pdf.

15. Ball, *The Metaverse*, 200.

16. Ball, 201.

17. Brett Winton, interview by Alex Tapscott via Zoom, Aug. 25, 2022.

19. Winton interview by Alex Tapscott.
20. Ball, *The Metaverse*, 208.
21. "Digital Asset Outlook 2023," The Block.
22. "Digital Twin," *Gartner Glossary*, Gartner Inc., n.d., https://www.gartner.com/en/information-technology/glossary/digital-twin, accessed April 12, 2023.
23. Sascha Darius Mojtahedi, interview by Alex Tapscott via Zoom, Aug. 9, 2022.
24. Anatoly Yakovenko, interview by Alex Tapscott and Andrew Young via Zoom for the *DeFi Decoded* podcast, July 27, 2022.
25. Yakovenko interview by Alex Tapscott and Andrew Young.
26. Yakovenko interview by Alex Tapscott and Andrew Young.
27. Yakovenko interview by Alex Tapscott and Andrew Young.
28. Jules Urbach, interview by Alex Tapscott via Zoom, Jan. 24, 2022.
29. Urbach interview by Alex Tapscott.
30. RNDR Team, "Q1-Q3 Data Update: [Behind the Network (BTN)]," Render Network, Dec. 2, 2022, https://medium.com/render-token/q1-q3-data-update-december-2nd-2022-behind-the-network-btn-b627c0d8841e.
31. Phillip Gara, email exchange, Jan. 24, 2023.
32. Render Network (@RenderToken), Twitter post, May 12, 2022 (11:48 a.m.), https://twitter.com/RenderToken/status/1524778641573527553.
33. Metaverse Standards Forum, Khronos Group Inc., n.d., https://metaverse-standards.org/, accessed April 12, 2023.
34. Urbach interview by Alex Tapscott.
35. Urbach interview by Alex Tapscott.
36. Urbach interview by Alex Tapscott.
37. Sami Kassab, "Using Crypto to Build Real-World Infrastructure," Messari, Aug. 4, 2022, https://messari.io/report/using-crypto-to-build-real-world-infrastructure.
38. Kassab email interview by Alex Tapscott.
39. Kassab email interview by Alex Tapscott.
40. "State of Storage Market," Storage.Market, as of Feb. 6, 2023, https://file.app/.
41. "Filecoin Project," GitHub, https://github.com/filecoin-project; and https://storage.filecoin.io/, as of Feb. 6, 2023.
42. Kassab, "Using Crypto to Build Real-World Infrastructure."
43. Greg Osuri, interview by Alex Tapscott and Andrew Young for the *DeFi Decoded* podcast, Dec. 15, 2021.
44. Osuri interview by Alex Tapscott and Andrew Young.
45. Osuri interview by Alex Tapscott and Andrew Young.
46. Linda Hardesty, "T-Mobile Allows the Helium Mobile 'Crypto Carrier' to Ride on Its 5G Network Fierce Wireless," Sept. 20, 2022, https://www.

fiercewireless.com/5g/t-mobile-allows-helium-mobile-crypto-carrier-ride-its-5g-network.

47. Filecoin had 557,244,178,562,884,100 BYTES (494.9323 PIB) of total data stored, as of Jan. 8, 2023, https://storage.filecoin.io/. See also https://file.app/.

48. Ariel Seidman, interview by Alex Tapscott via Zoom, Jan. 20, 2023.

49. NYPL Staff, "The Great War and Modern Mapping: WWI in the Map Division," New York Public Library, May 15, 2015, https://www.nypl.org/blog/2015/05/15/wwi-map-division.

50. Paul Berger, " 'It Takes Over Your Life': Waze Volunteers Work for the Love of Maps; Thousands of Them Spend Hours Updating Maps for Company; Rising through the Ranks," *Wall Street Journal*, March 20, 2019; or Paul Berger, "Waze to Win: Employ Army of Map Nerds—Unpaid Thousands Help Edit the Google Service," *Wall Street Journal*, Eastern Edition, March 21, 2019, https://www.wsj.com/articles/the-Internets-most-devoted-volunteers-waze-map-editors-11553096956.

51. Seidman interview by Alex Tapscott.

52. Paolo Bonato, "Wearable Sensors and a Web-Based Application to Monitor Patients with Parkinson's Disease in the Home Environment," Funded Study, Michael J. Fox Foundation for Parkinson's Research, 2008, https://www.michaeljfox.org/grant/wearable-sensors-and-web-based-application-monitor-patients-parkinsons-disease-home.

53. Hirsh Chitkara, "Worldcoin Emerges from Stealth to Pursue Its UBI Infrastructure Ambitions," *Protocol*, PROTOCOL LLC, Oct. 12, 2021, https://www.protocol.com/bulletins/worldcoin-ubi-infrastructure.

54. Joe Light, "ChatGPT's Sam Altman Is Getting $100 Million for Worldcoin Crypto Project," *Barron's*, Dow Jones & Co. Inc., May 15, 2023, https://www.barrons.com/articles/worldcoin-sam-altman-crypto-ff4632ba.

9장_ 문명

1. "Africa Life Expectancy 1950–023," Macrotrends LLC, as of April 12, 2023, https://www.macrotrends.net/countries/AFR/africa/life-expectancy.

2. "Africa Infant Mortality Rate 1950–023," Macrotrends LLC, as of April 12, 2023, https://www.macrotrends.net/countries/AFR/africa/infant-mortality-rate.

3. "COVID-19 Boosted the Adoption of Digital Financial Services," World Bank, July 21, 2022, https://www.worldbank.org/en/news/feature/2022/07/21/covid-19-boosted-the-adoption-of-digital-financial-services; and "State of the USDC Economy," *Circle*, Circle Internet Financial Limited, March 10, 2023,

https://www.circle.com/hubfs/PDFs/2301StateofUSDCEconomy_Web.pdf.

4. James Dale Davidson and Lord William Rees-Mogg, *The Sovereign Individual: Mastering the Transition to the Information Age* (New York: Simon & Schuster, 1997), 196.

5. Ani Petrosyan, "Worldwide Digital Population 2023," Statista, April 3, 2023, https://www.statista.com/statistics/617136/digital-population-worldwide/.

6. Chainalysis Team, "2021 Global Crypto Adoption Index," *Chainalysis Blog*, Oct. 14, 2021, https://blog.chainalysis.com/reports/2021-global-crypto-adoption-index/.

7. NFT.NYC, PeopleBrowsr Inc., April 2022, https://www.nft.nyc/.

8. April and Sevi Agregado, interview by Alex Tapscott via Zoom, Oct. 14, 2022.

9. Alex Hawgood, "Six-Figure Artworks, by a Fifth Grader," *New York Times*, Sept. 26, 2022, https://www.nytimes.com/2022/09/26/style/andres-valencia-art-paintings.html.

10. Pedro Herrera, "2021 Dapp Industry Report," *DappRadar Blog*, Dec. 17, 2021, https://dappradar.com/blog/2021-dapp-industry-report.

11. April and Sevi Agregado interview by Alex Tapscott.

12. April and Sevi Agregado interview by Alex Tapscott.

13. April and Sevi Agregado interview by Alex Tapscott.

14. Katrina Wolfe, interview by Alex Tapscott via Zoom, Oct. 14, 2022.

15. Wolfe interview by Alex Tapscott.

16. Ria Lu, interview by Alex Tapscott via Zoom, Oct. 12, 2022.

17. Lu interview by Alex Tapscott.

18. Lu interview by Alex Tapscott.

19. Lu interview by Alex Tapscott.

20. Lu interview by Alex Tapscott.

21. Dickson Nsofor, interview by Alex Tapscott via Zoom for the *DeFi Decoded* podcast, July 12, 2022.

22. Alex Gladstein, interview by Alex Tapscott via Zoom, Jan. 12, 2023.

23. "Cryptocurrency Information about Nigeria," Triple A, 2021, https://triple-a.io/crypto-ownership-nigeria-2022/.

24. Victor Oluwole, "Top Five African Countries with the Most Cryptocurrency Holders," *Business Insider,* June 21, 2022, https://africa.businessinsider.com/local/markets/top-5-african-countries-with-the-most-cryptocurrency-holders/2tvh7r5.

25. Arianna Simpson, interview by Alex Tapscott via Zoom, Sept. 13, 2022.

26. Simpson interview by Alex Tapscott.

27. Simpson interview by Alex Tapscott.

28. Hija Kamran, "State Bank of Pakistan Decides to Ban Cryptocurrencies;

Submits Report in Court," Digital Rights Monitor, Jan. 12, 2022, https://digitalrightsmonitor.pk/state-bank-of-pakistan-decides-to-ban-cryptocurrencies-submits-report-in-court/.

29. Nsofor interview by Alex Tapscott.

30. Mariam Saleh, "Population of Africa in 2021, by Age Group," *Statista*, Nov. 21, 2022, https://www.statista.com/statistics/1226211/population-of-africa-by-age-group/.

31. "Nigeria's Informal Economy Size," *World Economics*, as of April 13, 2023, https://www.worldeconomics.com/National-Statistics/Informal-Economy/Nigeria.aspx.

32. Ogwah Oreva, "Nigeria Payments System Vision 2025," Central Bank of Nigeria, Nov. 18, 2022, https://www.cbn.gov.ng/Out/2022/CCD/PSMD%20vision%202025%20EDITED%20FINAL.pdf.

33. "UNHCR Launches Pilot Cash-Based Intervention Using Blockchain Technology for Humanitarian Payments to People Displaced and Impacted by the War in Ukraine," press release, Dec. 15, 2022, https://www.unhcr.org/ua/en/52555-unhcr-launches-pilot-cash-based-intervention-using-blockchain-technology-for-humanitarian-payments-to-people-displaced-and-impacted-by-the-war-in-ukraine-unhcr-has-launched-a-first-of-its-kind-integ.html.

34. Leo Schwartz, "Coinbase CEO Says USDC Will Become 'De Facto Central Bank Digital Currency,' Company Posts Weak Q3 Earnings," *Fortune*, Fortune Media IP Limited, Nov. 3, 2022, https://fortune.com/crypto/2022/11/03/coinbase-ceo-says-usdc-will-become-de-facto-cbdc/.

10장_ 웹3의 구현 과제

1. AngelList (@angellist), Twitter post, Sept. 28, 2021 (1:17 p.m.), https://twitter.com/AngelList/status/1442901252552101888, accessed Oct. 15, 2021.

2. Raj Dhamodharan, "Why Mastercard Is Bringing Crypto onto Its Network," Mastercard International, Feb. 10, 2021, https://www.mastercard.com/news/perspectives/2021/why-mastercard-is-bringing-crypto-onto-our-network, accessed Oct. 15, 2021.

3. "Digital Currency Comes," *VISA Everywhere Blog*, Visa, March 26, 2021, https://usa.visa.com/visa-everywhere/blog/bdp/2021/03/26/digital-currency-comes-1616782388876.html, accessed Oct. 15, 2021.

4. Ryan Weeks, "PayPal Has Held Exploratory Talks About Launching a Stablecoin: Sources," Block Crypto, May 3, 2021, https://www.theblockcrypto.com/post/103617/paypal-has-held-exploratory-talks-about-launching-a-stablecoin-sources, accessed Oct. 15, 2021.

5. Jeff John Roberts, "Visa Unveils 'Layer 2' Network for Stablecoins, Central Bank Currencies," *Decrypt*, Sept. 30, 2021, https://decrypt.co/82233/visa-universal-payment-channel-stablecoin-cbdc, accessed Oct. 15, 2021.6. "The Digital Currencies That Matter: Get Ready for Fedcoin and the e-euro," *Economist*, May 8, 2021, https://www.economist.com/leaders/2021/05/08/the-digital-currencies-that-matter.

6. "The Digital Currencies That Matter: Get Ready for Fedcoin and the e-euro," Economist, May 8, 2021, https://www.economist.com/leaders/2021/05/08/the-digital-currencies-that-matter.

7. Hester Peirce, "Remarks before the Digital Assets," Duke Conference, Washington DC, US Securities and Exchange Commission, Jan. 20, 2023, https://www.sec.gov/news/speech/peirce-remarks-duke-conference-012023#_ftnref15.

8. Peirce, "Remarks before the Digital Assets."

9. Tobixen, "A Brief History of the Bitcoin Block Size War," *Steemit*, Nov. 7, 2017. steemit.com/bitcoin/@tobixen/a-brief-history-of-the-bitcoin-block-size-war, accessed Oct. 15, 2021.

10. Kain Warwick, interview by Alex Tapscott via Zoom, Aug. 15, 2022.

11. Albert Wenger, interviewed by Alex Tapscott via Zoom, Dec. 16, 2022.

12. Moxie Marlinspike, "My First Impressions of Web3," *Moxie Blog*, Jan. 7, 2022, https://moxie.org/2022/01/07/web3-first-impressions.html.

13. Moxie Marlinspike, "My First Impressions of Web3."

14. Charles Hoskinson, interview by Alex Tapscott via Zoom, Jan. 5, 2023.

15. Sal Bayat, Tim Bray, Grady Booch, et al., "Letter in Support of Responsible Fintech Policy," to US Congressional Leadership, Committee Chairs, and Ranking Members, June 1, 2022, https://concerned.tech/.

16. Roneil Rumburg, email to Alex Tapscott, Nov. 18, 2022.

17. Warwick interview by Alex Tapscott.

18. Tyler Winklevoss, interview by Alex Tapscott via Zoom, Sept. 12, 2022.

19. "Understanding the Problem Crusoe Solves," *Crusoe Blog*, Crusoe Energy, Sept. 23, 2021, https://www.crusoeenergy.com/blog/3MyNTKiT6wqsEWKhP0BeY/understanding-the-problem-crusoe-solves.

20. Chainalysis Team, "Crypto Crime Summarized: Scams and Darknet Markets Dominated 2020 by Revenue, But Ransomware Is the Bigger Story," *Chainalysis Blog*, Jan. 19, 2021, https://blog.chainalysis.com/reports/2021-crypto-crime-report-intro-ransomware-scams-darknet-market; and Michael J. Morell, "Report: An Analysis of Bitcoin's Use in Illicit Finance," *Cipher Brief*, April 13, 2021, https://www.thecipherbrief.com/report-an-analysis-of-

bitcoins-use-in-illicit-finance, accessed Oct. 15, 2021.

21. Niall Ferguson, "FTX Kept Your Crypto in a Crypt Not a Vault," *Bloomberg Opinion*, Bloomberg LP, Nov. 20, 2022, https://www.bloomberg.com/opinion/articles/2022-11-20/niall-ferguson-ftx-kept-your-crypto-in-a-crypt-not-a-vault.

22. Ria Lu, email to Alex Tapscott, Nov. 21, 2022.

23. Lu email to Alex Tapscott.

24. Jennifer Sor, "Sam Bankman-Fried Is a World-class Manipulator and the Implosion of FTX Is an 'Old-school Fraud,' Congressman Says," *Business Insider*, Yahoo Finance, Dec. 13, 2022, https://finance.yahoo.com/news/sam-bankman-fried-world-class-180256987.html.

25. Rep. Patrick McHenry (R-NC), "FTX CEO Testifies on Cryptocurrency Company's Collapse," C-SPAN, National Cable Satellite Corp., Dec. 13, 2022(00:07:12), https://www.c-span.org/video/?524743-1/ftx-ceo-testifies-cryptocurrency-companys-collapse.

26. "Crypto Crash: Why the FTX Bubble Burst and the Harm to Consumers," Full Committee Hearing, US Senate Committee on Banking, Housing, and Urban Affairs, Dirksen Senate Office Building G50, Dec. 14, 2022 (10:00 a.m.), https://www.banking.senate.gov/hearings/crypto-crash-why-the-ftx-bubble-burst-and-the-harm-to-consumers.

27. Senator Elizabeth Warren, "ICYMI: At Hearing, Warren Warns about Crypto's Use for Money Laundering by Rogue States, Terrorists, and Criminals," press release, Dec. 15, 2022, https://www.warren.senate.gov/newsroom/press-releases/icymi-at-hearing-warren-warns-about-cryptos-use-for-money-laundering-by-rogue-states-terrorists-and-criminals.28. Peter Van Valkenburgh, "The Digital Asset Anti-Money Laundering Act," Coin Center, Dec. 14, 2022, https://www.coincenter.org/the-digital-asset-anti-money-laundering-act-is-an-opportunistic-unconstitutional-assault-on-cryptocurrency-self-custody-developers-and-node-operators/.

28. Peter Van Valkenburgh, "The Digital Asset Anti-Money Laundering Act," Coin Center, Dec. 14, 2022, https://www.coincenter.org/the-digital-asset-anti-money-laundering-act-is-an-opportunistic-unconstitutional-assault-on-cryptocurrency-self-custody-developers-and-node-operators/.

29. Valkenburgh, "The Digital Asset Anti-Money Laundering Act."

30. Peter Van Valkenburgh, "How Does Tornado Cash Actually Work?" Coin Center, Aug. 25, 2022, https://www.coincenter.org/how-does-tornado-cash-actually-work/; and Jerry Brito and Peter Van Valkenburgh, "Coin Center Is Suing OFAC over Its Tornado Cash Sanction," Coin Center, Oct. 12, 2022, https://www.coincenter.org/coin-center-is-suing-ofac-over-its-tornado-cash-

sanction/.

31. Jerry Brito and Peter Van Valkenburgh, "US Treasury Sanction of Privacy Tools Places Sweeping Restrictions on All Americans," Coin Center, Aug. 8, 2022, https://www.coincenter.org/u-s-treasury-sanction-of-privacy-tools-places-sweeping-restrictions-on-all-americans/.

32. Daniel Kuhn, "What Happens When You Try to Sanction a Protocol Like Tornado Cash," Coin Center, Aug. 10, 2022, https://www.coindesk.com/layer2/2022/08/10/what-happens-when-you-try-to-sanction-a-protocol-like-tornado-cash/.

33. Chainalysis Team, "How 2022's Biggest Cryptocurrency Sanctions Designations Affected Crypto Crime," *Chainalysis Blog*, Jan. 9, 2023, https://blog.chainalysis.com/reports/how-2022-crypto-sanction-designations-affected-crypto-crime/.

34. "Digital Asset Outlook 2023," The Block, Dec. 20, 2022, https://www.tbstat.com/wp/uploads/2022/12/Digital-Asset-2023-Outlook.pdf.

35. Sheila Warren, interview by Alex Tapscott via Zoom, Oct. 6, 2022.

36. Tom Emmer (@RepTomEmmer), Twitter post, Oct. 5, 2021 (2:51 p.m.), https://twitter.com/RepTomEmmer/status/1445461701567160320, accessed Oct. 15, 2021.

37. Chris Dixon (@cdixon), Twitter post, Oct. 1, 2021 (6:50 p.m.), https://twitter.com/cdixon/status/1444072368859533316, accessed Oct. 15, 2021.

38. Chris Dixon (@cdixon), Twitter post, Oct. 1, 2021 (6:50 p.m.), https://twitter.com/cdixon/status/1444072370788978691 and https://twitter.com/cdixon/status/1444072374798675970, accessed Oct. 15, 2021.

39. Arianna Simpson, interview by Alex Tapscott via Zoom, Sept. 13, 2022.

40. "DAO Jobs: Find Great Crypto Jobs at a DAO," Cryptocurrency Jobs, accessed Nov. 5, 2021, https://cryptocurrencyjobs.co/dao.

41. Beryl Li, interview by Alex Tapscott via Zoom, Oct. 4, 2022.

42. Katrina Wolfe, interview by Alex Tapscott via Zoom, Oct. 14, 2022.

43. "Digital Asset Outlook 2023," The Block.

44. Kyung Taeck Minn, "Towards Enhanced Oversight of 'Self-Governing' Decentralized Autonomous Organizations: Case Study of the DAO and Its Shortcomings," *NYU Journal of Intellectual Property and Entertainment Law* 9, no. 1 (Jan. 24, 2020), https://jipel.law.nyu.edu/vol-9-no-1-5-minn, accessed Oct. 15, 2021.

45. Roy Learner, "Blockchain Voter Apathy," *Wave Financial Blog*, March 29, 2019, https://medium.com/wave-financial/blockchain-voter-apathy-69a1570e2af3. See also Nic Carter, "A Cross-Sectional Overview of Cryptoasset Governance and Implications for Investors" (diss., University of

Edinburgh Business School, 2016–17), https://niccarter.info/papers, accessed Oct. 15, 2021.

46. Taras Kulyk and Ben Gagnon, "Global Bitcoin Mining Data Review: Q4 2022," Presentation, Bitcoin Mining Council, Jan. 18, 2023, https://bitcoinminingcouncil.com/wp-content/uploads/2023/01/BMC-Q4-2022-Presentation.pdf.

47. Warren interview by Alex Tapscott.

결론

1. Many have alleged that Lenin made this observation, but we found no authoritative source.

2. Clayton M. Christensen, *The Innovator's Dilemma: When New Technologies Cause Great Firms to Fail* (Boston: Harvard Business School Press, 1997), 39.

3. Charles Hoskinson, interview by Alex Tapscott via Zoom, Jan. 5, 2023.

4. Robert Wilde, "Steam in the Industrial Revolution," July 25, 2019, https://www.thoughtco.com/steam-in-the-industrial-revolution-1221643.

5. Tony Judt, *Postwar: A History of Europe since 1945* (New York: Penguin, 2005), 257.

6. Judt, 257.

7. "The Internet's First Message Sent from UCLA: 1969," *UCLA 100*, Univ. of California at Los Angeles, n.d., https://100.ucla.edu/timeline/the-Internets-first-message-sent-from-ucla; and "Digital Around the World," *DataReportal*, Kepios Pte. Ltd., April 2023, https://datareportal.com/global-digital-overview.

8. Albert Wenger, interview by Alex Tapscott via Zoom, Dec. 16, 2022.

9. Wenger interview by Alex Tapscott.

10. Charles Hoskinson, interview by Alex Tapscott via Zoom, Jan. 5, 2023.

11. Wenger interview by Alex Tapscott.

12. Mark McSherry-Forbes, "Let's Hope Churchill Was Wrong About Americans," National Churchill Museum, Oct. 3, 2013, https://www.nationalchurchillmuseum.org/10-07-13-lets-hope-churchill-was-wrong-about-americans.html, accessed April 14, 2022.

13. Kristin Smith, interview by Alex Tapscott via Zoom, Aug. 23, 2022.

14. Alex Tapscott, "What Is Decentralized Finance?" Ninepoint Partners, YouTube, Jan. 10, 2022, https://www.youtube.com/watch?v=j6_Wm-gjh4s&t=7s, accessed March 31, 2022.

15. Janell Ross, "Inside the World of Black Bitcoin, Where Crypto Is About Making More Than Just Money," *Time*, TIME USA LLC, Oct. 15, 2021, https://time.com/6106706/bitcoin-black-investors/, accessed March 31, 2022.

16. Morning Star, Aug. 17, 2021, https://morningconsult.com/2021/08/17/trust-awareness-paynents-unbanked-underbanked/.

17. Avik Roy, "In El Salvador, More People Have Bitcoin Wallets Than Traditional Bank Accounts," *Forbes*, Oct. 7, 2021, https://www.forbes.com/sites/theapothecary/2021/10/07/in-el-salvador-more-people-have-bitcoin-wallets-than-traditional-bank-accounts/.

18. Christian Nunley, "People in the Philippines Are Earning Cryptocurrency During the Pandemic by Playing a Video Game," *CNBC*, NBCUniversal, May 14, 2021, https://www.cnbc.com/2021/05/14/people-in-philippines-earn-cryptocurrency-playing-nft-video-game-axie-infinity. html, accessed March 31, 2022.

19. Caitlin Ostroff and Jared Malsin, "Turks Pile Into Bitcoin and Tether to Escape Plunging Lira," *Wall Street Journal*, Jan. 12, 2022, https://www.wsj.com/articles/turks-pile-into-bitcoin-and-tether-to-escape-plunging-lira-11641982077, accessed March 31, 2022.

20. "Top Stablecoin Tokens by Market Capitalization," CoinMarketCap, as of Dec. 22, 2022, https://coinmarketcap.com/view/stablecoin/.

21. Smith interview by Alex Tapscott.

22. Smith interview by Alex Tapscott.

23. Smith interview by Alex Tapscott.

24. "A Brief History of NSF and the Internet," Fact Sheet, National Science Foundation, Aug. 13, 2003, https://www.nsf.gov/news/news_summ.jsp?cntn_id=103050.

25. "Cyberporn," *Congressional Record* 141, no. 105 (Senate: June 26, 1995): S9017–S9023, https://www.congress.gov/congressional-record/volume-141/issue-105/senate-section/article/S9017-2.

26. Wireline Competition Bureau, "Telecommunications Act of 1996," Federal Communications Commission, last updated June 20, 2013, https://www.fcc.gov/general/telecommunications-act-1996, accessed April 14, 2022.

27. Bob Kerrey was among the proponents. "E-Rate and Education: A History," Federal Communications Commission, last updated Jan. 8, 2004, https://www.fcc.gov/general/e-rate-and-education-history.

28. Sec. 706, "Advanced Telecommunications Incentives," Telecommunications Act of 1996, 104th Congress (Jan. 3, 1996): 119–20, https://transition.fcc.gov/Reports/tcom1996.pdf.

29. Smith interview by Alex Tapscott.

30. Smith interview by Alex Tapscott.

31. Smith interview by Alex Tapscott.

32. Smith interview by Alex Tapscott.

33. Smith interview by Alex Tapscott.

34. Smith interview by Alex Tapscott.

35. Smith interview by Alex Tapscott.

36. Smith interview by Alex Tapscott.

37. Hester Peirce, "Remarks before the Digital Assets," Duke Conference, Washington DC, US Securities and Exchange Commission, Jan. 20, 2023, https://www.sec.gov/news/speech/peirce-remarks-duke-conference-012023#_ftnref15.

38. vitalik.eth (@VitalikButerin), Twitter post, Aug. 9, 2022 (4:49 a.m.), https://twitter.com/VitalikButerin/status/1556925602233569280.

39. Chainalysis Team, "How 2022's Biggest Cryptocurrency Sanctions Designations Affected Crypto Crime," *Chainalysis Blog*, Jan. 9, 2023, https://blog.chainalysis.com/reports/how-2022-crypto-sanction-designations-affected-crypto-crime/.

40. Jerry Brito and Peter Van Valkenburgh, "US Treasury Sanction of Privacy Tools Places Sweeping Restrictions on all Americans," Coin Center, Aug. 8, 2022, https://www.coincenter.org/u-s-treasury-sanction-of-privacy-tools-places-sweeping-restrictions-on-all-americans/.

41. Chris Giancarlo, interview by Alex Tapscott via Zoom, Dec. 13, 2022.

42. Giancarlo interview by Alex Tapscott.

43. Giancarlo interview by Alex Tapscott.

44. Giancarlo interview by Alex Tapscott.

45. Peirce, "Remarks before the Digital Assets."

46. Sheila Warren, interview by Alex Tapscott via Zoom, Oct. 6, 2022.

47. Kain Warwick, interview by Alex Tapscott via Zoom, Aug. 15, 2022.

48. Peirce, "Remarks before the Digital Assets."

49. Jerry Brito and Peter Van Valkenburgh, "Coin Center Is Suing OFAC over Its Tornado Cash Sanction," Coin Center, Oct. 12, 2022, https://www.coincenter.org/coin-center-is-suing-ofac-over-its-tornado-cash-sanction/.

50. Wenger interview by Alex Tapscott.

51. Jai Massari, "Why Cryptoassets Are Not Securities," Harvard Law School Forum on Corporate Governance, Dec. 6, 2022, https://corpgov.law.harvard.edu/2022/12/06/why-cryptoassets-are-not-securities/.

52. Peirce, "Remarks before the Digital Assets."

53. Wenger interview by Alex Tapscott.

54. Mark Gurman, "Apple to Allow Outside App Stores," *Bloomberg News*, Dec. 13, 2022, https://www.bloomberg.com/news/articles/2022-12-13/will-apple-allow-users-to-install-third-party-app-stores-sideload-in-europe.

55. "Digital Markets Act," press release, European Commission, Oct. 31, 2022,

https://ec.europa.eu/commission/presscorner/detail/en/IP_22_6423.

56. "Digital Markets Act."

57. "Digital Markets Act."

58. James Dale Davidson and Lord William Rees-Mogg, *The Sovereign Individual: Mastering the Transition to the Information Age* (New York: Simon & Schuster, 1997), 19.

59. Davidson and Rees-Mogg, 203.

60. Yochai Benkler, *The Wealth of Networks: How Social Production Transforms Markets and Freedom* (New Haven, CT: Yale University Press, 2006), 9.

61. Pindar Wong, interview by Don Tapscott and Alex Tapscott, April 7, 2017, quoted in Don Tapscott and Alex Tapscott, "Realizing the Potential of Blockchain: A Multistakeholder Approach to the Stewardship of Blockchain and Cryptocurrencies," white paper, World Economic Forum, June 2017, https://www3.weforum.org/docs/WEF_Realizing_Potential_Blockchain.pdf, accessed 30 Sept. 2021.

62. Warren interview by Alex Tapscott.

63. Yat Siu, interview by Alex Tapscott via Zoom, Jan. 11, 2023.

64. Siu interview by Alex Tapscott.

65. Siu interview by Alex Tapscott. See, for example, "Japan's NFT Strategy for the Web 3.0 Era," white paper, Headquarters for the Promotion of a Digital Society, Liberal Democratic Party, April 2022, https://www.taira-m.jp/Japan%27s%20NFT%20Whitepaper_E_050122.pdf, accessed April 12, 2023.

66. Richard A. D'Aveni, "The Trade War with China Could Accelerate 3-D Printing in the United States," *Harvard Business Review*, Oct. 18, 2018, https://hbr.org/2018/10/the-trade-war-with-china-could-accelerate-3-d-printing-in-the-u-s.

67. Timothy Leary, "The Effects of Psychotropic Drugs," Department of Psychology, Harvard College, n.d., https://psychology.fas.harvard.edu/people/timothy-leary, accessed Oct. 15, 2021.

웹3 시대와 새로운 기회

초판 발행 · 2024년 8월 8일

지은이 · 알렉스 탭스콧
옮긴이 · 신현승
발행인 · 이종원
발행처 · (주)도서출판 길벗
브랜드 · 더퀘스트
출판사 등록일 · 1990년 12월 24일
주소 · 서울시 마포구 월드컵로 10길 56(서교동)
대표 전화 · 02)332-0931 | **팩스** · 02)323-0586
홈페이지 · www.gilbut.co.kr | **이메일** · gilbut@gilbut.co.kr

기획 및 책임편집 · 이치영(young@gilbut.co.kr) |
마케팅 · 정경원, 김진영, 김선영, 정지연, 이지원, 이지현, 조아현, 류효정 | **유통혁신팀** · 한준희
제작 · 이준호, 손일순, 이진혁 | **영업관리** · 김명자, 심선숙 | **독자지원** · 윤정아

교정교열 · 김은혜 | **디자인** · 김윤남
CTP 출력 및 인쇄 · 정민문화사 | **제본** · 정민문화사

ISBN 979-11-407-1022-5 03320
(길벗도서번호 070539)

정가 25,000원

독자의 1초를 아껴주는 정성 길벗출판사

(주)도서출판 길벗 | IT교육서, IT단행본, 경제경영서, 어학&실용서, 인문교양서, 자녀교육서 www.gilbut.co.kr
길벗스쿨 | 국어학습, 수학학습, 어린이교양, 주니어 어학학습, 학습단행본 www.gilbutschool.co.kr